吴小如 著

吴小如学术丛札

天津出版传媒集团
天津古籍出版社

图书在版编目（CIP）数据

吴小如学术丛札 / 吴小如著. -- 天津 : 天津古籍出版社，2016.12
ISBN 978-7-5528-0482-9

Ⅰ. ①吴… Ⅱ. ①吴… Ⅲ. ①社会科学－文集 Ⅳ. ①C53

中国版本图书馆CIP数据核字(2016)第308159号

吴小如学术丛札

吴小如/著

出版人/张玮

天津古籍出版社出版

（天津市西康路35号　邮编300051）

http://www.tjabc.net

三河市中晟雅豪印务有限公司印刷

全国新华书店发行

开本 787×1092 毫米 1/16　印张 20.75　字数 325 千字

2016 年 12 月 第 1 版　2016 年 12 月 第 1 次印刷

ISBN 978-7-5528-0482-9　　定价：50.00元

出版前言

这本丛札是吴小如先生著述中一直未曾再版的一本,原因主要是考据内容多且杂,修订起来比较困难。但先生生前一直想再版,可惜修订未竟便离开了我们。今天,我们把这本书呈现在读者面前,也是对先生的一种纪念。

依先生嘱托本书更名为《吴小如学术丛札》。修订工作主要是纠正错讹,规范字形,并对文献做了尽可能的核对。

本书再版承中央文史馆资助。还要感谢北大中文系陈熙中教授和天津古籍出版社已故老编辑孙致中先生,他们仔细地审读,提出了不少修改意见。在这里,致以我们最诚挚的谢意!

编者

2016.10

新解胜义，层见叠出
——重读小如师《学术丛札》随想

陈熙中

2012年，为庆贺吴小如先生九十大寿，先生的友好及门人编集了《学者吴小如》一书，由北京大学出版社出版。北大中文系教授、古代汉语专家何九盈学长收到此书后，给我打来电话，说："《学者吴小如》这本书编得很好，对吴先生的学术成就做出了实事求是的评价。吴先生的书我大部分都读过，我认为在当今的古典文学研究界中，吴先生是最重视语言文字的一位学者。"对九盈学长的这一看法，我深有同感。

文学又被称为"语言艺术"，文学作品通过用语言描绘出的艺术形象来反映社会生活和抒发作者的思想感情。由于古今语言文字存在很大差异，我们阅读中国的古代文学作品，首先就必须通晓至少也要粗通古代汉语。吴小如先生在《我是这样讲析古典诗词的》一文中说："我本人无论分析作品或写赏析文章，一直给自己立下几条规矩，一曰通训诂，二曰明典故，三曰察背景，四曰考身世，最后归结到揆情度理这一总的原则，由它来统摄以上四点。"训诂的意思是对古书中的文字作出解释。古人说："诂者，古也。古今异言，通之使人知也。"（《毛诗注疏》卷一）吴先生说的"通训诂"，就是要正确理解古代文学作品中的语言文字所表达的意思。

吴先生一生写过大量赏析中国古典诗文的文章（结集成书的有《古典诗词札丛》《古文精读举隅》等），为广大读者所爱读，影响深远。吴先生对古典文学作品的理解和赏析之所以高出于一般人，常常发前人之所未发，一个重要原因就是他对传统的"小学"（语言文字学）下过很深的功夫。而《读书丛札》这部书，可以说集中反映了吴先生在"通训诂"方面的功力和造诣。这里只从书中举一个例子来说一说。

古诗名篇《木兰诗》可说是家喻户晓、人人熟悉的，但是诗中"问女何所思，问女何所忆？女亦无所思，女亦无所忆"的"所思""所忆"，应该如何理解呢？显然，一般读者都没有思考过这个问题，大家只是在通常的意义上来理解"思"和"忆"的意思。但是诗中明明说"昨夜见军帖，可汗大点兵。军书十二卷，卷卷有爷名"，木兰正为此心事重重，停织叹息，怎么能说"无所思""无所忆"呢？请看吴先生是如何解释这里的“所思”“所忆”的：

问女何所思，问女何所忆？女亦无所思，女亦无所忆。

此数语多为人所忽。木兰自昨夜已见军帖，则心事重重，不言而喻，其所以停梭止织，正缘有所虑、有所忧也。何言无所思忆乎？证以《折杨柳枝歌》，则知此处之“思”与“忆”，乃狭义而非泛言也。《折杨柳枝歌》云：“问女何所思，问女何所忆？阿婆许嫁女，今年无消息。”是其所思所忆，乃男女情爱之事，所思所忆之人，乃意中之情侣恋人，非泛指一切其他人与事也。予尝考十五国风，用“思”字者凡二十二篇，其不涉男女情爱相思之义者仅七、八篇耳（其中尚有是否指相思之意而不能肯定者，姑亦除外，皆在此七、八篇之内）。而汉乐府及《古诗十九首》之言“所思”（如“有所思”“所思在远道”）、“长相思”、“思君令人老”云云，皆指男女或夫妇之思；而《饮马长城窟行》之“上言加餐饭，下言长相忆”，《西洲曲》之“忆梅下西洲”，则“所忆”亦有广狭二义也。此诗盖言木兰之所以叹息，乃忧其父之年老与弟之年幼，无以充兵役，非缘己情有所钟，以婚嫁之事为念也。夫然后乃知此诗造意遣词之妙，虽本于《折杨柳枝歌》，而青胜于蓝矣。（《古乐府臆札·十、木兰诗》）

吴先生此说一出，即受到人们的激赏，可谓已成定论。书中类似这样因通训诂而能掘发古典诗文之真义、纠正前人误读的例子，还可以随手举出很多。因此，《读书丛札》受到学术界的高度评价。吴先生的“老门生”、著名学者沈玉成先生生前写过一篇《我所了解的吴小如先生》，文中称赞《读书丛札》是“在大量资料中引出结论，取精用弘，无征不信，新解胜义，层见叠出”。复旦大学汪少华教授在《字字落实，讨论传信——向小如先生学讲课和治学》一文中，说他教学治学效法的是《读书丛札》，“从《读书丛札》，我领悟到把文选讲好的方法，由衷佩服，努力践行，力求字字落实，讲清楚所以然，因而讲课成效逐渐显现，受到学生欢迎。”

《读书丛札》最早由中华书局香港分局于 1982 年出版，1987 年由北京大学出版社出版修订本，二书均已绝版。小如师生前与天津古籍出版社的领导和编辑同志多有交往，情谊甚笃，曾将多种著作交给他们出版。2014 年小如师逝世后，天津古籍出版社决定以北大版为基础，重排再印此书，以此纪念先生。受赵娜同志之托，我曾看过一次校样，等于重新学习了一遍。现在全书付印在即，赵娜同志嘱写前言，因此写一点感想如上。

自　序

这本读书札记是我从1956年以来、特别是十年动乱中几次蹲“牛棚”的间歇期间陆续撰写的，约四五十万言。二十多年中只成此琐屑饤饾之作，不仅数量少得可怜，就是内容也是不足观的。

此书曾两次付印。第一次是1958年由中华书局上海编辑所出版，书名《读人所常见书日札》，只有十万字左右，早已绝版。第二次于1978年结集，大体如目前这个样子，承香港中华书局允予出版，却迟至1982年始印成问世。这次在国内付印，我又做了较大的修改增删。其中《读诗散札》、《杜诗臆札》和《韩文琐札》是新补入的，为港版所无；《论语丛札》、《古乐府臆札》、《词语丛札》和《王安石诗臆札》都做了新的补充；其他各篇都不同程度地做了修改，个别地方改动还比较大。原来的《古诗丛札》和《唐宋诗丛札》则删去了十篇零星札记，而港版中《长短句臆话》和《读书杂考》两部分，已完全删掉了。因此这个第三次印本实际上是原来两版的修订本，而非旧书重印。特在此向读者交代清楚。

清朝人讲义理、考据、辞章，三者不可偏废。我自己则认为这三者必须兼而有之。不通训诂章句之学，治辞章就成了空话；而欲明义理，不仅要从考据入手，而且靠辞章表达也很重要。但这本内容庞杂的书占比重最大的还是谈考据的东西，不免枯燥乏味，尚请读者谅之。

我生平读书治学，是从述而不作开始的。后来逐渐进入以述为作阶段，即在前人各种不同意见中选择自己认为正确合理的东西加以肯定。近年来为自己写文章订了两条守则：一是没有自己的一得之见决不下笔，哪怕这一看法与前人只相去一间，却毕竟是自己的点滴心得；二是抱着实事求是的态度，决不人云亦云，稗贩前人旧说，更不偷懒用第二手材料，这姑且称之为述中有作吧。收在这本丛札里的大大小小的文字，以述为作的占多数，间或也有述中有作的。当然“作”并不等于结论正确，只是自己以为尚能言之成理、持之有故而已。这还要听取读者的批评和经历时间的考验。

贤者识其大者，而不贤者只能识小掇琐。我学无专长，不能自成一家之言，所以甘为此饤饾琐屑之札记。倘能为学林增一砖添一甓，也算未虚度此生。若夫经国之大业，不朽之盛事，自问不足与为，惟俟贤者。

本书有些稿本，承俞平伯先生、周一良先生和几位朋友提出意见，而出版社又委托一良先生审读全稿，付出劳动尤多，谨此致谢。所收文字截至1982年初，余年倘有续作，当别行付梓，不再纠葛此书矣。

吴小如

1982年8月记于北京

目录

《诗三百篇》臆札

前　言

1938年秋，予在津门从朱经畬师受业，始知《诗三百篇》之学，于毛、郑、孔、朱外，有姚际恒、崔述与方玉润诸家。翌年秋，入京避津市水灾，日诣北京图书馆，手录明、清人说《诗》专著；如郝敬《原解》、姚舜牧《疑问》、姚际恒《通论》、方玉润《原始》诸书，皆于此时寓目。1950年秋，予为津沽大学诸生讲授《诗三百篇》，时仅一年，然涉猎多方，颇有所积。时贤如郭沫若、闻一多、郑振铎诸人之说，亦择善而从；而俞平伯、冯文炳两师所论著，采撷尤多。至于诂训章句之义，则深叹清人治诗如陈启源、王引之、陈奂、胡承珙、马瑞辰、俞曲园诸家，所发明者实远胜前哲。及1956年，注释《先秦文学史参考资料》，乃于《毛诗》之外，复比勘三家；于《清经解》之外，复追踪《通志堂经解》；于古今专籍之外，复泛求而杂览。斯则游泽承师启迪之效。然博涉旁搜，如堕烟海，终难反约。今日追思，所得几何！而屈指垂四十年矣。爰取旧日所积，稍事董理，以其有一得之愚、一孔之见者，汇成《臆札》。非敢以述为作也，聊以野老之曝，博通人之粲云尔。甲寅八月校讫识于都门中关村寓庐。

一、驳《葛覃》为怨诗说

《中华文史论丛》第五辑（1964年6月中华书局上海编辑所出版）载李平心氏《诗经新解》，第一节为《释〈葛覃〉篇》。略谓此诗“函义最晦”，古今学者“于此诗义旨全未通晓”。且云：“今推考全诗的文理与义据，可以看出，诗人是用所谓‘志而晦’‘宛而成章’的比兴手法，曲折地描绘了一个蒙谗受屈的贵妇的哀怨。自来说诗者都不解古代谐谑文体，遂使原诗义旨沉霾千载。”又于此文“小结”中云：“《诗经》中存在无数需要重新探讨的问题，即如六义，特别是其中关于兴的实质问题，就一直没有得到正确解决。我曾假定，兴就是谐谑。”盖李氏方以谐谑说诗为独得不传之秘,实则主观臆测,莫此为甚。今但举此诗首二章所说谐謔之义而驳之,则全篇非怨诗之义自明。至于所释他诗中所谓谐謔云者,不复覙缕辨驳。盖举一自足反三也。

葛之覃兮,施于中谷。

平心云:"在《诗经》中,凡言葛,不是象征已婚的妇女,就是暗射某种依附关系,因为葛是缘附他物而生的豆科植物。葛覃之葛,实隐指一个贵妇,而中谷则隐指她的丈夫。'葛之覃兮,施于中谷',即以葛藤蔓延于中谷,隐喻多年依附于她的显贵丈夫。"今按:以葛隐指贵妇,以中谷隐指其夫,此纯属臆测。既言葛"缘附他物",则所缘附者必当为另一较高大之植物,如"南有樛木,葛藟累之"是也。杜甫诗"兔丝附蓬麻",正本于此。而此诗但言"施于中谷",非依附于他种植物明矣。《老子》谓"谷神不死",实以谷为虚牝之象也,今反以中谷为"隐指"其夫,何所据而云然乎?且又何以见其必为显贵耶?况"高岸为谷,深谷为陵",彼"谷"又将何所喻乎?《新解》斥前人说《诗》为"荒诞""乖违",实则其本人所论,亦不免为通人所讥也。

维叶萋萋,黄鸟于飞,集于灌木,其鸣喈喈。

平心云:"叶与萋萋亦为双关词,叶谐摄,萋谐妻;意谓她嫁给那位贵族,多历年所,成为丈夫的内助。但是不幸,谗人的诬罔把她的幸福打断了,那'集于灌木'喈喈而鸣的'黄鸟',就像'止于樊(棘、榛)'的'营营青蝇'(青蝇乃喻谗言者,见《小雅·青蝇》),向她的丈夫进谗,使她蒙受了不白之冤。"今按:"萋萋"一词,《三百篇》屡见之矣,如《杕杜》之"有杕之杜,其叶萋萋"、《大田》之"有渰萋萋,兴雨祁祁"是也;或作"凄凄",如《蒹葭》之"蒹葭凄凄"是也;或但作"萋",《巷伯》之"萋兮斐兮"是也;或作"有萋",《有客》之"有萋有且"是也;而与鸟鸣喈喈连文者尤多,如《出车》之"春日迟迟,卉木萋萋,仓庚喈喈,采蘩祁祁"与《卷阿》之"凤凰鸣矣,于彼高冈;梧桐生矣,于彼朝阳——菶菶萋萋,雝雝喈喈"是也。岂一切"萋""凄"字皆谐"妻"之义乎?抑一切从妻得声之字皆寓妻之义乎?岂《出车》《卷阿》二诗所言,亦为妻受谗言之诬罔乎?而"黄鸟"在《三百篇》中亦数数见矣,乃以喈喈而鸣之黄鸟与夫营营而飞之青蝇相提并论,不惟古今说诗者无此一解,即求之《三百篇》亦无可供佐证者也。夫"止于棘"之"交交黄鸟",岂陷三良于死地之谗人乎?夫"黄鸟黄鸟,无集于穀,无啄我粟",固以喻"此邦之人""不我肯穀",然初非黄鸟谗于"此邦之人"而后始"不我肯穀"也。又如"睍睆黄鸟,载好其音",岂七子之"莫慰母心",皆缘黄鸟进谗之过乎?而"緜蛮黄鸟"又当何所指何所喻乎?况"喈喈"者,和鸣之声也,所谓"载好其音"也,非"营营""薨薨"之比也,岂可等而同之乎?执此以质之,悉扞格而难通,则释《葛覃》全诗之为臆说,可不言而喻矣。

维叶莫莫,是刈是濩,为絺为绤,服之无斁。

平心云:"莫莫也是双关词,谐母。古音母虽在之部,但可以读归鱼部,莫、母双声叠韵。这是说,她已经做了母亲,一切都很美满。她历尽艰辛,生儿育女,为的是让他们长大成人,永远服事父母;就宛如葛茎经过收割和煮炼,用它的纤维织成细布和粗布,为的是让它们裁制成衣,作为久不离身的燕服与礼服(服字亦义取双关)……"今按:莫之谐母,同为臆说。《旱麓》之"莫莫葛藟",亦谐母乎?"是刈是濩"以下,明明为直陈其事之赋体,乃反以为比喻,则谐谑之为用,尚有止境乎?"宛如"以下云云,全无依据。夫以葛之纤维作为絺绤,与生儿育女何干?絺与绤,孰为男孰为女乎?以此求信于人,戛戛乎其难矣。

他如释此诗第三章之"言告言归"与"归宁父母",忽而释为"无限悲愤","决定同……丈夫决裂","表达了她对专横丈夫与谗佞小人的强烈抗议";忽而又言"诗中不言大归,而言归宁,乃是诗人故示'敦厚'的宛辞",自相矛盾,全无准则,兹不复一一驳之矣。

夫风雅有正变,固不足以尽信。然一诗为怨为爱,为喜为怒,为美为刺,虽非通人,亦不难明辨之也。五四运动以来,或有释《葛覃》为女工休假之作,已贻讥于识者;而今则释此诗为与《谷风》《氓》等篇相埒之怨诗,真庄生所谓荒唐之言,大相径庭者矣。

二、芣　苢

采采芣苢,薄言采之。

《毛传》:"采采,非一辞也。"朱熹《集传》:"采采,非一采也。"(并见《卷耳》注)王先谦《诗三家义集疏》:"采采者,采而又采,薛君以为'采采而不已'是也。"今按:诸家于"采采"之旧训皆非是。宋戴溪《续吕氏家塾读诗记》释"蒹葭采采"句云:"采采,非谓其盛而可采,大抵物未肃则其叶鲜明,故曰采采。"马瑞辰《毛诗传笺通释》于《卷耳》篇释"采采"云:"瑞辰按:《蒹葭》诗'蒹葭采采'《传》:'采采,犹萋萋也。'萋萋,犹苍苍,皆谓盛也。《蜉蝣》《传》:'采采,众多也。'多与盛同义。此诗及《芣苢》诗俱言'采采',盖极状卷耳、芣苢之盛。《芣苢》下句始云'薄言采之',不得以上言'采采'为采取;此诗下言'不盈顷筐',则采取之义已见,亦不得以'采采'为采取也。”近人闻一多《匡斋尺牍》:“本篇的‘采采芣苢’,《卷耳》的‘采采卷耳’,同《秦风·蒹葭篇》的‘蒹葭采采’一样,全是形容词。《小雅·大东》‘粲粲衣服’,《文选》注引《韩诗》作‘采采衣服’。‘采采’‘粲粲’是同纽相转的叠字,‘粲粲’又变为‘璀璨’‘翠粲’等双声联绵词,都是颜色鲜明之貌。《列女传》曰:‘且夫采采芣苢之草’,刘向似乎认清了这两个字的词性。‘采采芣苢’,若依毛、郑以及薛君读‘采采’为动词,无论《三百篇》中无此文法,并且与下句的‘薄言采之’的意义重复,在文法上恐怕也说不过去。”今按:闻说出自马说而略有不同,盖参用戴溪之意。然皆释“采采”为状词(形容词)而不以之为动词,则其言是也。至于众盛与鲜明之义,本相成而不相反,此处疑以训盛多为宜。

《毛传》:“芣苢,马舄。马舄,车前也,宜怀妊焉。”《匡斋尺牍》:“‘芣’从‘不’声,‘胚’字从‘丕’声,‘不’‘丕’本是一字,所以古音‘芣’读如‘胚’。‘苢’从‘目’声,‘胎’从‘台’声,‘台’又从‘目’声(《王孙钟》《归父盘》等器,‘以’字皆从‘口’作‘台’),所以古音‘胎’读如‘苢’。‘芣苢’与‘胚胎’古音既不分,证以‘声同义亦同’的原则,便知道‘芣苢’的本意就是‘胚胎’,其字本只作‘不目’,后来用为植物名变作‘芣苢’,用在人身上变作‘胚胎’,乃是文字孳乳分化的结果。”又:“薏苡即芣苢。”闻氏于《匡斋尺牍》第五节详考“薏”“芣”为一字,并以“音”“菩”“蓓”“不过是一个字在形体上的祖孙三代”,而“菩”即“芣”也,文繁不录。然其说自可信也。

《毛传》:“薄,辞也。”宋杨简《慈湖诗传》卷一云:“薄,犹略也。言,语助之辞也。薄言,有优游不迫之意。”闻一多则云:“‘薄’与‘迫’通,《汉书·严助传》曰‘王居远,事薄遽’,‘薄遽’即‘迫遽’。‘薄’本是外动词,‘薄言’二字连用便成了副词成语。‘薄言’即‘薄而’,实际也就等于‘薄薄然’,用今语说,就是‘急急忙忙的’,‘赶忙的’或‘快快的’。‘薄言’在《诗经》中,连本篇共见过十八次,都应该这样解释,没有半个例外。”今按:林庚先生译“薄言”为“就这么着”,其意以为薄训迫近,“就”古亦训近,故以薄训就,盖与慈湖之说为近。然以《三百篇》中其余“薄言”之义考之(如《邶风·柏舟》“薄言往愬,逢彼之怒”),则闻说是也。“采之”详下。

薄言有之。

《毛传》:“采,取也。有,藏之也。”王念孙《广雅疏证》卷一上“有,取也”条下注云:“《周南·芣苢篇》……《毛传》云:‘采,取也。有,藏之也。’案《诗》之用词,不嫌于复,有,亦取也。首章泛言取之,次则言其取之之事,卒乃言既取而盛之以归耳。若首章既言藏之,而次章复言掇之捋之,则非其次矣。”近人林义光《诗经通解》则云:“采之,谓行而往采,尚未见芣苢也。有之,则见芣苢矣……”闻一多《匡斋尺牍》云:“《散氏盘》有这样一个字:。从艸从又(又即手),前人都释为‘若’。唐兰说‘若’《说文》训为‘择菜’,即本篇‘薄言有之’之‘有’。这一说颇有道理,我想。本篇二章的‘掇’‘捋’意义相近,三章‘袺’‘襭’也相近,那么一章的‘采’‘有’也应该是性质类似的两种动作了。”说与王同。余冠英先生《诗经选》亦注云:“有,取也。上面‘采之’是泛言去采,尚未见到芣苢;这里‘有之’是见到芣苢动手采取。”则依林说。今按:自王念孙以下释“采之”“有之”二句皆未允当。彼以为下文既有“掇之”“捋之”,不得先云“有之”,其实非也。盖“掇之”“捋之”,即“采之”之具体行动,而“袺之”“襭之”,则“有之”之具体行动也。掇、捋蒙“采”言,袺、襭蒙“有”言;层次井然,无烦曲解。《毛传》“有”训“藏之”本不误,不必据《广雅》坚执采、有同训也。而林义光以未见、已见别“采”“有”之先后,其说尤窒碍难通。

薄言掇之。

《毛传》:“掇,拾也。”《慈湖诗传》卷一云:“掇,取之易也。《易》曰:‘患至掇也。’《毛诗传》曰:‘拾也。’即掐也。以爪掐取之易也。”(林庚于“薄言掇之”译文云:“就这么着捡大的掐。”与杨说同。)今按:掇训掐,近是。盖“拾”从“合”得声,而洽、恰字亦皆从合得声,与掐音近,故疑“拾”即古“掐”字(“掐”见《说文新附》,钮树玉疑为“插”字之孳乳,似未确)。曹操《短歌行》:“明明如月,何时可掇。”掇必不训俯身拾取明矣。又,王先谦《诗三家义集疏》:“《说文》:‘掇,拾也。’‘拾,掇也。’互相训。‘叕’下云:‘缀联也,象形。’掇声义并从叕,盖以手联缀取之,言其易也。”可备一说。

三、甘　棠

勿翦勿拜。

郑《笺》:“拜之言拔也。”今本《唐语林·文学》引刘禹锡云:“与柳八、韩七诣施士匄听《毛诗》。……又说:《甘棠》之诗‘(勿翦)勿拜,召伯所憩(按,当作“说”)’,拜言如人身之拜,小能屈也。上言勿翦,终言勿拜,明召伯渐远,人思不得见也。毛注‘拜犹伐’,非也。”朱熹《集传》:“拜,屈……勿拜,则非特勿败而已。”正用施说。马瑞辰《毛诗传笺通释》卷三云:“按《广韵》引《诗》:‘勿翦勿扒。’云:‘扒,拔也。’亦作拜。拜与八双声,扒通作拜,犹澎湃通作澎汃也。《广雅》《玉篇》并云:‘扒,擘也。'‘擘’义为分,亦为击,与首章‘勿伐’亦同义。作‘扒’者盖三家诗。郑君知拜即扒之假借,故《笺》以‘拔’释之。施士匄直训‘如人之拜,小低屈也’,失之。又按据施士匄云:‘毛注,拜犹伐,非也。’则施所见《毛传》有‘拜犹伐也’四字,今本脱去。”今按:拜,即擘。《说文》:“擘,㧑也。”《广雅·释言》:“擘,剖也。”《玉篇》:“擘,裂也。”《汉书·申屠嘉传》注云:“今之弩以手张者,曰擘张。”《说文》段注:“今俗语谓裂之曰擘开。”后世以“擘”为“巨擘”字,遂别造“掰”字,亦即“扒”字也。北京方言,擘、掰皆读为 bāi,正当作“拜”字也。擘或读 pǐ,亦折裂枝条之谓(清桂馥《札朴·乡言正字》则云:“折枝曰殧。”见《玉篇》),如言“pǐ chà”(俗作劈杈),盖擘字从辟得声,由 bāi 转而为 pǐ 也。“勿拜”者,勿折裂其枝条之谓,犹现代汉语言勿掰(bāi)、勿劈(pǐ)也。1973 年长沙马王堆汉墓新出土古佚书,有帛书《十大经》,其《正乱篇》云:“天刑不莽,逆顺有类。”《集韵》:“莽,草名。”布怪切,音拜。《尔雅·释草》:“拜,蔏藋。”则拜、莽字可通。“天刑不莽”之“莽”,似亦翦伐之义,即《甘棠》“勿拜”之“拜”。予因知“拜”字似亦可作“莽”,犹“召伯所废”之“废”,今《鲁》《韩》《毛》皆作“茇”也。

四、静　女

静女其姝。

《毛传》:“静,贞静也。女德贞静而有法度,乃可说也。”朱熹《集传》:“静者,闲雅之意。”今按:历来说诗者皆于此“静”字固执贞静闲(娴)雅之训,遂与下文相俟于城隅之事不合。五四运动以来,古史辨派学者如顾颉刚、刘大白、魏建功诸家,于此诗反复论难,不无胜解。独于“静女”之“静”无所发明,或译“幽静”,或译“幽娴”,或译“静默”,或译“幽雅”,其义皆与下文幽期密约之事相枘凿。按《说文》云:“安,静也。”段玉裁注本改“静”为“竫”,云:“竫,各本作静,今正。‘立’部曰:‘竫者,亭安也。’与此为转注。‘青’部‘静者审也’非其义。《方言》曰:‘安,静也。’以许书律之,叚(假)静为竫耳。”《广雅·释诂四》:“安,静也。”《国语·晋语》:“君父之所安也。”韦昭注:“安,犹善也。”王羲之《快雪时晴帖》:“佳想安善。”安、善同义复合,联列为词,犹今之言安好也。《广雅·释诂一》:“竫,善也。”《邶风·柏舟》《毛传》云:“静,安也。”安与静为转注,安训善、训好,则静亦当训安、训好。《女曰鸡鸣》:“琴瑟在御,莫不静好。”静与好正同义复合,联列为词也。然自汉魏以来,训“好”之“静”,

多用"靓"字。《文选·上林赋》注:"靓妆,粉白黛黑也。"《文选·蜀都赋》"袨服靓妆"注引张揖说同。《后汉书·南匈奴传》:"丰容靓饰,光明汉宫。"谓容饰妍好也。《集韵》"静"韵:"靓,女容徐靓。"因知古今语言之通转,词义之通假,皆以字音为主,音同则义通,固不必泥于字形之异也。此诗"静女",犹言"好女",亦即"靓女"或"美女",谓其人为妍丽之女也。如此则"静"与"姝"义正相应。古诗《陌上桑》:"秦氏有好女。"好女,即美女。下云:"问是谁家姝。"好与姝亦正相应也。准此,则《魏风·葛屦》云:"好人服之。"好人,犹美人,与此诗"静女"之义相近。惟"静女"为未嫁之女,"好人"为已嫁之妇耳。朱熹《集传》释"好人"为"大人",明郝敬《毛诗原解》则释为"贵人",近人说诗又以之与"恶人"相对,并误。

附按:明末董斯张《吹景集》卷十"倩靓字义"一条云:"《魏志》陈思王曰:'愿当面试,奈何倩人?'倩,所见反。《说文》:'倩,美也。'逸《诗》:'巧笑倩兮。'汉人呼魏无知为魏倩,东方先生字曼倩,荀氏六子皆字倩,东齐人以婿为倩,皆与假手义无关。按,《广雅》云:'招、命、靓、召,呼也。'又云:'令、召,靓也。'靓,才性反。曹宪注云:'屈靓之靓,今云靓师僧者是矣。'倩人当为靓人。王融《曲水诗序》:'靓妆藻野,袨服缛川。'本相如、太冲二赋。郭璞曰:'靓妆,粉白黛黑也。'未尽其趣。靓者,召也,言极其艳饰,目挑心招,所谓冶容诲淫也。班婕妤赋云:'眇眇兮靓处。'亦同靓召之义。盖团扇被捐以后,幽忧余生,魂魄眇眇,如有所失。靓处者,犹楚些之招魂,愿复返其故处也,倩之为靓审矣。若《甘泉赋》之'暗暗靓深',《王莽传》'清靓无尘'之'靓',自当以静义解之,可强一哉!"今按:董氏以靓、倩相通,且以艳饰释之,其说是也。"倩"自当从《说文》训"美",犹"靓""静"之训"好"也。董以《广雅》"召"义释之,转病迂曲。至于观所引《甘泉赋》与《王莽传》,益信"靓""静"之为一字,惟不当强别为二义;如班赋之"靓处",犹静处耳,训"召"则非也。

五、伐　檀

坎坎伐檀兮。

朱熹《集传》:"檀,木可为车者。"今按:毛、郑于檀字皆无训,仅于下文"伐辐"、"伐轮"言檀辐云云。《小雅·杕杜》:"檀车幝幝。"《毛传》:"檀车,役车。"孔颖达《正义》:"以檀木为车。《伐檀》曰:'坎坎伐檀兮。'又曰'伐轮''伐辐',是檀可为车之轮辐。又《大明》云:'檀车煌煌。'武王之戎车。是檀之所施于车广矣。"《集传》:

"檀木坚,宜为车。"《大雅·大明》:"檀车煌煌。"《笺》以檀车为兵车(此即孔《疏》所本)。《集传》:"檀,坚木,宜为车者也。"是《集传》本于毛、孔,而不免望文生义。今观此诗首章举所伐之木,次章及三章乃言伐辐、伐轮,辐与轮皆车之部件,文义与首章不相比类。因疑檀车乃周时之通称,而檀又为檀车之省称,举"檀"即指伐木为车或伐木为车之部件之意,犹下言伐辐伐轮,亦谓伐木为车之轮辐耳,檀非木名也。清人曾钊《诗毛郑异同辨》于《杕杜》篇云:"《传》:'檀车,役车也。'《正义》:'以檀木为车。'钊按:檀木中车材,故《伐檀》曰'坎坎伐檀'(按:此说与下文自相牴牾,恐非是)。若以檀为车材即名檀车,郑注《考工记》云:'今世毂用杂榆,辐以檀,牙以橿。'将亦谓之榆车、橿车耶?窃谓毛意,檀车即栈车,盖声转耳。《周礼·地官》序官'廛人'注:'杜子春读坛为廛。'《方言》:'廛或曰践。'是坛、廛、践,皆声近可通借。坛从亶声,檀亦从亶;践从戋声,栈亦从戋。则檀、栈亦可通借矣。又《何草不黄》:'有栈之车。'《传》:'栈车,役车也。'檀车、栈车,《传》同训'役车',是檀、栈同物之证。或谓毛无破字之例,非也。《传》虽不破字,而以假借作训,如甲、狎,汤、荡,觉、直,单、信之类,则字已从义改矣。《周礼·巾车》:'士乘栈车,庶人乘役车。'栈、役不同。毛以栈为役车者,同无革鞔故也。《考工记》注:'役车方箱,可载任器以共役,亦可寝。'《左传》逢丑父寝于辗车,辗即栈也。"依曾说,则檀为栈之假借,字又作辗、辚,则此诗之伐檀即是伐栈。《说文》:"棚,栈也。"又:"栈,棚也。竹木之车曰栈。"段玉裁《说文解字注》于"栈"下注云:"《小雅》《传》曰:'栈车,役车。'《笺》云:'栈车,辇者。'许云'竹木之车'者,谓以竹若木散材编之为箱,如栅然,是曰栈车。栈者,上下四旁皆称焉……"盖栈车以竹木为车箱,乘车者可卧载其中。诗言"伐檀",谓伐木以为车箱(此车之主要部件)耳,犹之伐辐、伐轮也。则檀之解为栈,正与下文同属一类,故知训木名者为非也。

彼君子兮,不素餐兮。

《孟子·尽心上》:"公孙丑曰:'《诗》曰,不素餐兮。君子之不耕而食,何也?'孟子曰:'君子居是国也,其君用之,则安富尊荣;其子弟从之,则孝弟忠信。不素餐兮,孰大于是!'"此以"君子"为诗人理想中之正面人物,意谓惟彼君子乃为不素餐之人也。先秦人读此诗,率皆作如是解。然自五四运动以来,胡适始创为异说,其言曰:"……你看那《伐檀》的诗人对于那时的'君子',何等冷嘲热骂!……"(《中国哲学史大纲》上卷,参见《古史辨》第三册下编魏建功《邶风静女的讨论》一文摘引。又刘大白《白屋说诗》附录亦引之)而古史辨派学者如顾颉刚、刘大白、魏建功诸家,皆主其说。顾之言曰："这明明是一首骂君子不劳而食的诗。那时说'君子'，犹后世说'大人先生'(按:此未尽确。'大人先生'见阮籍《大人先生传》，原意本指正面人物)，只是'贵'的意思，并没有'好'的意思。"(见《古史辨》第三册下编《诗经在春秋战国间的地位》)刘之言曰："其实，那时候的所谓君子，本来有三种解释：第一种是仁人君子的君子，就是所谓好人；第二种是指在位者，就是所谓官僚或绅士；第三种是女人称她的丈夫。这三种例，《毛诗》中都有。《伐檀篇》中的君子，却是属于第二种的。所以这篇诗每章后面的六句，是两个伐檀工人(今按:先秦时已有"工人"乎?)分别说话的口吻。……他怀疑着远远地对着这家人家发问道，'你们并不劳动，为什么有这许多好东西吃呢?'旁边另外一个工人用讽刺的口吻，代这家人家解释道，'你不知道他们是官僚绅士啊，是不会不劳动而白吃饭的啊!'"(《白屋说诗·四谈静女》)魏之言曰："首三行说的伐檀时情状，'不稼不穑'以下便托在伐檀者的嘴里对一班'君子'下的攻击，……悠然发出一句遣情的冷讥的刺语说道：'阔人啊，是不吃白饭的啊!'"(《邶风静女的讨论》)今按：诸说皆未洽。其理由有三：一、《诗三百篇》中所言"君子"，无一处为意含讽刺，不得独于此诗别生异解；二、诗人所指斥之对象用指代词"尔"，而于其心目中之理想人物("君子")则用指代词"彼"，"尔"之不同于"彼"，固甚明白(此说前人亦已言之。方苞《朱子诗义补正》卷三云："治人者食于人，以贫薄之地竭力以奉尔，望相恤也；而尔不我恤。独不闻君子之不素餐乎?言彼者，讽此人之不然也。"近人缪金源亦由此二指代词之不同以释"君子"非指上文之"尔"，原文未见，见魏文所引)；三、尤为重要者，说此诗必不能忽忘成诗之时代。此诗乃两千余年前之奴隶制社会或由奴隶制向封建制逐步转化之社会中为劳动人民立言而作。夫存在决定意识，其人作诗必不能超越时代之局限。至1955年，余冠英氏编注《诗经选》，仍力主以"君子"为讽刺对象之说而非议旧解，且示轩轾之意。是径以20世纪社会主义国家中人民之水平取代两千余年前诗人之思想矣，岂符于历史唯物主义耶?故予以为如诸家之说，是"拔高"此诗，而非本诸实事求是之精神，与之以科学评价也。

胡瞻尔庭有县鹑兮。

《毛传》："鹑，小鸟。"("小"字据《七经孟子考文》增补)《正义》引《尔雅·释鸟》郭璞注："鹑，鴽之属也。"今按：鹑当读为雕。若鹌鹑则太小矣。近人于省吾《双剑楼诗经新证》及《泽螺居诗经札记》有详考。兹逡录《札记》如下："按：'鹑'字所从之'享'，古文字作'𦎧'，《说文》讹作'䜭'，隶变作'享'，与'享受'之'享'混淆无别。‘𦎫’字习见于卜辞、金文,晚期金文孳乳为‘𣪘’,‘𦎫’与‘𣪘’即今‘敦’字。《四月》篇称“匪鹑匪鸢”,鹑字《说文》作䳻,是其证。此诗之‘鹑’应读为‘雕’,今举三证以明之:《行苇》篇的‘敦弓既坚’,‘敦弓’《荀子·大略篇》作‘彫弓’,《公羊·定四年传》注作‘雕弓’,这是第一个证据;《有客》篇的‘敦琢其旅’,《释文》谓徐音彫,孔《疏》谓敦、雕古今字,这是第二个证据;《说文》谓‘䳻,雕也,从鸟敦声’,又:‘雕,䳻也,’从隹,周声。’以䳻、雕互训,是䳻(省体作鹑)即雕,这是第三个证据。根据以上三证,则‘鹑’之可读为‘雕’已无疑问。第一章言‘悬貆’,第二章言‘悬特’(《毛传》谓兽三岁曰特),第三章言‘悬鹑’,悬貆兽与悬特兽于庭中,望而可知,如果悬起像拳头大的鷂(鹌)鹑于庭中,不仅不显眼,而且与貆、特并列,显得不伦不类。然则‘悬鹑’之应读作‘悬雕’,是可以肯定的。”

六、硕　鼠

三岁贯女。

《毛传》:“贯,事也。”今按:贯通宦。《鲁诗》正作“宦”。说详惠栋《九经古义》、李黼平《毛诗䌷义》、冯登府《三家诗异文疏证》(以上见《清经解》)及胡承珙《毛诗后笺》、马瑞辰《毛诗传笺通释》(以上见《清经解续编》)。阮元所辑存之《诂经精舍文集》载金廷栋《鲁诗三岁宦女解》说并同。

谁之永号。

郑《笺》:“之,往也。永,歌也。乐郊之地,谁独当往而歌号者,言皆喜说无忧者。”今按:马瑞辰《通释》:“之,其也。(原注:《吕氏春秋·音初篇》高注:‘之,其也。’)谁之永号,犹云谁其永号。”陈奂《诗毛氏传疏》:“之,犹则也。‘鹑之奔奔’《传》以‘则’训‘之’字,古‘之’‘则’声通也。永,长也。《尔雅》:‘号,謼也。’呼、謼通用。谁则永号,犹言乐郊之地,民无长叹耳。”之训其、训则,义并相近,马、陈说是。然检元许谦《诗集传名物钞》卷三云:“诗人欲适彼乐土,因畏从政者之贪残而欲去,然亦未知所去者何土。下言‘乐土乐土’,犹是意望料想之辞,得乐土而居之,其得我所乎?次言得乐国而居,其得我养生之直道乎?上二章食黍食麦,固可见其贪残;至于苗而未秀者,亦已食之,则其贪虐尤甚,所以其民尤急于去也。乐土乐国,犹有其所,欲去之急,则邑外之郊,亦姑往之,惟欲出此境也。然乐郊乐郊,又将长号于谁,使之拯我乎?可见其民穷蹙之甚,进退无据,不聊其生,国其可久存哉!”释“谁之永号”为“长号于谁”，于训诂虽未安，然其说则有较强之现实性。盖许氏身值宋元乱亡之际，目睹民生穷蹙，乃有此解耳。夫作诗言志，固汲源于生活；而解诗者诠解前人之作，又何尝不以一己之生活实践为依据耶？许说可存参，正以此也。

七、蒹　葭

溯洄从之，道阻且长；溯游从之，宛在水中央。

《毛传》：“逆流而上曰溯洄。”又：“顺流而涉曰溯游。”今按：夫顺流而涉，乌得曰“溯”，宜乎前人已疑之矣。戴溪《续吕氏家塾读诗记》卷一：“溯洄溯游，皆逆也。”信然。俞樾《群经平议》卷九云：“樾谨案：溯，《说文》作㴑。‘水’部：‘㴑，逆流而上曰㴑洄。㴑，向也，水欲下，违之而上也。’是溯字止可为逆流之名。其字本从屰得声，屰，不顺也。若使逆流、顺流，同谓之溯，义不可通。虽有《尔雅》明文，未敢信也（按：《尔雅》文见《释水》，句与《毛传》毕同）。此诗……两溯字，皆从下而上之意……两句之异，全在洄字、游字。《尔雅·释水》曰：‘潨辟流川，过辨回川。’郭璞解上句曰：‘通流。’解下句曰：‘旋流。’此经‘洄’字，即彼‘回’字；‘游’字，即彼‘流’字。回乃洄之省（按：洄乃后起本字），游与流古字通。《汉书·项籍传》：‘必居上游。’师古注曰：‘游即流也。’溯洄、溯流，其为溯也不异；然溯之于回川，则道阻且长；……溯之于流川，则宛在水中央。……《传》义虽亦本《尔雅》，然于字义不合，即非经义可知矣。”闻一多《风诗类钞甲》：“在水上逆流而行曰溯，在陆上傍水边逆流而行亦曰溯。此处指陆行。”又：“洄是回旋盘纡的水道，流是直达的水道。”又《风诗类钞乙》：“旋流曰洄，通流曰流。”余冠英《诗经选》：“从以上四句见出彼人所在的地点似是一条曲水和一条直流相交之处。诗人如沿直流上行，就看见彼人在曲水的彼方，好像被水包围着；如走向曲水的上游，虽然可绕到彼人所在的地方，但道路艰难而且遥远。”今按：后二说皆本诸俞曲园而各有所引申。闻说浑含，但诠词义；余说则明谓伊人所在为两水相交之处，心窃疑之。1964 年至 1965 年，予在湖北江陵县。某日，自所居张黄大队欲东至龙桥大队砖窑，中途一水相隔。此水有洄有游（流），溯洄而上，则道阻且长；溯游而上，则窑在水之彼岸，宛似水中洲岛，可望而不可即。卒以扁舟横渡而及其地。因顿悟此诗所云，实指一水。惟既洄且流，故两用“溯”字，且皆指陆行而言（闻氏说是也）。始叹诗人汲源于现实生活而成诗，后之人倘无实际生活以体验之，固不啻夫眇者之扣槃扪烛也。兹以简图示意如下（图中实线表示水行方向，虚线表示人行方向）。

多年疑义，一朝冰释，惟实践始能出真知也。

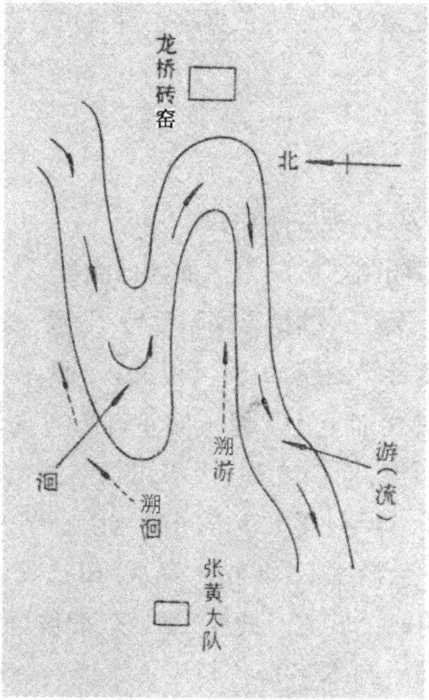

八、小　旻

如彼泉流，无沦胥以败。

郑《笺》："沦，率也。王之为政者，如原泉之流行则清；无相牵率为恶，以自浊败。"朱熹《集传》："沦，陷；胥，相也。"今按：王引之《经传释词》卷十"无"字条下云："《诗·小旻》曰：'如彼泉流，无沦胥以败。'《抑》曰：'如彼泉流，无沦胥以亡。'无，发声。'无沦胥以败'，沦胥以败也。言周德日衰，如泉水之流，滔滔不返，无论智愚贤否，将相率而厎于败亡也。'无沦胥以亡'，沦胥以亡也。言皇天弗尚，祸乱日生，如泉水之流，滔滔不返，周之君臣，将相率而厎于败亡也。《雨无正》曰：'若此无罪，沦胥以铺。'语意正相近。《笺》解《小旻》则曰：'无相牵率为恶以自浊败。'解《抑》篇则曰：'无自率行为恶，皆与之以亡。'俱误以'无'为戒词。"马瑞辰《毛诗传笺通释》卷二十于《雨无正》释"沦胥以铺"句云："《传》：'沦，率也。'《笺》：'胥，相；铺，遍也。'瑞辰按：《汉书·叙传》：'乌乎史迁，薰胥以刑。'晋灼曰：'齐、韩、鲁诗作薰。

薰，帅也。'《后汉书·蔡邕传》：'下获勋胥之辜。'李贤注引《诗·小雅》曰：'若此无罪，勋胥以痡。''勋，帅也；胥，相也；痡，病也。言此无罪之人而使有罪者相帅而病之，是其大(太)甚，见《韩诗》。'今按：薰、勋、沦音近通用，沦、率音之转。然以'沦胥'为'率相'，究为不词。《说文》：'沦，一曰，没也。'《广雅》《玉篇》并曰：'沦，没也。'《广雅》又曰：'沦，渍也。'沦又通陯，《说文》：'陯，山阜陷也。'当从朱子《集传》训沦为陷。惟胥仍训相，以沦胥为陷相，亦为不词。当以胥为湑之省借。《玉篇》：'湑，溢也。'《小尔雅》：'溢，没也。'《说文》：'没，湛也。'沦胥，犹言湛休(溺)、湛沦，谓人之全陷休于罪，如全没入于水也。铺者，痡之假借，当从《韩诗》作痡，训为病。皆沦没于罪以至于病也。《小旻》诗：'如彼泉流，无沦胥以败。'《抑》诗：'如彼泉流，无沦胥以亡。'两'无'字皆为发声。沦胥以败、沦胥以亡，犹此诗沦胥以痡也。《左传·昭二十六年》：'且为后人之迷败倾覆，而溺入于难，则振救之。'汉时男女从坐入官为奴，及杀伤人所用兵器入官者，通谓之没入、溺入，皆此诗沦胥之类也。"诗言"沦胥"，皆当以马说为正，旧说并非是。然王引之据旧说释"无"为发声词，于义实未安。《庄子·养生主》："为善无近名，为恶无近刑。"张文虎《舒艺室随笔》释"无"为"无乃"，其说甚是。此诗及《抑》之"无"，疑亦当作"无乃"解乃通耳。

九、畔援、伴奂、判涣

帝谓文王，无然畔援，无然歆羡。《皇矣》

伴奂尔游矣，优游尔休矣。《卷阿》

将予就之，继犹判涣。《访落》

近人葛毅卿有《释判涣》一文，载《中国文化研究汇刊》第六卷(1947年印)。其略云：一、畔援、伴奂、判涣为一语；二、畔援、磐桓、洀桓即盘桓；三、盘桓之本义为徜徉玩乐，其衍义则为"不进"与"回旋"；四、盘桓与彷徨、徘徊、屏营诸词同源。其解《诗》之畔援、伴奂、判涣，皆为徜徉玩乐之义。今节录其释"畔援"部分如下："今谓'畔援'者，徜徉玩乐之意。'畔援'与'歆羡'对文互足。《诗·大雅·板》：'天之方难，无然宪宪；天之方蹶，无然泄泄。'……则'无然歆羡'者，犹言'无然宪宪'，'无然畔援'者，犹言'无然沓沓'。此非谓'宪宪'与'歆羡''泄泄'与'畔援'义适相同，特谓其语法相当耳。又按《诗·大雅·板》云：'敬天之怒，不敢戏豫；敬天之渝，不敢驰驱。'自上命之曰'无然'，自下告之曰'不敢'；则'无然歆羡'者，犹言'不敢戏豫';'无然畔援'者,犹言'不敢驰驱'……于是'无然畔援'者,宜解为无如是徜徉玩乐……羡谓临渊羡鱼之'羡'。"今按:葛说是也。以此义解《卷阿》之"伴奂",《访落》之"判涣",无不可通者。惟葛谓此语之衍义为"不进"与"回旋",予则以为"不进"与"回旋"当是此语之始义,徜徉而耽于逸乐玩好则其引申义。盖"不进""回旋"之义于训诂较实,徜徉而耽于逸乐之义则较虚也。虚义当自实义引申衍绎而来,语词之通例也。此语既于雅、颂凡三见,而《访落》之成诗年代为最先。玩诗意,"继犹判涣"固可释为"乃图徜徉玩乐"(葛氏原文),然以上下文贯穿而读之,则释为"彷徨""徘徊",以示犹豫迟疑,似尤确切。此亦鄙意训"不进"、"回旋"之义先于徜徉逸乐之一证也。至于《毛传》、郑《笺》以至朱熹以下,率多望文生义,其不足信诚如皮锡瑞之所讥。又,敦煌变文中亦有"伴换"一词,近人蒋礼鸿《敦煌变文字义通释》谓其义与"盘桓"为近,盖即周代民间语言流传至于隋唐,犹存活于众口者也。予尝读蒋氏书,有《札记》考此语颇详。后以语裘锡圭君,裘君乃以葛氏之文见告,苦未得读。今既检及葛文,乃为札记如上,读者幸参看彼文,当悉拙考原委也。

附:关于《诗经》训释的几个问题

1956年10月号《北京文艺》发表了李金牧先生一篇《评余冠英诗经六篇今译》及《对高中文学课本诗经注释的一些商榷》,读了之后,对于李先生在训诂方面的意见有些不同的看法。本着"争鸣"的精神,我愿意把自己的看法写出来就教于李金牧先生。当然,我应该声明,我对李先生的某些见解和批评是同意的(如论《关雎》的"参差荇菜"二句是"兴"不是"赋"等);同时,我对余冠英先生的《诗经今译》和高中《文学》课本的注释也并非没有意见。但为了行文方便和节省篇幅,这里就不细谈。希望李先生不要误会。

关于"雎鸠"是"鸠类的鸟"还是"鱼鹰子",本是历代学者一直未能解决的老问题之一。李先生所引的王铚、马瑞辰(马说实本于邵晋涵的《尔雅正义》)的说法也并非定论。我个人以为,高中《文学》课本解"雎鸠"为"鸠类的鸟"还是比较慎重稳妥的(闻一多先生有详细论证,兹不详)。因为从常识推断,"鸠类的鸟"至少有两点符合此诗的精神,即它能鸣而其本性又是成双做对的。至于鱼鹰子是否能鸣而亦成双做对,就有待于进一步的考证了。希望生物学界的专家能解决这个问题。

关于"复关"的解释,高中《文学》课本是这样注释的:

> 复关，地名，那个男子住的地方；这里作为那个男子的代称。

这个说法似把《毛传》、郑《笺》和孔《疏》糅合在一起而成。不过余冠英先生的译文，照我的理解则不能算错，因为他是有根据的。按《毛传》云："复关，君子所近也。"清人陈奂《诗毛氏传疏》卷五疏解此《传》云：

> 复，反也，犹来也。关，卫之近郊也。襄十四年、二十六年《左传》："蘧伯玉遂行，从近关出。"又二十六年《传》："太叔仪乃行，从近关出，公使止之。"盖卫之境，有远有近，诗之"关"，即卫之"近关"。《传》云"复关，君子所近也"者，言望君子之来，宜自近关也。《传》意正本《左传》为训……"不见复关，泣涕涟涟"，犹云"未见君子"也；"既见复关，载笑载言"，犹云"既见君子"也。玩诗语意，复关非关名。

余先生的译文即本陈《疏》。李先生不批评陈奂，只说："今译却分裂为两种解释……感到前后两句，对复关的解释不够统一。"我看是不能说服余先生的。至于李先生把"复关"解释为"那个男人的名字"，实在有些简单化，我以为是不够妥当的。

同样，余先生译"士之耽也，犹可说也；女之耽也，不可说也"四句，也是有根据的。在林义光的《诗经通解》和闻一多的《风诗类钞》里，都是把"说"读为"脱"的，余先生的译文即以闻先生的讲法为依据。我们同意闻先生的说法与否是另一问题，如仅就李先生对"说"字的意见来看，我想是不容易把余先生说服的。

至于把"隰则有畔"的"隰"释为"漯河"，余先生用的也是闻先生的说法。因为上句"淇则有岸"的"淇"是专名词，这句和上句正是对文，所以"隰"也应该是专名词。

把"稷"字释为"高粱"（《黍离》），余先生实在没有错。而李先生说"稷"是"米的一种"，则反不免贻人以"混为一谈"之讥。李先生竟嘲笑余先生"五谷不分"，未免言重一些了。至于我认为余先生讲得不错，却也并非已经分清五谷，还是从书本上找到的根据。查程瑶田《九谷考》云：

> 《说文》："稷，齋也。""齋，稷也。""秫，稷之粘者。"是稷亦有粘、不粘二种。对文则粘者秫，不粘者稷；散文则通谓之稷，亦谓之秫。今北方呼高粱为秫，呼

其秸为秫秸，与稷一名秫者正合。是稷即高粱之证。《月令》："首种不入。"郑注："首种谓稷。"《淮南子》作"首稼"。高注："百谷惟稷先种，故曰首稼。"今北方种高粱最早，与稷为首稼正合。郭璞以稷为小米，误矣。

这一段话，就是那个解"雎鸠"为"鱼鹰子"的马瑞辰，在他的《毛诗传笺通释》卷七里，也引用了的。不知李先生何以没有看到。另外，《文学》课本和余先生把"离离"解释为"一行一行"或"整整齐齐"，也正是用的马瑞辰的解释："离离者，状其有行列也。"而这个解释实并不错。李先生的苛责是不足以服人之心的。

关于《伐檀》，李先生的意见也有一些是可商榷的。余先生译"貆"为"猪獾"并不错，而李先生却认为不应该把一名译成二物。其实"貆"即是"獾"，獾的头部嘴部形状有点像猪，故俗名叫"猪獾"。正如"狗熊"不是"狗"和"熊"，"马蜂"不是"马"和"蜂"一样，"猪獾"也不是猪和獾。李先生的这一条意见，至少是有粗心大意之嫌的。

李先生又认为《文学》课本和余先生都把"廛"字解成"缠"和"束"而不用毛《传》所谓"一夫之居曰廛"的旧注是"没有根据"的，我看也失之武断。查俞樾《群经平议》卷九"胡取禾三百廛兮"条下云：

樾谨案：如《传》义，则"三百廛"为三百夫之田（小如按：孔颖达《毛诗正义》："谓一夫之田百亩也。"俞语本此），其数太多。且一章言"廛"，二章言"亿"，三章言"囷"，义亦不伦。疑《传》义非也。《广雅·释诂》，"稛""繶""缠"并训"束"，然则"三百廛"者，三百缠也；"三百亿"者，三百繶也；"三百囷"者，三百稛也。其实皆三百束也。《说文》"又"部："秉，禾束也。"然则三百束者，三百秉也。郑《笺》于二章曰："三百亿，禾秉之数。"不知"三百"者，"亿"之数，"亿"犹"秉"也。盖自《传》失其义，故《笺》亦不得其解矣。

这就是《文学》课本的注释者和余先生的根据。这个说法我个人是同意的。因为照毛《传》讲，下文的"三百亿""三百囷"就与此不相比类，特别是"三百亿"，"亿"是万万（毛《传》），这"万万"到底是什么单位呢？李先生认为"三百廛"应该是"三百间房的粮食"，可是他对"亿"和"囷"又该怎样理解呢？而且《孟子》上的"愿受一廛而为氓"的"廛"，也并没有"间"的意思；所谓"一夫所居之地"，就是指一百亩的土地而言(详见焦循《孟子正义》),那个“居”大概也是指广义的“生活”而非指狭义的“居住”。李先生处处用今人的想法去解释《诗经》,自然会把一些根据名物训诂立说的解释看成不足为训的东西了。事实上,从孔颖达的《毛诗正义》到马瑞辰的《毛诗传笺通释》,对这三个词的解释都不如俞樾的说法直截了当。我想,课本的注释者和余先生之所以采用这一说法(闻一多先生亦用此说),恐怕不是事出偶然或以意为之的吧。

关于《蒹葭》一诗的“苍苍”“凄凄”“采采”三词,我认为依旧说解作“盛貌”较妥;余先生解为“鲜明貌”,是用闻一多先生的说法,也是有根据的。至于李先生把“苍苍”讲成“苍老”,把“凄凄”讲成“凋残”,把“采采”讲成“不光彩”,我实在不能同意。因为把“苍”释为“苍老”,乃是后起晚出的引申义,先秦古义是否如此,我读书太少,不敢武断。但就《三百篇》而论,作为状语的叠字联绵词大都不是引申义;“苍”从艸,仓声,可见本来就是形容草的。何况无论毛《传》或《广雅》,又都无“衰”“老”之训而只有“茂”“盛”之义,则“苍老”之说显然不够妥当。至于“凄凄”,原是“萋萋”的假借字,自然与“凋残”无关。而“采采”一词,除旧注亦解为“盛貌”外,闻一多先生又说:“犹粲粲。”“粲粲”当然可以释为“鲜明貌”了。李先生说:“《史记》有‘尧、舜采椽不刮’句,‘采’即不饰光采之意。”这一论证,也是不够科学的。因为“采”并不等于“采采”,正如“坎坎伐檀”的“坎坎”不等于当土坑讲的“坎”,“维叶莫莫”的“莫莫”不等于“莫须有”的“莫”;况且李先生对“采椽不刮”的解释也不够正确。查《史记》此语已见于《韩非子 · 五蠹》,原文是:“尧之王天下也,茅茨不剪,采椽不斫。”据旧说,“采”是木名,即栎木,根本与“光采”之义无关。李先生大概把“不刮”的意思给装到“采”字上面去了。

此外,李先生的文章本身也有一两点小毛病。比如《氓》的原文“至于顿丘”不是“至于顿屯”,把“以我贿迁”的“迁”解释为“和你结婚”,意义也嫌扣得不紧。

说完了我的意见,不禁还有两点要求要谈。应该说明,这并不专为李先生的文章而发,也希望李先生不要误会。第一,作为一个普通读者,对于古典文学研究工作者所做的种种整理工作(包括注释和今译),主要应该是尊重他们的辛勤劳动。当然,写批评文章或提出意见也是必要的,但我们如果真能尊重他们的劳动果实,那么所提出的意见就会更有价值,更解决问题,自然也会更有效果。事实告诉我们,一篇真正有价值的批评文章,它本身就应该具有较强的科学性,甚至就是批评者自己科学研究的成果。第二,作为一个古典文学作品的注释者或今译者,今后在注释或翻译时,最好能尽量把所采用的前人旧说简单地注明出处。这样既免自己穿凿附会,也不致使读者臆测是非。当然,今人引用了古人的说法,自己也要负责任,而且古人的见解也并不见得全对;可是,假使治《诗经》的都要替马瑞辰、俞樾挨批评,治《楚辞》的又不免要替王逸、朱熹分谤,设身处地替当事者想想,恐怕是会有"啼笑皆非"之感的。而这种情绪又正不免成为向科学进军过程中的绊脚石。所以我想,还是我们共同努力,把这些障碍去掉吧。

附记:此文写于50年代,距今已二十多年。检读旧稿,觉得今天还未失去时效,所以仍把它附入。文章里所引用到的俞樾解释《伐檀》一诗"廛""亿""囷"的说法,有些专家是不同意的,认为俞氏的见解是巧合的孤证。其实古代文字数量较少,假借字俯拾即是。有些讲法只要言之成理,虽孤证亦不宜轻易否定。即如《楚辞》中《招魂》一篇,认为它的作者应属屈原也只见于《史记》一书,而今人承认它为宋玉之作的并不占多数。至于新出土的甲骨金文,究竟有些字该怎样读,还不是靠一些学者的假设和推测?如果一概不予相信,学术研究也许就无法进行了。这也是我把这篇小文附入的原因之一。

《左传》丛札

前　言

我从小并未很好地读过《左传》，充其量只是把《古文观止》上面所选的《左传》的文章读会了而已。上高中时，开始较正式地接触这部历史文学巨著。但当时所用的本子只是坊间通行的《杜林左传》，连《春秋左传诂》也是后来才看到的。1956 年，为北大中文系进行《先秦文学史参考资料》的注释工作，这才较多地读到一些有关《左传》的书，主要是前人关于注释训诂方面的著述。当时为了方便，总是翻检日人安井衡的《左传辑释》和竹添光鸿的《左氏会笺》。《辑释》较谨严而稍简略，《会笺》虽详博而不免有疏漏之处。特别是《会笺》，在引用前人成说时十之八九不注出处，而且引文随意增减，殊欠谨严。为了核对引文，往往要翻检更多的书籍，有时比直接检读原书还要费事。但这倒使我积累了一点材料。又因那本注释属于教材性质，不宜把材料过多地写进去，而且自己有些意见也并不成熟，更不宜冒昧从事，于是便在工作进行的同时写了一些札记。50 年代的中学语文课本是选入一些《左传》的名篇的，对课本中某些注释感到有问题时，札记中也顺便谈到。1957 年收入拙著《读人所常见书日札》中有关《左传》的札记共六篇，出版以后，发现可补充的材料还有不少。后来由于讲授"历代散文选"这门课，在 60 年代又续写了一些。现在择其考虑较成熟、材料较现成的共十篇，列于《丛札》公开发表。只缘自己学力很差，近年来又专门从事"打杂"工作，再没有坐下来用功的耐性，所以对这几篇札记依然感到不甚满意。将来有机会，当更深入地进行学习，并注意参考时贤根据大量出土文献而发表的新论证，或许能写出更有分量的札记来。只是时不我与，体气渐衰，意与日去，力不从心，惟有借当前大好形势的东风，急起直追耳。1978 年初夏题记。

说"风马牛"

《左传·僖公四年》记齐桓公"以诸侯之师侵蔡，蔡溃，遂伐楚"。楚武王因而派

了使臣,代表他本人去质问齐桓公说:

> 君处北海,寡人处南海,唯是风马牛不相及也,不虞君之涉吾地也！何故?

"风马牛不相及"一语,数千年来众口相传,已经家喻户晓。但究竟怎样解释,还值得仔细斟酌。这里有两个问题:一是"风"字在这里究应作何解释,二是"不相及"究指什么情况而言。当然这两者之间又有联系,弄清一个问题,另一个也容易解决了。

先从"风"字的训诂谈起。杜预注此句云:"牛马风逸,盖末界之微事,故以取喻。"孔颖达疏云:"服虔云:'风,放也。牝牡相诱谓之风。'《尚书》称'马牛其风',此言'风马牛',谓马牛风逸,牝牡相诱,盖是末界之微事。言此事不相及,故以取喻不相干也。"考《尚书·费誓》有云:

> 马牛其风,臣妾逋逃,勿敢越逐;祗复之,我商赉汝。

孔颖达《尚书正义》:"僖四年《左传》云:'唯是风马牛不相及也。'贾逵云:'风,放也。牝牡相诱谓之风。'然则马牛风佚,因牝牡相逐而遂至放佚远去也。"从两段孔《疏》中可以知道,服虔、贾逵都是以"风"训"放",并确指"牝牡相诱谓之风"的。然杜注实兼采郑玄说。《史记·鲁世家》引《肸誓》(即《费誓》)"马牛其风"一语,《史记集解》引郑玄说:"风,走逸。"即杜注所本。于是自孔颖达以下(包括宋人林尧叟及其他后儒)都把"放"和"走逸"两训合而为一。如孔所谓的"放佚",即杜预所说的"风逸"。但这些注家同时却把"牝牡相诱谓之风"的解释同"放"的诂训分开,认为"马牛风佚"乃是"因牝牡相逐而遂至放佚远去也"。这两种讲法到清儒焦循的《左传补疏》中就说得更为清楚:

> 循按:《费誓》"马牛其风",郑注训"风"为"走逸"。《释名》:"风,放也,气放散也。"《诗·北山》"出入风议",《笺》亦云:"风,犹放也。"是风为放逸之名。马牛各有羁絷,不越疆界,惟放纵走逸,则可越界而行。上言"君处北海,寡人处南海",并不连疆接境,虽放马牛,使之走逸,断不相及。言楚之马牛虽逸,不能入齐地;齐之马牛虽逸,不能入楚地:言其远也。故下云"不虞君之涉吾地也,何故"。至因牝牡相诱而逸,此风之由耳。《吕氏春秋》:"乃合絫牛腾马,游牝于

牧。”高诱注云：“皆将群游从牝于牧之野，风合之。”“风合”，当亦谓放之使合。杜以马牛风逸为末界微事，未得《传》意。（僖公）二十八年：“（晋）中军风于泽。”亦是马走逸于泽。杜言“因风而走”，亦未是。（卷二）

焦氏征引虽详博，解释却未必精确。刘寿曾于《春秋左氏传旧注疏证》（此书署刘文淇著，文淇是寿曾的祖父）中引焦说，然后加按语道：

焦驳杜说是也。其谓牛、马相诱由风，则与贾、服说不合。惠栋（按，指栋所著《春秋左传补注》）亦引《吕氏春秋》，解之云：“其说与贾侍中盖同，汉儒相传有是说也。《尚书》云：马牛其风。”按，惠说是也。《北魏书·崔敬邕传》：“除管州刺史，库英奚国有马百匹，因风入境，敬邕悉令送还。于是夷人感谢。”“因风入境”，犹言因放入境。正用贾、服说。《广雅·释言》亦云：“风，放也。”朱骏声云：“风读为放，声之转也。”杜注“马牛风逸”，释为“因风而走”，其误与焦同。盖与“晋中军风于泽”同说。

照我的看法，贾、服之所谓“风，放也”，这个“放”并非“走逸”或“放散”的意思，而是一个专门术语，如用现代汉语来说，可能是指“发情”或“春情发动”一类的意思，其具体内容即为“牝牡相诱”，其义大约与“放肆”“放浪”或“放荡”等词相近。关于这一点，惠、刘二氏也还不免含糊其辞，倒是高诱在注《吕览·季春纪》时所说的“风合之”一语比较能说明问题。“风合之”并非如焦循所说的“放之使合”，而“风”本身就是“合”，就是“牝牡相诱”而“合”。所以，洪亮吉的《春秋左传诂》在引述《吕览》和高诱注之后，加上一句“风，合也”，还是比较妥当的。

至于“风马牛不相及”一语的具体解释，也是言人人殊。宋马永卿《懒真子》卷五有一则云：

楚子问齐师之言曰（下略），注云：“马牛之风佚，盖末界之微事，故以取喻。”然注意未甚明白。仆后以此事问元城先生（按，指刘安世），曰：“此极易解，乃丑诋之辞尔。齐楚相去南北如此远离，马牛之病风者，犹不相及，今汝人也，而辄入吾地，何也？”仆始悟其说，即《书》所谓“马牛其风”。注云：“马牛其有风佚。”（按，此注指《伪孔传》。）此两“风”字，同为一意。

清江永《群经补义》卷二云：

> 《费誓》："马牛其风。"《左传》："风马牛不相及。"皆以牝牡相诱为风。楚人意谓：边境相近，则马牛牝牡相诱可相及，或有牝随牡、牡随牝而之彼之此者；若齐与楚绝远，虽风马牛亦不能相及。语意甚明……（原注：观《淮南子》塞翁失马之事可见。）

这些说法都是根据《费誓》来解释《左传》，认为"不相及"是两地相隔甚远，虽马牛牝牡相诱，亦无从越境。看上去似无疑义，其实仍隔着一层。日人竹添光鸿在《左氏会笺》卷五中曾说：

> 或谓，此（按，指"风马牛"一语）言相去之远。夫既曰"君处北海，寡人处南海"，言远极矣，何必待更言"风马牛"而后始知其远哉！

《会笺》释"不相及"虽未必正确，但这一反问却很有力。因知"不相及"并非指地域相距之远而云然也。近人钱锺书先生在其早年所著《谈艺录》一书中，有一则论黄庭坚诗，曾谈到这个问题，我以为相当精辟。现抄录如下：

> （黄庭坚）《戏答王定国题门两绝句》之二云："花里雄蜂雌蛱蝶，同时本自不作双。"天社引李义山《柳枝词》云："花房与蜜脾，蜂雄蛱蝶雌。同时不同类，那复更相思。"按斯意义山凡两用。《闺情》亦云："红露花房白蜜脾，黄蜂紫蝶两参差。"窃谓盖汉人旧说。《左传·僖公四年》："风马牛不相及。"服虔注："牝牡相诱谓之风。"《列女传》卷四《齐孤逐女传》："夫牛鸣而马不应者，异类故也。"崔篆《易林》"大有之姤"云："殊类异路，心不相慕。牝猪牡猳，鳏无室家。"又"革之蒙"曰："殊类异路，心不相慕。牝牛牡猳，独无室家。"《论衡·奇怪篇》曰："牝牡之会，皆见同类之物，精感欲动。若夫牡马见雌牛，雄雀见牝鸡，不与合者，异类故也。"……冯浩《玉溪生诗详注》于此诗未尝推究本源……天社亦不能求其朔也。（开明书店1948年初版，页十一）

原来《费誓》的"马牛其风"和《左传》的"风马牛不相及"，意义还不尽相同。《费誓》

是说或牛或马，往往有牝牡相诱的情形；而男女奴隶，也可能相偕同逃。而《左传》却是指牝马与牡牛，或牡马与牝牛，虽值发情，也互不相干。楚王之意，正是说两国地域相隔既远，而彼此又素无瓜葛，犹如牝马牡牛之互不相及（“风”本是动词，在这里作状词用，句谓“发情的马和牛是互不相干的”）。言外喻齐国的借题发挥，远侵楚境，是毫无道理的。刘安世所释虽去《传》意尚隔一间，但他却指出这是“丑诋之辞”，其领会文义已胜杜预、孔颖达不啻一筹了。

附记一

刘氏《春秋左氏传旧注疏证》所引朱骏声说，见朱所著《春秋左传识小录》。其解“风马牛”为“因风而走”，虽沿袭僖公二十八年“晋中军风于泽”的杜注，实亦受宋人影响。如张世南《游宦纪闻》卷三云：“牛走顺风，马走逆风，故楚子曰：‘……唯是风马牛不相及也。’”俞文豹《吹剑三录》也说：“尝见父老云，牛马见风则走，牛喜顺风，马喜逆风。”似皆受杜注影响而发的逞臆之谈。至于僖公二十八年的《传》文是这样的：“城濮之战，晋中军风于泽，亡大旆之左旃。”这不过是说晋国的中军在大泽中遇到了风，把军旗丢失了而已；而杜预却在“风于泽”的下面注道：“牛马因风而走，皆失之。”竹添光鸿在《左氏会笺》卷七中驳杜注道：“《传》无‘牛马’二字，杜何以知失牛马？盖因‘风马牛’之语，妄造此说耳。”可见杜预真是添字解经的能手，难怪隋代的刘炫在《春秋规过》中即已对杜注进行驳难了（刘说见孔颖达《正义》引）。

附记二

我以为，汉人如贾、服等对“马牛其风”“风马牛”的“风”字的解释，确有实际语言根据，并非臆造。这从后世语言中亦可得到佐证。如我们常说的“风流”（如“风流儒雅”“名士风流”）、“风情”（如《北山移文》所谓的“风情张日”）等词，本来都是褒义词，但后来却都派生出与男女情爱或男女作风有关的意义来，并多少带一点贬义的味道。前者如《西厢记》所谓的“五百年风流孽冤”，后者如李煜《赠宫人庆奴》诗：“风情渐老见春羞。”柳永〔雨霖铃〕：“便纵有千种风情，更与何人说！”等等。至于“风骚”“风韵”等词，原与男女情爱或作风毫无关涉，结果这些词的意义也被扯到形容男女情爱或作风方面来了。这显然是由于“风”字的涵义与这一方面有联系的缘故。到了宋代,还有"风怀"一词,如晏殊《类要》有"左右风怀"之说(见元人方回《瀛奎律髓》引),清人朱彝尊还写过《风怀二百韵》的诗。所谓"风怀",正指儿女情怀,则"风"字的词义和用法更与古义相近。此外,古人每以"风"与"疯"字之义相通用,今人也还有"风男人"或"风女人"的说法。其实这并非指人的神经错乱,而是指因性心理变态而行动放荡癫狂。我疑心这也与"风马牛"的"风"字词义有关,不得以文献无征而遽加否定也。

说"薄而观之"

《左传·僖公二十三年》记重耳出亡始末,提到重耳到了曹国,"曹共公闻其骈胁,欲观其裸,浴,薄而观之。"这里的"薄"字有两种解释。一种作"迫"解。杜注:"薄,迫也。"孔颖达《正义》:"薄者,逼近之意,故为迫也。"宋人林尧叟《春秋左传句读直解》(此书北京大学藏有善本,单行,非与杜注合刻者)云:"肋骨合比,非赤体不可见,故欲观其裸。伺重耳就浴,迫近而观之。"都是引申杜注的。另一种则把"薄"当作名词,即今之帘子。陆德明《经典释文》云:"'薄'如字。《国语》云:'薄,帘也。'"这里所说的"《国语》云",据洪亮吉《春秋左传诂》的意见,当是贾逵的旧注,"《国语》下脱'注'字耳。"检《国语·晋语四》,也有这件事的记载,文字与《左传》有些不同:

> 自卫过曹,曹共公亦不礼焉。闻其骈胁,欲观其状。止其舍,谍其将浴,设微薄而观之。(韦昭注:"谍,候也。微,蔽也。薄,迫也。")

这比《左传》叙述详尽,似更接近事实。据孔颖达《正义》,知韦注释"谍""微"二义本于孔晁,而杜预之解"薄"为"迫"则又本于韦昭。至"薄,帘也"之义,则为韦昭所未取者。

洪亮吉在《左传诂》卷七里有一段解释是很精当的:

> 《外传》(按,指《国语》,以其一名《春秋外传》,故云):"谍其将浴,设微薄而观之。"按,微薄,即帷薄也,音义并同。韦昭训"微"为"蔽",训"薄"为"迫",义较迂曲……杜注本韦昭说,亦训为"迫",然究不如帘字解有实据。

我是非常同意这一说法的。韦、杜之说似可商榷。因为第一,依韦注,"微"作"蔽"解,如果是以动词作状语,而"薄"又训"迫"为动词,则"设"字下无宾语,岂非不词!如以"蔽"为名词,则别无他例可援。第二,刘向《列女传》卷三《曹僖氏妻传》云:"晋公子重耳亡过曹,恭公不礼焉。闻其骈胁,近其舍,伺其将浴,设帷薄而观之。"明明是设帘窥浴无疑。这同《左传》《国语》比照,已是三占从二之势。第三,《国语》言"谍",《列女传》言"伺",显然是偷偷摸摸的举动,紧接着竟"逼近而观之",未免矛盾而突兀。第四,据《礼记·曲礼上》:"帷薄之外不趋。"《释文》:"帷,幔也。薄,帘也。"《汉书·贾谊传》:"古者大臣有坐污秽淫乱、男女亡(无)别者,不曰污秽,曰帷薄不修。"皆以"帷""薄"对举,"薄"之训"帘"殆无可疑。所以朱骏声《春秋左传识小录》和吴曾祺《国语韦解补正》都从《释文》之说而以韦、杜为非是。照情理讲,隐蔽在帘子后面偷看外宾洗澡,已经够不礼貌的了,若必以跑到赤身裸浴的客人跟前去端详人家的"异相"始为无礼,那也未免过于使人难堪,抑且太不近情理了。所以竹添光鸿在《左氏会笺》里说:"然共公虽无礼,亦不应唐突至是。"而他的结论也是:"则'薄'之为'帘'也明矣。"

但竹添光鸿引《方言》:"薄,宋魏陈楚江淮之间谓之苗,自关而西谓之薄。"以说明"薄"之为"帘",似欠贴切。据《说文》:"苗,蚕薄也。"《玉篇》:"苗……养蚕器也。"《史记·绛侯世家》:"勃以织薄苗为生。"《史记索隐》引许慎《淮南子》注:"曲,苇薄也。"日人泷川资言《史记会注考证》引中井积德说:"平为薄,圈为曲。"可见《方言》所说的"薄"虽是用苇织成,但其面积或容量仅足以养蚕,同训"帘"的"薄"毕竟不是一回事,引以为据,反嫌缠夹了。

附记一

以"薄"为"帘",本是名词。但在《左传》此处则是以名词作动词用。《左传》书中正不乏此类句例。这一点应该交代清楚。

附记二

竹添光鸿引《方言》以释"薄",其误盖始于沈钦韩。沈氏《春秋左氏传补注》卷三云:"按,《晋语》云:'设微薄而观之。'《传》意不作薄近之义。《月令》:'具曲植籧筐。'注:'曲,薄也。'《方言》:'薄,宋魏陈楚江淮之间谓之苗,自关而西谓之薄。'《汉书·贾谊传》:'帷薄不修。'皆此薄字。《淮南·道应训》高诱注:'曹共公闻重耳骈胁,使袒而捕鱼,设薄而观之。'(小如按,沈引高诱说不知诱何所本,疑亦未尽是。果真使其袒而捕鱼,也是无礼的举动和要求;但既能袒而捕鱼,即无须设帘薄而观了。因为捕鱼要下水,原是公开当众的行动,与洗浴是不一样的)此则垂帘薄以微窥,与闯然迫观者较近人情。《淮南》注与《晋语》足相证明。《释文》亦谓:《国语》云:'薄,帘也。'杜与韦昭同解为迫近,非也。"《月令》《方言》的"薄"和《曲礼》《左传》《淮南子》《汉书·贾谊传》的"薄"实非一物。沈氏释"薄"为"帘"固然不错,但把养蚕用的苗薄和张挂起来的帘薄混为一谈,似欠精核。责竹添氏而不咎沈氏,不免数典忘祖。因特附记如上。

说"奉匜沃盥,既而挥之"

《左传·僖公二十三》年载晋重耳入秦后,有这样一段叙述:"秦伯纳女五人,怀嬴与焉。奉匜沃盥。既而挥之。怒曰:'秦、晋,匹也。何以卑我?'公子惧,降服而囚。"50年代的高中《文学》课本第一册选有此篇,在"奉匜"和"既而"两句下注释道:"捧着盛水的器具,给重耳倒水洗手。""重耳洗了手,很不客气地挥手叫怀嬴走开。"字面上并无错误。但细一追究,就出了问题。愿陈鄙见如下。

检《国语·晋语四》亦载此事。除"纳女"作"归女"、"奉匜沃盥"作"公子使奉匜沃盥"外,文字与《左传》全同。但下面却有一大段情节为《左传》所无。它记载秦穆公为怀嬴受辱事还特地召见了重耳,用极有礼貌的外交辞令表示了抗议。于是"公子欲辞"而不受(小如按:《史记·晋世家》亦载重耳纳怀嬴事,但只说"不欲受"而未言究竟,不及《左》《国》所记之详)。经过重耳手下三位贤臣司空季子、狐偃、赵衰的反复劝说,重耳为达到仰仗秦力返晋为君的政治目的,"乃归女而纳币,且逆(作'迎'解)之"。孔晁《国语注》:"归怀嬴,更以贵妾迎之也。"据此可知,最初的"纳女五人",穆公只是以怀嬴充陪侍的妾媵,后来才又行纳币亲迎之礼,算是正式娶了过来。可见怀嬴的受辱是她陪嫁"过门"当天的事,在重耳"挥"她时,她同重耳尚未成婚。然则"奉匜沃盥"必非后世一般的侍妾伺候丈夫倒水洗手之类的情况可知。朱骏声《春秋左传识小录》卷上云:

按《仪礼·士昏(婚)礼》:"媵、御沃盥交。"秦以文嬴妻重耳,以怀嬴为媵,故重耳入室时,沃婿盥于南洗也。

朱氏的话实是受了韦昭《国语解》的启发。《晋语》"奉匜"句下韦昭云:"婚礼:嫡入于室,媵、御奉匜盥。"盖即朱说所本。又沈钦韩《春秋左氏传补注》卷三云:"按,《昏礼》无此文,盖汉礼也。"意谓韦说与《仪礼》未合。但"媵、御沃盥交"的话出于《仪礼》则无可疑。怀嬴本亦穆公嫡女,让她去执妾媵之礼原很勉强,等到重耳一摆架子,自然就闹僵了。

至于"奉匜沃盥"的具体情况,沈钦韩据郑玄《仪礼注》中若干条注文加以归纳,解释得历历如绘。他说:

沃盥之次,匜水错于盘中。执匜者以匜口沃盥者之手,泻水受以盘,沃毕,乃授以巾。

按《说文》:"匜,似羹魁,柄中有道,可以注水酒。""盘"则是用来盛弃水的。又考郑珍《仪礼私笺》卷一云:

按,盥以洁手,时婿与妇以将同牢礼食,故婿盥媵沃之。妇盥御沃之。(小如按:据《私笺》引李心传说,"御"是婿家的女侍。)

因知"奉匜沃盥"的举动正如我们吃饭前的洗手,不过洗得相当隆重罢了。

关于"既而挥之"的"挥",《文学》课本的讲法并非无据。如近人吴曾祺的《国语韦解补正》就是这样讲的:"按,'挥'与'麾'通,麾之使去也。待贱者之礼。"可是翻检一下唐以前人书中的讲法,就会发现与此不同。韦昭《国语解》:"挥,洒也。"(按,《文选》卷二十六潘岳诗《在怀县作》李善注引贾逵《国语注》,也说"挥,洒也",疑即韦昭所本。)杜预《左传注》:"挥,湔也。"郭璞《尔雅注》:"挥,振去水。"贾公彦《仪礼疏》:"挥,振去水,使手干。"又:"有巾,故不挥也。"都不仅是"麾之使去"的意思。上引四家注,除杜注稍迂曲外(这是前人的评语),其他三家讲法是一致的。但孔颖达《左传正义》对杜注却疏解得很清楚:"怀嬴奉匜盛水,为公子浇水,令公子洗手。既而以湿手挥之,使水湔污其衣,故云'挥,湔也'。"我个人以为,尽管杜注有些迂曲,但他毕竟懂得这个“挥”字的意思；而孔颖达实亦算得杜预的知音，所以他的解释也值得参考。至沈钦韩释“挥之”，则据郑玄《仪礼注》和贾公彦的疏文，解为“此公子挥者，盖未授巾也”，亦可备一说。总之，看下文的一“怒”、一“惧”，想来这一“挥”确带有侮慢性质，故引起一场风波。因之略引旧说以供读《文学》课本者参考。

附记一

写此札讫，检马宗琏《春秋左传补注》卷一，亦有释“奉匜沃盥”一条，刘文淇《春秋左氏传旧注疏证》（1959 年科学出版社出版，故我于 1960 年才读到）即主此说。兹照录马说如下：“《仪礼·士昏礼》：‘夫入于室，即席，妇尊西南面，媵、御沃盥交。’郑注：‘媵，送也，谓女从者也；御当为讶，讶，迎也，谓婿从者也。媵沃婿，盥于南洗；御沃妇，盥于北洗。夫妇始接，情有廉耻，媵、御交道其志。’秦以文嬴妻文公，以怀嬴为媵，令于晋文入室时，使沃婿，盥于南洗也。”此与朱骏声说同，而较朱为详明。另外，日人安井衡《左传辑释》释“既而挥之”句云：“重耳盥毕，挥手去水，故云‘挥之’。挥之则水湔于旁。下句言‘怒’，则水湔于怀嬴可知矣。故《传》省文不言‘湔’。杜训‘挥’为‘湔’，未达《传》意也。”其说可谓杜预之诤友，左氏之功臣，故亦迻录于此。

附记二

洪亮吉《春秋左传诂》释“挥之”句的主语为怀嬴，他说：“盖怀嬴不欲，故以手挥洒此水。”近人王伯祥先生《春秋左传读本》即从此说。窃谓如据这一说法，怀嬴之“怒”实觉师出无名。因为命怀嬴作媵的是她自己的父亲，而她竟迁怒于重耳，则重耳之“惧”似亦无因而致。刘文淇不取洪说，是有道理的。

说“广而俭”

《左传·僖公二十三年》载晋重耳出亡至楚，楚令尹子玉请楚成王杀掉他。楚王说：

> 晋公子广而俭，文而有礼；其从者肃而宽，忠而能力……天将兴之，谁能废

之？违天必有大咎。

于是把重耳送到秦国。这里的“晋公子广而俭”二句，与下面的“其从者肃而宽”二句是对文。孔颖达《左传正义》说：

广大者失于奢僭，故美其能俭也。文华者失于傲慢，故美其能有礼也。能敬者失于褊急，故美其能宽容也。忠诚者未必有力，故美其能勤也。此四者每两事相反，而美其能兼有之。

我以为孔颖达的说法是有些问题的。从句式来说，“广”与“俭”和“肃”与“宽”自然是两对反义词，但“文”与“有礼”和“忠”与“能力”却并非对立的，而是后者比前者深入一层的说法。竹添光鸿《左氏会笺》云：“广、俭、肃、宽相反而相济，《尚书》九德之例也。三字者二句，两事相反；应四字者二句，则语意自别。”其解释是不错的。另外，从词义来看，“俭”在此处乃与“广”为对文，而非与“奢”为对文，似不宜作节俭、俭朴解。竹添光鸿说：

俭，有检束之意，如夫子温良恭俭之俭，非居常俭素之义也。

这个解释实从段玉裁的《说文解字注》引申而得。《说文》卷八上“人”部“俭”字下云：“俭，约也。”段注：“约者，缠束也。俭者，不敢放侈之意。”杜预《左传注》云：“志广而体俭。”“志广”指胸怀大志，“广”训远、训大；“体俭”则似指律己甚严，即所谓行动不逾越规矩。《荀子·非十二子》：“俭然，恀然。”杨倞注：“俭然，自卑谦之貌。”所谓“自卑谦”，正是兢兢业业的表现，亦即后人所谓“约束”“检束”或“检点”之意。盖重耳胸有壮志，却以卑谦之貌示人，两义恰相反而相成，与“肃而宽”（自己态度严肃而待人却宽厚）句法恰好相同。若解为生活寒俭，自奉甚薄，则是从约束自己之义引申而来，与“广”字涵义不相称。后人以从“木”之“检”为检束、检点字，乃专以“俭”字作节俭解，故有《正义》之误耳。

写至此处，重读《左传》，益信“广”与“俭”之必为反义对文。“广”本训大，楚人呼兵车为“广”，有所谓“左右广”，取其容积广大也。贾谊《新书·道术篇》：“广较自敛谓之俭。反俭为侈。”“较”，一作“钣”，即今车轮上挡泥板一类的东西。“广钣自敛”，谓车身虽大，但两侧之轮軷却尽量向内收敛，以自约束。如以人之形象而论，则为卑谦敛缩之状。与此相反之词则为“侈”。《说文》：“侈，掩胁也。一曰，奢也。”“掩胁”之义，前人迄无定论。以字面之义臆度，以手掩胁，则两肱横张，恰与敛缩、约束之状相反。“奢”之本义，亦开扩张大之意。又据《淮南子·本经训》高诱注及《国语·吴语》韦昭注，皆以“侈”训“广”。因知“俭”“侈”之本义皆指具体事物的形体（包括人的形体）之收敛或张大，而“广”与“俭”则为反义的对文（正如“侈”与“俭”之为对文一样），其本义则指形象或体积的大和小。至于以“俭”为生活朴素，以“侈”为生活奢靡，乃其引申义（先秦古书多以“侈”“俭”或“奢”“俭”对举，皆指生活）。而《左传》的“广而俭”，虽指人的思想行为，然犹近于本义，恐不宜解为物质生活的节俭素朴。正如“温良恭俭让”的“俭”，亦是指行为的检束，才与上下文的温、良、恭、让相适应。若讲成节俭素朴，则是生活作风而非道德品质矣。

附记

按：《吕氏春秋·上德篇》高诱注引此文作“廉而俭”，“廉”，当是误字。李富孙《左传异文释》卷三云：“案，‘廉’与‘广’字形相似，义并通。”“义并通”之说实未妥。疑原引文本作“广”；作“廉”者，盖形与“广”近而义与“俭”近，遂有此误耳。

说“羊斟不与”

《左传·宣公二年》记郑人伐宋，宋师败绩，华元被囚。在追叙华元被俘的经过时写道：

> 将战，华元杀羊食士，其御羊斟不与。及战，曰：“畴昔之羊，子为政，今日之事，我为政。”与入郑师，故败。

然后由君子加上按语道：

> 君子谓：羊斟，非人也！以其私憾，败国殄民；于是刑孰大焉！《诗》所谓“人之无良”者，其羊斟之谓乎？残民以逞！

接着又叙述华元归宋的情形：

> 宋人以兵车百乘，文马千驷，以赎华元于郑。半入，华元逃归，立于门外，告而入。见叔牂，曰："子之马然也！"对曰："非马也，其人也！既合而来奔。"

关于华元的御者是否名叫羊斟，以及"见叔牂"以下的几句话应如何理解，从汉代就已莫衷一是了。孔颖达在《左传正义》中引了服虔所转述的三种解释，都是汉人旧说。第一种是贾逵说：

> 叔牂，宋守门大夫。华元既见叔牂，牂谓华元曰："子见获于郑者，是由子之马使然也。"华元对曰："非马自奔也，其人为之也。"谓羊斟驱入郑也。奔，走也。言宋人赎我之事既和合，而我即来奔耳。

其次是郑众说：

> 叔牂，即羊斟也。在先得归。华元见叔牂，牂即诬之曰："奔入郑军者，子之马然也，非我也。"华元曰："非马也，其人也。"言是汝驱之耳。叔牂既与华元合语，而即来奔鲁。

第三种是服虔引的"又一说"：

> 叔牂，宋人。见宋以马赎华元，谓元以赎得归。谓元曰："子之得来，当以马赎故然。"华元曰："非马也，其人也。"言已不由马赎，自以人事来耳。赎事既合，而我即来奔。

杜预注《左传》，基本上采用了郑众的讲法，而更有所修订补充。他同意郑说，以叔牂为羊斟之字，但以"子之马然也"一语为华元慰羊斟之辞，而以"对曰"以下为羊斟答语。孔颖达对杜注的用意解释得很清楚。他说：

> 服虔载三说，皆以"子之马然"为叔牂之语，"对曰"以下为华元之辞……杜

以《传》文见叔牂而即言曰,则"曰"下皆当为华元之语,不得为叔牂之辞。且以华元与贱人交语而称"对曰",谓归国为"来奔",皆于文不顺。又羊斟与叔牂,当是名字相配,故不从三家而别为之说,采郑氏"来奔"为"奔鲁"耳。

由此可见,如果肯定羊斟是人名,而叔牂又确为羊斟的字,则杜预的讲法还是比较合理的。然而事实并不那么简单。关于"羊斟"究竟是否人名,《淮南子·缪称训》云:"故《传》曰:鲁酒薄而邯郸围,羊羹不斟而宋国危。"高诱注:"宋将华元与郑战,杀羊食士,不及其御。及战,御驰马入郑军,华元以获也。"无论从《淮南子》本文或高诱注文来看,都看不出这个御者是有姓名的。所以钱大昕《十驾斋养新录》卷二、张文虎《舒艺室随笔》卷一,都据此以立新说。今录钱说如下:

宣二年。"(宋)华元杀羊食士,其御羊斟不与。"据后文,羊斟两见,是羊斟为人姓名。案《淮南·缪称训》云:"鲁酒薄而邯郸围,羊羹不斟而宋国危。"则"斟"为斟酌之义。当以"羊"为其御之名,"斟不与"三字为句。细玩下文,其御字叔牂,正与羊名相应,则《淮南》说亦可通。《传》文后两"斟"字,或后人所加。(张文虎说与此全同,从略)

洪亮吉在《春秋左传诂》卷十中也说:

又按《淮南·缪称训》:"羊羹不斟而宋国危。"是斟又训斟酌之斟。"其御羊斟不与",谓御不与食羊羹也。高诱注亦不以羊斟为人姓名,得之。

但此说颇受人反对,如李富孙、刘文淇等都不同意这样解释。归纳其理由,约有三端:一、《左传》中除"其御羊斟不与"句外,还两见羊斟之名。二、《吕氏春秋·察微篇》云:"郑公子归生率师伐宋,宋华元率师应之大棘(地名)。羊斟御。明日将战,华元杀羊飨士,羊斟不与焉。明日战,怒谓华元曰:'昨日之事子为制,今日之事我为制。'遂驱入于郑师,宋师败绩。华元虏。"是明以羊斟为人名。而《汉书·古今人表》更列"羊斟"之名于第七等。三、《淮南子》为晚出杂书,不得据以改《左传》及旧注。此外,俞樾在《诸子平议》卷三十里则采取调停两可之说:

樾谨案：《方言》曰：“斟，益也。”凡相益而又少谓之“不斟”。然则“羊羹不斟”，谓羹少也。上句“鲁酒薄而邯郸围”，酒薄羹少，其事正相类。宣二年《左传》：“其御羊斟不与。”羊斟自是人名。此云“羊羹不斟”，自谓羹少。必并为一谈，则皆失之矣。

俞氏之意，似亦针对钱、洪诸家之说而发。但用这样各不相干的办法来分别处理，实未彻底解决问题。现在姑妄谈谈自己的意见。

第一，我以为《左传》所记“其御羊斟不与”的“羊斟”，应该不是这个御者的真实姓名。钱、洪、张诸人之说本不为无见。盖《左传》上文明说“杀羊食士”，则上下文的“羊”都该指吃的羊，不能一“羊”指物，另一“羊”指人。上下文重复一个相同的字或词，这样的句例在《左传》里也还是找得出的。所谓“羊斟不与”，亦即“羊羹不及”之意。（李富孙《左传异文释》卷四云：“案羹、斟，声之转……此语音传说之异。《释诂》曰：‘及，与也。’义同。故‘羊斟不与’即‘羊羹不及’。”）只有这样理解，才能把《左传》和《淮南子》两书的提法都解释得通。第二，以“羊斟”为人名，应该是很早的事，当即始于给《传》文加按语的那位“君子”。这人可能是《左传》的编撰者，也可能不是。他根据原来史料所记载的事实做出评论，并认为羊斟乃御者之名，我以为这很可能出自那位“君子”个人的主观臆测，所以羊斟之名后虽两见，其实都是那位“君子”一人之辞。幸而《淮南子》里的叙述只根据原始传说，没有受到那位“君子”的影响，这才把矛盾暴露出来。至于《吕氏春秋》和《古今人表》，不过是接受了那位“君子”的意见，也把羊斟当成人名罢了（如用今文家说，则“君子谓”云云很可能是汉人所加，那么这位“君子”的话还可能是袭《吕览》之说而云然）。等到司马迁撰《史记》，刘向编《说苑》，虽也采录了这一史实，看来他们却没有接受那位“君子”的看法（见附记一）。因此从《史记》或《说苑》所记录的材料来看，也找不出“羊斟”是人名的必然性。

应该指出，钱、张两氏的说法是有很大缺点的。他们不但没有把《左传》中“君子谓”以下的按语做出合理的解释，反疑心两“斟”字为后人所加，并且把“羊斟不与”一语硬断为两截（这一点，张文虎说得比钱大昕还肯定，兹不赘），都嫌过于牵强生硬，故终难取信于人耳。

如果我上面的说法可以成立，则叔牂必非御者之名，已不在话下。洪亮吉有一段话驳郑众、杜预的看法，是很精辟的，现迻录如下（不过洪是在承认“羊斟”是人名

的前提下说的,所以和鄙见还不一样):

> 按以叔牂为羊斟,始于郑众,而杜用之,又无别据。第云羊斟与叔牂,当是名字相配(小如按:此是孔颖达说)。今考"羊"当是氏,无缘作字与氏相配。又羊斟既明言"今日之事我为政",则不得更以"子之马然"面诬华元,郑众之说非也。斟前既有言,则元亦不必反为饰辞,杜说亦非。(《春秋左传诂》卷十)

退一步说,即使承认钱、张二氏之说,认为御者名"羊",那么叔牂也不应是他的字。因为不论从《左传》的叙述部分或那位"君子"的按语看来,都是把华元的御者看成反面人物的。对这样的人物还称其字,是不符合全书的褒贬义例的。李、刘等人笃信汉人旧说,以钱、洪等人之说为非,显然存在着门户之见。

附记一

《史记》记此事凡三见。一、《十二诸侯年表》云:"华元以羊羹陷于郑。""羊羹"可以是人名,也可以解释为因分羊羹的缘故。但后世学者只争论"羊斟"是否人名,很少有把"羊羹"说成人名的,可见这一条的"羊羹"是指事件而非指人。二、《宋微子世家》云:"四年春,郑命楚(小如按:应作'楚命郑')伐宋,宋使华元将,郑败宋,囚华元。华元之将战,杀羊以食士,其御羊羹不及,故怨,驰入郑军,故宋师败,得囚华元。"句法与《左传》相同,而"羊羹"不必一定解释为人名。三、《郑世家》云:"二十一年……华元杀羊食士,不与其御羊斟,怒以驰郑。郑囚华元。"这里完全可以把"羊斟"(即"羊羹")解释为食物而不释作人名。《说苑·贵德》:"郑伐宋,宋人将与战。华元杀羊食士,其御羊斟不与焉。及战,曰:'畴昔之羊羹子为政,今日之事我为政。'与华元驰入郑师。宋人败绩。"此文显系由《左传》改写,但,"羊斟"与"羊羹"互见,如果这两个词在解释上初无大异,自不容上一词解作人名而下一词释为食物。可见"羊斟"是不一定非释作人名不可的。至于《淮南子》的"羊羹不斟",实即"羊羹不与"之意,并不指"羹少"。俞樾的讲法仍不免失之拘泥。

附记二

读者石正华先生来信,谓《左传·宣公二年》所记郑宋之役的"狂狡"和"羊斟",

都是作者虚构的人名。今按,这个说法很有道理,可补俞樾《古书疑义举例》中“寓名例”所未及。《论语·微子》:“长沮、桀溺耦而耕。”宋人金履祥《论语集注考证》卷九云:“长沮、桀溺,名皆从水。子路问津,一时何从识其姓名?此盖以物色名之,如荷蒉、晨门、荷蓧丈人之类。盖二人耦耕于田,其一人长而沮洳,一人桀然高大而涂足,因以名之也。”俞樾在《寓名例》中则谓:“《庄》《列》之书多寓名……不知古立言者自有此体也。虽《论语》亦有之,长沮、桀溺是也。夫二子者问津且不告,岂复以姓名通于吾徒哉!特以下文各有回答,故为假设之名以别之,曰‘沮’、曰‘溺’,惜其沉沦而不返也(小如按:此说似泥)。‘桀’之言杰然也,‘长’与‘桀’,指目其状也。以为二人之真姓名,则泥矣。”长沮、桀溺可以是虚构的人名,则狂狡、羊斟当然也有这种可能。《毛诗》有“狂且”“狡童”,是“狂”“狡”皆贬义词。狂狡其人授敌以戟柄,反被敌所擒,可见是个愚蠢的人;作者却用与愚蠢之义相反的“狂狡”作为他的名字,这正是一种讽刺。华元的御者因计较羊羹的有无(即《淮南子》所谓的“羊羹不斟”)而挟私怨陷华元于敌手,于是作者即名之为“羊斟”(也就是名之为“羊羹”),这也是一种讽刺。照这样解释,则《左传》和《淮南子》之间的矛盾,《左传》和其他秦、汉典籍之间的异同,《左传》所载史实和“君子谓”一段按语之间的关系,都可迎刃而解。这比拙文所假设的说法更为通妥合理,故谨表而出之。此说果能成立,则羊斟既为“寓名”,叔牂之必非羊斟,愈益可以断言。而拙文谓《左传》多有文学虚构成分(说详下篇),从这里亦可得一佐证了。

说“钼麑触槐”

《左传·宣公二年》记晋灵公遇弑始末,其中有云:

> 晋灵公不君……宣子(赵盾)骤谏,公患之。使钼麑贼之。晨往,寝门辟矣,盛服将朝,尚早,坐而假寐。麑退,叹而言曰:“不忘恭敬,民之主也。贼民之主不忠,弃君之命不信。有一于此,不如死也。”触槐而死。(杜注:“槐,赵盾庭树。”)

《国语》卷十一《晋语五》亦载此事云:

灵公虐，赵宣子骤谏。公患之，使钼麑贼之。晨往，寝门辟矣，盛服将朝，蚤，而假寐。麑退，叹而言曰："赵孟敬哉！夫不忘恭敬，社稷之镇也。贼国之镇，不忠；受命而废之，不信。享一名于此，不若死！"触庭之槐而死……（韦注："庭，外朝之庭也。《周礼》：'王之外朝，三槐，三公位焉。'则诸侯之朝三槐，三卿位焉。"）

自清人顾炎武《左传杜解补正》、惠栋《左传补注》、马宗琏《春秋左传补注》以及洪亮吉《春秋左传诂》，皆用韦昭之说而以杜注为非。就中以惠栋之说为最有权威：

栋案：《吕览》曰："触庭槐而死。"《外传》云："触廷之槐而死。"韦昭曰："廷，外朝之廷也。（下与前引文全同）"此说得之。盖当时麑退而触灵公之廷槐者，归死于君也。（《左传补注》卷二）

马宗琏则谓："案：《晋语》：范献子执董叔，纺于庭之槐。是槐为三公之位，故晋卿执人于此。足证槐为'外廷之树'矣。惠定宇以'三槐'释此，甚确。"至赵坦《宝甓斋札记》则以槐为"道旁之树"，沈钦韩更认为乃"家衢之树"。他们是根据《国语·周语二》里"道无列树"句下的韦注"古者列树以表道"来立说的。今按：《晋语》明言"触庭之槐而死"，自非道旁或衢旁之树，赵、沈二氏之说可置勿论。现在要讨论的主要是杜预的说法是否正确。我以为杜注是可信的。即用马宗琏所引的《晋语》就可以证明赵盾庭中有槐。《国语》卷十五《晋语九》云：

董叔将取（娶）于范氏。（韦注："董叔，晋大夫也。范氏，范宣子之女。"）叔向曰："范氏富盍已乎？"（韦注："言富必骄，骄必陵人。已，止也。"）曰："欲为系援焉。"（韦注："欲自系缀，以为援助。"）它日，董祁愬于范献子（韦注："祁，董叔之妻，献子之妹也。范姓，祁名也。"），曰："不吾敬也。"献子执而纺（韦注：纺，悬也）于庭之槐。叔向过之。曰："子盍为我请乎？"叔向曰："求系，既系矣；求援，既援矣。欲而得之，又何请焉？"

从这个故事的始末看，范献子竟把妹婿董叔捆在树上，显然是有权势的大臣私下的行动，况且叔向的答话很幽默，如果把这个故事理解为范献子公然在晋君的"外朝之廷”的树上缚人，而叔向又居然开董叔的玩笑，那就未免太不近情了。另外，《晋语九》里还有一个故事可为旁证，说明上文的“庭”不在君之外朝：

> 梗阳人有狱，将不胜，请纳赂于魏献子，献子将许之。阎没谓叔宽曰：“与子谏乎？吾主以不贿闻于诸侯，今以梗阳之贿殃之，不可！”二人朝而不退。献子将食，问：“谁在庭？”曰：“阎明、叔褒在。”召之，使佐食。比已食，三叹……（《左传·昭公二十八年》载此事略同）

这里所描写的魏献子，当然不会跑到晋君那儿去吃饭。“二人朝而不退”是指阎没、叔宽二人朝见魏献子一直不退，可见这个“庭”是魏献子府中的“庭”。当时的晋国，赵、范、魏诸家都是同样的身份，魏献子府中有“庭”，则赵宣子和范献子的“庭”当然也在他们自己府中。阎、叔既“朝”于魏献子之“庭”，那么赵盾府中也必然有受“朝”的地方。范献子的庭中既然有槐，则钽麑“触庭之槐而死”，也自然触的是赵盾庭中之槐了。清梁履绳《左通补释》卷十一云：

> 槐，古者朝位树之，私家之朝皆植焉。晋钽麑触赵宣子庭之槐，董叔纺于范氏庭之槐（原注：《晋语》）。又齐景公有所爱槐，使人守之（原注：《晏子春秋》）。皆植于庭之验也（原注：罗愿《尔雅翼》十一）。

这话是不错的。况且根据韦注所引《周礼》的话看来，晋君的外朝有三槐，实是僭用周天王的排场，那么范、赵、魏诸家之设“庭”受“朝”，也正是以“大夫”之位僭行“卿”礼的表现。竹添光鸿《左氏会笺》说得好：

> 麑前进欲害盾，及见盾容，而逡巡退于寝门外也，非退而之他所也。死赵氏庭，所以不废君命；若去而死他所，麑意不白，死为不获其所……杜说不可易。

此实正论。然而清儒所以认定钽麑是“归死于君”，主要原因恐怕在于钽麑临死前说了几句话。假如他死于赵盾之庭，他那几句话是对谁说的呢？如果是自言自语，又是谁听见的呢？于是就从“槐”所在的位置着想，总想把他的“死所”移到别处，从而证明他说的那几句话是实有其事。其实这正是《左传》作者的文学手法，这与司马迁

《史记·李斯列传》写赵高、李斯窃商废扶苏、立胡亥的阴谋以及白居易《长恨歌》写“七月七日长生殿,夜半无人私语时”之类,其手法正复相同。受过西洋文学影响的林琴南就勘透了这一层,在他的选本《左传撷华》里就曾对此发表意见说:

> 钽麑之来,不见宣子……又不杀人,又非为宣子所杀:作何收束?左氏无可如何,忽为钽麑之言,叹息宣子之忠,自明不忍,遂死于槐树之下。初未计此二语,是谁闻之。宣子假寐,必不之闻;果为舍人所闻,则钽麑之臂,久已反剪,何暇有闲暇工夫说话,且从容以首触槐以死?文字中诸如此类甚众。柳下惠之坐怀不乱,此语又对谁言?言出自己,则一钱不值;言出诸女,则万无其事。他如黄仲则之《焦节妇吟》,如“汝近前来妾不惧”云云,时夜静人眠,节妇见鬼,与鬼作语,且见髑髅,且见血衣——是谁在旁作证?然诗情悱恻,人人传诵,固未察其无是事理也。想钽麑之来,怀中必带匕首,触槐之事,确也。因匕首而知其为刺客,因触槐而知其为不忍,故随笔妆点出数句慷慨之言,令读者不觉耳。

林氏对古文辞的议论有时虽未脱评点派窠臼,但这段话的见地实胜前人,因为他至少已把《左传》当文学作品来看待了。懂得了这个道理,再佐以竹添氏的看法,我们对钽麑触槐事可得一较平易的结论,不必想尽方法使他“归死于君”了。

附记一

《公羊传·宣公六年》亦载晋灵公遇弑始末。关于灵公派人刺赵盾的情形,《公羊传》是这样记述的:“于是使勇士某者往杀之。勇士入其大门,则无人门焉者;入其闺,则无人闺焉者;上其堂,则无人焉;俯而窥其户,方食鱼飧。勇士曰:‘嘻!子诚仁人也。吾入子之大门,则无人焉;入子之闺,则无人焉;上子之堂,则无人焉:是子之易也。子为晋国重卿,而食鱼飧,是子之俭也。君将使我杀子,吾不忍杀子也。虽然,吾亦不可复见吾君矣。’遂刎颈而死,”此文与《左传》颇有出入:一、刺客的话是直接对赵盾说的;二、刺客是刎颈而非触槐而死。但从这段记载也可以找到另外两个旁证:一、刺客是死在赵盾府中的;二、顾炎武说:“麑退而触槐,则非赵盾庭树明矣。”这话是有问题的。若从《左传》中“晨往,寝门辟矣”及《公羊传》的“入大门”“入闺”“上堂”“窥户”等记载来看,则刺客之“退”显然是从府邸深处退至庭中而非退出府外。至于《公羊传》所述刺客的一段话,究其实也仍旧是"妆点语"。因为刺客当时是对赵盾说的,没有旁人听见;而刺客已死,那番话如果由赵盾本人传出,其可靠程度也就大可怀疑了。

附记二

明末冯梦龙在《古今谭概·荒唐部》前有小序云:"相传海上有驾舟入鱼腹,舟中人曰:'天色何陡暗也?'取炬燃之,火热而鱼惊,遂吞而入水。是则然矣:然舟人之言与其取炬也,孰闻而孰见之?《本草》曰:'独活有风不动,无风自摇。石髀入水即干,出水则湿。'出水则湿,诚有之矣;入水即干,何从得知?言固有习闻而不觉其害于理者,可笑也……"这里说的虽非文学,道理却与林纾说的大抵相类。在文学作品中,我们是允许一定程度的"合理"的虚构手法的。这与现实主义并无矛盾。治古典文学者对这一方面一向很少注意,姑且附带提出,作为一种倡议吧。

附记三

写此文讫,发现有一问题。即《国语》"触庭之槐而死"的"庭"究竟是"庭"还是"廷"字。据《说文》,"庭"训"宫中","廷"训"朝中";一般的用法,"庭"是门庭、庭院之庭,而"廷"则是朝廷之廷。如《国语》此句作"廷",则惠、马诸家之说亦自有据。检明刊各本《国语》(如北京大学藏明黑口本、张一鲲本等),此句确作"廷"字。但黄丕烈所覆之宋天圣明道本则作"庭",与"董叔""梗阳人"两节的"庭"字无别。汪远孙、黄丕烈对此皆无考异或校勘札记。《吕氏春秋·过理篇》亦载此事,一般的本子都作"触庭槐而死"(如前引惠栋说,他引《吕览》和《国语》,"庭""廷"就各不相同),但有的《吕览》刻本也有作"廷槐"的。《左传·定公十四年》:"夫差使人立于庭。"这个"庭"应作"宫中"解,各本却都作"廷",《经典释文》还特别注明:"廷本又作庭。"洪亮吉《左传诂》则径改作"庭",以明其义为"宫中"。翻转来看,"庭"亦可作"朝廷"解(如《文选·东京赋》"龙辂充庭"薛综注:"庭,朝廷")。可见这两字在古代原无严格区分,不必强求同异。王国维《明堂庙寝通考》有一节专论"庭""廷"本为一字,略云:"……《说文》'广'部:'廇,中庭也。'按古文但有'廷'字,后世加'广'作'庭',义则无异。由《说文》例,'庭'字当为'廷'下重文。然《说文》收'廷'字于

‘廴’部，‘庭’字于‘广’部，而释之曰：‘廷，中朝也。’（今大小徐本皆作‘朝中也’）‘庭，宫中也。’则许君之疏也。然廷、庭二字之释，辞虽微异，而义则无殊。段氏《说文注》乃谓‘无屋曰廷，有屋曰庭’，并援郑君中霤犹中室之言，乱许君‘廇，中庭’之古义。不知许君释‘庭’为‘宫中’，正指无屋之处。证之本书：‘闱，宫中之门也。’‘壸，宫中道也。’皆指无屋之处言。若在屋下，则有户无门，又恶得有道乎？故‘廷，中朝也’，‘庭，宫中也’，其义一也……”小如按：“廷”本是一，后人因帝王与公卿不同，遂分“廷”“庭”为二。因春秋时无论王、侯或世卿，都接受臣属的朝见，并不像后世，既不能随意呼下属为“臣”，也不能随意受“朝”。如从《晋语》董叔的故事来看，则此段中的“庭”字无论宋本、明本均不作“廷”，可见是范献子的“庭”了。范献子之庭有槐，赵宣子之庭自可能有槐；证以《公羊传》，钼麑还是死在赵盾府中的——然则我们还是宁取杜注之为愈。

附记四

本文所引《晋语》范献子执董叔“而纺于庭之槐”事，“纺”即今之“绑”字。黄生《义府》卷上“纺”字条云：“按，‘纺’当读为‘绷’（原注：悲萠切），古字通用。《说文》：‘绷，束也。’今俗‘绑’字（原注：补项切）即绷音之转；因转音，故字从而变耳。纺于庭槐，即绑缚之义。植木护本曰援（谢灵运诗题《南山树园激流植援》），束之于树，其形似之。故叔向嘲语云：‘求系既系，求援既援。’韦注释‘纺’为‘悬’，此臆说耳。”小如按：黄氏说是。古无轻唇音，故“枋”可读为柄，“纺”可读为绷或绑。谨附载其说以备考。

说“翳　桑”

《左传·宣公二年》记晋灵公遇弑始末，其中有一段云：

秋，九月，晋侯饮赵盾酒，伏甲将攻之……初，宣子田（畋）于首山，舍于翳桑，见灵辄饿，问其病，曰：“不食三日矣！”食之，舍其半。问之，曰：“宦三年矣，未知母之存否。今近焉，请以遗之。”使尽之，而为之箪食与肉，寘诸橐以与之。既而与为公介，倒戟以御公徒，而免之。问何故？对曰。“翳桑之饿人也。”问其名居，不告而退，遂自亡也。

杜注："翳桑，桑之多荫翳者。"因畋猎而就桑阴休息，原是很平常的事，故古人亦无新解。至清王引之撰《经义述闻》，始以"翳桑"为地名。其说甚辩。其后马宗琏、刘文淇等皆宗之。兹节引王说如下：

宣二年《传》："宣子田于首山，舍于翳桑。"杜注曰："翳桑，桑之多荫翳者。"注意盖谓桑多荫翳，故宣子与灵辄休止其下。引之谨案：下文曰，"翳桑之饿人也"，则翳桑当是地名。僖二十三年《传》曰："谋于桑下。"以此例之，若是翳桑树下，则当曰"舍于翳桑下""翳桑下之饿人"；今是地名，故不言"下"也。春秋地名，或取诸草木……此类不可枚举。其以桑名者，"虢公败戎于桑田"（原注：僖二年，下同），"入桑泉"（二十四年），"御诸桑隧"（成六年），"晋败狄于采桑"（僖八年），及《晋语》"败狄于稷桑"是也。且《传》凡言"舍于"者，若"出舍于睢上"（成十五年），"宁子出舍于郊"（襄二十六年），……"舍于五父之衢"（定八年）……句末皆地名。其曰"吴师克东阳而进，舍于五梧"（哀八年），五梧，地名，亦取诸草木矣，使谓"舍于五梧"为在梧树之下，其可乎？自公羊氏传闻失实，始云"活我于暴桑下"，而《吕氏春秋·报更篇》（曰："赵宣孟将上之绛，见骫桑之下有饿人。"）、《淮南·人间篇》（曰："赵宣孟活饥人于委桑之下。"）、《史记·晋世家》（曰："初，盾常田首山，见桑下有饿人。"又，"盾问其故，曰：'我桑下饿人。'"）并承其误，杜不能厘正而又臆为之说，非也。（卷十八）

诚如所言，则翳桑为地名，似已成定案矣，但我以为王说并不可信。这从《左传》本身的记载就可找出翳桑不是地名的证据来。当赵盾问灵辄为什么要救他出险时，灵辄答："我翳桑之饿人也。"如翳桑果为地名，灵辄又曾明白告诉过赵盾，他的家距他就食之所是很近的，那么赵盾就完全没有必要再"问其名居"，只要到当地附近一打听就可以了解了。既说"问其名居"，可见翳桑本非地名。及灵公既死，赵盾复位，调查宫中甲士姓名，自然比较方便，故《左传》作者得知其人名为灵辄。至其里居，则无从稽考，所以书中没有记载。何况以常情度之，只有桑阴邂逅，赵盾才可以"箪食与肉"送给灵辄；如果翳桑真是一个地方的名称，则赵盾所"舍"之地自当有警跸扈从，灵辄一介饿夫，又怎么能被赵盾发现呢？王氏只从书面语言角度去考虑问题，而不究史实是否通情合理,正表现过去读书人从概念到概念的严重局限。

至于王氏所举的几条理由,也还是可以驳倒的。一、王说:“若是翳桑树下,则当曰‘舍于翳桑下’‘翳桑下之饿人’;今是地名,故不言‘下’也。”今按:翳,即荫。翳桑,犹言桑阴,原可不着“下”字。二、王说:“春秋地名,或取诸草木。”然地名不尽取诸草木,草木亦不尽用为地名,此说与“翳桑”是否为地名并无直接关涉。三、王说:“且《传》凡言‘舍于’者……句末皆地名。”今按:王氏所引的“出舍于郊”,“郊”就不是地名。它如“舍于五父之衢”“舍于孔氏之外圃”(见《左传·哀公十五年》,此为王氏所未引者),“衢”和“圃”也只是一般名词,不过其上有定语,而“翳桑”上无定语而已。亦不得以彼绳此,必其为地名也。

至于王氏说:“自公羊传闻失实……而《吕氏春秋·报更篇》《淮南·人间篇》《史记·晋世家》并承其误,杜不能厘正而又臆为之说”云云,简直有点厚诬古人了。《公羊》与《左氏》由于今古文不同,所记虽多歧异,但亦有内容基本上相一致的地方,不得遽以失实斥之。即以这里要讨论的“翳桑”一词,《公羊传》作“暴桑”,《吕览》作“骪桑”,《淮南子》作“委桑”,文字虽不同,而义则互通。据清儒考订,它们共有两种解释。一种即杜预的说法,以“翳”为荫翳。何休《公羊解诂》释“暴桑”为“蒲苏桑”,蒲苏即扶疏,枝叶扶疏,亦正为树木多荫翳之意(详见清人凌曙《公羊问答》卷二,并可参阅清人吴麦云《经说》卷下)。“骪”,古委字,与翳声亦相近;“骪桑”或“委桑”,谓桑之枝条盘曲多荫蔽(说见李富孙《左传异文释》卷四)。此是四个词统一在“荫蔽”一义上。另一种解释是说“翳”通“殪”,踣毙之意。“蒲苏”亦可释为“爆烁”,指桑叶稀疏不均(说见陈立《公羊义疏》卷四十五。小如按:《荀子·劝学》:“虽有槁暴。”“暴”即“曝”,“槁暴”,指干燥枯槁。则“暴桑”犹言枯桑或槁桑)。而“骪”“委”与“萎”亦相通,有枯槁萎谢之意(如《礼记·檀弓》:“哲人其萎乎!”《家语·终记》作“喆人其委”。谢朓《暂使下都夜发新林至京邑赠西府同僚》:“时菊委严霜。”《文选》李善注:“委犹悴也。”皆委、萎互通之证。“骪”为古“委”字,“委靡”,今作“萎靡”,古作“骪靡”,是“骪”亦可通“萎”)。此是四个词统一在“枯萎”一义上。以事实度之,仍以前说为是。盖人们在休息时自当依倚树荫而坐,不会止于枯桑之下,依然让太阳曝晒的。此两种解释虽截然不同,但诸书记载却仍相一致,要么是桑阴,要么是枯桑,初无所谓失实与否。至于《史记·晋世家》(《赵世家》也提到此事,用语同《晋世家》)只写作“桑下饿人”,正是司马迁执简驭繁,通会众说的结果。王氏竟采取一笔抹杀的态度,亦徒见其主观片面、勇于自信而已。

附记

王引之除释“翳桑”为地名外,还对“遂自亡也”一句作了与杜注不同的解释。他说:“杜注:‘辄亦去。’引之谨案:此谓盾亡,非辄亡也。自‘宣子田于首山’至‘不告而退’,明盾得免之由。盾既免,遂出奔。出奔出于己意,不待君之放逐,故曰‘自亡’。有亡,乃有复。故下文言‘宣子未出山而复’,而太史谓之‘亡不越竟(境)’也。若以此为辄亡,则《传》尚未言盾亡,下文何以遽云‘未出山而复’乎?《史记·晋世家》误以灵辄为示眯明,云‘明亦因亡去’,又云‘盾虽奔’。不知‘遂自亡也’即谓盾奔,非谓辄亡去也。杜氏盖因《史记》而误。”(《经义述闻》卷十八)小如按:这个解释也是错误的。盖《左传》文笔极简练,下文既言赵盾“未出山”,则其亡不言可知,原不必于前文说“亡”,下文再说“复”。这样看待《左传》的文章不免落入桐城窠臼。至于灵辄,既免赵盾于难,当然不会见宥于晋君,所以他必须逃亡。又因他不望赵盾报答他,所以还必须“自亡”,意谓不随赵盾一同出亡也。这正是《左传》作者极力描写灵辄的地方。竹添光鸿在《左氏会笺》卷十里有一段反驳王引之的话,附录于下以实吾说:“此节虽明盾得免之由,其事则专记辄所以免盾,则‘亡’亦辄亡,非盾亡,杜注是也。下文云‘宣子未出山而复’,则其亡可知,故《传》不言盾亡。杜云‘辄亦去’,‘亦’,亦宣子也。”

说“宦”

清儒对章句训诂之学有所发明和发现,固然是对我国古代学术的贡献,但工作做得并不算彻底。有的墨守古人旧说,有的则缺乏触类引申、旁通隅反的精神,往往孤立片面地看问题。即使一词一字之微,也往往沿袭因循,不能跳出古人窠臼。这里试以《左传·宣公二年》灵辄对赵盾语中“宦三年矣”的“宦”字为例。其语云:“宦三年矣,未知母之存否。今近焉,请以遗之。”杜注:“宦,学也。”骤读之殊不可解。检孔颖达《礼记正义》,在《曲礼上》“宦学事师”句下疏云:“熊氏云:‘宦,谓学仕宦之事。’……《左传·宣公二年》:‘赵盾见灵辄饿,问之,云:宦三年矣。’服虔云:‘宦,学也。’是学职事为宦也。”始知杜注本于服虔。但赵盾救桑下饿人的故事又见于《史记·晋世家》,裴骃《史记集解》在“宦三年”句下亦引服虔云:“宦,谓学士(仕)

也。”这才恍然大悟，原来杜预和孔颖达所见到的服注脱落了一个“士”（即“仕”）字，于是把“宦”就讲成“学”了（参看李贻德《春秋左传贾服注辑述》卷九）。刘文淇《左传旧注疏证》说杜预“用服说而失服义”，其实何止“失服义”而已，简直是以讹传讹了。

找出杜注的根据，问题也并未解决。释“宦三年”为“学仕宦三年”，似并不合于饥肠辘辘的灵辄的身份。但毕检杜预以下迄于清儒的有关著述，大抵据服、杜之说略加敷衍，都不能算是合理答案。只有阮元所订的《诂经精舍文集》卷六载金廷栋《鲁诗三岁宦女解》一文，涉及了这个问题。兹节录金文如下：

> 《石经·鲁诗》：“三岁宦女。”《毛诗》作“贯”，训“贯”为“事”，盖本《尔雅》义。案：宦，臣也。宦为臣仆，见《国语》“入宦于吴”韦昭注，训宦为臣隶。言三岁为臣，莫我肯顾，而将去矣。“三岁宦女”，同《春秋左氏传》“宦三年矣”文法，比“事”字之义深……（小如按：惠栋《九经古义》卷五释《诗》“三岁贯女”句与此说同，惟惠氏未引《左传》“宦三年矣”为证耳。）

竹添光鸿《左氏会笺》所释与此说同，殆本于金说。其说云：

> 《杂记》云：宦于大夫。注：宦，家臣也。《毛诗》：“三岁宦女。”（小如按：此误，当作《鲁诗》。）言三岁为臣也。《越语》云：“与范蠡入宦于吴。”韦注：“宦，为臣隶也。”灵辄所谓“宦”者，殆亦为人臣隶，故失所而至穷饿如此。僖十七年《传》：“妾为宦女焉。”注：“宦事奉为妾。”此《传》宦字，义与彼同。

以灵辄之“宦”为“为人臣隶”，我以为是正确的解释。正因为灵辄是个身份低微的人，才有挨饿的可能，后来灵辄为晋灵公甲士，其身份仍与臣隶性质相类似。然而自杜预以下的治《左传》的学者，却没有人引《鲁诗》《国语》以及僖公十七年的传文来解释此处的“宦”字，倘非盲从旧说，显然是由于缺乏旁通隅反的精神使然。不过竹添氏所引的《礼记·杂记》“宦于大夫”一句，原文乃是“宦（一作‘官’）于大夫者之为之服也”云云，实属断章取义，不够谨严；而“宦，家臣也”的解释，也不见于《礼记》注文，故所释虽不错，却不免贻人以杜撰之讥，这不能不说是一个显著的缺点。

按：“宦”字从“臣”，“臣”字最初的意义即为臣仆奴隶（男为臣，女为妾）；又从

“宀”，则宦字最初的意义实指在家的奴隶，此竹添氏所以释为“家臣”也。如作动词用，则应释为“事”或“仕”（“事”与“仕”通），即古人所谓子事父、臣事君的“事”，今则写作“侍奉”。至于以仕宦为做官，则为后来的引申义。《说文》：“宦，仕也。”盖“宦”“官”本亦一字，后乃一分为二耳。后世以“宦”字用为“为臣隶”之古义，则存于“宦者”“宦人”“宦官”等名词中，不过因为宦者、宦官都是阉人，遂又以这些名词专属之于阉寺矣（详见《周礼·天官·酒人》《秋官·司刑》郑玄注，及孙诒让《周礼正义》卷一“酒人”疏）。像《毛诗》中的“三岁贯（宦）女（汝）”、《国语》中的“入宦于吴”和《左传》中的“宦女”，以及这里的“宦三年矣”，诸“宦”字虽有名词、动词之异，其皆为古义则初无二致。服虔“学仕”之旧说既不足信，而杜预之注文则尤为失据也。

说“分”

《左传·昭公十二年》，楚灵王对他的大臣右尹子革说：

> 昔我先王熊绎，与吕伋、王孙牟、燮父、禽父并事康王。四国皆有分，我独无有。今吾使人于周，求鼎以为分，王其与我乎？

子革的答话中有云：“……齐，王舅也；晋及鲁卫，王母弟也。楚是以无分，而彼皆有。”杜注：“分，珍宝之器。”陆德明《经典释文》：“分，扶问反。下及注皆同。”又，《左传·定公四年》子鱼答苌弘语中有一大段谈到周初封赏诸侯的情形：

> 昔武王克商，成王定之。选建明德，以藩屏周。故周公相王室，以尹天下，于周为睦。分鲁公以大路、大旂、夏后氏之璜……是使之职事于鲁，以昭周公之明德。分之土田陪敦，祝宗卜史，备物典策，官司彝器……分康叔以大路、少帛、綪茷、旃旌……分唐叔以大路、密须之鼓……三者，皆叔也，而有令德，故昭之以分物。不然，文、武、成、康之伯犹多，而不获是分也。

《释文》仍谓：“分，扶问切，下并同。”小如按：杜注疑未确，《释文》所标音读尤非是。“分”即“颁”，《说文》“攽”或是后起本字，先秦古籍或写作“班”“般”。凡此数字之义皆作"赐予"解，若作名词，亦指所赐予之物。不得因所赐予之物多属珍宝重器而即以"珍宝之器"训之。请详陈其说。

先从"分"字作"赐予"解说起。洪亮吉《春秋左传诂》在昭公十二年"求鼎以为分"句下引服虔说："有功德，受分器。"（按，洪氏是据裴骃《史记集解》转引）是知"分"即"分器"的分，而定公四年《左传》所载子鱼的话，正是说明周天子赐给鲁公、康叔、唐叔三人的具体物件，即"分器"之实。《尚书序》云："武王既胜殷邦，诸侯班宗彝，作《分器》。"《史记·周本纪》引此文作"封诸侯，班赐宗彝，作分殷之器物。"《史记集解》引郑玄说："宗彝，宗庙尊也。作《分器》，著王之命及所受物。"《释文》："班作般。"以宗彝班赐诸侯，即"分器"二字的具体解释，则"分"之涵义盖恰相当于"班赐"，亦即"颁赐"。此外，《国语·鲁语下》有一段孔子的话：

> 昔武王克商，通道于九夷百蛮，使各以其方贿来贡，使无忘职业。于是肃慎氏贡楛矢石砮，其长尺有咫。先王欲昭其令德之致远也，以示后人，使永监焉，故名其栝曰"肃慎氏之贡矢"，以分太姬，配虞胡公，而封诸陈。古者，分同姓以珍玉，展亲也；分异姓以远方之职贡，使无忘服也。故分陈以肃慎氏之贡。

韦昭注："分，予也。"而《左传·昭公十四年》"分贫振穷"句下杜注亦云："分，与也。"（《广雅·释诂三》也有这样一条："分，与也。"）这两处的"分"都与《左传》昭公十二年、定公四年所用的"分"字意义相同，则后两处不容别有音训。我疑后两处杜注初盖谓"分"乃"分器"，即珍宝之器，所以跳了过去，以致用语太简，殊嫌未确耳。

"分"字之义既明，则请再言此作"与"或"予"解的"分"，即古籍中所通用的"颁"或"攽"，而"班""般"又为"颁""攽"之假借。兹仍以秦汉旧籍证之。《尚书·洛诰》："乃惟孺子颁。"马融注："颁，犹分也。"（按，马融注见《经典释文》引，原作"颁，犹也"，今据孙星衍、桂馥、段玉裁说补"分"字）郑玄注："成王之才，周公倍之犹未，而言分者，诱掖之也。"（见孔颖达《尚书正义》引）又《礼记·祭义》："颁禽隆诸长者。"郑玄注："颁之言分也。"《大戴礼记·夏小正》有"颁冰"，《传》谓："颁冰者，分冰以授大夫也。"又同书"颁马"《传》："颁马，分夫妇之驹也。"《周礼·小宗伯》："遂颁禽。"郑玄注："颁禽，谓以予群臣。"又同书《大宰》："八曰匪颁之式。"郑玄注："颁读为班布之班，谓班赐也。"又同书《宫伯》："以时颁其衣裘。"郑玄注："颁读为班。"皆足以证明"分""颁""班"同为一字。至唐人作《礼记正义》和《周礼正义》，乃径以

“颁”解为“分也”,更是直用古人旧说了。

至于“攽”,始见于《说文》“攴”部:“攽,分也。从攴,分声。《周书》曰:‘乃惟孺子攽。’亦读与彬同。”古无轻唇音,“彬”“分”古音本相同(详见钱大昕《十驾斋养新录》、段玉裁《六书音韵表》、叶德辉《说文读若考附》)。朱骏声《说文通训定声》也说:

> 攽,分也。从攴,从分,会意,分亦声。《书·洛诰》:“乃惟孺子攽。”亦读与彬同。按,经传皆以颁、班为之字……假借为分。

则知《左》《国》之“分”,实即“颁”“攽”的通假字。今“颁”“攽”“班”皆不必读去声,则“分”字亦不必改读“扶问切”。前人每谓《释文》音义多误,即此可见一斑。

附记一

按,与“攽”字音同义近之字,尚有“刉”“粪”等字,皆从“分”字音义孳乳而出。“颁”,《说文》训“大头”、训“鬓”,而另有“攽”字,然先秦古籍实以“颁”为颁赐字。因此,我疑心“攽”是后起本字。至于“班”,《说文》训“分瑞玉”,从珏,从刀。我疑“刀”可能是“分”之省(“分”亦声),正如“粪”的“八”,是“分”之省一样,故读音与“颁”“攽”同,义亦相通。《左传·僖公三十一年》:“春,取济西田,分曹地也。”《公羊传》则谓:“晋侯执曹伯,班其所取侵地于诸侯。”亦可证“分”“班”是一回事。

附记二

《孟子·滕文公上》:“分人以财谓之惠。”“分”字疑应读为“颁”。又《史记·李将军列传》:“广廉,得赏赐辄分其麾下,饮食与士共之。”“分”似亦应读“颁”。此二处旧注皆未及,姑附记于此。

附记三

1969年读清人黄生《字诂》,“扒”字条云:“扒,普八切。《尔雅》‘邠国’,《说文》

作‘汃国’,则知此即古‘邠’字,从水,从八声,‘八’,古分字,其读为颁,‘汃’从此得声。又按‘公’,古别字,从二八,则‘八’为古‘分’字无疑也。‘半’上从八,亦意兼声字,‘八’(颁)入声即八(布八切),故借为数名,而‘分’字则加‘刀’以别之。后因‘分’有颁赐、分别二义,故又借颁、班以异其声。然古人分别之分亦音颁,《左传》‘有班马之声’是也。予又悟《书·旅獒》‘分宝玉于同姓之国’及《左传》‘四国皆有分’、《国语》‘分陈以肃慎氏之矢’,‘分鲁以夏后氏之璜’,皆宜作班字读。”是三百余年前已有人把这个问题解决了。十二年前为此文,竟遗黄生之说,失之眉睫,何其陋也!今补识之,并以坚吾说。

说“形民之力”

清儒崇汉学,说经每薄魏、晋、唐、宋,而其持论却往往不如唐宋人来得直接妥帖。读《左传》时也经常遇到这类情形。今试举一例言之。

《左传·昭公十二年》,楚右尹子革诵“祈招之诗”以讽灵王,其诗曰:“‘祈招’之愔愔,式昭德音。思我王度,式如玉,式如金。形民之力,而无醉饱之心。”其中以“形民之力”二句较难解释。唐以前旧说凡二,都不十分妥当。一为王肃说,以“形”为“刑”,作“伤”解(见《孔子家语》注)。另一为杜预说,现全录如下:

> 言国之用民,当随其力任,如金冶之器,随器而制形。故言形民之力,去其醉饱过盈之心。

杜氏解其大意并不错,只是把“形”字作本义解,未免吃力不讨好。所以自宋之朱熹及于清人,都认为他的讲法“迂回难通”。朱熹说:“《左传》‘形民之力,而无醉饱之心’,杜预煞费力去解……王肃只解作刑罚之刑,甚易晓,便是杜预不及他。”又说:“《左传》作‘形’字解者胡说。今《家语》作‘刑民’,注云:‘伤也。’极分晓。盖言伤民之力以为养,而无餍足之心也……后汉郑玄与王肃之学互相诋訾,王肃固多非是,然亦有考援得好处。”(均见《朱子语类》卷八十三)不过朱熹的讲法似也有窒碍之处。盖此诗是祭公谋父用歌颂语气以讽喻周穆王者,如以“刑”为“伤”,则后二句乃成为正面斥责之辞,与全诗口吻不合。其实孔颖达的《左传正义》基本上已把这一问题解决。他说:

若用民力，当随其所能而制其形模，依此形模用民之力，而无有醉饱盈溢之心也。

孔氏疏解杜氏注文云：

“言国之用民，当随其力任”，量其力之所堪而任用之，不使劳役过其所堪也。“如金冶之器，随器而制形”者，铸冶之家，将作器，而制其模，谓之为“形”。今代犹名焉。用民之力，依模用之，故言“形民之力”也。食充其腹谓之饱，酒卒其量谓之醉。“醉饱”者，是酒食餍足过度之名也。穆王用民之力，不知餍足，故令去其醉饱过盈之心。

而宋代苏轼在《志林》中对此二句发表的见解亦明顺可喜：

元祐六年十一月十九日，五更，梦数人论《左传》云：“祈招之诗固善讽，然未见所以感切穆王之心，已其车辙马迹之意者。”有答者曰：“以民力从王事，当如饮酒，适于饥饱之度而已。若过于醉饱，则民不堪命，王不获没矣！”觉而念其言似有理，故录之。（卷一“梦中论左传”条，又见汲古阁本《东坡题跋》卷一）

窃谓只要依孔《疏》、苏说，把问题向前推进一步，说明以“形”为器之模形，实即“型”字，即完全解决。但清代好几位经学大师却专从字义的辗转考据上作工夫。如王引之《经义述闻》卷十九云：

今案，“形”当读为“刑”。《后汉书·陈蕃传》注，引此正作“刑民之力”。“刑”，犹“成”也（原注：见《大传》《学记》郑注）。“刑民”者，成民也。桓六年《传》：“圣王先成民而后致力于神。”《正义》曰：“言养民成就，然后致孝享。”是其义也。“之”，犹“是”也（原注：《尔雅》：“之子者，是子也。”《无逸》：“惟耽乐之从。”《汉书·郑崇传》引作“惟耽是从”）。“力”犹“务”也（原注：见《坊记》郑注）。“形民之力，而无醉饱之心”者，言惟成民是务，而无纵欲之心也。《大雅·烝民篇》：“威仪是力。”文义正与此同。一曰，《广雅》曰：“刑，治也。”“刑民之力”者，治民是务也。

王氏的这两种解释都犯了一种毛病,即除了“民”字之外,其他三个字的意义都是兜了个圈子才得出来的结果,实不免穿凿。稍后的俞曲园则说:

> 樾谨案:杜释“形”字,迂回难通。《后汉书·陈蕃传》注,引此作“刑民之力”,则古本不皆作“形”。必以“随器制形”解之,不可通矣。今案,形犹容也。形与容一声之转,故古语以“形容”连文。《尔雅·释诂》:“刑,法也。”《广雅·释诂》:“容,法也。”刑与容同义,犹形与容同义也。《说文》“土”部:“型,铸器之法也。”“金”部:“镕,冶器法也。”型与镕同义,亦犹形与容同义也。“容”字古通作“庸”。《庄子·胠箧篇》“容成氏”,《六韬·大明篇》作“庸成氏”,是其证也。《尔雅·释诂》,“刑”“庸”并训为“常”。刑与庸同义,亦犹刑与容同义也。故以声求之,“形民之力”犹容民之力,“容民之力”犹庸民之力。《传》意止言用民力者,不可有醉饱过盈之心耳。(《群经平议》卷二十七)

此说虽似较王说为优,仍嫌多费周折。这种拐弯抹角地讲训诂实在缺乏“博学而反说约”的精神,直到今天还有些人受此种治学方法的影响。倒是段玉裁注《说文》,虽亦以“形”为“刑”之通假字,所得的结论却是直截了当的:

> 形容谓之形,因而形容之亦谓之形……《左传》“形民之力”,假作型模字也。(《说文解字注》卷九上)

其后李富孙作《春秋左传异文释》,对此二句即用段说以引申孔颖达《疏》,甚为平实稳妥,值得表而出之:

> “形民之力”,《家语·正论》作“刑民”。案,《正义》云:“铸冶之家,将作器,而制其模,谓之为形。”《说文》:“型,铸器之法也。”型、刑字同。《汉(书)·王莽传》:“仪形虞周之盛。”“形”即“刑”字。《荀子·成相》注:“形,当为刑。”《强国》注:“形,与刑同。”古刑、形字通。段氏曰,形为型之假字。谓程量其力之所能为而不过也。(《春秋左传异文释》卷八。小如按:竹添光鸿《左氏会笺》即用此说,但未标出处)

只就这个“形”字的训诂而言,我个人是宁取段、李之说而不同意王、俞两家之见的,虽然王、俞两氏在当时学术界更有权威。我认为，考据之学诚不可废（我自己写读书札记实际上大半都在讲考据），但具体工作却忌穿凿。讲训诂通假也要有个限度，比真理多往前走一步就可能成为谬误。唐宋人在学术上有很多见解原是通情入理的，而清代的汉学家却抬出更古的招牌来动辄加以非议，显然是门户之见在作梗。其实"过犹不及"，"不及"固然不好，"过"也不是真正的科学态度。清人讲考据往往徒乱人意，职是故耳。

《论语》丛札

前　言

儿时在父师的课督下，最先接触到的古书就是《论语》。小孩子一天背诵几行，文字又短又浅，颇以容易上口为便。长大后略谙世事，翻回头去重温故籍，觉得孔夫子有些话还是比较可靠的“直接经验”，在旧社会里，用来作为涉世立身的参考，还是比较亲切的；当然彼时自己对马克思列宁主义根本一无所知。建国之初，我曾在大学里讲过一学年《论语》专书，初步学习用历史唯物主义的观点方法去分析批判这部在旧社会最有权威的“经典”。只是苦于水平太低，仅能停留在章句训诂的阶段，解决个别饤饾琐屑的问题。不过那一次重读，却发现其中有些道理应该说是古代广大人民群众智慧的积累，只是通过孔门师弟之口之手说出来记下来，成为一笔文化财富和精神食粮，因此迫切感到还是大有加以批判地继承的必要。

谈到《论语》，正如其他“经书”一样，有所谓汉学与宋学之分。直到“五四”以前，甚至新中国成立以前，治《论语》者总归跳不出这两大门户。当然宋学中也不一致，如程、朱和陆象山，就有客观唯心主义和主观唯心主义的不同。但朱熹对古代传统学术毕竟还有些贡献，似不宜敝屣视之。而且就《论语》而言，只读《四书集注》恐怕还不够，《朱子语类》《朱文公文集》中有不少佐证材料似亦当不惮翻检而求之。另外朱熹有《论语精义》《孟子精义》各一种，乃是汇集所有道学家如程、范、游、杨诸家的说法而成的，也是读《论语》治宋学的必备参考书。清人著述中，走宋学路线者虽不无头脑清醒、见识超卓之人，但大部分的所谓宋学家不是死守封建统治者的灵牌，就是满脑子的功名富贵，至少也不免陷于制科习气，因而我个人倒是宁取汉学家的著作。汉学也分古文、今文两派，这于我却没有什么偏爱，即如毛奇龄之治古文，宋翔凤之治今文，我觉得都有道理；晚清俞曲园、刘宝楠诸家，尤为可取。晚近有程树德的《论语集释》，在我这初学的眼光看来，恐怕是新中国成立以前有关《论语》方面材料最丰富的一部著作了。其书博揽综括，不囿于汉、宋门户之见，但基本精神则是赓续汉学家的。不过程氏之书也并非无疵可指,无懈可击。根据他书前的凡例和书后所开列的征引书目,我认为他还是不免门户习气,有很多材料如宋、明的一些理学家以及清代某些学者(如颜元、李塨这一学派)的著作都是他所摒弃不录的。甚至有些著作只是从他书转引,程氏本人并未见到原文。如清人刁包的《四书翊注》,乃转引自王肇晋的《论语经正录》,日本物茂卿的《论语征》则转引自俞樾的《春在堂随笔》,甚至连一些习见的书如胡绍勋的《四书拾义》、宋翔凤的《四书纂言》等,程氏也只据刘宝楠的《论语正义》转引过来。它如日本学者藤维桢的《论语古义》、安井衡的《论语集说》、竹添光鸿的《论语会笺》,程氏也都没有见到。至于当代学者的著作,在程氏原书凡例中已明确指出,是不予采录的。因之如杨树达的《论语古义》(此书新中国成立后经作者本人重新改订,名《论语疏证》,更为程氏所不及见)、冯友兰的《中国哲学史》、郭沫若的《十批判书》以及钱穆的《论语要略》等,就更不在他所网罗之列了。这不能不算是个缺陷。十余年前初读《集释》,曾有雄心辑作《论语集释补》,但因我对哲学终属外行,即旧学的根柢也是不深不牢,更由于这些年来在工作方面丝毫未触及这部书,这个心愿显然已无从实现了。

1956年开始为北大中文系注释《先秦文学史参考资料》,因其中选入几章《论语》,乃又重新翻检了一下昔年所积累的点滴资料。后来又读到人民教育出版社编订的《文学》课本,看见里面也选注了几段《论语》,于是不揣谫陋,抄撮前人旧说,把一部分有关此书的札记拿出来发表。如前所说,所谈的无非饤饾琐屑的问题,聊供读者作为参考罢了。

以上是我1957年写在几篇札记前面的一则简短的说明,一晃已二十五年。我虽想把过去积存的有关《论语》的资料加以整理,多补进几篇来,却因为水平太低和把握不大而终于没有做到。这里只是一仍旧贯,收了原有的五篇,聊存昔年本来面目而已。另外用文言文写的两小段,已为中华书局《文史》第十三辑用作补白而公开发表了,也就附在后面聊备参考。1982年雨水节作者再记。

说"学而时习之"章

子曰:"学而时习之,不亦说(悦)乎?有朋自远方来,不亦乐乎?人不知而不愠,不亦君子乎?"(《学而篇》)

这是《论语》二十篇开宗明义的第一章书,称得起家喻户晓。历来治《论语》的学者都公认这章书有较大的概括性和较显著的代表性。他们认为编纂《论语》的人把它摆在这样首要的地位不是偶然的。清人刁包在他的《四书翊注》里就说:

> 此孔子一生学谱也。为之不厌,殆自道其时习乎?三千七十子,则朋来也。不尤人不患莫知,又何愠焉?然人人可学而至。故以此章冠二十篇之首。玩三“不亦”、三“乎”字,都是想象唤醒语气,我辈非终身阅历,未易领会个中也。

这段话疑即刘宝楠《论语正义》所本。《正义》说:

> 夫子一生进德修业之大,咸括于此章。是故学而不厌,时习也,知也;诲人不倦,朋来也,仁也;遁世不见知而不悔,不知不愠也,惟圣者能之也。夫子生衰周之世,知天未欲平治天下,故惟守先王之道,以待后之学者。记者因以其言列诸篇首。

把孔子当成圣人,原是封建社会统治阶级的看法,今天早已应该批判。但是贯穿《论语》全书,却有个总的精神,即孔门弟子在记录孔丘的言行时所采取的态度并不是盲从而是比较实事求是的,这应该是我国数千年来人们对待人和事的一种兢兢业业的态度,这个传统已被坚持下来而且仍须继续下去。我们今天读这章书,首先应从这方面来体会。

据我个人的经验,这章书并不好讲。大致可以归纳为下面的几个问题。一、“学”怎么解释?二、“学”的内容是什么?三、“时”怎么解释?四、“习”怎么解释?五、什么叫“悦”,什么叫“乐”,什么叫“愠”?六、“人不知而不愠”应怎样理解?为了眉目清楚,愿逐项分条而谈。

先谈“学”怎么解释。朱熹《集注》:“学之为言效也。人性皆善而觉有先后,后觉者必效先觉之所为,乃可以明善而复其初也。”“性善”和“明善复初”云云,显属理学家的唯心主义课题,这里恕不讨论。从“学”的字义来看,《说文》是释为“觉悟”的;作“效”解是本于《尚书大传》和《广雅·释诂》,我以为并没有什么不可;而且“觉”之一义也应该包括进去。清人毛奇龄曾大骂朱熹讲错了(见《四书改错》),我过去曾以为有理,现在看来,反而未免盲从了。因为我们无论立身治学,总是从感性认识提高到理性认识,这就是“觉”的过程。而无论是古今中外书本上的知识或前人实践中的经验,我们既要去学,自然有个模仿效法的行动在里面。所以我同意日人佐藤一斋的一段话:

> “学”字,《说文》训“觉”,《尚书大传》训“效”。《集注》虽本伏生,而以觉有先后言之,则竟不遗许慎。“觉”是学之主意,“效”是学之工夫,两意相待,不可偏废。(日人竹添光鸿《论语会笺》卷一引)

正是拥护朱熹的中肯意见。陈澧《东塾读书记》卷二引侯度说:“学之为言效也。如学书者云学欧学褚,是效欧效褚也。学诗者云学杜学韩,是效杜效韩也。学梓匠轮舆,亦效其师之为梓匠轮舆也。”也说得很透彻。不仅知识要学,学知识的方法(包括思想方法和学习步骤)也得学。上引两家的话,实际上已接触到治学方法的问题了。

把“学”字涵义弄清楚,就要进一步研究“学”的内容(或说“学”的对象)是什么。何晏《集解》引王肃说:

> 时习,学者以时诵习之。诵习以时,学无废业,所以为说(悦)怿。

很显然,王肃的解释就是指读书,亦即求得书本上的知识。主张此说的,有清人袁枚(见《小仓山房文集·论语解》)、黄式三(见《论语后案》)、陈澧(见《东塾读书记》)。宋儒如程、朱,对这一点则比较含糊。从朱熹的文集和语录来看,他是主张把“学”的内容看作“读书”的,如文集《尽心堂记》云:“学而必读书,固孔门之遗法也。”又《语类》卷十:“书只贵读,读便是学。夫子说‘学而不思则罔,思而不学则殆’,学便是读,读了又思,思了又读。”都把“学”的内容着重在读书这一方面。但从《集注》的话来看,则又非指单纯地从书本上去求知,而是要效法古人的行事。照我个人的看法,这里所谓“学”的内容恐不专限于读书。即从儒家一脉相传的道理来讲,孟子强调“学尧舜”,荀子主张“法后王”,都说明“学”是为了“行”而不是仅仅满足于“知”。后儒释此章,或谓“学其为君子为圣人”(宋王日休《习说》),或谓“希贤希圣希天”(刁包《翊注》),或谓“学先王之道”(日人物茂卿《论语征》),其言虽不免陈陈相因,然考其实质,却都是指学了之后要身体力行(即所谓“习”)的意思。明人焦竑《笔乘》卷一第一条即写了一个读《论语》的故事,很可玩味:

> 李彦平曰:“宣和庚子,某人辟雍,同舍赵孝孙仲修,伊川先生高弟,赵颜子之子也。于某有十年之长。辛丑春,同试南宫,仲修中选,而某被黜。仲修勉之曰:‘公盛年,一跌何伤!姑归读书可也。’某意不怿。赵曰:‘公颇读《论语》否?’即应之曰:‘三尺童子皆读此,何必某!’仲修笑曰:‘公既知读此,且道学而时习之,以何者为学?’某茫然不知所对。仲修徐曰:‘所谓学者,非记问诵说之谓,非绨章绘句之谓,所谓学圣人也。既欲学圣人,自无作辍。出入起居之时,学也;饮食游观之时,学也;疾病死生之时,亦学也。人须是识得造次必于是,颠沛必于是,立则见其参于前,在舆则见其倚于衡”,方可以学圣人。’某闻其言,顿若有悟……”

清人陆陇其更主张从《礼记·中庸篇》的“博学、审问、慎思、明辨、笃行”这些方面去考虑“学”的问题(《松阳讲义》卷四),近人程树德也说:“今人以求知识为学,古人则以修身为学。”(《论语集释》卷一)可见把“学”局限于读书一事是不尽切合古人原意的。若照今天的体会,就更见出“学”的内容和“学”的对象的广泛性。所以我认为这个“学”字所指的内容决不只限于死啃书本。何况书本上的知识原是前人在实践中得出的经验总结,只有“知”而不能“行”或不去“行”,则其所知犹不知也。这个道理本极浅显,初不必哲学家或思想权威才懂得的。

既已搞清“学”的内容,则“时”“习”二字的解释已解决了一半。先谈“时”。从皇侃的《论语义疏》到宋儒谢良佐、朱熹,都倾向于把“时”字解成“时时”。这个讲法于句意很顺,但实非古义。这从上面《集解》引王肃的话就可以得到证明。细检《论语》全书,“时”字凡十见,没有一个是当“时时”讲的,如“使民以时”“不时不食”“夫子时然后言”等句中的“时”字,都是指特定的某一时间。焦循《论语补疏》用《礼记·学记》语释此“时”字之义最善:

> 循按:当其可之谓时……不愤不启,不悱不发,时也;中人以上,可以语上,中人以下不可以语上,时也;求也退,故进,由也兼人,故退,时也……

用今天的话说,“时”就是在一定条件下的某一适当的时机,而不是无时无刻,日日夜夜。如据宋儒谢良佐所说:“时习者,无时而不习。坐如尸,坐时习也;立如齐(斋),立时习也。”(见《论语精义》引)那就要陷入理学魔障,变成迂执不化的腐儒了。

复次请言“习”字。朱熹《集注》:“习,鸟数飞也。学之不已,如鸟数飞也。”“习”并不完全同于“学之不已”,但他据《说文》以“鸟数飞”之义来释“习”,则十分形象化。这比王肃讲成“诵习”、皇侃讲成“温习”(《义疏》云:“习是修故之称也。”)要好得多。程颐则解为“重习”。他又说:“所以学者,将以行之也。时习之,则所学者在我,故悦。习如禽之习飞。”(《程氏外书》卷七,又见《论语精义》引)实为朱熹之说所本。我以为“习”即“践习”,故于“鸟数飞”之说深表同意。《论语精义》引范祖禹说:

> 习之言试也。《易》“重险”之卦曰:“习坎。”水之于险也,必洊至而不已,然后能乘险而流焉。君子于难事也亦然。故其象曰:“常德行,习教事。”夫必有常也而后能立。孔子,习周公者也;颜渊,习孔子者也;人君习尧舜,是亦尧舜而已矣。

我也非常同意。总之,一个人如想真正掌握业务或证明自己所掌握的知识确实符合客观实际并对社会有用,那就必须在“学”了之后抓住一定的时机加以践习,正如鸟之习飞,水之乘险或人之学游泳,才能真正有所收获。这正是“学而时习之”的意思。果能通过实践的机会而使己之所学有了心得体会,心中自然喜悦。如果把“时习”只是讲成“按时温习功课”(宋王应麟、清陈澧说),则下面的“不亦说(悦)乎”就没有什么深度了。宋代佛学家王日休在《龙舒净土文》后面附有一篇《习说》,对“时习”的意义说得十分透彻,可供我们参考:

> 孔子化三千之徒,其要旨不出一部《论语》,而首以“学而时习之”一句。则此一句主义,岂不为急先务哉!盖“学”者,学其为君子为圣人;“习”者,如习射、习仪之习。习圣人君子者,不可骤尔而至,故必以时而渐习之。若学宽大,则于褊隘时习之;若学温和,则于忿怒时习之;若学恭敬,则于傲慢时习之;若学良善,则于狠戾时习之;若学辞让,则于忿争时习之;若学勤敏,则于懈怠时习之。然则所谓时习者,当其事之时而习,则不虚习矣,其习必成。成则自有可喜,故曰“不亦悦乎”。能悟此理,则尽《论语》中所言之善,皆可以进。是知此一句贯于一章之首者,深有意也。

用王日休的话来印证焦循“当其可之谓时”的解释,便愈见出后者的精确不磨。讲到这里,这一章书的主要内容已一清二楚了。下面简单谈一下“悦”“乐”“愠”三字的意义。

我以为,《论语》的语言所以很有文艺性,主要在它能用精确的词汇来描写人生经验和思想感情。如上所说,一个人在学习和实践中有了心得,必然是高兴的,这就是“悦”。皇侃《义疏》:“悦者,怀抱欣畅之谓也。”清人江声《论语竢质》解“悦”为“惬心”,也深得“悦”之境界。朱熹解“悦”为“喜”,稍嫌浮泛。至于“乐”,的确比“悦”的程度重些,表现得也表面化些。陆德明《经典释文》引谯周说:“一云,自内曰悦,自外曰乐。”此即朱熹《集注》引程颐说“悦在心,乐主发散在外”之所本,我以为是正确的。盖“乐”的表现比较开朗明显,“悦”则只是“惬心”而已。《汉书·杨恽传》载恽报孙会宗书云:“君子游道,乐以忘忧;小人全躯,悦以忘罪。”正可用来衡量“悦”“乐”分量的不同。

至于“愠”,何晏作“怒”解,陆德明引郑玄说:“怨也。”朱熹则释为“含怒意”。这样讲并不算错,只是不够细致贴切。《朱子语类》说得就更深入些:“心中略有不平之意便是愠。”江声说:“愠犹闷也。”物茂卿说:“愠谓心有所怫郁也。盖愠、郁一音之转,不必训怒。”也都能把“愠”的境界刻画出来。用今天的话说,或谓之“心里别扭”,或谓之“闹情绪”,而非形于颜色的勃然大怒。味孔子之意,乃谓一个读书人在不被人了解时,能连一点小别扭都没有,才称得起是真正的“君子”。

最后谈一下“人不知而不愠”。何晏说:“凡人有所不知,君子不怒。”意谓教人而人不知,则己不怒。证以《论语》本书,孔子谈到“不患人之不己知”的话凡四见,可见何晏的话是不对的。刘宝楠也说:“语之而不知,虽舍之亦可,无容以不愠即称君子。”所以,我们还是同意后起的一般说法,解为“他人不见知而我不怒”(皇侃《义疏》)。从《论语》全书看,“人”和“民”的用法不同。“民”指被统治、被剥削者,而“人”则指统治阶级上层分子的“自己人”(最明显的例子是:“节用而爱人,使民以时。”“人”可以被“爱”,而“民”则是“使”的对象)。所以,刘宝楠引申其义说:“人不知者,谓当时君卿大夫不知己学有成举用之也。”是正确的。

然而有一点必须说明。孔门师弟在当时之不见知于统治阶级上层人物是由于两种情况使然。一方面是儒家讲先王之道,不免“迂阔而远于事情”,用今天的眼光看,乃是他们固持保守态度,无法适应社会已经向前发展的局面。那么他们之不见知于人就不值得同情。另一方面,则由于孔门师弟尽管有抱残守缺的倾向,但在政治观点或思想感情上仍有同情人民、替人民着想、反对当时统治者过分剥削压迫人民的一面,因此才深为当时统治阶级所不满,从而不受知于人。所以关于"人不知而不愠"这一层,我们应采取批判的态度来理解和接受。近人杨树达在其所著《论语疏证》卷一中说:"中自有得,故人不知而不愠,自足乎内者固无待于外也。然非德性坚定之人不能及此也……""德性坚定"还是一句空话,只有在具体工作中磨炼自己并敢于坚持原则,而不为外在流行浪潮所推移,才算真正达到做人的标准,这是古今都无二致的。我们读古书,主要还须从这种地方入手,以求吸取养分充实自己。而我之所以不惮琐屑说此一章书,也正是为了这个缘故。

附记

以"闷"释"愠",始于程颐。他说:"不见知而无闷,乃所谓君子。"(《伊川经说》卷六)又金履祥《论语集注考证》卷一有云:"何文定(基)曰:'有一朋友言,愠作含怒意固下得轻,然终有怒字在,不见君子气象。惟训闷字为是。如《南风》之诗曰:"南风之薰兮,可以解吾民之愠兮。"暑气何可怒,但令人闷耳。薰风则能解人之愠闷也。'"检朱骏声《说文通训定声》"屯"部第十五,凡从𥁕得声之字大抵皆有涵隐内藏之义。如"嗢",《说文》训"咽",朱骏声曰:"咽犹噎也。""殟",《说文》训"胎败",即胎儿坏于腹中之意。《楚辞·九思》:"悒殟绝兮咶复苏。"《广韵》:"殟,心闷也。"又据《说文》"頵"下之解,此即头晕之"晕"之本字。"煴",《说文》训"郁烟",《汉书·苏武传》"置煴火"注:"谓聚火无焱者也。"《广雅·释训》:"煴煴,元气也。"元气者,正谓涵隐浑然一体之气。又与"烟"复合为联绵词,《文选·鲁灵光殿赋》:"合元气之烟煴。"李善注:"天地之蒸气也。"字亦作"氤氲""烟缊",皆指郁烟之状。"温"本水名(见《说文》),然温暖、温和、温润、温柔、温淳、温厚,或指阳气内藏,或指美德内蕴,故地内有汤谷为温泉,重言之"温温"则譬况美德(如《诗·小宛》"温温恭人")。"搵",《说文》训"没",《广韵》:"搵抐,按物水中也。"而缊、醖、蕴、薀字皆互相通假,训藏,训渊奥,训蕴藉。而醖酿字即以酒母制酒未成时起作用于内之义。"醖"又与"韫"通,"韫"则训裹藏(见《广雅·释诂四》及《论语·子罕》"韫匵而藏诸"《集解》引马融注)。"辒",《说文》训"卧车",古以辒辌车载尸柩,朱骏声曰:"按,如衣车,密闭者为辒(温),开窗牖者为辌(凉)。"因知"愠"字之义,盖指蓄积于内之情绪而言,故知训闷、训郁之为得其义,而朱熹释为"含怒意"或"心中略有不平",犹近于本义也。此说受近人袁虹叟先生启发，因检朱氏书，发其旨而畅论之。谨志于此，并致谢忱。

说“三省”与“传习”

曾子曰：“吾日三省吾身，为人谋而不忠乎？与朋友交而不信乎？传不习乎？”(《学而篇》)

这章书并不难讲，只是“吾日三省吾身”和“传不习乎”两句的讲法有些分歧；而分歧的导致者实为朱熹。“三省”句何晏《集解》无注释，皇侃《义疏》和邢昺《论语疏》都把“三”解为“三次”。惟独朱熹的《集注》上说：“曾子以此三者日省其身，有则改之，无则加勉……”则以“三”指“不忠”“不信”“不习”三事。这个讲法并无师承。程颐《伊川经说》卷六云：“曾子之三省，忠、信而已。”可见也没有把“三”讲成“三事”。我以为这个“三”字应该是用来修饰“省”字的，与下文“不忠”等三层意思无涉。《荀子·劝学篇》云：“君子博学而日参省乎己，则知(智)明而行无过矣。”前人多以此“参”字为“参验”之意，疑未尽确。若以《论语》此章证之，“参省”可能就是“三省”(小如按：参、三二字古本相通，《礼记·孔子闲居》：“三王之德，参于天地。”郑玄注：“参天地者，其德与天地为三也。”《中庸篇》“则可以与天地参矣”，亦与此同义)。《劝学篇》的上下文是绝对没有“三事”可指的，则《论语》的“三省”也必非指“三事”可知。朱熹的说法显然是不妥当的。

据清人汪中及清末民初人宦应清的说法，这个“三”并非实指。汪中说：

凡一二之所不能尽者，则约之三以见其多；三之所不能尽者，则约之九以见其极多。此言语之虚数也。……《易》：“近利市三倍。”《诗》：“如贾三倍。”《论语》：“焉往而不三黜。”《春秋传》：“三折肱为良医。”此不必限以三也。《论语》：“季文子三思而后行。”雌雉“三嗅而作”。《孟子》书陈仲子食李三咽，此不可知其为三也。《论语》：子文“三仕三已”，《史记》：管仲“三仕三见逐于君”，“三战三走”；田忌“三战三胜”；范蠡“三致千金”，此不必果为三也。故知“三”者，虚数也。(《述学·释三九上》)

宦应清也说：

> 古人于屡与多且久之数，皆以“三”言。如颜子三月不违，南容三复，季文子三思，泰伯三让，柳下三黜，子文三仕三已，三年无改于父之道，三人行必有我师，三嗅而作，三年学，三月不知肉味，皆此意也。如一一而求之，若者一若者二若者三，则失之矣。（《论语稽校注》）

据此，则所谓“三省”，即是频频反省之意。

至于“传不习乎”，何晏《集解》：“言凡所传之事，得无素不讲习而传之。”是指把自己所未习之事传给别人，意思本不错。而朱熹《集注》则谓：“‘传’谓受之于师，‘习’谓熟之于己。”乃指从老师那儿学来知识之后自己不进行研习。这一讲法也是没有师承的。程颢说：“‘传不习乎’，言不学而传与人。”范祖禹也说：“夫治己者未至，则教人者不足，故曾子惧夫传不习也。”（均见朱熹所辑《论语精义》引）他们用的都是旧说。又金履祥《论语集注考证》卷一云：

> 按，“传”字是前传后、上传下之辞。若是师传，当云“受业”，不当云“传”也。兼曾子于师传之事，宜无不习，不待每日与“为人”“交友”同省矣。以上二事例之，“为人”“交友”俱为及人之事；则此“传”当从程子之说，乃传业与人者。传业与人而不习于己，正郑氏（小如按，即郑玄）所谓“讲时为学者诵之，师不心解”者（小如按：郑玄此语见《礼记·学记》注，此处引文与原文略有出入）。不习而传，宁不误人！故必省而习之。

金氏的话是非常确切的。因为这个“习”就是“学而时习之”的那个“习”，皆指实践而言。如果自己只顾放言高论，把一套空泛的大道理传授给别人，而本身却不准备实行之，正如自己是大瘾，却劝别人戒烟，显然是值得深思、应该检讨的（日人竹添光鸿的《论语会笺》即释“省”为“检讨”）。所以元人郭翼的《雪履斋笔记》和清代焦循的《论语补疏》都从金氏之说而不从《集注》。又宋人郑汝谐《论语意原》云：

> 为人而谋，忠乃在我；交乎朋友，信乃在我；传业于人，习乃在我。凡与物接者，皆以省诸身，合彼己之道也。

可见讲成“传业与人”不仅于情理为近，就在文义方面也比较一贯。宋人的讲法大抵依旧说，独朱熹持别解，反而有点绕弯子了。

也许有人说，朱熹的讲法该是由于曾子既为孔子的弟子，则曾子此语当是在孔门求教时所说，所以以“传”为“受之于师”了。其实《论语》一书，肯定是孔门再传、三传的“儒家者流”所记，书中称曾参为“子”，尤可见其为曾子的后辈门人所追记（此说本于柳宗元、程颐），就连朱熹本人，也以为此一章书是曾子晚年所说的话（见《朱子语类》和《论语集注考证》）。曾子在孔门年纪最轻，则他说此话时，孔子应该早已死去，那么他还从何处“受之于师”呢！故我们今天似亦不必墨守朱熹一家之言，不妨以“从众”为愈。

附记一

刘宝楠《论语正义》及近人杨树达《论语疏证》皆以《大戴礼记·曾子立事篇》之意释此章，因而刘氏据朱注以“传”为“师有所传于己”。按《曾子立事篇》云：“君子爱日以学，及时以行，难者弗辟（避），易者弗从，唯义所在。日旦就业，夕而自省，思以殁其身，亦可谓守业矣。君子学必由其业，问必以其序；问而不决，承间观色而复之，虽不说，亦不强争也。君子既学之，患其不博也；既博之，患其不习也；既习之，患其无知也；既知之，患其不能行也；既能行之，贵其能让也。君子之学，致此五者而已矣……”窃谓《立事篇》与《论语》的这一章正是一事的两面，不必强合为一。孔广森《大戴礼记补注》云：“习者温故，知者知新。”而《论语》则云：“温故而知新，可以为师矣。”从《论语》本身亦正可说明这个说法原不必依附于《大戴礼记》。但这也并非我的发明，焦循《论语补疏》已先我而言之了。

附记二

文中所引宦应清之说，见其父宦懋庸所著《论语稽》，应清盖阐述懋庸之说者。兹将宦懋庸说补记于下：“愚按，‘三省’字，循环往复，不敢自欺，一事一刻，辗转寻索。非约计三端而限之，亦非三过自视察也。”亦即频频反省之意。

说“无所取材”

> 子曰:“道不行,乘桴浮于海,从我者其由与?”子路闻之喜。子曰:“由也,好勇过我;无所取材!”(《公冶长篇》)

这一章书写得很有意思。孔子心境的寂寞以及他和子路彼此间的融洽无间,都跃然纸上。但自朱熹《论语集注》解“材”为“裁”(按:朱熹此解本于程颐,程颐则又据韦昭《国语解》),认为孔子说这话有讥讽子路“不能裁度事理”之意,于是连传统京戏《连升店》里利欲熏心的店主东也引了这话来讽刺子路。检何晏《论语集解》引郑玄说:

> “无所取材”者,无所取于桴材。以子路不解微言,故戏之耳。

郑玄只提到“戏之”,朱熹就发展为“讥讽”,我以为这实在有些冤枉。近读1956至1957年出版的高中《文学》课本第一册,发现也选了这一章,而所附注释恰是用朱注之义而有所引申,今照录如下:

> 仲由呀,比我更有勇气,可惜不能虚心判断事理。这是孔子防止子路自满,对他的批评。材,同“裁”,判断。

这里有好几处值得研究。第一,上文“子路闻之喜”,“喜”不一定即有自满情绪在内。第二,孔子之“道”已注定“不行”,子路是清楚的(《论语·微子篇》载子路代表孔子说过“道之不行,已知之矣”的话),而孔子既引子路为同路人,子路心里自然会高兴,这与“不能虚心判断事理”似乎并无关涉;且子路纵然热情,又何至于连“事理”都“不能虚心判断”呢?(此一层参用近人程树德《论语集释》之说)第三,孔子先赞美子路,等子路一“喜”之后跟着又批评他,难道孔子竟先以甘言诱之,等子路表了态,然后再加以指责么?我看未必如此。

窃谓用假借字义解经,汉儒多有之,朱熹注《诗经》和《四书》,则往往直用本字之义。此处乃竟蹈汉儒故辙,当是过信程颐之说的缘故。我们今天既无汉、宋门户

之见,还是从长计议为好。我觉得,郑玄对“材”字的讲法是不错的。清人赵佑《四书温故录》卷二“桴”字条有一段话道:

> 圣人道济天下,必无忽思避世之理。“乘桴浮于海”……窃以此正状“道不行”实在处。海以喻滔滔皆是,若涉大水,其无津涯之意。桴,即“欲济无舟楫”(小如按,此孟浩然诗句)意。言道之不行,如乘桴浮于海然。欲以一人之力,济天下之艰,所托者小,而所期者大,鲜有不疑且阻者。皇皇独有一我,谁与相从!其唯由之忠信明决能之欤?此亦“惟我与尔有是夫”(小如按,此为孔子赞颜渊语,见《论语·述而篇》)之意,故子路闻之喜,喜其得圣人行道之与也。而子嘉其好勇,正以力行任道之诚,能出入于死生患难之中而不夺,曰“过我”者,深许之也。又曰“无所取材”,则就前言作转语,寄叹更深矣。言我诚汲汲于行,无如世事茫茫,无之非海,徒多望洋之思,绝少可乘之具,无论其大,并桴亦无从假手,其若之何!盖重叹其不得尺寸之柄而用之也。材,郑注以为桴材,极耐寻味……朱之又以材与裁同,窃谓如字解,自合。

这段话是很能言之成理的。赵佑的见解虽每与朱熹不同,却并非专同朱熹唱对台戏的人,所以这里引了他的话。至于元人陈天祥《四书辨疑》(一说此书佚撰人姓名)卷四里的论点,则是纯粹批驳朱熹的:

> “乘桴浮于海”,固为假设之言;“从我者其由与”,却是实称子路之意,非戏弄也。子路之喜,喜为夫子所知,非为不能裁度也。浮海之叹,虽我辈闻之,亦能知其意在伤时,必无实往之理;岂有圣门高第弟子,于此反无裁度,懵然不知者哉!

另外,在日人物茂卿《论语征》卷丙内也有一段话是解释这章书的:

> “道不行……”,此孔子之微言也。《易》曰:“利涉大川。”谓涉艰难也。而海之难涉,非复大川之比。盖孔子所言,其事之至难,乃非独力所能济;而所可与共者,又难其人;惟子路好勇,故假设云尔,非实许子路也。子路不解假设之意,喜其言与己共行,故孔子又曰:“由也好勇过我。”是乃无可虑者,只恐其无所

取桴材，欲从而卒不能从耳。盖言兴大事，涉艰难，非勇之所独能，亦必有其具乃可为也，无经济之材则不能也。

此虽不尽同于赵佑的解释，但对“材”字的讲法并无二致。俞樾《春在堂随笔》评物茂卿此书“议论通达，多可采者”，我是很同意的。因此一并抄了出来，聊作“争鸣”的一点根据。其实，孔子“浮海”之说是接近幻想的，即《辨疑》所谓“虽我辈”亦能知其“必无实往之理”，所以他一看到子路“闻之喜”，便一面许其“好勇过我”，一面却现实主义地说，连桴材都无处可取，纵然有勇也无用武之地。正体现了“道不行”的实质，也可以说把“道不行”给形象化了。如果把这章书只局限在对子路的批评上，那反倒把意义给缩小了。此我之所以宁取赵佑或物茂卿之说也。

说“颜渊季路侍”章

颜渊季路侍。子曰：“盍各言尔志？”子路曰：“愿车马，衣轻裘，与朋友共，敝之而无憾。”颜渊曰：“愿无伐善，无施劳。”子路曰：“愿闻子之志。”子曰：“老者安之，朋友信之，少者怀之。”（《公冶长篇》。标点依1957年高中《文学》课本第一册）

这章书有四个地方值得讨论。第一个地方是“愿车马，衣轻裘”的“轻”字有无问题。讲汉学的清儒们多认为“轻”字是衍文。如阮元《十三经校勘记》云：

唐石经“轻”字旁注。案，石经初刻本无“轻”字。车、马、衣、裘，见《管子·小匡》及《外传·齐语》，是子路本用成语，后人因《雍也篇》“衣轻裘”误加“轻”字，甚误。

钱大昕在《金石文跋尾》卷九里也说：

“愿车马衣裘”，“衣”下旁注“轻”字，此宋人妄加。考《北齐书·唐邕传》：“显祖……尝解所服青鼠皮裘赐邕云：朕意在车马衣裘，与卿共敝。”盖用子路故事。是古本无“轻”字，一证也。陆氏《释文》于“赤之适齐”节音“衣”为于既反，而此“衣”字无音，是陆本无“轻”字，二证也。邢《疏》云：“愿以己之车马衣裘,与朋友共乘服。”是邢本亦无“轻”字,三证也。皇氏《义疏》云:“车马衣裘,共乘服而无所憾恨也。”是皇本亦无“轻”字,四证也。今注疏与皇本正文有“轻”字,则后人依通行本增入,非其旧矣。(《国子学石经·论语》条)

但我们从《白虎通德论》的《三纲六纪篇》中却可以得到反证:“朋友之交……货则通而不计,共忧患而相救。生不属,死不托。故《论语》曰:‘子路云:愿车马,衣轻裘,与朋友共敝之。’”(《四部丛刊》本,卷七)这里的引文是有“轻”字的。1957 年 5 月出版的天津师院《科学论文集刊》第一期上刊有裴学海先生的一篇《对于高中文学课本注释的商榷》大作,他就与清儒的说法持相反意见:

有谓此文之“轻”字是衍文的,本作“愿车马衣裘”(见刘宝楠《论语正义》),这种说法不可信。(页七)

《正义》所引即阮、钱二氏之说,而裴文乃以为不可信,我想,他大概是据《白虎通德论》而认为这个“轻”字是原有的。此外,我们很难再找到其他的原始材料来证明了。

由于“轻”字的有无,就影响到“衣”字的讲法。一种是把“衣”字当动词,如朱熹《集注》:“衣,服之也。”那就要读去声,亦如《经典释文》在《雍也篇》所标的音读“于既反”。今高中《文学》课本即依朱熹说而解为“所穿的轻裘”。另一种则是把“衣”字当作名词。1957 年 2 月号《语文教学》载汪稚青先生的说法,就是这样的:

按此章“愿车马,衣轻裘……”已有“愿”这个动词,下即列举车、马、衣、裘四项,车与马为同类二物,则衣与裘亦应为同类二物,始能并举。若把名词的“衣”解作动词的“所穿”,似乎语法有舛。(正文“愿车马衣轻裘”六字,中间亦可不用逗号,如用逗号,则“愿车马”为一动宾结构,“衣轻裘”为一动宾结构,更为不合理。)

这正是对《文学》课本提出的商榷意见。裴学海先生也说:

“愿车马、衣轻裘”之“衣”字,当作名词解。“衣、轻裘”,就是衣服和轻裘。

“注释”解“衣”为“穿”,不合语法。有人说,“乘肥马,衣轻裘”(见《雍也篇》)之“衣”作“穿”解,则此文当亦然。殊不知彼文是对偶句(乘字和衣字相对,都是动词;肥马和轻裘相对,都是合成词);此文在“愿”字下三个名词(车、马、衣)和一个合成词(轻裘)并列,其结构并不相同。(同前引文,页七)

把“衣”字当作名词,我是同意的。但以三个单音名词和一个合成名词作为并列成分,不论在古文或口语中,都显得别扭,而且是极为罕见的。所以“轻”字有无的问题还值得仔细研究。

阮元说:“唐石经‘轻’字旁注。”这应该是事实。可见唐人已怀疑到这个“轻”字的有无。他又引《管子》和《春秋外传》(即《国语》)来说明“车马衣裘”四字连用已见于先秦古书,这就比较有说服力了。《管子·小匡篇》云:

又游士八十人,奉之以车马衣裘,多其资粮,财币足之,使出周游于四方……

《国语·齐语》的文字与此大同小异:

为游士八十人,奉之以车马衣裘,多其资币,使周游于四方……

这两段话显然同出一源。但它们和《论语》都是先秦古书,用它们的句法来互相比勘印证,可靠性是比较大的。至于《白虎通德论》(此书的纂辑者是东汉的班固)的引文与今本《论语》相同,则有以下几个可能:一、《论语》原本有“轻”字,《白虎通》所引不误。二、班固所见《论语》已有衍“轻”字的一种本子。三、《白虎通》引《论语》时误衍“轻”字。四、后人据通行本《论语》翻转来改订《白虎通》。时至今日,这几种可能性都有几分道理,已无法凭主观臆测来推翻或坚持哪一种。但《白虎通》也和其他古书一样,凡所引先秦典籍有不少都与今本文字有出入。即以所引《论语》而论,有的是删节原文(如《社稷篇》所引“譬诸宫墙”一节),有的是个别字句不同(如《社稷篇》所引“季路使子羔为费宰”一节,《论语·先进篇》即作“子路”)。因此我们似不宜仅据《白虎通》的这一条引文便说《论语》此章无“轻”字的可能。《论语》中还有一处与此极为相类,那就是“子路使子羔为费宰”的问题。刘宝楠的《论语正义》说：

> 《史记·仲尼弟子列传》作"使子羔为费郈宰"，《论衡·艺增篇》亦作"郈宰"。戴氏望说《史记》"费"字后人所增。张守节《正义》引《括地志》，释"郈"在郓城宿县，未言"费"所在，知所见本无"费"字……子路以堕郈后，不可无良宰，故欲任子羔治之（小如按：以上所引见戴望《论语补注》）。案，戴说颇近理，然《论语集解》亦不释"郈"，则包、周、马、郑诸家所据本皆作"费"，岂当时已文误，莫之能正耶？所当阙疑，各就文解之也。（卷十四）

戴望据《论衡》和《史记正义》以疑《论语》和《史记》的"费"字，正如阮、钱等人据《管子》《国语》及唐石经以疑这个"轻"字一样。刘以为戴说"近理"，但因没有更多的证据便主张"阙疑"。那么此处的"衣轻裘"，亦正不妨用阙疑的态度两存其说了。

不过照我个人的看法，总认为"轻"字是衍文的可能性更大些。因为在古书里，为了使句法整齐，用两个单音词和一个双音词（合成词）做成一个并列成分的四字句，是习见的；至于用三个单音词和一个双音词（合成词）作为并列成分，可实在太不普通了。证以先秦的《管子》和《国语》，以及后来的皇侃《论语义疏》和《北齐书·唐邕传》，都只以"车马衣裘"并列，就完全可以说明这一点。至于钱大昕所举的四条证据，只有第三条是站不住的，因为邢昺的《论语疏》是这样写的：

> 衣裘以轻者为美。言愿以己之车马衣裘，与朋友共乘服。

钱氏引下句而遗其上句，显然不妥。但我们却可以另外再找一条证据，那就是张横渠（载）的话：

> 仲由乐善，故车马衣裘，喜与贤者共敝……（《论语精义》卷三上引）

此外，皇侃的《义疏》毕竟也是一条极有力的证据：

> 子路性决，言朋友有通财，车马衣裘，共乘服而无所憾恨也。《一家通》云："而无憾"者，言愿我既乘服朋友衣马，而不斮憾也。

不仅从疏文中丝毫看不出“轻”字的痕迹，甚至连皇氏所引的《一家通》也了无“轻”字之迹象可寻。那么我之揣测《白虎通》的引文有“轻”字是由于上述种种可能，而不误的可能仅占其一，似亦不为无因了。只要把“轻”字一去，则上下文都无障碍，标点的问题也迎刃而解了。

第二个地方是“与朋友共”两句如何断句的问题。从上面所引的《白虎通》《论语义疏》《北齐书·唐邕传》以及张载的话来看，此处应在“共敝之”的“之”字断句已十分显然，可见朱熹《集注》读至“共”字为一句是不妥当的。何焯《义门读书记》卷三云：

> 《白虎通德论·三纲六纪篇》以“共敝之”为句，此张子所本也。又张文昌《赠殷山人诗》，有“同袍还共敝”、苏子瞻《戏周正儒坠马诗》，有“故人共敝亦常情”句，不独张子如此读也。（小如按，何氏于此下更引马戴《边馆逢贺秀才诗》“鹿裘共敝同为客”及《北齐书·唐邕传》“朕意在车马衣裘，与卿共敝”之语）

可见北宋以前的人大抵把“敝之”连上文读。清人武亿《经读考异》引朱少白云：“……至其语意直捷，尤得先贤气象。盖未敝之时，已有共敝之意，不待既敝而后无憾也。”刘宝楠是同意这个说法的。他说：

> 《白虎通·三纲六纪》……引此文至“敝之”绝句，《唐邕传》同。言己与朋友共用至敝也。今读“与朋友共”为一句，“敝之而无憾”为一句，似“敝之”专指朋友，于语意未晰。

我觉得朱、刘二家的说法是不错的。因为把“敝之”属下文，译作口语就成为“即使是用坏了也不心疼”，好像子路只是不在乎物质上的损失。实际上这种口吻倒显得小家子气，对子路的性格和形象反有所损害。如把“敝之”连上读，便无此弊。朱少白说的“气象”，并非抽象之物，原是同语气有关的。

第三个地方是“无施劳”的讲法。何晏《集解》引孔安国说：“不以劳事置施于人。”本极醒豁。朱熹《集注》则云：

> “施”亦“张大”之意。“劳”谓有功。《易》曰：“劳而不伐。”是也。或曰：

> “劳,劳事也。劳事非己所欲,故亦不欲施之于人。”亦通。

这是把孔安国说作为或说。有人从文法上看,以为照孔安国的讲法,还得替原文添出一个宾语来,又因刘宝楠也同意《集注》的前说,便不从《集解》之旧说。我却以为孔安国说必不可废。《文学》课本注释此句据《集解》而不从朱熹的第一说,解为“不把劳苦的工作推给别人”,实在很正确。因为这样讲同孔子所说的“己所不欲,勿施于人”的道理是一致的。如果讲成“不夸功”,则与上句“无伐善”的意义相重复。清人赵佑在《四书温故录》里就指出这一点。而《荀子·修身篇》云:

> 劳苦之事则争先,饶乐之事则能让;横行天下,虽困四夷,人莫不任……劳苦之事则偷儒(懦)转脱,饶乐之事则佞兑(悦)而不曲……横行四方,虽达四方,人莫不弃。(近人杨树达《论语疏证》亦引此文释“无施劳”句。)

恰好说明了事情的另一面。元人陈天祥(一作佚名)《四书辨疑》也说:

> 盖“无施劳”者,不以劳苦之事加于民也。夫劳民不恤,乃古今之通患。桀纣幽厉之事,且置勿论;请以近代易知者言之。秦始皇隋炀帝之世,劳民之事,无所不至。四民废业,人不聊生,死者相枕藉于道路。于是盗贼群起,天下大乱,生民荼毒,何可胜言!由其施劳于民之所致也。颜子之言,于世厚矣!愿无施劳,安人之志也。既无伐善,又无施劳,内以修己,外以安人,成己成物之道不偏废也。若两句之意皆为不伐,其志止于成己,而无及物之道,既偏且隘,不足以为颜子之志。(卷四)

这一番话说得虽似稍远,但据孟轲对颜渊的评价,认为“禹、稷、颜回,易地则皆然”,则此种“安人”“成物”的大志,在颜渊的心中是很可能存在的。所谓“不劳民”与“安人之志”,用今天的话说,就是对无限制地剥削人民持保留态度,这在当时是有积极意义的。因此我不惜篇幅把它转录下来,同时也说明我之所以主张孔安国说的原因。

最后一个地方是“老者安之”三句话的讲法。《集注》说:

> 老者养之以安，朋友与之以信，少者怀之以恩。一说，安之，安我也。信之，信我也。怀之，怀我也。亦通。

课本的注释是："老年人，使他们安乐；朋友，使他们彼此信任；少年人，使他们得到关怀。之，他们。"把"之"解为"他们"，本于朱熹的前说。但释第二句为"使他们彼此信任"，终不免有些扞格，因为这仿佛孔子只是在管别人的事而不从自己出发，同"言志"之意未免稍远。然而只就朱熹两说而言，我认为还是后一说较好。皇侃《义疏》云：

> 若老人安己，己必是孝敬故也；朋友信己，己必是无欺故也；少者怀之，己必有慈惠故也。

据皇侃引晋人栾肇的说法："敬长，故见安；善诱，故可怀也。"可见皇氏之说即本于栾肇。邢昺的解释亦复如是：

> 言己愿老者安己，事之以孝敬也；朋友信己，待之以不欺也；少者归己，施之以恩惠也。

正因为这一解释比较正确。所以朱熹也无法废弃而列为"一说"。清人程廷祚（此人是李塨的弟子，吴敬梓的朋友）《论语说》云：

> "老者安之"，如"君安骊姬"之"安"，言老者以我为能安也，则所愿也。养之以安，自不必言……信、怀仿此。然则《集注》所谓又一说者，乃经之正解也。（戴望《颜氏学记》卷九引）

陈天祥《四书辨疑》卷四于"老者安之"三句亦主朱注后说。他说："……前说全言夫子作为，后说全言人从夫子之化……其道理自然，气象广大，与'近者悦，远者来'，'绥之斯来，动之斯和'义同。后说为是。"则知朱熹第一说确有可商榷的余地。盖以"之"指自己，则与"言志"之旨更切；而要想达到别人"安己""信己""怀己"的地步，就必须先从自己做起。这也正是儒家推己及人的一贯主张。《论语》里有很多地方可以找到旁证。如照朱熹前一说,则只有一层意思;而且要讲成"老者,我安之;朋友,我信之;少者,我怀之",句子结构显得迂曲别扭,恐怕去孔子原意较远了。

窃谓《论语》的文字看似浅显,却并不一定容易透彻地理解。特别是把它当成文学读物来看待时,更势必要注意到如何通过语言来体现书中人物的性格、思想和形象。像这章书,字句的解释就颇值得仔细推敲。如果编订古典文学作品的课本,最好能把前人说法多方搜集,列入"教学参考资料",以供任课教师参阅,那要远比只列出几条干巴巴的注释解决问题。谨在这里顺便呼吁一下,盖亦"知无不言"之意也。

说"吾与点也"

> 子路、曾皙、冉有、公西华侍坐。子曰:"以吾一日长乎尔,毋吾以也。居则曰'不吾知也',如或知尔,则何以哉!"子路率尔而对曰:"千乘之国,摄乎大国之间,加之以师旅,因之以饥馑;由也为之,比及三年,可使有勇,且知方也。"夫子哂之。"求,尔何如?"对曰:"方六七十,如五六十,求也为之,比及三年,可使足民。如其礼乐,以俟君子。""赤,尔何如?"对曰:"非曰能之,愿学焉。宗庙之事,如会同,端章甫,愿为小相焉。""点,尔何如?"鼓瑟希,铿尔,舍瑟而作。对曰:"异乎三子者之撰(选)。"子曰:"何伤乎!亦各言其志也。"曰:"暮春者,春服既成,冠者五六人,童子六七人,浴乎沂,风乎舞雩,咏而归。"夫子喟然叹曰:"吾与点也!"(《先进篇》)

这章书篇幅虽长,问题也不算少,但难点却只有一个,那就是孔子为什么要"喟然而叹",并且说"吾与点也"。何晏《集解》引周生烈说:"善点之独知时也。"话虽简单,却中肯綮。若从此意引申深入,自然会得出正确结论。无奈宋儒从唯心主义的论点出发,大讲其抽象空洞的"气象"(如程颢目曾皙为"尧舜气象",谢良佐用"鸢飞戾天,鱼跃于渊"的诗句和列子御风的故事来同曾皙相比,朱熹更吹捧曾皙是"胸次悠然,直与天地万物,上下同流"等等,详见《论语精义》和《论语集注》),于是反而造出重重障碍,引读者误入迷途,这实在是很冤枉的。清儒尚朴学,知宋儒之论未免离奇,乃从另一方面入手,如宋翔凤、刘宝楠等,便在"雩祭""修禊"这些问题上做工夫。今天看来,实嫌失之烦琐,而且也并不解决根本问题。近人程树德撰《论语集释》,引宋黄震、明杨慎、清袁枚诸家之说,一面否定程、朱说曾点"与天地同流""有尧舜气象”的话,一面用“乘桴浮于海”和“饭疏食饮水”两章书来为这里的话作注脚,实比宋人之玄谈和清人之烦琐考证进了一步。这里我先将黄震和袁枚的话转录在下面(杨慎的话大抵与黄震相近,故从略):

三子皆言为国之事,皆答问之正也。曾皙,孔门之狂者也,无意于世者也,故自言其潇洒之趣。此非答问之正也。夫子以行道救世为心,而时不我予,方与二三子私相讲明于寂寞之滨,乃忽闻曾皙浴沂咏而归之言,若有得其浮海居夷之云者,故不觉喟然而叹。盖其意之所感者深矣。所与虽点,而所以叹者岂唯与点哉!(《黄氏日钞》卷二。按,黄氏于此下力辩程、朱之言之非是,兹从略)

曾点之对,绝不相蒙,而夫子何以与之?……吾以为非与曾点也,与三子也。……圣人无一日忘天下,而门下子路能兵,冉有能足民,公西华能礼乐,三子之才虽不言,夫子已素知之。第问之,试其自信否。既自信矣,倘明王复作,天下宗予,与三子各行其志,则东周之复,期月而已可也。无如辙环天下,终于吾道之不行,不如沂水春风,一歌一浴,较浮海居夷,其乐殊胜。盖三子之言毕,而夫子之心伤矣;适曾点旷达之言,泠然入耳,遂不觉叹而与之,非果与圣心契合也。如果与圣心契合,在夫子当莞尔而笑,不当喟然而叹……盖叹者有悲愤慷慨之意,无相视莫逆之心……宋儒非旷达者,震于夫子之与点,而不得其故,则遂夸因物付物,尧舜气象,上下与天地同流,过矣。(《小仓山房文集》卷二十四《论语解》)

我在注释《先秦文学史参考资料》时,便也参合程氏《集释》所引诸家之说,写成如下的一段话:

按,孔子所以同意曾点,后儒之说甚不一致。今以《论语》考之,孔子本有行道救世之心,而终不得志,因此他有“道不行,乘桴浮于海”的话和“欲居九夷”的想法。孔子又说:“饭疏食饮水,曲肱而枕之,乐亦在其中矣;不义而富且贵,于我如浮云!”(今按,引此章以为佐证乃本于杨慎说)凡此皆与曾皙所言“浴乎沂”三句的意境相近,所以孔子一面叹息,一面赞许曾皙,正见其安贫乐道之意。

脱稿之后，私心仍有未惬，总觉得这样讲法有点像王国维在《人间词话》里所说的“隔”的毛病。于是重检古今人论著，反复揣摩，才觉得《集解》所引周氏之说实有见地。所谓“知时”，照我的理解是这样：它包括了向往于“古之时”和感慨于“今之时”这两个方面。我觉得孔子这种思想也并非完全“开倒车”，而是他心目中有一个理想世界，而这个理想世界却是传说中尧、舜在位时的社会。但在孔子当时，恰好与此相反，正是处于一个王纲解纽、民不聊生、分崩离析、兵连祸结的时代。然则曾皙所说的一段话，一面描绘出孔子理想中的美好生活环境，一面又触动了孔子“有志不获骋”的一片行道救世的热忱，于是才“喟然而叹”，并说出“吾与点也”的话来。黄东发、袁子才等，原也只说对了一半。清人李惇在《群经识小》卷六中曾说：

> 三子承“知尔”之问，兵、农、礼、乐，言志之正也。点之志却是别调。夫子独许之者，亦以见眼前真乐在己者可凭，事业功名在人者难必。喟然一叹，正不胜身世之感也。《集注》索之太深，亦不免于夸矣。

也正是从伤今之时这一方面来理解的。其实皇侃、邢昺也已看到了这一面，只是后人过分强调程、朱“气象”之说，造成“权威势力”，遂致皇、邢之说都不为人所注意了（参阅“附记一”）。

至于从向往于“古之时”一方面来理解“吾与点也”这句话的意义，宋儒也并非没有触及，只是说得太笼统含糊而已。如程颢说：

> 曾点……未必能为圣人之事，而能知孔子之志。故曰“浴乎沂，风乎舞雩，咏而归”。言乐而得其所也。孔子之志，在于“老者安之，朋友信之，少者怀之”，使万物莫不遂其性。曾点知之，故孔子喟然叹曰：“吾与点也！”（《论语集注》及《论语精义》卷六上引）

又如范祖禹说：

> “浴乎沂，风乎舞雩，咏而归”，亦若“老者安之，朋友信之，少者怀之”而已矣。天下之物，皆得其所，国其有不治者哉！（《论语精义》卷六上引）

从曾点的话的形象性联想到“万物各得其所”，应该说有一定的正确性，但其犯了“隔”的毛病则与只从“伤今之时”或“安贫乐道”去理解者正复相同。日人藤维桢《论语古义》卷十一云：

> 点盖深厌周末之胶扰，而有慕治古之淳风，故其所言，有唐、虞三代之民含哺鼓腹、各遂其性气象。故夫子喟然叹曰：“吾与点也。”盖有合于夫子愿见唐虞三代之盛之意也。

这应该是真正从周氏“知时”之说引申出来的比较正确的结论。而物茂卿则说：

> 仁斋（藤维桢的字）乃言“有唐、虞三代之民含哺鼓腹、各遂其性气象”，则老庄之见矣。盖曾点所志，乃伊、吕之事，方其未出，则钓渭耕莘，若欲终其身者也；待明王兴而出，出则道大行于天下，制作礼乐，以陶冶天下焉。是其志安可言哉！（《论语征》卷己）

作为理想的太平盛世，儒、道两家出发点虽有不同，其假想中的“大同”境界则大同小异，说“含哺鼓腹各遂其性”也没有什么不妥当，物氏之言，犹不免门户之见。至以曾皙比伊尹、吕尚，似受宋儒影响所致，未免夸大而迂拘。近人杨树达《论语疏证》也有与藤维桢氏同样的看法，可以说是“所见略同”，不谋而合了：

> 树达按：孔子所以与曾点者，以点之所言为太平社会之缩影也。

合慕古与伤今两层意思，始是孔子所以“喟然”而“与点”之故。不过孔子表现得非常含蓄，直到曾皙最后问及另外三人之志而孔子复一一肯定之，才透露出孔子汲汲于行道救世的心情还是占思想中主导地位的。黄东发、袁子才的解释所以不可废，正以其得“喟然而叹”之旨耳。世之读此章书者，或能韪吾言乎？

附记一

皇侃《义疏》释“吾与点也”句云：“既叹而云‘吾与点也’，言我志与点同也。所以与同者，当时道消世乱，驰竞者众，故诸弟子皆以仕进为心；唯点独识时变，故与之也。故李充云：‘善其能乐道知时，逍遥游咏之至也……’”邢昺《疏》云：“仲尼祖述尧舜，宪章文武，生值乱时，而君不用。三子不能相时，志在为政；惟曾皙独能知时，志在澡身浴德，咏怀乐道，故夫子与之也。”都有其一定的道理。而焦循在《论语补疏》卷下里竟驳邢云：“循按，三子所言者，为政之具。具犹器也。圣人以道运器，则时行焉，故与点也。邢《疏》……失之。”其实焦氏用《周易·系辞》的“形而上者谓之道，形而下者谓之器”的论点来解释曾皙与子路等人言志的区别，已蹈宋儒唯心主义的覆辙，不免堕入“理障”，反不及邢《疏》之浅显明白也。

附记二

今传唐韩愈、李翱《论语笔解》云：“仲尼与点，盖美其乐王道也。余人则志在诸侯，故仲尼不取。”“志在诸侯”与否，姑置勿论，“乐王道”之说确庶几近之。刁包《四书翊注》云：“在夫子为万世之太平，在点为一隅之太和，一师一弟，虽有广狭之不同，要其意则一而已矣。故喟然叹曰：‘吾与点也！’”“太和”云云，虽不免受宋儒影响，但已得“时育万物”之意，且能指出孔、曾之间广狭之不同，确有见地。故并附记于此。

附记三

程树德氏撰《论语集释》，于此章引黄震、杨慎、袁枚三氏之说，独遗程廷祚《论语说》关于此章的阐述。这大约因程廷祚乃颜李学派中人，故程氏摒而不采。兹补录于下，以见有清一代学人之通达事理，正不受门户宗派的限制也。其说云：“侍坐章，本以应知为问；曾皙一对，独有高世之情。而夫子深与之，其故安在？夫天生圣贤，民物之所托命也。故虽累然穷居，而济世安民之心与乐天知命之意，并行而不悖。若乃遗世独立，坐视天下之沦胥，而恝尔于中，则石隐所为，非圣贤之道也。此章以诸贤之才，皆堪用事，而问志以观其自知之明。至曾皙之为人，夫子知之有素。而三子言志之时，初不令其舍瑟，殆有深意。夫时至定、哀之间，诸侯岂犹有举国以授贤人而试其礼乐兵农之务者！微曾皙，夫子亦知三子之遭逢时达不至此也，而‘何以’之问胡为哉！不曰‘藏器以待时’乎？至于屈伸隐见（现），各有一定之宜；而或枉道以殉人,或违时以求济,则圣贤之所不出也。曾点之对,夫子与焉。古注曰:'善其知时。'尽之矣。宋人好高论,而不肯密察于理,遂谓曾点与圣人同志;又曰'便是尧舜气象'。是此章专重曾点,而前后记序之详,均无谓矣。夫古之圣贤,可以终身不遇明王,不可使我无王佐之具;此达天尽性之业,老安少怀之实事也。今三子言志,而曰'舍己从人',又曰'规规于事为之末';信如所议,则必玩鸢鱼之化机,以海天为胸次,而后可以谓之为己,可以谓之知道,则尧舜亦将舍其教稼明伦与工虞水火,而后无害于其气象矣。且夫子之答曾晳,明许三子以能为国,而曰'三子皆欲得国而治之,故夫子不取',是何说欤?后世以宋人之理学,比魏晋之清谈,其即此类也夫!"(《颜氏学记》卷九引)

说"唐棣偏反"章

《文史》第八辑载李瑚同志大作《读〈魏源集〉札记》,其中论及《道光洋艘征抚记》,有云:

> 魏源的这种"微言大义",还可见于文中上篇的结尾处。他引《诗经》的话说:"故《甫田》慎彼劳忉,《唐棣》先其翩反也。"……后句见《诗经·角弓》:"骍骍角弓,翩其反矣,兄弟昏姻,无胥远矣。"《传》云:"此刺王不亲九族,而好谗佞,使宗族相怨之诗。"其意似为:道光帝不亲九族(贤能官员),而好谗佞(投降派),使宗族(天下臣民)相怨。以作有《诗古微》熟于《诗经》著称的魏源,何以竟将《角弓》说成是《唐棣》,而将篇名记错?这恐非偶然。可能是故意使辞意隐晦,使人不易一目了然。

小如按:李说非是。此非魏源误记,其所谓"《唐棣》先其'翩反'",乃见于《论语·子罕》卒章之佚诗也。其文云:

> "唐棣之华,偏其反而;岂不尔思,室是远而。"子曰:"未之思也,夫何远之有!"

考唐、棠古通用。《春秋繁露·竹林篇》引此诗,首句作"棠棣之华"。"偏",与"翩"

通。朱熹《论语集注》:"'偏',《晋书》作'翩'。然则'反'亦当与'翻'同,言华(花)之摇动也。而,语助也。此逸诗也,于六义属兴……"张栻《癸巳论语解》亦云:"此夫子所删去之诗,亦非今所存《唐棣》篇中语也。其意则以为唐棣之华,则翩其反矣……"是宋人皆知"偏"为"翩"之通假,而诗则三百篇外之佚句也。此与《角弓》了无关涉,李瑚同志乃以彼诗之《传》语释魏源引此诗之意,且谓魏有意误引篇名,旨在"使辞意隐晦",斯近于索隐派之考证《红楼梦》,不独失诗之旨,亦与魏氏引诗之意大相径庭矣。

清黄式三《论语后案》释此佚诗云:

> 苏子瞻以诗为思贤不得之辞……据《潜夫论·实贡篇》:"孔子曰:'未之思也,夫何远之有!'忠良之吏,诚易得也,顾圣王欲之不(否)尔。"是王节信(《潜夫论》作者王符字节信)之意,以此诗伤贤人之难见也。

魏源为今文学派,治经自多用东汉旧说。然则彼于文中上引《甫田》,乃谓思远人而劳心忉忉;下引佚诗,则谓思贤人而不得。至孔子"未之思也"二句之意,魏氏引而未发,言外指清王朝于当时爱国贤臣初未置念也。李瑚同志未谙"《唐棣》翩反"之出典,转而求之过深,失之穿凿附会矣。

说"樊迟请学稼"章

> 樊迟请学稼。子曰:"吾不如老农。"请学为圃。曰:"吾不如老圃。"樊迟出,子曰:"小人哉,樊须也!上好礼,则民莫敢不敬;上好义,则民莫敢不服;上好信,则民莫敢不用情。夫如是,则四方之民襁负其子而至矣,焉用稼!"(《子路篇》)

世多据此以谓孔子以劳心治人者自居而轻视生产劳动,此知其一而不知其二者也。夫樊迟之意,亦未必真欲从事生产劳动也。昨谒古槐书屋,请教于俞平伯师,师曰:"樊迟所欲学,盖神农之言如战国许行之说,其意亦主君臣并耕耳。"归而检古今治《论语》诸家之著述,释此章作如是解者正大有人在也。其说盖发自南宋末年金履祥《论语集注考证》,其后元人朱公迁《四书通旨》,明人王樵《四书绍闻编》,清人毛奇龄《四书剩言》及《四书改错》、宋翔凤《论语发微》，皆有见于此。而近人程树德《论语集释》（卷二十六）所阐尤详。今遂录最早金履祥之说及晚近程树德之言于后，以为平伯师所说之佐证：

观“四方之民至，焉用稼”之语，则樊须所欲学，盖欲如许行为神农之言者。孟子辟许行章，又此章之注疏也。农圃同一事，秦所谓种树之书，汉所谓农家者流是也。（以上金说）

按：迟问稼圃，夫子即以上好礼等词为教，何其针锋之不相对，所答非所问。自古注以来均不得其解。皇《疏》引而不发，元朱公迁《四书通旨》列樊迟请学稼于异端门，与许行同讥。纪昀《四库提要》深议其非。是元人已有此见解。窃疑《汉书·艺文志》所载农家之书有神农二十篇、野老十七篇、宰氏十七篇、尹都尉十四篇、赵氏五篇、王氏六篇，均不知为何代人所作。班氏并叙其源流曰：“农家者流，出于农稷之官，及鄙者为之，以为无所事圣王，欲使君臣并耕，悖上下之序”云云。当孔子时，此等书籍必尚现存，学稼之请，即欲习其书也。孔子告以止须用礼治则民自服，不必采用农家之说。如此一问一答，方可衔接。朱公迁列之异端固非，若如朱注斥为粗鄙近利，尤欠论古知人之识，不特贬抑圣门为毛西河所讥也。（以上程说）

平伯师又曰：“《宪问》云：南宫适问于孔子曰：‘羿善射，奡荡舟，俱不得其死然；禹稷躬稼而有天下。’夫子不答。南宫适出，子曰：‘君子哉若人，尚德哉若人！’所谓‘禹稷躬稼而有天下’，亦君臣并耕之意。特适举禹稷而言之，二人者皆所谓古之圣王，孔氏自不能明斥其非，故拒不作答耳。是以樊迟出而孔子斥之为小人，而适出则称之为尚德君子，亦以其尊禹稷故云尔，其非之之义则一也。”小如按，此说是也。而昔贤皆未及之，故附志于此。

《曲礼》《檀弓》丛札

1959年秋,予为北京大学中文系古典文献专业讲授"古文选读"课程,选取《礼记·学记》为教材之一篇,于是取古今注疏家言而集释之,此予治《礼记》之始。盖儿时虽读《中庸》《大学》而成诵,不过依朱熹章句,寓目而已。其后读《曲礼》《檀弓》《学》《庸》《乐记》及二戴记其他诸篇,间有所得,但积素材,未遑笔札。1966年以后,《学记》集释与读二戴记所积素材,太半散佚。惟《曲礼》《檀弓》两篇略有所存,久藏箧中,听其朽蠹。今年春欲加董理,重写《学记》集释,复以课事旁午中辍。因思年逾五十,纵日知其所亡,而已时时忘其所能,所得几何,不胜惭怍。爰就往日所存饤饾之余,写为《〈曲礼〉〈檀弓〉丛札》,初不计其有成乎否也。1973年11月题记。

以上乃1973年所记,荏苒又将十年。予年已六十,而学问无所增益,真可谓饱食终日者也。因成自嘲之句云:"眼高手拙桑榆晚,凡百无成悔壮心。"近则诸病侵寻,体力日衰,夫复何言!1982年3月再题。

一

《曲礼》曰:"毋不敬"云云。(《曲礼上》)

近人马叙伦《研究中国古代史的必须了解中国文字》一文有云:"《礼记》的开卷第一篇名叫'曲礼',怎样叫作'曲礼'?陆德明《经典释文》里说:'委曲说礼之事曰曲礼。'孔颖达《正义》里说:'以其行屈曲则曰曲礼。'这种说法,显然不能够叫我们满意的。据《礼记·礼器篇》里说:'经礼三百。'《中庸篇》里却说:'礼仪三百。'怎样叫做礼仪?礼是行礼的东西,仪是行礼的式样;十三经里一部《仪礼》,他的名目,就这样成立的。《曲礼》里面记载的虽则偏于行礼的式样部分,却也属于礼的。至于这篇为什么叫做'曲礼'?据我的研究,古代做这篇书的人,原来只在开卷上写一个'曲'。可是这个'曲'字,原是写作⿶凵⿰丰丰,这个⿶凵⿰丰丰字,就是'禮'字右边'豊'字上面的⿶凵⿰丰丰字,⿶凵⿰丰丰和豊是一个字。'禮'字是祭神的专门名词,所以在'豊'字左边加上一个'示'

字。后来通行'禮'字,把'豊'和'曲'字都少用了;自然有许多人看到曲字会不认得了,所以就有人在曲字下面注上一个'禮'字;或是为说明声音,或是说明它就是'禮'字,那就不能断定了。我这样的说法是有证明的。《鲁诗》说:'古有梁曲:梁曲,天子猎之田曲也。''田曲'是讲不通的,'田曲'是田猎的禮,那就极明白了。还有一个侧面的证明。《仪礼·燕礼》《聘礼》里的'宾为茍敬',从前的人把茍字读做《说文》里'茍,自急敕也'的茍,他没有晓得茍就是'敬'字的初文,'敬'字是读者注在下面说它是'敬'字的。因为古代注解写在正文下边略为小些,所以慢慢地就和正文混在一起了。"①小如按:《礼器》云:"故经礼三百,曲礼三千,其致一也。"又:"君子之于礼也,有直而行也,有曲而杀也,有经而等也……"孙希旦《集解》云:"曲礼者,仪文之委曲,如冠礼有三加,昏(婚)礼有六礼之类,其目有三千也。""曲而杀"之曲亦训委曲。又孙氏《集解》于《曲礼》篇首有释题云:"曲礼者,古礼篇之名。《礼记》多以简端之语名篇,此篇名《曲礼》者,以篇首引之也。"又云:"此篇所记,多礼文之细微曲折。"(按:此说与上下文所引之说自相枘凿。)又于《曲礼》篇首云:"盖经礼即仪礼也。曲礼则经礼中之仪文曲折,如冠礼之三加,昏(婚)礼之六礼,士相见之授贽、反见、还贽,乡饮酒礼之献宾、献介、献众宾之类皆是。曲礼之合,即为经礼;经礼之分,即为曲礼。曲礼之所以为三千者,盖据经礼三百,而以相十之数言之,而非别有曲礼之书,至于三千篇之多也……若此篇所引之《曲礼》,则别为古礼篇之名,非《礼器》所言之曲礼。盖曲礼三千,即《仪礼》中之曲折,而此所引'毋不敬'以下,其文与《仪礼》不类也。而此篇之为'曲礼',则特以篇首引《曲礼》而名之,不可谓此篇皆'曲礼'之言。犹《檀弓》首章载檀弓事而名为《檀弓》,不可以《檀弓》一篇皆为檀弓一人之事也……然则'曲礼'有三:一为《仪礼》中之曲折;一则古礼篇之'曲礼';一则《礼记》中之《曲礼》也。"据此说,则马氏释本篇篇题之意为可通,而与《礼器》之"曲礼"无涉也。依孙氏之说,则《礼记》中之《曲礼》实由古礼篇而得名;然则孙所谓"此篇所记,多礼文之细微曲折"云者,其为节外生枝之说昭昭矣。又《曲礼上》云:"'礼'曰:'君子抱孙不抱子。'此言孙可以为王父尸,子不可以为父尸。"孔颖达《正义》:"凡称'礼'曰者,皆旧礼语也。"又:"此篇之首,作记之人引旧礼而言'曲礼曰',此直言'礼曰',不言'曲'者,从略可知也。"然则本篇篇首"毋不敬"云者,亦当为引旧礼之文。是"曲"字正当如马氏之说,为"禮"字之古写,下又添注出一"禮"

① 《马叙伦学术论文集》,科学出版社,1958 年,187—188 页。

字；而后文则仅书一“禮”字而已（指“旧礼之文”），非从略而后无“曲”字也。

二

不辞费。（《曲礼上》）

郑注：“为伤信。”《经典释文》：“辞，本又作‘词’，同。《说文》以‘词’为言词之字。”孔颖达《正义》：“凡为人之道，当言行相副。今直有言而无行，为辞费。”卫湜《礼记集说》引朱熹曰：“辞达而止，不贵于多。”陈澔《集说》：“躁人之辞多。君子之辞，达意则止。言者烦，听者必厌。”即引申朱说者。清江永《礼记训义择言》卷一云：“案当从朱子说……‘不辞费’，若冠礼祝辞，昏礼戒女，及主宾之辞，祝嘏之辞，皆不尚多也。”王闿运《礼记笺》：“费，散也。妄用其词为费。”今按：《表记》：“耻费轻实。”郑注：“耻费，不为辞费，出空言也。”现代汉语谓言多芜词为废话，实当作“费话”，即所谓“空言”也。《说文》：“废，屋顿也。”《尔雅·释诂》：“废，止也。”无烦多之义。故知今作“废”为非是。

三

人生十年曰幼，学；二十曰弱，冠；三十曰壮，有室；四十曰强，而仕；五十曰艾，服官政；六十曰耆，指使；七十曰老，而传；八十九十曰耄，七年曰悼——悼与耄，虽有罪不加刑焉；百年曰期，颐。（《曲礼上》）

郑注：“十年名曰幼，时始可学也。（下略）”卫湜《集说》引朱熹曰：“期当读居宜反。《论语》‘期可已矣’，与‘朞’字同，周匝之义也。期谓百年已周，颐为当养而已。‘期’如上句幼、弱、耄、悼等字，颐如上句学、冠、不刑等字。”又曰：“陆农师点人生十年曰幼作一句，学作一句，下仿此，亦有理。”今按：以“幼学”“弱冠”“期颐”连读，其误盖始于孔颖达，故陆佃、朱熹从而正之，是也。孙希旦《集解》云：“愚谓郑氏解‘幼学’云：‘名曰幼，时始可学也。’则本于‘幼’字读断。孔《疏》始以‘幼学’‘弱冠’等相连解之，失郑氏之意矣。”此与《乐记》“治世之音安以乐其政和”等句当读至“安”“怨”“哀”为断，而以“以乐其政和”以下别为一句相类似，后者则由陈澔《集说》误读，于“乐”“怒”“思”处断句，后遂沿讹不改矣。然陆、朱所读，尚有一小问题，即“四十曰强而仕”“七十曰老而传”二句两“而”字当如何解始确是也。朱于此未有诠释。

考《檀弓》“孔子过泰山侧”一节,有“而曰然”句,郑注:“而,犹‘乃’也。”王引之《经传释词》卷七“而犹乃也”条下引《乡射礼》“而错”、《祭义》“而忘本也”诸句,句法皆与此同。是“而仕”犹言“乃仕”,“而传”犹言“乃传”也,朱熹释“期”为“朞”,自是一解。然周月、周年为朞,每十年亦为朞,皆周匝之义,不独百年为然也。夫人寿大抵以百年为限,王闿运《礼记笺》云:“期,死生大期也。寿不过百年,唯颐养而已。”释此似更直截。

又,梁章钜《浪迹三谈》卷三“八十九十曰耄”条云:“《曲礼》云:‘八十九十曰耄,七年曰悼。’《释文》本或作‘八十曰耋,九十曰耄’,恐后人妄加之。姜西溟《湛园札记》云:‘先太常谓:“当时(言?)八十曰耄,九十曰悼。”案,文每十年一变称,无缘于八十九十同称曰耄,而于中忽插以“七年曰悼”。且七年正近幼学之期,称之以悼,何其不祥也!况九节俱是成数,则“七年”之为“九十”无疑,而上句“九十”二字宜删矣。’按,《白虎通·考黜篇》引《礼记》此文,正与姜说暗合,是可据也。”小如按:姜、梁说近是,然“九十”而言“悼”,亦与上下文不相称,姑备此一说可也。

四

拾级聚足。(《曲礼上》)

郑注:“拾当为涉,声之误也。级,等也。涉等聚足,谓前足蹑一等,后足从之并。”《经典释文》:“拾,依注音涉。”孔颖达《正义》:“拾,涉也。(下略)”小如按:郑注之外,“拾”字之义别有二说。卫湜《集说》引吕大临曰:“拾,更也。射者拾发,投壶者拾投,哭踊者拾踊,皆更为之也。拾级者,左右足更上也。”(王闿运曰:“拾犹迭也。”)此一说也。清之姚际恒《礼记通论》(见杭世骏《续礼记集说》引)、孙希旦《集解》、王闿运《礼记笺》皆主之。卫又引胡铨曰:“拾,掇也。拾物必俯,言蹑等级必俯视地,若拾物然。”此又一说也。清之郝懿行《礼记笺》主之。清康熙时官书《礼记义疏》则云:“拾级,若如吕说,则不聚足矣,显与经文背。胡谓俯视地,则东西阶宾主不相顾,亦非。”然姚际恒云:“主先登一级,然后客登一级,自此主客更迭皆然。”孙希旦云:“拾级,谓主人既升第一级,客乃发足升第一级;客既升第一级,主人乃发足升第二级。主人与客更拾而升也。”依姚、孙说,则“拾级”与“聚足”之意初无矛盾。《义疏》可以驳吕说,而不能驳姚与孙也。然予以为“拾发”“拾投”“拾踊”,“拾”皆为副词,为发、投、踊诸动词之状语。此独作“拾级”,“级”乃名词,如训“拾”为

“迭”,则与吕所引诸例句法不合,“更级”“迭级”亦为不词。即以“拾”训俯身掇物,除《义疏》所驳之意外,亦有语病。盖“拾级”不能解为“拾于级上”也。今按:清人姜兆锡《礼记章义》于吕说之外,别立一说云:“一云,拾当为陟也。”姚际恒则径以此为郑玄说,云:“郑氏谓读为陟,非。”而予则以为作“陟”者是也。拾级,犹陟阶耳。陟,甲骨文作、,“自”与“步”或左右偏旁互易;两“止”或别左右足,或不别。近人林义光《文源》云:“陟,象两足迹陟于阜之形。”商承祚《殷虚文字类编》云:“案从自示山林形,从步象二足由下而上。此字之意但示二足上形,不复别左右足。”与“陟”相对之字为“降”,甲骨文作、,金文作。吴大澂《说文古籀补》云:“古降字从自从二足迹形。陟降二字相对,二止前行为陟,倒行为降。后人但知‘止’为足迹,不知皆足迹也。”(太保敦)以“陟”字之义言之,用状登阶之动作,实属最切。陟阶一级而聚足一次,于上下文亦无牴牾。郑知拾当为升、为登,而疑与陟不同音,遂以为“涉”字之误。实则“涉”字亦由“陟”字得声,两字固同源也。释为更迭或俯掇,皆迂回而难通,不免失之一间耳。

五

长者不及,毋儳言。(《曲礼上》)

郑注:“儳,犹暂也,非类杂。”孔颖达《正义》:“长者,犹先生也,互言耳。及,谓所及之事也。长者正论甲事,未及乙事,少者不得辄以乙事杂甲事,暂然杂错长者之说。”儳之训暂,取其音声相近,清儒率能言之,而所解各不同。钱大昕《潜研堂文集·答问》以郑注为非,讥其“转儳为暂,声虽近而义则远矣”,而别以《荀子·劝学》“问一而告二谓之囋”之“囋”释此处之“儳言”,“囋”与“儳”固亦音声相近也。焦循《礼记补疏》则以《广雅》“儳,疾也”,“暂,猝也”之训证之,释“儳言”为“谓不可猝然急疾言之也”,于字之训诂固甚洽。然郑注尚有“非类杂”一语释“儳言”,倘非郑氏自淆其训,则“暂”字即有非类相杂之义,惟今已无考矣。于是焦氏乃复为调和之论,既释“暂”为猝,又以“渐渐”“巉巉”释“儳”。今按:钱、焦之解皆可备一说,而义终未安。《说文》:“儳,儳互不齐也。”清康熙时官书《礼记义疏》卷三云:“案,《周礼》注:‘立而以物求市曰儳。’言未及而参错以进如之。”儳互,犹参互,即参差、参错、参杂之意。孙希旦《礼记集解》:“谓长者方与甲言,未与乙言,则乙不得以己言儳杂之。”此分甲乙二人,似较孔《疏》之分甲乙二事为确。现代汉语每以甲物混同于乙物为

“搀和”或“搀合”,谓人之非其群而混入者亦曰“搀和”,实即“儳互”之声转,即参杂之意。“儳”即“搀”之本字也。又朱熹释“儳言”为“儳长者之先而言也”,则是以“儳”为“僭”之假借字。“儳”、“僭”亦音声相近,故亦可备一说。

毋勦说,毋雷同。(《曲礼上》)

郑注:“勦,犹揽也,谓取人之说以为己说(孔《疏》:语当称师友而言,无得揽取人之说以为己语)。雷之发声,物无不同时应者。人之言当各由己,不当然也。孟子曰:‘人无是非之心,非人也。’”小如按:此章之“勦说”本易解,而前人乃聚讼纷纭。其争议凡二端。一曰争字形之不同。如曹宪《广雅音》谓“勦”在《说文》训“劳”,此不当用从“力”之“勦”而当别作从“刀”之“剿”。清之段玉裁及其他权威考据家多宗之。然《说文》并无“剿”而但有“剿”,于是“勦”而一改再改为“剿”矣。然擅改经文亦考据家所忌,故钱大昕讥曹宪为“俗儒未达六书之旨”(《潜研堂文集·答问》),朱骏声则径以“勦”假借为“抄”(《说文通训定声》)。俞樾《群经平议》卷十九云:“凡经典中字,《说文》所无者多矣,学者当求其字义之通,不当徒取其字形之合也。”其言甚是。故窃以为此“勦”当径从“力”,读“钞”,即抄袭之本字也。二曰争由字形引起之字义之不同。郑、孔训勦为“揽取”,引申为窃取或蹈袭,其后宋之吕大临、明之杨鼎熙、清之姜兆锡、严元照皆主此说。而剿、剿训“绝”,则有拦截夺取之意,于是别一说起焉。此盖始于卫湜《礼记集说》引胡铨说,胡氏曰:“勦犹抄也。襄二十五年崔庆之盟,杜预云:‘读书未终,晏子抄答易其辞。’是谓勦说。”胡犹读勦为抄,而义则取截夺之训。其后清之王夫之、毛奇龄、焦循、俞樾,或读钞或读剿,而皆用胡训。兹引毛奇龄《经问》(卷十一)之说于下:“沈昌祚问:《曲礼》‘毋勦说,毋雷同’,勦说者,勦袭其说也。如此则犹之雷同矣。(以下毛答)勦是勦绝,非勦袭也。《尚书》‘天用勦绝其命’,惟绝、袭同音,故讹绝为袭耳。此勦字即是抄字。《左传》崔庆之盟,读书未终,晏子抄答易其词。谓读盟书未终,晏子抄夺其说而代为答,以改易其词,此正勦说之解。人方有言,而我截其言而自为说,以代为之终,此与兵家勦截、抄略并同,故曰抄、曰勦,皆与雷同正相反。一是夺人说,一是和人说。而郑康成注反云取他人之说而为己说,则又雷同矣。古无勦袭语,即或有之,亦如《羊祜传》‘不为掩袭’之‘袭’,亦主抄取言,非蹈袭也。”然细玩此章,如以“勦说”为截断人语而抢先发言,则与上文“儳言”为近。郑注所谓“人之言当各由己,不当然也”,又引孟子说,疑皆贯上二层义而言,非仅释“毋雷同”一句也。故予以为即令读“勦”为“剿”,或从胡铨之说,皆当训蹈袭人言,盖“勦袭”与“雷同”义本相近也。明杨鼎熙云:“勦说，则蹈袭之心胜，而少独得之见；雷同，则附和之意多，而少折衷之词。”（见《礼记义疏》与《续礼记集说》引）是同中微有异。盖勦说者，窃人之说以为己有，犹剪径之截夺财物也；雷同者，己无定见而随声附和也。勦说乃有意识地掠美，雷同乃有意识地不表态，两者固不尽同也。

又，“雷同”之义，实即如响斯应之谓，犹雷声先后远近，无不同也。方苞《礼记析疑》云：“雷声或小或大，或疾或徐，或震或洊，随地皆然，终古不易，故曰雷同。”王闿运《礼记笺》：“雷无异声，故以陈言为雷同。日日所言皆同，是雷同也。”方氏就其不变言之，王氏就其陈陈相因言之，而郑注则就其随声附和言之。姜兆锡《礼记章义》云：“附和人言而无确见谓之雷同，如雷发而同应之。”是得郑义者。然方、王两家之说亦斐然成章，不可废也。

六

坐毋箕。（《曲礼上》）

孔《疏》：“箕谓舒展两足，状如箕舌也。”小如按：箕，即箕踞，或作箕倨。《国策》《史记》《汉书》《庄子》《淮南》屡见。《国策·燕策三》“箕踞以骂”鲍彪注：“踞坐展两足如箕。”（吴师道补注：“既断左股，何云展两足。”窃谓吴说驳展足是，至于断股而未必即脱落，故不妨仍有两足也）《史记·张耳陈馀列传》司马贞《索隐》引崔浩云：“屈膝坐，其形如箕。”张守节《正义》：“申两脚而倨其膝，若箕之形。”《汉书·张耳陈馀传》颜师古注：“箕踞者，谓申两脚其形如箕。”又《陆贾传》师古注：“箕踞，谓伸其两脚而坐。亦(一?)曰，箕踞，其形似箕。”《庄子·至乐》成玄英疏：“箕踞者，垂两脚如簸箕形也。”慧琳《一切经音义》卷九十八引顾野王曰：“谓膝踞如箕状也。”毛奇龄《经问》卷一：“箕坐者，伸膝坐也。”古书注疏，略如上引。然有可致疑者，即汉人如高诱（《国策》《淮南》注）、郑玄（三礼注）皆于此无注；唐以前人如崔浩、顾野王，皆言“屈膝”或“膝踞”；而唐及唐以后人如孔颖达、张守节、颜师古、鲍彪、毛奇龄，则皆言“展足”“申脚”或“垂脚”（张守节说模棱两可，毛奇龄则明言“伸膝”矣）。其不同在于膝之屈与伸。清郭嵩焘《礼记质疑》云：“孔《疏》：‘箕谓舒展两足，状如箕舌。’嵩焘按：《魏志·管宁传》注引《高士传》：‘宁越海，及归，常坐一木榻，积五十余年，未尝箕股。其榻上当膝处皆穿。’古人坐先屈两膝，故当膝处榻为之穿。箕股，犹今盘坐，亦谓之箕踞。李善注《文选·高唐赋》：‘箕踵，前阔后狭。’《九章算术》有箕田,亦云前阔后狭。凡盘足坐,其形正如箕。两膝张处犹箕舌也。古人坐皆席地,脱屦而后升席,无舒展两足之理,孔《疏》失之。”今按:郭说是也。间尝以其说语人,而闻者多习于唐以后注家之说,首肯其言者寥寥无一二。因知箕坐(或箕踞)之姿,在汉代不成问题,故注家不以及之;而唐以前人犹得其仿佛,故所言近是;至于唐及唐以后人,则受北朝垂脚坐之影响,坐姿已不止屈膝以尻着踵一种,则以展足为习见,因以为依据,已不谙箕坐或箕踞之确解矣。

七

主人延客食胾,然后辩殽。主人未辩,客不虚口。(《曲礼上》)

郑注:“先食胾,后食殽,殽尊也。凡食殽辩于肩,食肩则饱也。”孔颖达《正义》:“辩,匝也。主人皆道客令食至饱,食殽得匝也。”卫湜《集说》引吕大临曰:“既食胾,则遍食之,所谓遍殽也。”诸家盖并以“辩”为“遍”之假借字。小如按:郑玄注《仪礼》,以“辩”为“遍”之古文,屡言“今文‘辩’皆作‘遍’”。然《仪礼·乡饮酒礼》:“众宾辩有脯醢。”《燕礼》:“大夫辩受酬。”虽为“遍”之假借,然皆作副词用,与此作动词用者不合。明姚舜牧《礼记疑问》云:“辩不作遍字解。辩者细咀嚼之谓。胾,纯肉;切殽肉带骨,故欲细嚼以辩耳。若作遍字解,上文已出‘遍祭’遍字矣,此何必另用辩字!”其解“辩”字虽近于望文生义,然其言两字并见则义未必相通,实为近情之论。清人郑元庆《礼记集说》云:“愚按上言‘遍祭’,此言‘辩殽’,似乎辩字不应作遍字解,故承庵先生疑之。然经文言辩者,皆作遍字,二字原属相通,似不可因上下两见即异其解也。”似过信古人成说而迂拘难通矣。予谓辩、辨二字古通用,而“辨”即“办”之正字。《周礼·考工记》郑注:“办犹具也。”《仪礼·士相见礼》《特牲·馈食礼》郑注并云:“具,犹辩也。”辩即辨、办也。《说文》“廾”部:“具,共(供)置也。”徐灏《说文段注笺》:“戴氏侗曰:具,《张中医文》作鼎,膳餐之馔具也。从鼎省,从廾。凡飨食之礼,羹定则实诸鼎,乃告具。故凡馔具皆曰具。引申之,凡备具皆曰具。”馔具之具为名词,而具殽馔之具为动词,故“具”又训“备”、训“陈”。此“辩”字正宜作动词“具”解。盖主人于食胾之后,更供陈诸殽以款客,所以示隆重殷切也。方主人“未辩”(即殽未毕陈)之际,客自不宜虚口以待,而应勉作进食咀嚼之状以尽礼。郑注:“虚口,谓酳也。”亦非是。

毋放饭,毋流歠。(《曲礼上》)

毋放饭，毋流歠。小饭而亟之。（《少仪》）

郑注："放饭，去手中余饭于器中，人所秽也。大歠，嫌欲疾。"孔颖达《正义》："放饭者，手就器中取饭，饭若粘着手，不得拂放本器中也。'去手余饭于器中，人所秽'者，当弃余于篚；无篚，弃余于会。会谓簋盖也。"又："毋流歠者，谓开口大歠，汁入口如水流，则欲多而速，是伤廉也。"卫湜《集说》引吕大临曰："食言放，羹言流，皆贪肆饮食而无容也。"小如按：吕说是，郑、孔释"放饭"并非，姚际恒驳之详矣（见《续礼记集说》引）。《孟子·尽心上》："放饭流歠而问无齿决，是之谓不知务。"赵岐注："放饭，大饭也。流歠，长歠也。"其后朱熹《仪礼经传集解》、姚际恒《礼记通论》、焦循《孟子正义》并主赵岐说。朱熹曰："放饭，大饭，谓食之放肆而无所节；流歠，谓长歠，饮之流行而不知止也。"又曰："放，谓放而无节；流，谓流而不止。"姚际恒曰："放饭，《孟子》赵注曰'大饭'，是也。《少仪》'毋放饭'下曰：'小饭而亟之。'则放饭为大饭可知。大饭谓含餔多，小饭谓含餔少也。"焦循曰："按赵氏以'流歠'为长歠，与郑同；而以'放饭'为大饭，与郑异。大饭，犹长歠也。《吕氏春秋·审分篇》：'无使放悖。'高诱注云：'放，纵也。'又《适威篇》：'放流于彘。'注云：'流，放也。'是放饭，犹流歠也。《文选·上林赋》："流离轻禽。"注引张揖云：'流离，放散也。盖歠，歠之也；则饭，饭之也。流歠谓流离而歠之，放饭谓放纵而饭之。以《孟子》证《曲礼》，则饭读饭黍、饭飧、饭疏食之饭。段玉裁《说文解字注》云：'饭，食也。'食也者，谓食之也，此饭之本义也。引申之，所食为饭。今人于本义读上声，于引申义读去声，古无是分别也。然则郑云'去手余饭'，则以饭为所食之饭，即指馈馏之粒，与歠为不类。而训放为去，去手之余饭，何以见其必为反本器？设去之，反于篚，反于会，亦可云放饭也。放不得专为反本器之称，则不如赵氏之义为的矣。"合诸家之说而观之，证以《少仪》"小饭"之文，似赵岐之说为的矣。然此固可备一解，犹未尽切也。盖如赵氏所解，"饭""歠"为动词，而以"放""流"为副词，为"饭""歠"之状语。然"饭"与"歠"亦可由动词转化为名词，焦说已及之。现代汉语用"饭"字，已纯乎为名词矣。而"歠"字之义，《说文》曰："饮也。"自属动词。然《国策·燕策》："即酒酣乐进热歠。"夫"歠"而言"热"，当指羹汤之属，是亦由动词转化为名词矣。现代汉语有"冷饮"一语，"饮"为动词，而转为名词，"冷饮""热歠"，其例正同。自此节上下文言之，上言"毋抟饭"（郑玄之说所以致误，即由蒙上句而然），"饭"在"抟"下，义必为名词无疑；下言"毋咤食，毋啮骨，毋反鱼肉"，"食"盖动词。是"食"与"饭"显非同义（如焦说，"食"谓"食之"，"饭"为"所食"也）。而"骨""鱼肉"又皆名词。则此二句之

"饭"与"歠"为名词,似较作动词用尤为近理也。王夫之《礼记章句》:"放,散也,且食且坠。流,长吸也。"其解"放"字义得之,而释"流歠"犹沿郑说,亦病与上下文义不伦。方苞《礼记析疑》云:"放饭者余粒散布,流歠者余沥沾溅也。"此解近之。俞樾《群经平议》卷十九云:"樾谨按:放与流同义。《说文》'方'部:'敫,光景流也。从白,从放。'是'放'有'流'义,故'敫'字从之也。《尚书·尧典篇》:'流共工于幽州,放驩兜于崇山。'流放对文,自古然矣。'放饭流歠',盖是古语,故《孟子·尽心篇》亦有此言。若从郑注,则两句意义不伦矣。放饭者,放散其所饭也。流歠者,流离其所歠也。人或恣情饮食,不知检制,放散流离,狼戾满案,其可厌恶莫甚于此,故《记》人以为戒耳。"是俞氏亦以"饭""歠"为所食之饭,所啜之饮料也。"放"与"流"同义复合,联列为词,古籍中屡见。《史记·屈原列传》"虽放流,睠顾楚国"即其一例。流离,今言淋漓,"流歠"者,当指人之鲸吸牛饮,余沥缘口辅流溢而下,淋漓无状,与夫粒米狼戾,皆贪馋之态也。

毋咤食。(《曲礼上》)

郑注:"嫌薄之。"《释文》:"咤,陟嫁反,叱咤也。"孔颖达《正义》:"咤谓以舌口中作声也,似若嫌主人之食也。"小如按:孔说释"咤"近之,然此亦贪食之容,非嫌主人之食也。王夫之《礼记章句》:"咤,口舑唇舌作声也。"姜兆锡《礼记章义》:"口舌作声曰咤,恶其声也。"盖人贪食时,往往舐唇唼舌作声,亦恶态也,故禁之。

毋反鱼肉。(《曲礼上》)

郑注:"为已历口,人所秽。"孔颖达《正义》:"反鱼肉者,谓与人同器也。已啮残,不可反还器中,为人秽之也。"又引崔灵恩云:"不可反于故处。是以《少牢礼》尸所食之余肉,皆别致于肵俎,不还本处也。"小如按:夫主客同馔,岂有客以食残之物反还器中之理,郑、孔说失之。姚舜牧《礼记疑问》:"毋反鱼肉,谓器中尚有余,不以箸反掀焉而尽食之也。郑氏谓已历口反于器,非。"《礼记义疏》驳之云:"案此读反为翻。古人牲体载之有序,无可翻也。"又云:"反,还也。姚读为翻,非是。"今按:《义疏》说非。《说文》:"反,覆也。"古人言反手、反掌,即覆手、覆掌;此言"反鱼肉",鱼本有正反两面,正面食讫,乃置反面于上而食之,反犹覆也。《诗·关雎》:"辗转反侧。"反之训翻,自属古义。《逸诗》云:"唐棣之华,偏其反而;岂不尔思,室是远而。""偏""反",犹翩、翻。然"反"字与下文"远"字为韵,与反还字读音相同(后人书反还字作"返",盖后起本字),而义则固通于"翻"也。且正惟鱼体"有序",始以反转鱼身为无礼容也。考《义疏》之意,盖以"肉"为兽肉,故有"牲体载之有序"

之言，此大误。郑元庆《礼记集说》云："愚按鱼肉是鱼之肉，不兼兽肉。食鱼而反其肉者，往往然也。反之，为其贪也，故禁之。"其说是也。此与上文"放饭""流歠""咤食""啮骨"皆贪食之恶态，故并举之，非病其秽也。予儿时犹闻迂儒之语云："君子不吃翻身鱼。"即"毋反鱼肉"之遗意也。

毋嚃羹。（《曲礼上》）

郑注："亦嫌欲疾也。嚃为不嚼菜。"《释文》："嚃，他答反。一音吐计反。又音退。"《正义》："毋嚃羹者，人若不嚼菜，含而歠吞之，其欲速而多，又有声，不敬伤廉也。"王夫之《章句》："嚃羹，谓食菜羹不以箸，口吸菜嚃嚃然也。"姜兆锡《章义》："用口取食曰嚃。"今按：嚃为象声词，此作动词用，王夫之之说是也。今人食汤面，以口吸面条则嚃然作响，北京及河北省方言或以"tēr lōu"一词状其行（为动词），或以"梯里吐噜"象其声（为形容词或副词），嚃羹之"嚃"亦犹是，即 tēr lōu 之 tēr 也。

毋嘬炙。（《曲礼上》）

郑注："为其贪食甚也。嘬谓一举尽脔。特牲少牢，哜之加于俎。"孔《疏》："前云无反鱼肉，此得反于俎者，上文谓共人同器而食者，故郑云为其已历口，人所秽；特牲少牢独食，故得反也。"今按：前人释此，多从郑注，惟"哜之加于俎"之说，其误甚显。郭嵩焘《礼记质疑》依字义释"嘬"字，可自成一家言，今录之如下："《说文》：'最，积也。'《玉篇》：'聚也。'《尔雅》：'灌木，丛木也。'《诗·释文》：'丛木，一本作最木。'是最、聚字同训。嘬为聚食之。《孟子》：'蝇蚋姑嘬之。'赵岐注：'嘬，相共食之也。'攒聚食之与聚所食，皆可名嘬。炙之加于豆者，盖薄切而燔之，每食取其一。若连而聚之于梜，则为贪食。郑引馈食之反加于俎为说，非也。《疏》据'毋反鱼肉'为共食独食之分，殆尤误矣。"郭说"嘬炙"为"连而聚之于梜"，与"一举尽脔"初无矛盾。嘬，初怪反，今江南方言读为 chuāi，谓大口吞噬，使食物塞满口中。既"连而聚之于梜"，则食时必一举尽之矣。忆儿时先祖母以南京儿歌催眠，有云："宝宝乖，带上长街；糖宝宝吃，酥宝宝 chuāi。"chuāi 即此"嘬"字。

八

邻有丧，舂不相。里有殡，不巷歌。适墓不歌，哭日不歌。（《曲礼上》）

邻有丧，舂不相。里有殡，不巷歌。（《檀弓上》）

郑注："相，谓送杵声。"又《檀弓》郑注："相，谓以声音相劝。"今按：《荀子》有

《成相篇》。方以智《通雅》卷三："《荀子》有《成相》三章，相者，助也。举重劝力，以申其邪许嘘喻之声也。史所谓'五羖大夫死，而舂者不相杵'是已。"卢文弨且以为《成相篇》之音节，即后世弹词之祖(见王先谦《荀子集解》引)，则舂之相亦当有歌词。观于《礼记》下文与"不歌"并称可知也。俞樾《诸子平议》卷十五释"请成相"句云："此'相'字即'舂不相'之相……盖古人于劳役之事，必为歌讴以相劝勉，亦举大木者呼邪许之比。其乐曲即谓之相。'请成相'者，请成此曲也。"然则"舂不相"者，谓舂不歌，特舂时所歌，专以"相"名之耳。

九

见若覆夏屋者矣。(《檀弓上》)

郑注："覆，谓茨瓦也。夏屋，今之门庑也。其形旁广而卑。"又《仪礼·士冠礼》郑注："周制：自卿大夫以下，其室为夏屋。"孔颖达《正义》："殷人以来，始屋四阿；夏家之屋唯两下而已，无四阿，如汉之门庑。又言见其封坟，如覆夏屋，唯两下而杀，卑而宽广。"小如按："夏屋"一词，始见于《诗·秦风·权舆》，而历代学者释之者，或主为大屋，或主为食具。"夏"训大，《毛传》明言之，而"屋"字无训。胡承珙《毛诗后笺》卷十一："毛于屋字无'传'，自以屋室常语，不烦故训。"其言是也。而郑玄《笺》则独以"屋"为食具。其后王肃、朱熹、何楷主大屋之说，孔颖达、杨慎主食具之说。清人治经学者，惠周惕、戴震、胡承珙、马瑞辰主郑玄说，洪亮吉、洪颐煊、陈奂主王肃说。然王肃说亦自三家诗说来者也。以诗义言之，诗人自言昔为贵族，故所居为大屋渠渠；今则没落矣，故每食无余。于是有吁嗟不承权舆之叹，正不必以夏屋为食具也。独怪郑玄于三礼主今文说，而笺《诗》乃别创异解，自乱其例，亦见其惑耳。予以为"夏屋"正当作大屋解，夏为"厦"之假借字("厦"字仅见《说文新附》，训"屋也"，盖为后起本字)。汉儒每以"夏"字兼摄两义，既为夏后氏之夏，又为大厦之厦，是以纠结不清。如《通典》卷五十五引《韩诗》云："殷，商屋而夏门也。传曰：周，夏屋而商门。"(卢文弨云："《通典》于'殷商屋'句引《韩诗》，则所引'传曰周夏屋而商门'，亦《韩诗传》也。")凡夏、商字，为朝代耶？抑宫室制度之状语耶？又贾公彦《仪礼疏》亦云："案《匠人》云：'夏后氏世室，堂修二七，广四，修一，五室。'此谓宗庙路寝同制，则路寝亦然。虽不云'两下为之'，彼下文云：'殷人重屋，四阿。'郑云：'四阿，四注屋。'重屋，谓路寝。殷之路寝四阿，则夏之路寝不四阿矣，当两下为之。是以

《檀弓》孔子云:‘见若覆夏屋者矣。’郑注云:‘夏屋,今之门庑。’汉时门庑也,两下为之,故举汉法以况夏屋两下为之。或名两下屋为夏屋;夏后氏之屋,亦为夏屋。”亦以“夏屋”兼摄两义,而未加辨别。近人汪荣宝《法言义疏》卷四,于《吾子篇》“然后知夏屋之为帲幪也”句下疏云:“‘然后知夏屋之为帲幪’,《演连珠》注引作‘然后知夏屋帲幪’,《御览》四百一引亦作‘厦屋’。《诗·权舆》‘夏屋渠渠’,《毛传》云:‘夏,大也。’郑《笺》云:‘屋,具也。言君始于我厚,设礼食大具以食我。’王肃驳郑,以为屋则立之于先君,食则受之于今君,故居大屋而食无余。孔《疏》申郑,以为此诗皆说饮食之事,不得言屋宅。按:鲁、韩皆以夏屋为宫室之事。《楚辞·哀郢》王注云:‘夏,大殿也。’引《诗》云:‘于我乎夏屋渠渠。’又《招魂》注云:‘夏,大屋也。’引《诗》同。《淮南子·本经》高注云:‘夏屋,大屋也。’高、王皆用《鲁诗》,此训当出《鲁故》。孔《疏》引崔骃《七依》说宫室之美云:‘夏屋渠渠。’王文考《鲁灵光殿赋》李注引《七依》,作‘夏屋蘧蘧’,明必《鲁诗》异文。《通典》五十五引《韩诗》云:‘殷,商屋而夏门也。’又引《传》云:‘周,夏屋而商门。’则《韩诗》虽不以夏为大,而以屋为屋宇则同。《士冠礼》郑注云:‘周制,卿大夫以下,其室为夏屋。’又《檀弓》注云:‘夏屋,今之门庑,其形旁广而卑。’彼孔《疏》云:‘殷人以来,始屋四阿,夏家之屋,惟两下而已,无四阿,如汉之门庑。’《御览》一百八十一引崔凯云:‘礼:人君宫室之制为殷屋。(殷屋),四夏也。卿大夫为夏屋,隔半以北为正室,中半以南为堂。’此皆《韩诗》说也……按《法言》此文,单以夏屋为大屋之义,不关宫室制度,与王逸、高诱说合,此子云习《鲁诗》之证也。(下略)”陈乔枞《鲁诗遗说考》云:“王逸《楚辞·九章》注:‘夏,大殿也。’《诗》云:‘于我乎夏屋渠渠。’乔枞谨案:《楚辞·招魂》章句:‘夏,大屋也。’引《诗》同。又高诱《淮南·本经训》注:‘夏屋,大屋也。’说亦与叔师合,知《鲁诗》之训然也。”王先谦《诗三家义集疏》卷九亦云:“王、高皆习《鲁诗》,知鲁训与毛同。”于以知鲁、毛二家,于夏屋之说初无歧义。而陈乔枞《韩诗遗说考》虽引韩说,实于旧解有所纠正,兹录其说如下:“今考此诗‘夏屋’,《毛传》云:‘夏,大也。’屋字无训。《笺》云:‘屋,具也。’《正义》据崔骃《七依》说宫室之美云:‘夏屋渠渠。’引王肃述毛,以夏屋为大屋。郑意以诗刺有始无终,始则大具,今则无余,皆说饮食之事,义与毛异。杨升庵《丹铅录》引《礼记》‘周人房俎’、《鲁颂》‘笾豆大房’,以《风》之‘夏屋’,犹《颂》之‘大房’。何氏(楷)《古义》则历引《檀弓》‘见若覆夏屋者’、《楚辞·大招》‘夏屋广大’、扬子《法言》‘震风凌雨,然后知夏屋之帲幪也’以证古人言夏屋,即为大屋。杨说虽辩,然不敢信……乔枞考《太平御览》一百八十一‘居处部'引崔凯曰:'礼:人君宫室之制,为殷屋。殷屋,四夏屋也。卿大夫为夏屋,隔半以北为正室,中半以南为堂。'(按,此文据宋本《御览》校补,文始可读。陈、汪所引,皆非全文)殷、商古并通用,殷屋即商屋也。是商屋、夏屋,为殷、周宫室之异制。后人因以为人君及卿大夫尊卑之等差。窃意殷屋之名,取义于中。中,正也。商从冏,章省声,章亦正也。《尔雅·释山》曰:'上正章。'是其义已。《考工记》曰:'殷人重屋,堂修七寻,堂崇三尺,四阿重屋。'注云:'重屋,王宫正室,若大寝也。'《御览》引桓谭《新论》曰:'商人谓路寝为重屋。'商于虞、夏稍文,加以重檐四阿,故取名四阿,若今四柱屋。重屋,复笮也。然则殷屋即重屋,四夏即四阿。'夏'者'厦'字之假借。以其正中为室,四面有霤,重承壁材也。惟夏屋以近北为正室,中半以南为堂,其制与商屋殊。商门之制,亦为重屋。古人宫室,中为大门,左右为塾,塾皆有堂室。《考工记》云:'门:堂三之二,室三之一。'是也。堂当南北之正中,其室亦当左右塾前后正中之处,故曰商门。周人夏屋,皆为重檐,亦四面有霤,损益殷制而广大之,规模益备,故曰夏屋。夏之为言大也。后人定宫室之制,人君宫殿,始有重屋四阿;卿大夫以下,但为南北檐,皆以近北为正室,中半以南为堂,如周人夏屋之制,故亦称夏屋耳。夏门者,大门也。大门之为夏门,犹高门之为皋门,正门之为应门也。汉有夏门,盖沿古人之称。李尤《夏门铭》曰:'夏门值孟位,月在亥。'其称名之意,亦取意于大也。"以夏为大,未必为《韩诗》本义;然古书之言夏屋,必非夏后氏之屋可知。陈氏此说不独可决《诗·权舆》夏屋之疑,且为《檀弓》之夏屋立一确解。扬雄于汉为通儒,虽多识奇字,而所见明通,故亦不以夏屋为夏后氏之屋也。夏屋前有廊庑,故言"栟"(屏也);上有重屋,故言"幪"(蒙也,覆也)。唐宋人多用"广厦""大厦"入诗,亦以见《说文新附》之但以"厦"训"屋"为未尽切也。

又按:胡培翚《仪礼正义》于《士冠礼》郑注下引宋李如圭《仪礼集释》云:"周制,天子诸侯,为殷人四阿之屋,东西南北皆有霤。大夫以下,为夏后氏南北两下之屋,无东西霤而有东西荣。"下云:"案《檀弓》曰:'见若覆夏屋者矣。'郑注:'夏屋,今之门庑。'盖汉时门庑,亦两下为之,故举以为证。"李、胡之说,甚简明易解。惟仍以"夏"为夏后氏,则为因袭古人误说耳。孙诒让《周礼正义》卷八十三亦云:"盖郑意:夏人君之屋南北两下,与臣民同,《檀弓》注谓夏屋如汉之门庑是也。"亦同此误。

予为此札,厥旨有三:一、秦汉古籍所称"夏屋",皆同一解释,本无歧义,食具之说,疑仅郑玄一家之言;二、"夏"当训"大",屋即房屋栋宇之谓;三、"夏屋"不得释为夏后氏之屋。《韩诗》所言,本未可尽信,陈乔枞不欲非其说,故予修正。宋人如李如圭，清人如胡培翚、孙诒让，仍以为夏后氏之屋，盖就一事论一事，就一词论一词，而未统摄诸籍而贯通之，故犹不免千虑一失也。

又按：王夫之《礼记章句》："屋两出檐曰夏屋。若夏屋，广而中起，脊前后垂也。"此可与郑注互参矣。

又按：近人金其源《读书管见》，于《毛诗》"于我乎夏屋渠渠"条下有云："《诗》《礼》既出两歧，《诗》且未曾一致。窃谓《史记·龟策传》云：'桀为瓦屋。'《论衡·对作篇》：'桀之瓦屋以避风雨。'《淮南子·说山》'桀有得事'注：'谓知作瓦以盖屋遗后世也。'是以瓦易茨，始自夏桀。故后世称瓦覆者曰夏屋，以别于茅屋。且《汉书·地理志》云：'天水陇西，山多林木，民以板为室屋……故秦诗曰"在其板屋"。'《小戎》疏云：'秦之西垂，民亦板屋。'可见秦本板屋，瓦屋亦在异数之列，故与四簋共兴不承权舆之感也。"小如按：此虽释"夏屋"之"夏"为朝代名，而其说殊成理，且可备一解，故并记之。

十

子壹不知夫丧之踊也。（《檀弓下》）

壹似重有忧者。（《檀弓下》）

壹，郑玄无注。孔颖达释"壹不知"之壹为专壹，释"壹似"之壹为"决定之辞"，皆非是。清人尚训诂之学，于虚词尤多创见。然于此亦众说纷纭。刘淇《助字辨略》卷五云："壹，与一通。《礼记·檀弓》：'壹似重有忧者。'……愚案：壹，专一，犹言诚也，实也。诚非虚假，故训为决定辞也（小如按：此说牵强）。如《檀弓》：'予壹不知夫丧之踊也。予欲去之久矣。'《庄子·大宗师》：'回壹怪之。'（小如按：原文壹作一）诸此壹字，其义并同。"而王引之《经传释词》卷三则径以壹、一为语助，真千虑一失之见矣。其后吴昌莹《经词衍释》卷三乃修正王说，其言曰："一、壹，犹'乃'也。《礼记》：'子之哭也，壹似重有忧者。'言乃似也（原注：《释词》训'壹'为语助）。《淮南·道应篇》：'伯乐喟然太息曰，一至此乎！'《史记·滑稽传》：'寡人之过，一至此乎？'皆谓乃至也。《汉书·原涉传》：'尹君何壹鱼肉涉也！'言何乃也。"又曰："壹，专也，皆也，犹词之总也（原注：此义《释词》不载）……《檀弓》：'予壹不知夫丧之踊也。'言予总不知也（原注：《释词》两壹字均训语助）。"近人杨树达先生《词诠》卷七于《檀弓》两"壹"字用刘淇说，而别立一项云："一、壹，副词，竟也。事出于意料之外时用之。王引之云:一犹乃也。(下引《吕氏夏秋·知士》'一至此乎'、《贵直》'一若此乎'、《史记·商君列传》'一至此乎'、《范雎列传》'范叔一寒至此哉'及《淮南子·道应训》之'一至此乎'诸例以证之)"今按:刘淇所释可备一说,然实未甚切。"予壹不知"之"壹",以《词诠》训"竟"之说释之可通;而"壹似重有忧者"之"壹",则又以训"乃"为宜。检明杨慎《檀弓丛训》,释此二句云:"壹之为言独也。"疑近是。此训非独《檀弓》之两"壹"字可迎刃而解,即《大宗师》之"回一怪之",诸书之"一至此""一若此",与《汉书·东方朔传》之"壹何壮也"(壹何,即一何,唐诗屡见,如杜甫《石壕吏》"吏呼一何怒,妇啼一何苦"是也;而刘淇乃释"一何"之"一"为"语辞,不为义者也",疑非是),《原涉传》之"何壹鱼肉涉也",凡此一、壹字,训"独"皆可通也(《原涉传》之"何壹"必训"何独"乃通,训"何乃",非是)。矧"一"与"独"于义本通,"一夫"即"独夫",今犹有"独一无二"之成语,于以见杨慎说之可信。清人于宋明人所著书多所非议,杨慎之言即其一也。今以慎释"壹"字之义验之,不犹愈于号为经学大师如王引之者乎?

附:《檀弓·齐大饥》章集释

1962年,予以撰广播稿供中央人民广播电台《阅读与欣赏》之用而为此章集释,久已散佚。越十二年,乃复成此稿。聊存鸿泥之意而已。甲寅初度。

齐大饥。

卫湜《礼记集说》引方悫曰:"饥,主岁言之;饿,主人言之。"按《尔雅·释天》:"谷不熟为饥。"《春秋公羊传·襄公二十四年》经何休注:"有死伤曰大饥,无死伤曰饥。"

黔敖为食于路,以待饿者而食之。

王夫之《礼记章句》:"黔敖,齐大夫。"按《汉书·古今人表》列齐禽敖(颜师古注:"即黔敖也。")与饿者于"中下"。《广雅·释诂三》:"为,施也。""而食之"之"食",《说文》作"飤",今通作"饲",音寺,以食物与人也。

有饿者蒙袂辑屦。

郑注:"蒙袂,不欲见人也。辑,敛也。敛屦,力惫不能屦也。"陈澔《礼记集说》:"蒙袂,以袂蒙面也。辑屦,辑敛其足,言困惫而行蹇也。"郝懿行《礼记笺》释"辑屦"与陈澔略同。小如按:以袂蒙面,不当言蒙袂,旧注疑非是。王夫之曰:"蒙,蔽也。

蒙袂者，手垂而不能举，袂覆蔽手也。辑，敛也，敛屦，挟之不能屦也。”近是。盖饿者困惫欲死，手不能扬，足不能举，垂袖敛屦，彳亍而进耳。郑元庆《礼记集说》：“愚按敛屦与敛迹同意。蒙其袂，敛其迹，欲行且止之状。”刘沅《礼记恒解》：“辑当作缉，字误。屦敝而缉之也。”皆可备一说。

又按：或谓此饿者乃劳动人民，故不受嗟来之食。窃不谓然。孔《疏》：“此一节论饿者，狂狷之事。”狂狷之流，必非劳动人民可知。《孟子·梁惠王下》：“凶年饥岁，君之民老弱转乎沟壑，壮者散而之四方者，几千人矣。”是春秋战国之际，每遇凶年饥岁，壮者往往逃亡。逃亡者大抵属于奴隶阶级，或起义，或就食于他国，为新兴地主阶级所用，逐步转化为农民阶级。至于转乎沟壑者，老弱之外，则没落之奴隶主往往有焉。此饿者，疑即奴隶主阶级之典型人物也。彼所以不食黔敖之食，盖与伯夷耻食周粟相类，以身为奴隶主，故不屑受封建主阶级之周济耳。卫湜《集说》引黄敏求《九经余义》云：“曾子之言，乃举世千万人所同之心也。饿夫之操，岂在于斯乎？盖以衰乱之世，君昏政暴，灾沴荐至，而贤者不乐其生于世也。故《诗》云：‘知我如此，不如无生。’此之谓也。苟从曾子之言，谢而复食，能几何哉！岂若不屈其操，不受其辱，身虽一死，而义存千古乎……夫作记之人若去曾子之评，引孟子为证，则饿夫之志，获伸于名教之中久矣。”杭世骏《续礼记集说》引姚际恒《礼记通论》云：“此似仿《孟子》‘嘑尔而与之，行道之人不受’之语造出此事，然又增曾子之说于后，大失孟子之旨矣。千古志士，为之损气。”予以为此饿者殆以狷者自居，宁饿死而不屈其节，殆是没落奴隶主贵族一流人物。黄、姚之言，正当反看。

贸贸然来。

郑注：“贸贸，目不明之貌。”王夫之曰：“贸贸，昏瞀貌。”焦循《礼记补疏》：“循按《孟子》‘则眸子眊焉’赵岐注云：‘眊者，蒙蒙目不明之貌。’《广雅》：‘蒙蒙、冥冥、昧昧，暗也。’贸、蒙、昧、冥，一声之转。”今按：贸，通“瞀”。

黔敖左奉食，右执饮。

按：奉即捧。《礼记·曲礼上》：“长者与之提携，则两手奉长者之手。”两手承奉，是捧之义。然此乃左手持食，右手执饮，盖泛言之。《匡谬正俗》卷三：“奉者，皆谓恭而持之。”

曰：“嗟来！食！”

郑注：“嗟来食，虽闵（悯）而呼之，非敬辞。”孔《疏》：“黔敖……见其饿者困，咨嗟愍之，故曰：嗟乎！来食。”吴澄《礼记纂言》：“嗟者，闻之之辞；来者，呼之之辞。”

王闿运《礼记笺》:“嗟,怒声;来,呼之。”小如按:孔《疏》以下诸说并非。“来”为语尾助词,非动词也。如言“归去来”“下一转语来”“有以语我来”,诸“来”字皆与此同。俞樾《群经平议》卷十九:“樾谨案:‘来’乃语助之辞。《庄子·大宗师篇》:‘子桑户死,孟子反、子琴张相和而歌曰:嗟来桑户乎!嗟来桑户乎!’此云‘嗟来食’,文法正同。下云‘予唯不食嗟来之食’,是‘嗟来’二字连文之明证。《正义》解为‘嗟乎,来食’,误以‘来食’连读,失之。”其说是也。予别有《释“来”》一文,见《词语丛札》。

扬其目而视之。

孔《疏》:“于是发怒,扬举其目而视之。”王夫之曰:“扬目,强视貌。”今按,王说近是。

曰:“予唯不食嗟来之食,以至于斯也。”

孔《疏》:“斯,此也。”王闿运曰:“怒其无礼。”

从而谢焉。

郑注:“从,犹就也。”孔《疏》:“黔敖从逐其后辞谢焉。”王夫之曰:“谢,谢过也。”今按:《学记》“又从而庸之”,《缁衣》“言从而行之”,郑注并云:“从,随也。”《周礼·邻长》“则从而授之”句郑注:“从,犹随也。”此文黔敖与饿者相距本不甚远,无所谓“就”与“从逐其后”,当训为“随”,犹今言“随即”“立即”,盖黔敖闻饿者之言,当即向彼谢过耳。

终不食而死。曾子闻之,曰:“微与!其嗟也可去,其谢也可食。”

小如按:“微”字有四解:一、训“无”。郑注:“微,犹无也。无与,止其狂狷之辞。”孔《疏》:“微,无也。与,语助。言饿者无得如是与,初时无礼之嗟也,可怒之而去;其终有礼之谢也,可反回而食。曾子嫌其狂狷,故为此辞。狂者进取,一概之善,仰法夷齐耿介;狷者直申己意,不从无礼之为。而饿者有此二性,故止之。”二、训细故末节,即纤芥之意。陈澔曰:“微与,犹言细故末节。谓嗟来之言虽不敬,然亦非大过,故其嗟虽可去,而谢焉则可食矣。”王夫之曰:“微,细也。嗟也去之而已,不必自矜己节以拒人也;谢则食之,不以穷为讳也。忿戾加人,一发而不可反,小丈夫之操也。君子矜而不争,从容于死生之际,而人莫敢不敬,其道大矣,非细人之所知也。”王闿运曰:“微与,犹末之也,讥其介激。”三说虽不同,而以“微”训细、训末则同。三、训深微或微妙,谓去取之间极为微妙难辨。明姚舜牧《礼记疑问》云:“微与,注疏训无得如此,《集说》训细故末节,愚窃以为未然。凡人所重者生死也,而要准于道义。道义至纤至微,即可食中而有不可不去者在;即可去中而尚有可以食者存。此其分限处极微,而不可终泥也。故曾子云云。语曰:君子识微。正谓能识乇徼也。就食,本为生也;而彼其嗟来,则可以无生,不可以失节。不食嗟来,本以重节也;而彼既致谢,则又不可以轻生。此其间道理极微。然其嗟也则可去耳,一致谢则可以复食矣,惜其人未识此微,而终守小谅焉以致死也。"朱芹《十三经札记》:"芹按:此即《孟子》所谓'嘑尔而与之,行道之人弗受'是也。曾子此语,最为微婉。微与,非小之也,言其嗟也可去,其谢也可食;而终不食焉,其辨于礼义之介者微也。郑、孔之说皆非。"四、训"非"。俞樾《群经平议》云:"饿者已不食而死,曾子于事后发论,乃复言'无得如是'以止之,殊于语意不合。下文'虽微晋而已',注曰:'微,犹非也。'此'微'字亦当训为'非'。'微与',犹言'非与',曾子闻其事而非之。特以不食而死,亦人所难,故不敢质言,而言'与'以疑之也。"今按:郑玄、孔颖达说,俞已驳之矣,陈澔及王夫之、王闿运说,似于"与"字无着落;姚、朱说过于求深,反近穿凿,可备一说而未可尽信。依训诂言之,自以俞曲园说为是。"与",今通作"欤",疑问助词也。"非欤",犹言"恐怕不应该(这样做)吧"。吴澄曰:"曾子之言,得中之道;饿者之操,贤者之过也。"予则以为曾子之言,盖儒家学派后学之主张,其立场观点盖出于封建主阶层,故于饿者之言有所是非。犹之《中庸篇》云:"子曰:'愚而好自用,贱而好自专,生乎今之世,反古之道,如此者灾及其身者也。'"虽托其言于孔氏,亦立于封建主阶层立场之儒家者流之言也。此不可不辨。

《史记》丛札

前　　言

予非治史学者。少时于《太史公书》，但知其文章之美与人物刻画之神而已。50年代后期，为北大中文系注释《两汉文学史参考资料》，始以《史记》为史而读之。其后为诸生讲授《历代散文选》，于《史记》之文字训诂复稍稍留意，间亦求其成书之体例、时地之沿革与夫人事之考证。然卒不免于就事而论事，非能提纲挈领，综括全书也。故偶然涉笔为札记，亦复东鳞西爪，丛脞零乱。更以非一时之作，文体亦未求一律。以语体为文，仅说《屈原列传》者两篇，余则求便于与引文划一，悉以古汉语体草草终篇，非必好古成癖也。至于迁书文章之美，布局之奇，立论之精，遣辞之妙，人物形象之栩栩如生，设想构思之千变万化，予当别有所论，此不复赘云。1965 年岁杪题记。

侯公名字

人民文学出版社编辑部于50 年代初期编选注释之《史记选注》，于《项羽本纪》"侯公"下注云："名成。"而不标出处。检欧阳修《集古录跋尾》卷三、叶梦得《避暑录话》卷下(明人张燧《千百年眼》又全抄叶文)、赵明诚《金石录》，皆有《汉金乡守长侯君碑》，云："君讳成，字伯盛。"此乃东汉人为金乡守长侯君之名与字，非其远祖西汉初年侯公之名与字也。《集古录跋尾》明标"后汉"字样，不容误解。碑文有云："汉之兴也，侯公纳策，济太上皇于鸿沟之厄，谥曰安国君。"但称"侯公"而不著名字，于以见侯公之名失传久矣。惟叶、张二书未载碑文，或注释者但见此二书，而未读欧、赵所录石刻原文，遂致有此误耶？注释虽小道，然言必有征，乃足取信于当世，而免贻误于后人。今乃以侯公之远世裔孙之名加诸其身，其不学亦可谓甚矣。

桃侯封地

《项羽本纪》载："诸项氏枝属，汉王皆不诛。乃封项伯为射阳侯；桃侯、平皋侯、玄武侯，皆项氏，赐姓刘。"《集解》引徐广曰："（桃侯）名襄，其子舍为丞相。"《正义》引《括地志》云："故城在滑州胙城县东四十里。《汉书》云：高祖十二年，封刘襄为桃侯也。"

小如按：桃侯事，《史》《汉》二书凡三见。《项羽本纪》之外，又见于《史记·高祖功臣侯者年表》与《汉书·高惠高后文功臣表》，文字仅小有异同。兹节引《史记》表文如下，并附入《汉书》表中之异文，以供参考：

桃	《索隐》："桃，县名。属信都。"	以客从汉王。二年，从起定陶，以大谒者击布。侯，千户，为淮阴（《汉书》作"淮南"）守，项氏亲也，赐姓。	十二年二月（《汉书》作"三月"）丁巳，安侯刘襄元年。

试以上引《正义》之引文与此表《索隐》之注文比照而观，则桃侯封地，实存两歧之说。此显而易见也。滑州胙城县乃隋唐时地名，故城在今河南延津县北；信都则今之河北冀县也，故城在今冀县东北，汉初本为广川王都，后改为郡。其非一地甚明。然溯其本源，此两歧之说盖自《水经注》已然，《索隐》与《正义》特各取其一说而已。《水经》卷八《济水篇》记济水"又东北与濮水（合）"，郦道元注云：

> 濮渠又东北，径燕城内，故南燕，姞姓之国也。有北燕，故以南氏。县东为阳清湖，陂南北五里，东西三十里，亦曰燕城湖。迳桃城南，即《战国策》所谓"酸枣、桃、虚"也。（小如按："桃、虚"，一本作"虚、桃"，《秦策》即作"虚、桃"。）汉高帝十二年，封刘襄为侯国。

郦氏此注所引《国策》语，亦见于《史记·春申君列传》，盖黄歇上秦昭王书中语，其词云："王又举甲而攻魏，杜大梁之门，举河内，拔**燕**、**酸枣**、**虚**、**桃**，入邢，魏之兵云翔而不敢救,王之功亦多矣。""燕",即上引《水经注》所谓燕城,盖故南燕地;"酸枣",即今河南延津县;"虚",亦魏地。《史记集解》引徐广说:"秦始皇五年,取酸枣、燕、虚。苏代曰:'决宿胥之口,魏无虚、顿丘。'"始皇五年之军事行动,正所以继秦昭王"未竟之业"者。而《史记》及苏代、徐广等皆以"虚"与酸枣、燕、顿丘诸地名并列,则"虚"亦为地名可知;旧或以"虚"与"桃"或"燕"连读,殊误。至于"桃",则《水经注》所谓之桃城是也。此注文即《史记正义》引《括地志》所持之据也。然而《水经》卷十《浊漳水篇》郦注又云:

> 衡漳又东北,径桃县故城北。汉高帝十二年封刘襄为侯国,王莽改之曰"桓分"也。

则又《史记索隐》所持之据也。盖郦氏注《水经》,本不乏两歧或自相矛盾之说,此其尤为突出者耳。后世主《索隐》之说者,有王先谦之《汉书补注》。主《正义》之说者,有日人泷川资言之《史记会注考证》。王氏于《高惠高后文功臣表》注云:

> 桃,信都县。国除后,封广川缪王子良。

泷川资言于《高祖功臣侯者年表》注云:

> 桃,盖东郡之桃城。

然泷川氏之说实本自钱大昕《廿二史考异》,而钱氏《考异》又全袭郦注,亦持两可之说。其言曰:

> 案:《水经注·浊漳水篇》云:"衡漳又东北,径桃县故城北,汉高祖……封刘襄为侯国。"此信都之桃也。又《济水篇》云:"濮渠……径桃城南,即《战国策》所谓'酸枣、桃、虚'也。汉高帝……封刘襄为侯国。"此东郡之桃也。(小如按:"东郡"为魏故地,桃城属之,故云。)

夫郦氏之注《水经》,时南北未成一统,加之筚路蓝缕,事属草创,其持两可之说,固情有可原者。而钱氏为有清一代朴学大师,于此乃但剿袭前人旧说,态度模棱,既无论断,复鲜新意,诚不能不引为遗憾者矣。

予则以为《索隐》所采之说近是。其故有三:一,《汉书·地理志》仅于"信都国"之十七县中列有桃县,而于东郡、陈留郡等故魏地内并未列入桃城,是东郡之桃视信都之桃为尤小;矧东郡之桃乃战国时旧名,至汉代是否一仍旧贯已不可知。然则以信都之桃为千户侯之封地,可能性似更大。二,王先谦云:"国除后,封广川缪王子良。"此说可信。据《高惠高后文功臣表》,刘襄六世孙益寿乃宣帝元康四年(公元前62年)"诏复家"者,而刘良之受封,则在元帝初元元年(公元前48年)三月(见《汉书·王子侯表下》,即"桃炀侯良"是也)。此时刘益寿当已死,故以其地改封与刘良,于时间之衔接初无矛盾。三,广川王后裔之封地在信都国内,于理殊合,以信都本广川之王都故也。检《王子侯表》,知广川王之后裔大抵封于信都及巨鹿二郡境内,以此二郡相邻也。"桃"为信都之属县,见于《汉书·地理志》;而在《王子侯表》"桃炀侯良"最下栏内,则注明"巨鹿"字样,因知桃县一度曾属巨鹿。至如东郡之桃城,则不在此二郡范围之内,故疑与刘襄封地无涉。是以予宁取《索隐》之说。而在"东郡之桃"确为刘襄封地获得强有力证明之前,王先谦说固亦未易遽加否定也。

又按:近人王伯祥先生《史记选》于《项羽本纪》"桃侯"条下注云:"桃侯名襄,封地在今山东省汶上县东北四十里(页六四)。"是于《正义》《索隐》之外别立第三说,诚不免启人疑窦。按《春秋·襄公十七年》:"秋,齐侯伐我北鄙,围桃。"杜注:"弁县东南有桃虚(墟)。"清人江永《春秋地理考实》卷三云:"今按齐侯伐鲁北鄙,围桃,则桃亦当在鲁北。弁县今泗水县,在鲁东,非北鄙。《水经》云:'汶水西南径桃乡县故城西。'城在今汶上县东北四十里。汶上正当鲁之北鄙。此'桃'当是桃乡,非弁县之桃虚。"《中国古今地名大辞典》页七〇九"桃"条注释,全用江说而未标出处。窃疑王氏选注《史记》,但检《地名大辞典》此条,逐据其说而误引,以春秋鲁国之桃邑讹为西汉刘襄之封地。实则在山东汶上县东北者,春秋时鲁之桃乡也;其在山东泗水县东南者,杜注所谓弁县之桃墟也。而弁县之桃墟与《国策》《史记》之"虚、桃",及《水经注》之"桃、虚",亦非一地,读上文自然可辨。其在河北冀县东北者,本信都属地之桃县,即刘襄之封地是已;而在河南延津县北者,则所谓桃城,虽谓为刘襄封地而实与襄无涉者也。此四"桃"也,各不相干,都非一地。惟是古今地理,原属专门之学,稍欠检核,即易淆杂,导致讹误。予于此道本属门外汉,又未习基本功,特以治学问宜实事求是,故试举此一事以历练之,用为端正治学态度之资而已。

谯　　门

《陈涉世家》云:“陈胜自立为将军,吴广为都尉……攻铚、酂、苦、柘、谯,皆下之……攻陈,陈守令皆(按,“皆”,衍文)不在,独守丞与战谯门中。弗胜,守丞死。”《汉书·陈胜传》同。《史记索隐》云:“盖谓陈县之城门。一名丽谯,故曰‘谯门中’。非上(按:指上文)谯县之门也。谯县守前已下故也。”《汉书》颜师古注云:“谯门,谓门上为高楼以望者耳。楼一名谯,故谓美丽之楼为丽谯。谯亦呼为巢,所谓巢车者,亦于兵车之上为楼以望敌也。谯、巢声相近,本一物也。今流俗书本‘谯’下有‘城’字,非也。此自陈耳,非谯之城。谯城前已下矣。”王先谦《汉书补注》引刘奉世曰:“(谯门),门名。陈与谯邻,门去谯路者也。”而王以刘说为是。小如按:司马贞、颜师古之说是,刘、王之说非也。后世言谯楼、谯门者多矣,皆指城楼城门,盖谓楼高可远眺耳。如刘说,岂后世凡言谯楼、谯门者,皆通谯县之楼与门乎?明人周圻《名义考》卷三“谯楼”条云:

> 《陈胜传》:“战谯门中。”《宋史·马遂传》:“设二门为谯楼。”师古曰:“门上为高楼以望曰谯。”《广韵》(小如按:此当作《集韵》):“谯,楼之别称。”古者为楼以望敌阵,兵列于其间,下为门,上为楼,或曰谯门,或曰谯楼也。是谯有望意。俗以觑视为谯。《庄子·徐无鬼篇》:“魏有丽谯。”说者谓美丽而嶕峣(小如按:此见成玄英《庄子疏》),则“谯”当从山。又俗谓门楼曰巢门,巢与谯声相近。巢,谯之讹也。一说,若巢然。

今按:颜、周以望释“谯”,是也。所谓“俗以觑视为谯”,今字作“瞧”,“瞧”与“望”皆览视之意。门、楼而冠以“谯”,正以其可以登而觑视也。若夫“丽谯”之“丽”,疑当训“俪”,“俪谯”犹言“双阙”。《古诗》:“双阙百余尺。”阙即指上有楼下有门之建筑物也。《马遂传》言“设二门”,犹存“丽谯”古意。至于“巢车”或“巢门”,但取其高若鸟巢之义耳。颜说固模棱,周亦拘牵旧训,皆不免缠夹也。

周圻云:“俗以觑视为谯。”字不从目,近是。按“瞧”字始见于嵇康《难自然好学论》,所谓“睹文籍则目瞧”是也。近人戴明扬《嵇康集校注》卷七云:“案郭璞《鸪鹖黄鸟赞》曰:‘鸪鹖之鸟,食之不瞧……妇人是服,矫情易操。’古书‘瞧’字,惟此两见,亦俗字也。《字汇》训瞧为偷视貌,即本于郭璞之文矣。'瞧'从'焦'声,'焦'字又作'燋',《吕氏春秋》注:'焦,燥也。'《淮南子》注:'燋,悴也。'《楚辞·九辩》注曰:'身体燋枯,被病久也。'又焦声、爵声古通,《玉篇》:'爵,目冥也。'此处谓久视伤目,遂病于枯燥瞑眩耳。"今按:戴释"瞧"为目之病状,是也。以"憔""顦"等字皆训病状而读平声例之,嵇文"瞧"字当读平声。然绝无望视之义。至郭璞赞语,"瞧"与"叫""操"(去声)协韵,乃去声字。是否训偷视,亦不敢必。明人纂《字汇》,特以当时俗训附会古人语言,不足信也。而训"望"、训"视"之字,转宜于"谯"字求之,"谯门""谯楼"即其义也。惟后世以其训望、训视,故以从"言"之"谯"易为从"目"之"瞧",殊不知"瞧"乃目病也。至"谯"字在《说文》"言"部,与"诮"同为一字,则是"诮让"("让"读上声)之本字。其训"望"者,则秦汉以来后起之义,遂以"谯"为假借字耳。

扶而去之

《伯夷列传》:"伯夷、叔齐叩马而谏曰……左右欲兵之。太公曰:'此义人也。'扶而去之。""扶"字旧注无释。小如按:《方言》卷十三云:"扶,护也。"郭注:"扶挾将护。"戴震《疏证》云:"案《广雅》:'护,助也。''将,扶也。''挾,辅也。'其义交互相通。"今按《说文》十二篇上"手"部云:"扶,左(佐)也。"又:"牂(将),扶也。""佐"谓旁有人挟持之,"牂"则有护持之意。《传》言夷、齐谏武王,触其怒,故左右欲以兵刃相加,太公则谓二人乃义人,不宜加害,故使人将护之使去,盖恐二人为兵刃所伤也。然此时欲令二人离去,亦须采取适当强制手段,所谓"扶"者,谓令人挟持之,使不得不去也。《左传·宣公二年》:"秋,九月,晋侯饮赵盾酒,伏甲将攻之。其右提弥明知之,趋登曰:'臣侍君宴,过三爵,非礼也。'遂扶以下。"(一本作"遂跣以下",谓赵盾不及着袜履即下阶而出也。古人登席侍君,必跣足乃为至敬。参看赵翼《陔余丛考》卷三十一"脱袜登席"条)此"扶"亦挟持、将护两义并有之,言提弥明强挟赵盾自殿堂趋而下阶,然实有保护之意也。

又,陶渊明《桃花源记》:"既出,得其船,便扶向路,处处志之。"自来释此文者,皆不为此"扶"字立训。今按:《淮南子·本经训》云:"扶拨以为正,坏险以为平,矫枉以为直。"此"扶"字高诱注训"治",而训"拨"为"任"。实则"拨"者对"正"而言,犹言不正,即今所谓偏颇之意。"扶"者,扶助之使正也。盖言渔人以手助船,扶之使正，俾其方向直指所从来之路也。此又与“扶而去之”之“扶”异其义矣。

开 阡 陌

世多称商鞅为秦孝公变法，“废井田，开阡陌”，而以废井田为破，开阡陌为立。然开阡陌与废井田实为一事，开阡陌乃废井田之具体措施，非有破与立之异也。《史记·秦本纪》载孝公十二年“为田开阡陌”，《商君列传》言“为田开阡陌封疆而赋税平”，实即指废井田而言。《汉书·食货志》云：

> 及秦孝公用商君，坏井田，开仟佰，急耕战之赏，虽非古道，犹以务本之故，倾邻国而雄诸侯。然王制虽灭，僭差亡(无)度。

后之读史者，不悟阡陌即存于井田之中，开与坏为同义词，竟释为一破一立，全失商鞅之本意矣。谓予不信，即以《史记·范雎蔡泽列传》蔡泽之语范雎证之：

> 夫商君为秦孝公明法令，禁奸本，尊爵必赏，有罪必罚，平权衡，正度量，调轻重，决裂阡陌，以静生民之业而一其俗。

自“平权衡”至“决裂阡陌”与《战国策·秦策》悉同。以史证史，则“开”与“决裂”同义，“决裂”犹破坏也，犹划削也。仅此一证即可为定论矣。检朱熹全集，有《开阡陌辨》一文，论此义綦详。不忍割爱，爰录全文如下：

> 《汉志》言秦废井田，开阡陌。说者之意，皆以开为开置之开，言秦废井田而始置阡陌也。故白居易云：“人稀土旷者宜修阡陌，户繁乡狭者则复井田。”盖亦以阡陌为秦制，井田为古法，此恐皆未得其事之实也。按阡陌者，旧说以为田间之道。盖因田之疆畔，制其广狭，辨其横纵，以通人物之往来，即《周礼》所谓“遂上之径，沟上之畛，洫上之途，浍上之道”也。然《风俗通》云：“南北曰阡，东西曰陌。”又云：“河南以东西为阡，南北为陌。”二说不同。今以“遂人”田亩夫家之数考之，则当以后说为正。盖陌之为言百也，遂洫纵而径途亦纵，则遂间百亩，洫间百夫，而径途为陌矣。阡之为言千也，沟浍横而畛道亦横，则沟间千亩，

浍间千夫，而畛道为阡矣。阡陌之名，由此而得。至于万夫有川，而川上之路，周于其外，与夫"匠人"井田之制，遂沟洫浍，亦皆四周，则阡陌之名，疑亦因其横纵而命之也。

然遂广二尺，沟四尺，洫八尺，浍二寻，则丈有六尺矣。径容牛马，畛容大车，途容乘车一轨，道二轨，路三轨，则几二丈矣。此其水陆占地，不得为田者颇多。先王之意，非不惜而虚弃之也，所以正经界，止侵争，时蓄泄，备水旱，为永久之计，有不得不然者，其意深矣。商君以其急刻之心，行苟且之政，但见田为阡陌所束，而耕者限于百亩，则病其人力之不尽；但见阡陌之占地太广，而不得为田者多，则病其地利之有遗。又当世衰法坏之时，则其归授之际，必不免有烦扰欺隐之奸，而阡陌之地，切近民田，又必有阴据以自私，而税不入于公上者。是以一旦奋然不顾，尽开阡陌，悉除禁限，而听民兼并买卖以尽人力；垦辟弃地，悉为田畴，而不使其有尺寸之遗以尽地利。使民有田，即为永业，而不复归授，以绝烦扰欺隐之奸；使地皆为田，而田皆出税，以核阴据自私之幸。此其为计，正犹杨炎疾浮户之弊，而遂破租庸以为两税。盖一时之害虽除，而千古圣贤传授精微之意，于此尽矣。故《秦纪》《鞅传》，皆云"为田开阡陌封疆而赋税平"，蔡泽亦曰"决裂阡陌，以静生民之业而一其俗"。详味其言，则所谓开者，乃破坏划削之意，而非创置建立之名。所谓阡陌，乃三代井田之旧，而非秦之所置矣。所谓"赋税平"者，以无欺隐窃据之奸也；所谓"静生民之业"者，以无归授取予之烦也。以是数者合而证之，其理可见。而蔡泽之言，尤为明白。

且先王疆理天下，均以予民，故其田间之道，有经有纬，不得无法。若秦既除井授之制矣，则随地为田，随田为路，尖斜屈曲，无所不可，又何必取其东西南北之正，以为阡陌，而后可以通往来哉！此又以物情事理推之，而益见其说之无疑者。或乃以汉世犹有阡陌之名，而疑其出于秦之所置；殊不知秦之所开，亦其旷僻，而非通路者耳。若其适当冲要，而便于往来，则亦岂得而尽废之哉！但必稍侵削之，不使复如先王之旧耳。或者又以董仲舒言"富者连阡陌"，而请限民名田，疑田制之坏，由于阡陌，此亦非也。盖曰富者一家，而兼有千夫、百夫之田耳。至于所谓商贾，无农夫之苦，有阡陌之得，亦以千夫、百夫之收而言。盖当是时，去古未远，此名尚在，而遗迹犹有可考者。顾一时君臣，乃不能推寻讲究而修复之耳，岂不可惜也哉！（《朱文公文集》卷七十二）

朱熹持儒家之立场观点以考察古代社会嬗变之迹，又不知古有奴隶社会与封建社会之本质区别，故于周秦之际，惜先王之道不行，而讥商君“以急刻之心，行苟且之改”，自不免贻人以复古保守之讥。然其分析商君废井田之背景与动机，评骘其措施之利弊，殆有不期而言中，于当时社会发展之实况有暗合者。至其论证开阡陌为决裂井田经界之义，不独“开”字之义涣然冰释，且何者为阡与陌，何者为道与路，何者为“子在川上”之“川”，皆一一辨析如指掌。世之崇汉蔑宋，讥朱氏不精考据之学者，亦可以息喙矣。夫然后知朱熹之未可一笔抹杀，亦非一笔所能抹杀者也。

附按：朱熹此说，明邱浚《大学衍义补》卷十四已言之，其言曰：“按秦废井田，开阡陌，说者皆谓开为开建之开，惟朱熹则以为开除之开焉。”惜治宋学者未能表而出之耳。又此札之成，实由读近人陈登原《国史旧闻》第一分册而得其线索。然陈氏按语云：“班、马之记商君，显然不同。《史记》曰‘赋税平’，《汉书》曰‘王制灭’，其异一也。《史记》以开阡陌为平赋税之手段，则当有开置封洫之意；《汉书》以开阡陌为坏井田之表现，则当是划除旧日之封洫，其异二也。蔡泽所谓决裂，似可训作破坏，亦可训作变动旧时疆理。至以此事与权衡之平、度量之正相提并论，则似仍作为开置言之。”今按：陈说恐不可信。一、朱熹已言开阡陌与平赋税之关系，陈岂未见乎？二、划削阡陌，即所以变动疆理，非有二义也。三、破阡陌与平权衡、正度量，皆变法之实，彼此并无矛盾。岂必训开为开置，始可与平、正并论耶？

又按：予为此札，已历年所。近读《文史》第十一辑李解民同志《开阡陌辨正》大作，乃驳朱熹之说者，其言甚辨。其主要论据则为以1972年临沂银雀山汉墓出土竹书《田法》所记“换耕制”证明“开阡陌”为置阡陌，以1975年12月湖北云梦睡虎地秦墓出土竹简《法律答问》有“封即田千佰”字，证明秦时已有阡陌，而断为阡陌即商鞅所开置。然李文于“决裂阡陌”一语始终未做出合理之解释，又承认秦之阡陌与汉之阡陌不同，而以“越出本文所要讨论的范围”一语带过，不再深加阐释。鄙意朱熹言必称三代，自属儒家托古之词；而阡陌于秦时即已存在，则史籍所载甚明；微独秦也，晚周各国亦已有之，李文亦尝列举先秦古书所述之内容矣。决裂旧时阡陌，不等于不另辟新置封洫。有封洫即有阡陌，可断言也。前人见有新封洫之存在，乃训“开”为开置；而不知新封洫之建置，正在决裂旧有阡陌之基础上所为。是以近人高敏同志有“关于商鞅‘开阡陌’的问题，应当理解为‘决裂阡陌’与‘开立阡陌’的统一过程”之结论也（见《从云梦秦简看秦的土地制度》）。而李文于此亦不同意。予所争者，乃在“开”如与“决裂”同义，则必当训为划削破坏，而不得反以“决裂”训为开置之义也。此与阡陌之存否本非一事，不得以先秦、两汉以至于今日之田间犹有阡陌可见，即谓“开”必训“开置”，甚至“决裂”亦必训开置而后可。此诚昧于常理矣。

遍赞宾客

《魏公子列传》云：“公子于是乃置酒，大会宾客。坐定，公子从车骑，虚左，自迎夷门侯生……至家，公子引侯生坐上坐，遍赞宾客，宾客皆惊。”《史记索隐》云：“遍，音遍。赞，告也，谓以侯生遍告宾客。”向来注家皆从此说。如近人王伯祥先生《史记选》注云：“遍赞宾客，一一向宾客介绍侯生而盛称他的贤德。”然就语法常识言之，“赞”之宾语当为“宾客”。而《索隐》之意，乃谓公子赞侯生于宾客之前，是宾语为“侯生”而非“宾客”也。考《吕览·孟夏纪》：“命太尉，赞杰俊，遂贤良，举长大。”高诱注：“命，使。赞，白也。千人为俊，万人为杰。遂，达也。有贤良长大之人，皆当白达举用之。”《后汉书·班彪传下》引班固《两都赋》：“陈百僚而赞群后。”李贤注：“赞，引也。”凡“杰俊”“群后”诸词，皆“赞”之宾语也。以彼例此，则“遍赞宾客”云者，“赞”之宾语实当为“宾客”。此可商榷者一也。再就文义言之，如公子向宾客赞一侯生，不得云“遍”。此可商榷者二也。复就训诂言之，“赞”之训“告”，犹之训“白”也。《吕览》之“赞杰俊”，谓白于人君孰为杰俊，非白于杰俊之人也。高诱注云：“故齐桓公命于子之乡，有孝于父母，聪慧质仁，秀出于众者，则以告；有不以告，谓之蔽贤而罪之，此之谓也。”可为佐证。以《吕览》此句之训诂例《史记》，则“遍赞宾客”不当释为“以侯生遍告宾客”，而当释为“以宾客遍告侯生”乃合也。此可商榷者三也。故洪亮吉《四史发伏》云：

> 此盖公子遍以宾客名赞于侯生前耳。故下言“宾客皆惊”也。

今按：洪说是也。《国语·周语》：“太史赞王，王敬从之。”韦昭注：“赞，导也。”又：“太宰以王命命冕服，内史赞之，三命而后即冕服。”注：“赞，道也。”道，犹白也。《汉书·东方朔传》：“朔自赞曰云云。”又：“主乃赞：‘馆陶公主胞（庖）人臣偃昧死再拜谒。’”此二“赞”字，颜师古皆注云：“进也。”《释名·释典艺》：“称人之美曰赞（毕沅《疏证》：赞字古不从言，后人加之）。赞，纂也，纂集其美而叙之也。”因知“赞”字之义，非仅谓以言辞称美而已，且有引导、称述之意。至如东方朔与馆陶公主之所谓

“赞”,犹今人之言赞礼之赞,亦指于谒帝时向帝有所陈述,故师古以“进”训之,谓向尊者进言也。夫魏无忌之厚礼侯生,亲以车迎,延之上坐,犹未足以尽之。乃复遍举宾客之名,向侯生一一言之,是直以事尊者之礼遇侯生矣。意者在无忌心目中,虽将相宗室宾客满堂,皆不能及侯生之万一,是以下文言“宾客皆惊”也。使司马迁之意,但写公子向宾客赞美侯生,则犹在人意料之中耳,未见其为神来之笔也。

纪传名字称谓

近人林庚先生在其《诗人屈原及其作品研究》论文集中有《史记屈原列传简注》一篇,以为传中凡称“屈原”的地方(包括太史公赞文)都应作“屈平”。其理由见于另一篇论文《史记屈原列传论辨》的第一节,现摘引如下:

> 古籍之中传写的错误是难免的。例如“屈原”二字是大家所熟悉的,“屈平”二字是大家较为生疏的,《屈原列传》里就有把“屈平”写作“屈原”之处……而这些如果没有经过仔细的考证校勘,我们也是不应该轻易加以改变的。

这里有好几个问题。一、传文中所有称“屈原”的地方是否都应写作“屈平”?二、所有称“屈原”的地方是否都由于大家对这两个字比较熟悉,而对“屈平”二字“较为生疏”?三、传文内称谓不同是否由于传写之误,抑别有原因?这就牵涉到《史记》全书的体例问题、语言的修辞问题和作者对传记人物的褒贬问题等方面。为了把事情弄清楚,单看一篇《屈原列传》是不够的,要从全部《史记》的纪、传来仔细考察,也许可以得出较为实事求是的结论。

《屈原列传》开篇就说:“屈原者,名平,楚之同姓也。”“平”是名,“原”是字,而大家公认的传记通例,是应该先称名后称字的,但司马迁在本传开始处却并没有写作“屈平,字原”,可见这个所谓“通例”乃是从概念出发的,《屈原列传》本身的实际就没有按这个“通例”办事。林庚先生也正是从这个概念式的“通例”出发,认为在传文中应该称名不称字,于是主张把所有称“屈原”的地方都改成“屈平”才对。可是《史记》中有好几篇纪、传的篇题,对篇中的主要人物就都称字而不称名,《屈原列传》不过是其中一篇而已。此外还有《项羽本纪》《陈涉世家》《伍子胥列传》《孟子荀卿列传》《韩长孺列传》等篇。羽是项籍的字,涉是陈胜的字,子胥是伍员的字,卿是荀况的字(此据日人泷川资言《史记会注考证》之说,他不从旧说,不把“卿”看作对荀况的尊称),长孺是韩安国的字。这说明从司马迁为这些人立传时起,就没有想把项籍、陈胜、屈平或韩安国等人的名字作为一篇传记的名称。连传记的题目都可以称字而不称名,那么在传文中又何以必须称名而不称字呢? 因此我以为在传文中称名与称字互见,倒反而是《史记》撰述的一个真正通例。

撇开篇题不谈,再看纪传本文。我曾把《项羽本纪》《伍子胥列传》和《屈原列传》中所有的称谓仔细考察统计过,现在把结果记录在下面:

先看《项羽本纪》:

1. 自开篇至“于是(项)梁为会稽守,籍为裨将,徇下县”,都称“项籍”。

2. 自“项梁前使项羽别攻襄城”至“楚左尹项伯者,项羽季父也”,都称“项羽”。

3. 自“(张)良曰:‘料大王士卒足以当项王乎?’”至篇末,基本上都称“项王”(有例外,详5)。

4. 自“太史公曰”以下的赞文都称“项羽”或“羽”而不称名。

5. 在绝大多数称“项王”的篇幅中,间有例外:

甲、前后皆称“项王”,中间独称“项羽”,凡八见:

(1)居数日,项羽引兵西屠咸阳。(2)(3)项羽方渡河救赵,田安下济北数城,引其兵降项羽。(4)田荣闻项羽徙齐王市胶东,而立齐将田都为齐王,乃大怒。(5)陈馀阴使张同、夏说说齐王田荣曰:“项羽为天下宰,不平……”(6)项羽闻汉王皆已并关中。(7)又以齐、梁反书遗项羽曰:“齐欲与赵并灭楚。”(8)汉之二年冬,项羽遂北至城阳。

乙、前后皆称“项王”,但于篇末又偶称“项籍”或“籍”,凡四见:

(1)(2)项王笑曰:“天之亡我,我何渡为! 且籍与江东子弟八千人渡江而西,今无一人还,纵江东父兄怜而王我,我何面目见之! 纵彼不言,籍独不愧于心乎?”(3)乃令骑皆下马步行,持短兵接战,独籍所杀汉军数百人。(4)始,楚怀王初封项籍为鲁公,及其死,鲁最后下,故以鲁公礼葬项王谷城。

根据上述情况,我以为有的地方可以解释,有的地方就不易做出合理的解释。先谈甲项中的几条。如第(5)条,是陈馀的使臣与田荣密谈,本就是与项羽站在敌对立场的,当然不称“项王”。第(6)条,作者是站在汉王刘邦的立场说话的,而且一句话中既称项王又称汉王,就文章说也犯重复的毛病,所以改称“项羽”。第(8)条,作者显然根据汉的官书转录,当然不再称“项王”。可是其他几条,就不宜强作解人。

再如乙项所列，第(1)(2)条是项羽自称名，当然要用“籍”。第(4)条是追叙楚怀王还在位时的往事，从君对臣的角度来叙述，当然只能称名而不称字，更不能称“项王”，因与项羽当时的身份不合，称“王”是以后的事。但第(3)条就不大好解释。说是传写之误吧，则“籍”原是名而非字，何况“籍”字笔画比“羽”“王”都多，何以传写者偏要写此繁字呢？说是由于连续叙述避免重复，故作者有意改动主语，然则《史记》中把同一个人名连续记叙若干次(中间根本不用代名词)的例子多到不胜枚举，何以这里偏要改动称呼呢？也许这一处是因涉上文而然(上文两次连见“籍”字)，但也没有必要非改不可，更不能武断地认定此处是因涉上文而出现的误字(不会把“项王”二字误成一个“籍”字)。所以勉强做解释反而是不合适的。

再看《伍子胥列传》：

1. 自开篇至“谓员：‘可去矣！汝能报杀父之仇，我将归死。’”都称“员”。

2. 自“(伍)尚既就执，使者捕伍胥”至“阖庐立三年，乃兴师，与伍胥、伯嚭伐楚……”，基本上称“伍胥”(有例外，详5)。

3. 自“九年，吴王阖庐谓子胥、孙武曰”至篇末，大量篇幅基本上都称“子胥”或“伍子胥”，仅“始，伍员与申包胥为交，员之亡也，谓包胥曰……”一段系追叙往事，一处称“伍员”、一处称“员”为例外(但这两种称呼性质是一样的)。

4. 赞文只称“伍子胥”或“子胥”。

5. 在基本上称“伍胥”的一段篇幅中，有一句称“子胥”，一句称“伍子胥”，两句称“伍员”，前后比较不统一：(1)奢闻子胥之亡也……(2)伍子胥说吴王僚曰……(3)乃召伍员以为行人，而与谋国事。(4)六年，……吴使伍员迎击……这些例外的地方，既不易找出改变称呼的理由，也很难说这些称字不称名的地方都是传写之误。

最后看《屈原列传》——这篇传文中的称谓还是比较整齐划一的：

1. 自开篇至“王之不明，岂足福哉”，除篇首第一句“屈原者，名平”外，仅“怀王使屈原造为宪令”一句称字是例外，余者一律称名(我曾怀疑这一句的“屈原”是传写之误，但这句话是承上文“屈原者，名平”而来的，似乎称字也可以；至于下句忽径接“屈平属草稿未定”，又改称名，看起来很突然，实则此种例子在《陈涉世家》里很多，不见得非要整齐划一不可，于是我又把这一假设推翻了)。

2. 自“令尹子兰闻之大怒，卒使上官大夫短屈原于顷襄王”至篇末(包括《渔父》)，都称“屈原”。

3. 赞文中都称“屈原”。

现在试把我粗浅的看法逐项简述如下：

一、从以上三篇的诸例来看，《屈原列传》赞文中所称“屈原”之处皆不误（而林庚先生则认为都应改称“屈平”）。因为赞文都是《史记》作者自己的话，而司马迁对项羽、伍子胥、屈原都称字而不称名，除《陈涉世家》赞文已佚外，《韩长孺列传》的赞文也是只称字而不称名的。可见赞文中这两处“屈原”（“观屈原所自沉渊”“又怪屈原以彼其材”）都不是“传写之误”。

二、从《项羽本纪》和《伍子胥列传》两例来看，我们并无理由把《屈原列传》中的“屈原”一律改为“屈平”，因为这几篇（包括未详加考察的《陈涉世家》在内）的行文都是名与字并称的。

三、《屈原列传》中有些地方称“屈原”而不称“屈平”，并非由于大家对此二字熟悉而对“屈平”二字“较为生疏”。因为在这篇传文中，称“屈平”共十三次，称“屈原”只有十次（加上赞文所称共十二次），称“屈平”的次数还稍多一些。这同《项羽本纪》之大量称“项王”和“项羽”、《伍子胥列传》中大量称“伍子胥”“子胥”或“伍胥”的情况恰好相反。如果说人们对“项羽”“伍子胥”比对“项籍”“伍员”更熟悉，还比较说得通；如果用来解释《屈原列传》，则恰好有矛盾。

四、从以上情况看，把所有称谓不统一的地方都归之于“传写之误”，显然这个说法是不能成立的（当然不排除个别地方确有版本上或校勘上的问题）。我以为，司马迁在各篇纪传中所以对人物的称呼不统一，是由于：（一）沿袭当时多数人比较习惯的说法，如称项羽为“项王”，称陈胜为“陈王”，称信陵君为“公子”，以及对某些人称字多于称名，确乎这些名字是大家所熟悉的（试以《史记》与《左传》《国语》等书相比较，就会发现《史记》所用的称谓比较通俗；而在《汉书》中，很多人物的称谓则又比《史记》更为整齐一律，这是因为《汉书》更多地考虑体例方面的问题了）。（二）引用的原始材料不同。如《屈原列传》把《渔父》一文全部引录，尽管这篇东西可能是伪作，但原文确实是称“屈原”而不是称“屈平”的，所以作者亦仍其旧。（三）有的是修辞关系，如前述《项羽本纪》篇末有两处项羽自称“籍”的地方；有的是义含褒贬，如对战国四“君”独称信陵君为“公子”，除沿用大梁当地人的习惯称法，也有对魏无忌表示尊敬的意思。此外，有些称谓确实比较零乱，不统一，不一定每一处都有作者的用意，勉强去解释反而失之穿凿。

林庚先生说：“而这些如果没有经过仔细的考证校勘，我们也是不应该轻易加以改变的。”这话很对。这篇札记正是根据这个精神写的。

附记

李慈铭《越缦堂日记》光绪戊寅(1978 年)二月十四日有云:"《北史·文苑·樊逊传》:'杨愔以孝谦兼员外将军。孝谦即逊字。此传前半称名,后半称字,自来无此史体。考其中有魏收作《库狄干碑序》,孝谦作《铭》,陆印不能辨等事,为《北齐书》所无。盖延寿据他传记补入,其原文称字,因亦仍之,遂并其后半皆改名为字,其疏缪甚矣。"今按:史籍纪传诸作,一篇之中,名字并称,实始于《史记》。惟《史记》称名或称字,初无前后两半截然不同之例。《南史》《北史》成于《汉书》之后,自当依班史体例谨严之风,不宜名字两歧,并存于一传之中也。

明道德之广崇

《屈原列传》中有一段很著名的评论《离骚》的话,据说是引述淮南王刘安《离骚传》的原文,其中有这样几句:

> 屈平之作《离骚》,盖自怨生也。《国风》好色而不淫,《小雅》怨诽而不乱。若《离骚》者,可谓兼之矣。上称帝喾,下道齐桓,中述汤、武,以刺世事。明道德之广崇,治乱之条贯,靡不毕见。

这里说的"明道德之广崇"值得研究。先秦两汉人著述中,论及"道德"的极多,给这个词儿下定义的尤不胜枚举。但归纳起来,不外儒、道两家之说而已。要想把这里的"明道德之广崇"的涵义讲明白,应该先弄清楚两个前提:一、屈原在《离骚》里有哪些内容是涉及道德的;二、汉代学者(主要是儒家)所谓的"道德"一般指什么内容。

从《离骚》的全篇内容看,除了美人香草的寄托和登天远游的想象之外,主要思想还是发挥作者的忠君忧国之忱和举贤授能的"用人唯贤"的主张以及强调个人修身洁行的重要性。而忠君忧国和举贤授能的思想基本上是从儒家的传统发展下来的,因此汉人评价《离骚》时所说的"道德"就一定不是道家所主张的抽象玄虚的"道德",而是属于儒家哲学范畴的所谓"仁义道德"的内容。但先秦两汉的儒家对于"道德"的解释也有虚、实二义。所谓"虚",指从概念出发来阐明此词的定义,如《淮南子·齐俗训》和《释名·释言语》皆然。姑举《释言语》为例:“道,导也,所以通导万物也;德,得也,得事宜也。”所谓“实”,则指在一定历史条件下所规定的具体内容。如《论语·述而篇》云:“子曰:‘志于道,据于德,依于仁,游于艺。’”这里孔子虽然并没有给“道”“德”规定什么具体内容,但刘宝楠《论语正义》卷八据郑玄之说,却作了非常具体的说明:

> 此夫子诲弟子进德修业之法。道者,明明德、亲民、大学之道也。德者,《少仪》云:“士依于德。”……此本《周官·师氏》之文,郑彼注云:“至德,中和之德,覆焘持载含宏者也;敏德,仁义顺时者也;孝德,尊祖爱亲。”三德,所以教国子,故郑注《少仪》依用之。《论语》此文,义当同也。

这正是儒家从“实”的方面来解释“道德”涵义的例子。从《离骚》全篇的主题来看,屈原所涉及的是属于儒家思想中有实际内容的“道德”。联系到《屈原列传》这一段文字的上下文来看,所谓“道德”,既与古代所谓“圣帝明王”的史迹有关,又同“治乱”一语相提并论。因此,像《离骚》里提到的“三后纯粹”“尧舜耿介”“汤禹祗敬”“周道莫颇”之类,都是在“明道德之广崇”,都是在说明“道德”的重要性。这正如《礼记·王制》中所提到的“一道德以同俗”的“道德”,涵义是相同的,都是指有“道德”的封建统治者在政治上的具体措施。孔颖达《礼记正义》解释《王制》的这一观点说:“道,履蹈而行,谓齐一所行之道,以同国之风俗。”又说:“德者,得也。恐人不得其所,故以七教以兴举其民,使之皆得其所也。”这是很能说明问题的。

但《离骚》中还有另一重要内容,也属于“道德”范畴,即所谓“道艺”和“德行”,亦即个人所具有的才艺和品德。《周礼·春官·大司乐》:“凡有道有德者使教焉。”郑玄注:“道,多才艺者。德,能躬行者。若舜命夔典乐教胄子是也。”《礼记·文王世子》:“师也者,教之以事而喻诸德者也。保也者,慎其身以辅翼之而归诸道者也。”《礼记·曲礼上》:“道德仁义,非礼不成。”孔颖达《正义》即用《大司乐》郑玄注对“道德”一语加以阐述说:

> 道者通物之名,德者得理之称……道德为万事之本,仁义为群行之大,故举此四者为用礼之主,则余行须礼可知也。道是通物,德是理物。理物由于开通,是德从道生,故道在德上此经道谓才艺,德谓善行,故郑注《周礼》云:“道,多才

艺；德，能躬行。”非是老子之道德也……今谓道德，大而言之，则包罗万行；小而言之，则人之才艺善行，无问大小，皆须以礼行之。是礼为道德之具，故云“非礼不成”。然人之才艺善行，得为道德者，以身有才艺，事得开通；身有美善，于礼为得——故称道德也。

王引之《经义述闻》卷十五释《礼记·少仪》“问道艺”一条云：

引之谨案：《地官·乡大夫》：“以考其德行，察其道艺。”德行与道艺分言，则道非德行之谓也……今案道者，术也。（**原注：韦昭《国语注》：“道，术也。”杜预《左传》定五年注：“道，犹法术。”**）道艺，即术艺。《列子·周穆王篇》“鲁之君子多术艺”是也。道训为术，艺亦是术，故以道艺连文，道即艺也。《天官·宫正》：“会其什伍而教之道艺。”郑司农曰：“道，谓先王所以教道（导）民者；艺，礼乐射御书数。”言礼乐射御书数，先王所以教导民，故又谓之道也。《地官·保氏》：“掌谏王恶，而养国子以道，乃教之六艺。”《太平御览·工艺部一》引马融注曰：“道，六艺也。”《春官·大司乐》：“凡有道者、有德者，使教焉。”郑彼注曰：“道，多才艺者；德，能躬行者。”是道、艺同训之明证。（**原注：道、艺同训，故言道可以兼艺，言艺亦可以兼道。《大司徒》“职事十二”，十曰“学艺”，郑司农云：“学艺，谓学道艺。”**）故《乡大夫》“三年则大比，考其德行道艺而兴贤者能者”，注曰：“贤者，有德行者；能者，有道艺者。有道艺者谓之能，则道为技术可知矣。”

孔、王两氏之说，已把“道艺”和“德行”的涵义和彼此的区别说得十分清楚。《离骚》里一再强调“好修姱”“修初服”，以及用各种香草为佩，也正是“明道德之广崇”的内容的另一主要部分，而这种对“道艺”和“德行”的重视更与“举贤授能”的思想有重要联系。清人黄以周有论《选举法》一篇，阐此义殊详，兹节引如下：

古之学问政治，亦多术矣。一言以蔽之，曰德行道艺。上以此为教，下以此为学；乡大夫之考察学士，以此为进退；天子之考察官吏，亦以此为殿最。先王所以一道德同风俗者，其斯而已矣……周之乡举举于学，里选选于学，故所用之人，皆通达政事，而无不知学之人（**原注：汉之选举不由学，郡国所举孝廉、茂才、**

异行，甚至不识字之人。故左雄有辟举试文之议）。德行而无学，虽足以持己，而终无以治人；道艺而无学，虽足以济人，而先无以治己。先王之所以造士而泽民者，不外德行道艺，而必书之于学校，考之于学校，选之于学校，职是故也。然其中亦有差等焉：大比之法，以德行、道艺分贤、能；九两之法，以德行、道艺分师、儒；而教学士之官长，亦以德行为师氏，道艺为保氏——是周官之选举，崇德行也。《文王世子篇》又以道为贤，崇比德行，惟艺为才独轻。其言曰："凡语于郊者，必取贤敛才焉：或以德进，或以事举，或以言扬；曲艺皆誓之，以待又语；三而有一焉，乃进其等，以其序。"德进以德，事举以行，言扬以道，此所谓取贤之法也。凡执技以事上者，出乡不与士齿，而先王不忍遽弃之，亦必皆誓以德、事、言三者；誓之言示也，示以三而有其一，得进其等以与士齿——此所谓敛才之法也。夫才者，艺也。敛才无他术，亦惟敛之于德行与道而已矣。（据《续清经解》黄以周《礼记略》卷二引）

由此可见，《离骚》的主要内容之一，即强调只有具备"道德"的"君"，才能"举贤授能"，才能重用真正有道艺和有德行的人（即所谓"贤能"）；而作为被举的贤者、能者，则应该加强加深自己对道艺和德行的培养（即所谓"好修姱"）。这也就是"明道德之广崇"一语的全部涵义。

附记

清宋翔凤《过庭录》卷十二"道学"条有云："韩愈云：'道与德为虚位。'案，韩氏辟老子'贵道德而贱仁义'之说，故曰'道有君子小人'，'德有凶有吉'。而道德为虚位，若曰道德之名一也，而实不同。儒者以仁义而居之，则道为君子之道，而德为吉德；老子舍仁义而居之，则道为小人之道，而德为凶德耳。其说之精当，未有过于虚位之说也……"宋氏本意是说儒、道两家对"道德"的解释不同。"虚位"云者，有点像现代汉语中所说的"抽象概念"。可见从韩愈到宋翔凤，都已看到这一点，即同一术语如果赋予不同的内容，就应该有不同的解释。写这篇札记的目的也正是为了说明这个意思，即应根据《离骚》的内容来解释这句话的"道德"指的是什么。近年来有人认为屈原是法家，看来在刘安、司马迁的评论中是找不出根据的。如果只看《离骚》中有"规矩""绳墨"字样便下这样的断语，显然是皮相之谈，不足信的。

皮面决眼

《刺客列传》记聂政刺杀侠累，“因自皮面决眼，自屠出肠，遂以死。”按：“皮面”，《列女传》卷八、《水经注》卷八《济水二》并作“披面”；“决眼”，《战国策·韩策二》作“抉眼”。《史记索隐》：“皮面，谓以刀割其面皮，欲令人不识。决眼，谓出其眼睛。”《史记正义》：“谓自剥其面皮，决其眼睛。”泷川资言《史记会注考证》卷八十六引中井积德云：“皮面，谓剥面皮。屠者熟习，急遽办此，恰好，他人不能学也。”近人朱芳圃《殷周文字释丛》卷中释“皮”字云：

> 《说文》“皮”部：“皮，剥；取兽革者谓之皮。从又，为省声。”林义光曰：“按皮，为不同音。古作（叔皮父敦），从，象兽头角尾之形，象其皮，象手剥取之。”（《文源》六，二五）按林说是也。《广雅·释言》：“皮，剥也。”剥者，裂也。谓使皮与肉分裂也。《战国策·韩策》：“因自皮面抉眼。”王褒《僮约》：“落桑皮椶。”是其义也。

后世以兽体之外鞟为“皮”，乃引申义，以动词转为名词者也。其作“披”者，人以手剥皮，故从“手”，与“披拂”字盖不同义，故后世亦不用矣。

“决”与“抉”同。《广雅·释诂三》：“凿、鐍、欮、掘、搰、斛、抉、挑、窾，穿也。”王念孙《广雅疏证》云：

> 鐍者，《说文》：“鐍，以锥有所穿也。”欮者，《玉篇》：“欮，掘也。”……搰者，《说文》：“搰，掘也。”……搰，与搰同。欮、掘、搰，声并相近……抉者，《说文》：“抉，挑也。”……《说文》：“突，穿也。”“窾，深抉也。”义并与抉同。《众经音义》卷二引《广雅》作“决”。《周语》云：“决汨九川。”决，亦抉也；汨，亦搰也。

桂馥《说文义证》卷三十八云：“抉，挑也……挑也者，《字林》同。《一切经音义》一：‘《声类》：挑，抉也。谓以手抉取物也。’《史记·吴世家》：‘抉吾眼置之吴东门，以观越之灭吴也。’”小如按：鐍、欮（阙、撅）、掘、搰、抉、决、突、窾，音近义同，实自一语而派生者（“抉”有二音。或音于悦切，见《说文》大徐本，属影纽；或音与“决”同。

“矞”音与“聿”同,属喻纽。影、喻二纽清浊不同,然皆为元音,自属双声。至欮、掘、扣、宎、窫诸字,与“抉”或为双声,或所从声符相同,其为同一语源所派生之字,固昭昭也)。又《汉书·五行志》:“搉其眼以为人彘。”师古注云:“搉谓敲击,去其精(睛)也。”抉、搉同在见纽,双声同义,“搉”犹“抉”也,似不必作敲击解耳。

高材疾足

《淮阴侯列传》记蒯通对刘邦语,有云:“秦失其鹿,天下共逐之。于是高材疾足者先得焉。”《史记集解》引张晏曰:“以鹿喻帝位也。”而于“高材疾足”,旧注皆无训释。今按:“高材”,当指身材高伟;“疾足”,指急驰之马。此盖以猎禽兽喻争天下也。厥证有二。

先请自“材”字之义言之。《说文》六篇上“木”部:“材,木梃也。”又:“梃,一枚也。”又:“枚,榦也。”又:“榦,筑墙耑(端)木也。”段玉裁《说文解字注》据《文选》左思《魏都赋》及卢谌《赠刘琨诗》李善注引《说文》,于“榦”下补“一曰本也”四字,并注曰:“木下曰本,木身亦曰本。”段氏又于“梃”字下注云:“凡条直者曰梃,梃之言挺也。‘一枚’,疑当作‘木枚’。‘竹’部曰:‘箇,竹枚。’则梃当云‘木枚’也。《方言》曰:‘箇,枚也。’郑注《礼经》云:‘个,犹枚也。’今俗或名枚曰箇,音相近。按:‘枚,箇也。’一茎谓之一枚……直者则曰梃。”《楚辞·怀沙》:“材朴委积兮。”王逸注:“条直曰材。”《史记·五帝本纪》张守节《正义》:“材,本也。”《文选》曹植《七启》李善注引司马彪《庄子注》:“材,身也。”盖竹身为“个”(或作“箇”),草身为“茎”,木身为“材”,或曰“榦”(俗作“幹”)。引申之,人身亦曰“材”,曰“幹”,如言身材、躯幹是也。因知“高材”者,犹言高身材,指躯体高大而言,非有才伎艺能之谓也。

复请自《史》《汉》之内证言之。《史》《汉》屡言“材官”。如《史记·绛侯周勃世家》:“材官引强。”“引强”,谓引强弓。又《史记·张丞相列传》:“申屠丞相嘉者,梁人。以材官蹶张,从高帝击项籍。”蹶张,谓以足踏强弩使张之。泷川资言《史记会注考证》卷九十六引中井积德曰:“材官者,武卒之总号。蹶张、引强,乃其派目。弓曰引强,弩曰蹶张。每郡置之,所以备非常,盖秦制也。”《汉书·晁错传》:“材官驺发,矢道同的。”臣瓒曰:“材官,骑射之官也。”师古曰:“材官,有材力者。”“材力”云者,《史》《汉》亦屡见。《汉书·地理志》:“汉兴,六郡良家子选给羽林、期门,以材力为官,名将多出焉。”《汉书·五行志》:“出游,选从期门郎有材力者。”则知材官本秦所置，至西汉则为禁卫军之专称，所谓“以材力为官”是也。《史记·淮南衡山列传》：“厉王有材力，力能扛鼎。”《汉书·司马迁传》引迁《报任安书》云：“上之不能纳忠效信，有奇策材力之誉，自结明主。”以“材力”与“奇策”对举，知“奇策”为文，“材力”为武。然材官之为“有材力者”，则所谓“材”乃指身材而言。《史记·淮南衡山列传》又云：“大将军遇士大夫有礼，于士卒有恩，众皆乐为之用。骑上下山若蜚，材干绝人。(伍)被以为材能如此，数将，习兵，未易当也。”“若蜚”，《汉书·伍被传》作“如飞”；“材干绝人，被以为材能如此”二句，《汉书·伍被传》作“神力绝人如此”。宋祁曰：“一本作‘材力绝人’，一本作‘人材如此’，浙本作‘身材如此’。”是“材干”即指身材。否则浙本不得作“身材”，而与“材力”“材干”诸语相淆杂也。以伍被语证蒯通语，则知“骑上下山如飞”即通所谓“疾足”也。“材干绝人”，即通所谓“高材”也。盖秦、汉时选材官，必择身躯高伟、能骑善射之人充之。夫身高者力始能大，然后可以“引强”“蹶张”，所谓“材力”也。惟以能骑善射之武卒逐鹿于野，始能“先得焉”。蒯通盖以当时习见之事物为譬况，所谓存在决定意识也。

附按：先秦往往以逐鹿喻争天下。宋程大昌《演繁露续集》卷六云：“以天下喻鹿，语虽出于汉世，然春秋有其语矣。襄十四年戎子驹支曰：‘……殽之师……秦师不复，我诸戎实然。譬如捕鹿，晋人角之，诸戎掎之，与晋踣之……’则其语尚矣。不独是也，《六韬》：‘太公谓文王曰：取天下若逐野鹿，而天下共分其肉。’则逐鹿之说久矣，不在汉世也。”今按：驹支语见《左传》，程氏引文有删略。《六韬》书晚出，恐不足信，然逐鹿之喻固先秦即有之矣。

《魏其武安侯列传赞》简释

史迁纪传诸赞，似易解而实难知，人多不得其意。往时注释《两汉文学史参考资料》，于魏其、武安事略事爬梳，因释赞语如下，兼以实吾丛札。

太史公曰：“魏其、武安，皆以外戚重；

本传云：“魏其侯窦婴者，孝文后从兄子也。”又：“武安侯田蚡者，孝景后同母弟也。”故史公言“皆以外戚重”。

灌夫用一时决策而名显。

用，犹今言“由于”。一时，有偶然之意。决策，指驰入吴军欲报父仇。

魏其之举，以吴、楚；

举，用，即举贤授能之“举”。今言举荐。

武安之贵，在日月之际。

日月之际，疑指景帝临终、武帝初即位之际。田蚡封侯在景帝后元三年（临终之年），为太尉在武帝建元元年（即位之第一年），故云。

然魏其诚不知时变，

不知时变，似贬而实褒之。着一“诚”字，有慨叹之意。史公之于魏其，实多回护之笔。

灌夫无术而不逊；

术，犹道也。《贾子·道术》：“道者，所以接物也，其末者谓之术。”无术，谓不善待人接物。不逊，不知礼让。

两人相翼，乃成祸乱。

翼，即《诗·生民》“鸟覆翼之”之“翼”，犹今言包庇、袒护。

武安负贵而好权，

权，指权势，与“贵”为对文。近人王伯祥《史记选》释“权”为“机诈”，疑非是。

杯酒责望，

《史记·张耳陈馀列传》：“不意君之望臣深也。”司马贞《索隐》：“望，怨责也。”责、望同义。责望，犹言怨望、怨责。

陷彼两贤。

以窦、灌为“两贤”，褒贬之旨自见。

呜呼哀哉！

此伤窦、灌之为田蚡所陷也。明凌稚隆《增补史记评林》引赵恒曰：“赞意哀魏其之冤，而深诛武安之罪也。言魏其之举以吴、楚之功，灌夫因一时入吴军，决策而名显；魏其以不知时变，灌夫以无学不逊，其罪非可以杀身灭族论也。”释此意甚晰。

迁怒及人，命亦不延；

《论语·雍也》：“不迁怒。”朱熹《集注》：“迁，移也……怒于甲者，不移于乙。”王伯祥以此认为田蚡恨灌夫而迁怒于窦婴，疑非是。此盖指灌夫骂座事。言夫于席上本怒田蚡，而竟迁怒于灌贤与程不识，终使己死于非命也。若窦婴，则蚡固亦怨怒之矣，非迁怒也。以下诸句皆当指灌夫，非指田蚡。

众庶不载，竟被恶言。

载，同戴。上句指灌夫“陂池田园，宗族宾客为权利，横于颍川”之事，故为众庶所不爱戴（权利，指权衡子母，盘剥为利。王伯祥释为“争权夺利”，非是）。下句即指田蚡言“灌夫通奸猾，侵细民，家累巨万，横恣颍川”云云也。被恶言，谓受田蚡恶言中伤。

呜呼哀哉！

此伤灌夫横恣乡里，卒罹于祸也。如上文“众庶”二句指田蚡，则此为史公伤田蚡之被恶言矣，不亦谬乎？

祸所从来矣。”

此盖以“众庶不载”为灌夫得祸之源也。《史记评林》引赵恒曰：“言祸由太后也。”非是。

滑　稽

“滑稽”于先秦载籍凡两见。一、《庄子·徐无鬼》：“昆阍、滑稽后车。”二、《楚辞·卜居》：“将突梯滑稽、如脂如韦、以絜楹乎？”于《史记》凡四见。一、《孔子世家》：“夫儒者，滑稽而不可轨法。”二、《樗里子甘茂列传》：“樗里子滑稽多智。”三、《滑稽列传》：“淳于髡者，齐之赘婿也。长不满七尺，滑稽多辩。”（又褚少孙补云：“窃不逊让，复作故事滑稽之语六章。”）四、《孟子荀卿列传》：“鄙儒小拘如庄周等，又猾稽乱俗。”字作“猾”。《汉书》凡二见。一、《公孙弘卜式倪宽传赞》：“滑稽则东方朔、枚皋。”二、《游侠列传·陈遵传》引扬雄《酒箴》（前人多称《酒赋》）：“鸱夷滑稽，腹大如壶，尽日盛酒，人复借沽。”至“滑稽”之训，大抵可分为四义：一、王逸说；二、邹诞说；三、崔浩说；四、姚察说。兹分别述之（兼列后之人与此四说相近者）如下：

一、王逸于《楚辞·卜居》注云：“转随俗也。”今按：“转”上疑夺“圜”字。（《文选五臣注》：“委曲顺俗也。”《汉书·陈遵传》颜师古注云：“滑稽，圜转纵舍无穷之状。”朱熹《楚辞集注》卷五：“滑稽，圆转貌。”）

二、《史记索隐》于《樗里子甘茂列传》引邹诞解云：“滑，乱也；稽，同也。谓辩捷之人，言非若是，言是若非，谓能乱异同也。”又《滑稽列传》《索隐》略同。（《汉书·公孙弘卜式倪宽传赞》颜师古注云：“滑稽，转利之称也。滑，乱也；稽，碍也；言其变乱无留碍也。一说，稽，考也，言其滑乱不可考校也。”）

三、《史记·索隐》于《滑稽列传》引崔浩云：“滑稽，流酒器也。转注吐酒，终日不已。”（按：《太平御览》卷七六一引崔浩《汉记音义》，文与此同，惟末多“若今之阳燧樽”六字。)《索隐》引申崔浩之说云:“言出口成章,词不穷竭,若滑稽之吐酒。故扬雄《酒赋》云:‘鸱夷滑稽,腹大如壶,尽日盛酒,人复借沽。’是也。”《史记正义》亦云:“滑读如淈,水流自出。稽,计也,言其智计宣吐如泉,流出无尽。”(《文选五臣注》、洪兴祖《楚辞补注》略同)

四、《史记·索隐》于《滑稽列传》引姚察云:“滑稽,犹俳谐也。滑,读如字;稽,计也。言谐语滑利,其知(智)计疾出,故云滑稽。”(慧琳《一切经音义》卷五十六略同)

综上诸家之说,可商榷者二:一、滑、稽皆见纽字,“滑稽”为联绵词,不宜割裂两字,分别释义,邹、姚、颜、张(守节)于二字强加分别,皆非也。二、《酒箴(赋)》云:“鸱夷滑稽。”滑稽乃谓语,为“鸱夷”之状词。酒器乃鸱夷而非滑稽,崔说非也。《御览》乃于“器物部”别立“滑稽”一类,亦误。

至“滑稽”之确解,无论《庄子》《楚辞》及《史》《汉》所用,皆当训圆转滑利。具体言之,则指言辞辩捷,出口成章而不穷竭。泷川资言《史记会注考证》卷七十一云:“自史公录《滑稽传》,遂转为俳谐义。”实则司马迁以淳于髡、优孟、优旃入《滑稽列传》,皆取其人机智善辩,非谓其俳谐可为笑乐。姚察,隋人,释“滑稽”为俳谐,殊失古语真谛,固未尽当也。至《庄子·徐无鬼》以“昆阍”“滑稽”为寓言之人名,“昆阍”犹混沌,“滑稽”则圆转多智之谓,二者正为对文。而《卜居》言“突梯滑稽,如脂如韦”,乃“滑稽”之正训。朱熹云:“突梯,滑泷貌。滑稽,圆转貌。脂,肥泽。韦,柔软也……絜,如《大学》‘絜矩’之‘絜’,谓围束之也。楹,屋柱,亦圆物。又以脂灌韦而絜之,是以突梯滑稽而无所止也。”此犹今言人之处世圆滑世故,亦即王逸所谓之“圜转随俗”也。1964年秋至1965年夏,予到湖北江陵参加农村“四清”运动,得悉天门、江陵、沙市、公安诸地方言,皆以“滑稽”为狡狯、圆滑、能言善辩之义,而无用为俳谐可笑之义者。证以《孔子世家》“滑稽而不可轨法”、《孟荀列传》“猾稽乱俗”二语之义,足证江陵诸地之方言,实存此语之古义。盖荆州本楚地,“滑稽”本楚语,由今证古,确凿可信。予因知后世之以“滑稽”为俳谐可笑,实缘姚察之说而传讹,非此语之正训也。

古乐府臆札

附：俞平伯先生来信

前　　言

岁在丙丁之际，偶成《古乐府臆札》十一则。甫脱稿，一夕而失之。至己酉春夏之交，复写定，得十篇十四则。因于诣古槐书屋时呈俞平伯师乞正。承平师逐条审读，并以不同意见相示。今悉附于每篇之末，兼致谢忱。

一、战　城　南

思子良臣，良臣诚可思。朝行出攻，莫不夜归。

此四句旧说有三解：一、"良臣"指良将。沈德潜《古诗源》："思良臣，怀颇、牧之意也。"余冠英先生《乐府诗选》引申其义，而释为"善于谋画调度的大臣"。二、以"良臣"为讽刺语。陈本礼《汉诗统笺》："此讽今之自命为良臣者。"三、以"良臣"为"良人"之误。闻一多先生《乐府诗笺》："'臣'疑当为'人'。'人''臣'声类同，又涉上文'忠臣'而误。'良人'者，《孟子·离娄下篇》'其良人至'赵注曰：'妇人称夫曰良人。'《秦风·小戎》为妇人思念役夫而作，其诗曰'厌厌良人'。此诗义与彼同，……亦妇人思夫之辞……"今按：此诗盖反战之作，诗人对当时统治者未必抱有幻想。陈沆《诗比兴笺》："沆案《汉书·匈奴传》：右贤王怨汉夺其河南地，筑朔方，数入寇边，侵扰杀略吏民甚众。汉复度河，自朔方以西至令居，往往通渠，置田官，吏卒五六万人。又出五原塞数百里，远者千里，置城障列亭至卢朐，而屯其旁，筑居延泽上。匈奴数大入杀掠，坏所筑亭障而去。正此诗所指也。"其说虽拘牵史实，要得诗之大旨。下文"朝行"二句，属哀悼语气，与名将大臣身份殊未相合。"谋画调度"云云，尤有添字解诗之病。且"良臣诚可思"一语显为正面语气，与讽刺之意亦未切，故陈本礼说亦不足据。闻说近是矣，然以"臣"为"人"字之误，终嫌证据不足。窃谓

"良臣"者,国士之谓,指战死者皆国家好儿女。"子"与"良臣"为同位语,是诗人直接对死者表示哀悼也。"莫"即"暮"之本字,陈沆释"莫不"为"无不",非是。后二句言朝出征而暮不归,正谓阵亡者之可悯。"夜归"与"朝行"为对文,与"暮"似重复而实不复也。

附:俞平伯先生来信

> "臣"字当作古义,即"臣妾""臣仆"之"臣",不必改"臣"为"人"。若解作"国家好儿女",以今揆古,恐亦未合。"莫不夜归"者,当是不归,非归也。足下说是。若果真早出晚归,便不必作此诗了。(以上原信)

小如按:"国家好儿女"云者,确有用语太新之病。鄙意盖用此语为"国士"一词之译意也。如"臣"字不必改字,则"子"之称亦可为妻称夫之词,似仍以闻一多先生说为优也。

二、陌 上 桑

来归相怨怒,但坐观罗敷。

清陈祚明《采菽堂古诗选》:"缘观罗敷,故怨怒妻妾之陋。"今按:此封建士大夫美学观念而强加于劳动人民者也。矧"来归"云者,不必指还家;而耕者、锄者皆劳动农民,又乌得有妾哉!似仍以闻人倓《古诗笺》说近是。

三、长 歌 行

焜黄华叶衰。

《文选》李善注:"焜黄,色衰貌也。"五臣注:"焜黄,华色坏。"余冠英先生《乐府诗选》:"焜,犹熉,色衰枯黄貌。"予昔注《两汉文学史参考资料》亦云:"焜……即熉之假借字。《汉书·礼乐志》颜注引如淳说:'熉,黄貌也。'闻一多《风诗类钞》读《氓》之'其黄而陨'为'熉',即形容叶落枯黄之色。"今按:依此诗意,如释"焜黄"为叶落枯黄之色,则与下"衰"字之义重复,予旧说实误。《文选·甘泉赋》李善注引《字书》:"焜煌,火貌。"《急就篇》:"靳靷革鞊色焜煌。"颜师古注:"言其光采盛也。"

曹操《气出唱》："四面顾望，视正焜煌。"慧琳《一切经音义》卷二十四、四十五、五十三屡引《方言》郭注，皆训"焜煌"为"盛貌"；而卷九十三则引《方言》训"光盛貌"。因知故书舍此诗外，皆言"焜煌"，无作"焜黄"者。按"黄""皇"古通用，如《周易·系辞》疏引《帝王世纪》："伏羲曰皇雄氏。"东汉《韩敕造孔庙礼器碑》作"黄熊氏"，《礼记·月令》疏引同《礼器碑》。《系辞》言"黄帝"，《风俗通·声音篇》作"皇帝"；《左传·宣公十七年》有苗贲皇其人，《说苑·善说篇》作"衅蚡黄"；《灵台碑阴》"守皇屋啬夫"，"皇屋"即"黄屋"。而"煌"又为"皇"之晚出字，如《诗·皇皇者华》、毛《传》、《国语·鲁语》韦昭注皆曰："皇皇，犹煌煌也。"《尔雅·释言》孙炎注同。然则"焜黄"即"焜煌"，谓秋节既至，昔日植物所生长之华叶，虽光采茂盛于一时，今皆枯萎衰落矣。与其假"焜"为"熉"，不如假"黄"为"煌"之为得也。

四、东 门 行

出东门，不顾归。来入门，怅欲悲。

余冠英先生《乐府诗选》注云："这诗写一个男子因为穷困要做非法的事，其妻劝阻不听。'东门'外似乎就是他要去为非的地方，先去了一趟又回来，似乎他自己内心在斗争。回家后看看无衣无食的情形，又愤然下了决心，虽然'儿母'劝他看上天和孩子的分上别这样，他还是不理。"今按：既言"不顾归"，又言"来入门"，诚自相矛盾。且下文再不写其出门，岂果纳其妻言而卒不出耶！予因知首二句实是全诗最后之结局，其所以开门见山，一开篇即喝破，正诗人重点突出之手法。其下乃追叙，细写出门以前之心理活动与室人劝阻之委曲经过。而以结穴之笔置于篇首，正诗人高明之艺术手腕。如解为既出而又归，则索然寡味矣。

咄！行！吾去为迟。

《采菽堂古诗选》："叱去儿母，断然而行。"余冠英先生《乐府诗选》乃引申其义而释之曰："走啦！我已经去晚啦！"今按："行"，乃叱妻之语，非其夫自谓，犹今言"走开"，而非自言"我走啦"。如解为自言，则与下文"吾去"重复。"吾去为迟"，言吾之行缘汝之劝阻而迟也。如释"行"之主语为其夫，不独与上"咄"字申斥语气不合，且下句"为迟"之"为"亦无着落。

五、陇 西 行

天上何所有？历历种白榆。

今按：此汉代民间传说，犹之以河鼓星造为牵牛织女故事也。至今乱弹戏《小放牛》中尚有“天上梭罗什么人栽”之语，与此正复相类。“梭罗”当作“娑罗”，木名，佛教传说谓释迦牟尼于娑罗树下入灭。而《小放牛》则谓此树是“王母娘娘”所栽，当由西王母故事附会佛教传说而生，其源或出于唐时变文俗讲乎？然以星喻树，则当以此诗为鼻祖矣。

六、艳 歌 行

故衣谁当补？新衣谁当绽？赖得贤主人，览取为吾组。

余冠英《乐府诗选》：“‘故衣’‘新衣’两句系连类偏举，‘新衣’句是陪衬，没有意义（原注：新衣本不须‘绽’）。”近人孙楷第《评余冠英乐府诗选注》（见《沧州集》卷六）驳之云：“凡裁衣而以线紩之谓之缝，其会合之处亦谓之缝。（小如按：上‘缝’字为动词，今读阳平；下‘缝’字为名词，今读去声。）衣缝解谓之绽（原注：今俗语犹然，亦云开线）；因其解而紩之亦谓之绽。新衣缝亦可解。余先生谓新衣不须绽，非也。‘绽’又通‘组’。《说文》：‘组，补缝也。’补绽通言无别（原注：今俗语犹言绽补）。故此诗故衣言补，新衣言绽，下文又两承之云：‘赖得贤主人，揽取为吾组。’”今按：谓“新衣本不须绽”，固非是；谓“新衣缝亦可解”，亦病胶柱鼓瑟。此但言谁当为己缝制新衣耳，非谓新衣开线须紩之也。今口语犹有“我新缝了一件褂子”之说，指新裁制成一件衣服，非取已成之新衣而缝紩其解线处也。《敦煌变文集》页六八七《父母恩重经讲经文》：“自家缝绽犹嫌拙。”“缝绽”云者，二字同义，即指裁制新衣，非指缝补旧衣也，可为旁证。下文“览取”，即“揽取”，有承揽之意。“取”盖用于动词后之补足语，如“看取”“听取”之类。余冠英谓“揽就是取”，似未尽切。

附：俞平伯先生来信

此处简单地解释，只是“衣服破了谁给补，衣服开了线（今日开绽亦曰开线）谁给缝”，语气乃虚实之间，甚妙。从上文看，“流宕在他县”，其衣服故敝可知，实无所谓新衣也，所以有余氏之说。（但他说“没有意义”，却错了，岂有一句诗而无意义者乎？）新与故，相对之词耳。就破得不堪、须打补靪的衣服而言，则较好者即可谓之新衣也，孙说近之。至“揽取”之说，足下之言是也。（以上原信）

小如按：鄙意盖谓此二流浪者并无人为之缝制新衣也，下文实是单承，“新衣”句确属陪衬。惟不宜用余冠英先生之“不须绽”解之耳。

七、焦 仲 卿 妻

命如南山石，四体康且直。

上句即“寿比南山”之意，“南山”喻高，“石”喻强健。闻一多《乐府诗笺》引《诗·小雅·天保》“如南山之寿，不骞不崩”释此甚确切。“直”，犹“顺”。《诗·郑风·羔裘》：“洵直且侯。”朱熹《诗集传》：“直，顺。”引申有“舒展”之意。闻一多曰：“康，强也。此自诀时祝母康健之词。”是也。余冠英用旧说，谓此二句指焦仲卿身死后尸体僵直如山石，实误。

寂寂人定初。

“人定”盖表时间之专词，今犹有谓初更为定更者。《淮南子·天文训》：“日……至于虞渊，是谓黄昏；至于蒙谷，是谓定昏。”《左传》杜注：“人定为舆，黄昏为隶。”叶廷珪《海录碎事》卷七上云：“柳公绰每日与子弟论文，或讲求涖官治家之要，至人定钟始归寝。”《象器笺》卷十八载：僧寺于初更五点后，经少时，鸣钟十八下，名为“定钟”，又名十八钟，正当亥时。凡坐禅至定钟而止。（转引自近人丁福保《佛学大辞典》及佛学书局出版之《实用佛学辞典》）“定钟”，当即“人定钟”。盖亥时初刻，即夜间二十一时也。

八、羽 林 郎

昔有霍家奴（宋本作“姝”）。

近人丁福保《全汉三国晋南北朝诗》录此篇，以为当从宋本作“霍家姝”。丁云：“古时士之美者亦曰‘姝’。”闻一多《乐府诗笺》从之，以为冯子都以男色邀霍氏宠故也。今按:此诗开宗明义,即指出冯子都之家奴身份,正是诗人义正辞严之笔,自以作“奴”为是。此犹《长恨歌》首句即直指“汉皇重色”云云,皆寓深义也。

多谢金吾子,私爱徒区区。

张玉谷《古诗赏析》:“后六,以胡姬拒绝之辞作收。……而‘多谢’‘区区’,辞气仍归和婉,倚势者终无如何矣。”所释甚洽诗意。然今人多从王尧衢《古诗合解》之说。王云:“若曰虽以子之私心相爱,抱此区区,亦徒然耳。”则以“私爱”属金吾子矣。遍览古人诗文之作,从未有以“私爱”之语称对方者,王说非也。

附:俞平伯先生来信

> “奴”字是。“士之美者亦曰姝”,不知有证据否?上曰“家奴”,而下曰“金吾子”,诗人之意甚明。我前释此篇,后颇遭物议,现在回想,确亦有不恰当处(错在何处当面谈),但婉语作结恐不误。此当时形势所迫耳,正作者写实处,固不碍其倾向性之鲜明也。

小如按:平伯师旧释此篇,以“不惜红罗裂,何论轻贱躯”二句之解释屡遭物议。盖以“裂”为《怨歌行》“新裂齐纨素”之“裂”,言胡姬谓对方,子不惜裂红罗以见赠也。后谒平师,面请其说,师曰:“错即在此句的解释上。应讲作胡姬拒之之词,言衣裂且不惜,更遑论以轻贱之躯一死相拼也。”然胡姬究属被压迫者,而来者倚势欺人,方其动手动脚,强行非礼加以调笑之际,胡姬自不得不力拒之,而终则惧其以力拒而得祸也,乃复婉言绝之。手段虽殊,其目的则终始未变。予向主此说,方平师为此诗遭围攻时(事在50年代《红楼梦研究》受批判后不久),予尝公开为师辩护,谓不得以《红楼梦》问题遂以为平师一切意见皆非是。矧此说本非肇自平师,古人久已作如是解也。追思往事,不胜感慨系之矣。

九、折杨柳歌辞

蹀座吹长笛,愁杀行客儿。(《折杨柳歌辞》,又见《折杨柳枝歌》)

出入擐郎臂,蹀座郎膝边。(《折杨柳歌辞》)

余冠英《乐府诗选》:“‘座’同‘坐’。‘蹀座’犹言‘行坐’。……‘蹀座吹长笛’是说行者和坐者都吹长笛。《折杨柳枝歌》第一曲和这首全同,惟‘蹀座’作‘下马’。”又：“蹀座郎膝边，这是就马鞭说的，无论郎在行时或坐时，马鞭是不离他的膝边的。”孙楷第《评余冠英乐府诗选注》云：“按，《广雅·释诂》：‘蹀，履也。’蹀，《说文》作‘䟢’，解云：‘䟢足也。’大徐音徒叶切。小徐云：‘足躞䟢然连蹋也。’今俗作蹀。慧琳《一切经音义》卷二十四云：‘《考声》：躞蹀，小步貌也。躞或作躞，蹀或作䟢。’卷九十五云：‘蹀，《说文》作䟢。’故段玉裁谓䟢即蹀字。……人疾行亦谓之蹀。《列子·黄帝篇》：‘惠盎见宋康王，康王蹀足声謦欬疾言。《淮南子·主术篇》：‘孔子足蹀狡兔。’（原注：据《御览》二八六引。此是许慎注本，今高诱注本作足蹑。）言孔子行可追及狡兔也。人舞蹈亦谓之蹀。《淮南子·俶真篇》：‘足蹀阳阿之舞。’许慎注：‘蹀，蹈也。’（原注：据《一切经音义》卷二十四、卷九十五引。今高诱注本作足蹑。）马小步行谓之蹀。梁王筠《昭明太子哀册文》：‘骥蹀足以酸嘶，挽凄锵而流泫。’（原注：《梁书》卷八《昭明太子传》。）挽谓挽歌。古者贵人丧，有歌车。丧车歌车，皆不得疾驰，故知此文‘蹀足’为小步行。马疾行亦谓之蹀。颜延之《赭白马赋》：‘眷西极而骧首，望朔云而蹀足。’（原注：《文选》卷十四。）五臣注：‘蹀足，谓疾行也。’马腾跃亦谓之蹀。梁张率《舞马赋》：‘既倾首于律同，又蹀足于鼓振。’（原注：《梁书》卷三十三本传。小如按：此‘蹀足’犹言跂足，与腾跃无涉。孙说误。）唐燕飨有蹀马伎（原注：见《唐会要》卷三十三《散乐篇》、《新唐书》卷二十一《礼乐志》）。蹀马即舞马。蹀又作叠。《乐府杂录》载急曲子有黄骢叠（原注：黄骢乃太宗定中原所乘战马，马死，命乐工撰此曲）。人骑马亦谓之蹀。《昌黎先生集》卷九《酬振武胡十二丈大夫诗》：‘横飞玉盏家山晓，远蹀金珂塞草春。’蹀谓马行。徐陵《洛阳道》诗：‘闻珂知马蹀。’是也。……王伯大释（韩诗）下句为行春，非是。……其实马疾行即是跃。《说文》：‘跃，迅也。’策马使迅，谓之跃马。《史记·蔡泽传》：‘跃马疾驱。’左思《蜀都赋》：‘公孙跃马而称帝。’跃马即骑马也。人舞蹈至急节亦是疾行，故蹀训蹑（原注：李善《魏都赋》注引《声类》）；蹑训蹈（原注：《说文》），又训疾（原注：《方言》《广雅·释诂》）。傅毅《舞赋》：‘蹈不顿趾。’李善注：‘蹈鼓而足跂不顿，言轻且疾也。’此诗‘蹀座吹长笛’，蹀字当作骑马解，以首句‘上马不捉鞭’知之。既言蹀，又言座，盖人有远行者，亲友骑马吹笛送之，至亭馆祖饯处，俱下马，置酒，吹笛侑之。酒毕，当就道。此时行人闻笛声凄然，不胜别离之感。故曰‘愁杀行客儿’也。”今按：孙考证烦琐而未得要领，然以蹀为骑马，则近是。余、孙两说，皆病在分“蹀座”一词为二解，古人用语殊不如是也。䟢、蹀、蹑诸字，皆由一语而派生。“䟢”，《集韵》“帖”韵又作“蹓”，而“慑”“慴”音同义通，是“䟢”与从“聂”之“蹑”字亦可相通也。《集韵》“叶”韵“耆”纽，“牒”、“踂”为一字，则“蹀”、“躡”亦可相通也。此由文字之得声推证以知之。“蹩足”云者，犹今所谓“蹑手蹑脚”，即轻手轻脚之意。而“蹩”“蹀”与“跕”亦当为一字。《集韵》“帖”韵有“怗”字，或从“枼”作惵，则“蹀”与“跕”固可相通也。《汉书·地理志下》：“女子弹弦跕躧。”注云：“跕谓轻躡之也。”即“蹀”字之义。《说文》“土”部：“垫，下也。”《后汉书·郭太传》：“遇雨，巾一角垫，时人乃故折巾一角，以为林宗巾。”巾一角垫者，言巾之一角为雨所湿，乃向下垂折也。时人效之，乃故意折巾一角。而今人则谓支物使高曰垫(《广韵》去声“㮇”韵：“扂，支也。出《通俗文》。徒念切。”清人陈鳣《恒言广证》以为乃垫之俗字)，实当作“蹩”。“蹩足”“蹑脚”，皆谓跂足而行，使轻疾而无声，今人或谓之“踮着脚走路”(“踮”乃“垫”之俗写，有阴平、上声、去声三种读法)，即“蹩着脚”也(“垫”有去、入二读，“蹩”本入声字，如转为去声，即是“垫”矣)。知蹩、蹀之义为跂足而行，则孙引“蹀”字诸义始触手可解。盖无论释为舞蹈、行疾或小步行貌，皆自“以足尖走路”一义引申而得也。马疾行亦谓之“蹀”者，盖马驰骤腾跃之际，其蹄亦不完全着地，犹人之跂足而行也。“蹀”义既明，请进而释“蹀座”。“座”同“坐”，人皆知之。然“坐”有上、去两声，上声之“坐”为虚词，如“但坐观罗敷”之“坐”是也。训起坐之“坐”读去声，与后起之“座”同音，故北朝民歌以“座”代“坐”也。“坐”本训“跪”，古人席地而坐，坐时以尻着蹠，两膝着地，犹跪也(如今日本人之坐于榻榻米上，实为跪也)。《史记·日者列传》：“正襟危坐。”“危坐”犹“跪坐”，惟指尻与蹠相离，挺身而跪也(又谓之跽)。其两足在前，以尻着地而坐，古乃谓之箕踞。至战国以降，北方胡俗渐入中土，乃有所谓“垂脚坐”，谓两足或履地或悬空，而以尻着于胡床(即今之椅子，古人书作“倚”)，今通见之坐姿是也。而垂脚坐之始，盖起源于骑马。骑马时两足履镫(最初无镫，则两足悬空)，以尻着于马背(后乃置鞍于马背上以着尻)，今通见骑马之姿是也。胡人习于骑射，故平居坐时亦以两足履地。久之，乃以平居垂脚之坐为“坐”，而专以坐于马上谓之“蹀坐”，即诗中之“蹀座”也。盖坐于马上与跨而骑于马上不同，骑者足履于镫，坐者则两脚下悬，尻虽着于马背而足实无所凭依，若躡足而行者然，故谓之蹀坐也。“蹀座吹长笛”者，正以手不执鞭，垂脚坐马上而吹笛，犹言浮坐、虚坐也。次首极言女子与所欢亲昵之状，“出入擐郎臂”者，谓郎出入时，己愿如马鞭之擐于郎臂；“蹀座郎膝边”者，言郎骑于马上，己则坐于郎前，其身正值郎膝之侧也。盖男子骑马时两足履镫，双膝微弯，女坐男前，恰身居膝侧耳。使“蹀”与“座”分为二义，则“座”与骑马无涉，而马鞭云云为落空矣(两诗皆言马鞭，或为实写，或为虚喻，要之皆与骑马有关）。余参阅赵翼《陔余丛考》卷三十一“古人跪坐相类”“高坐缘起”两条，不赘引。

或曰：蹀坐，即指骑马之姿，非必浮坐于马上也。盖古人席地坐时，两足皆不能移动。“蹀坐”则在马上，两足皆能履物，且可移动。善骑马者，两足踏镫，或跂其足尖，或抵其足踵，甚且尻与鞍离，重心全在两足，是即所谓“蹀坐”也。其说亦可通。录以存参。

附：俞平伯先生来信

> 释“蹀座”甚佳。孙说繁而无当，似可酌引，不必详也。蹀座即垂足坐，从马上而来，甚精。胡俗变古之由来，于兹可见矣。

小如按：孙说未大删，录以存其真也。予写此札竟，偶与袁行霈君言之。袁君未读予札，而所释与予略同，是知此说或近本旨也。然终不敢必其义之无误，聊以博通人参佐之资耳。

十、木　兰　诗

唧唧复唧唧（《文苑英华》作“唧唧何力力”，《乐府诗集》引一本作“促织何唧唧”），**木兰当户织。不闻机杼声，唯闻女叹息。**

余冠英《乐府诗选》：“唧唧，叹息声。第一句《文苑英华》作‘唧唧何力力’，注云：‘力力’，又作‘历历’。开头六句（小如按：第五、第六两句详下）本从《折杨柳枝歌》来，《折杨柳枝歌》有‘敕敕何力力’一句。‘敕敕’‘唧唧’‘力力’‘历历’以及《地驱乐歌辞》的‘侧侧’，都是写叹声。”今按：此说疑非是。《地驱乐歌辞》云：“侧侧力力，念君无极。”余冠英《乐府诗选》注云：“侧侧力力，叹息的声音。晋太宁初童谣云：‘恻恻力力，放马山侧。’‘恻恻’‘侧侧’都和‘切切’声音相同，‘切切’表悲切的声音，较常见。”《折杨柳枝歌》云：“敕敕何力力，女子临窗织。不闻机杼声，只闻女叹息。”余冠英注云：“敕敕、力力，叹声。”予则以为“恻恻”“切切”“敕敕”“力力”皆状内心酸楚痛切、恻怛忧愁之意。且“切切”“恻恻”故书屡见，从无用为表叹息声者。至于《木兰诗》之“唧唧复唧唧”，则像织机之鸣声，两者本无关涉。今请析言之：一、在汉语中表叹息声之词汇，如呜呼、噫嘻、唉、嗟乎、吁嗟乎之类，皆长言而非促语，皆阴平而非入声，以入声字与叹息声本不相类也。二、促织之得名，以其鸣声似织机之鸣也。机鸣或言"札札""轧轧"，或言"唧唧"，皆入声重叠字所构成之象声词，以织机之声短促迫切，连续不断也。《木兰诗》首句一本作"促织何唧唧"，足证虫鸣与机鸣之声相似，初闻以为促织之鸣，继而乃知为女子名木兰者当户而织也。三、自文义言之，始闻机鸣，继而乃知为木兰当户而织；再继而则不闻机杼之声，惟闻木兰叹声矣。于境地之描述与诗意之次第，皆相合而相得。如解"唧唧"为叹声，则首句已言叹息复叹息，而三、四两句复言"不闻机杼声，唯闻女叹息"，是叠床架屋也，又安得为千古不朽之作乎？故予疑以"唧唧"为叹声者非也。

然如予所释，有二事可相难者。一曰，《文苑英华》作"唧唧何力力"，将何以解之？二曰，白居易《琵琶行》云："我闻琵琶已叹息，又闻此语重唧唧。"又将何以解之？《英华》，古本也；香山，唐之名诗人也。皆不以"唧唧"为机鸣声，子之说岂可信乎？予曰：此不难解也。《洛阳伽蓝记》卷四云："四月初八日，京师士女多至河间寺，观其廊庑绮丽，无不叹息，以为蓬莱仙室，亦不是过。入其后园，见沟渎蹇产，石磴嶕峣，朱荷出池，绿萍浮水，飞梁跨阁，高树出云，咸皆唧唧，虽梁王兔苑，想之不如也。"此"唧唧"者，当读为"啧啧"，既为表称羡之象声词，又为表惋惜之象声词。《文苑英华》之"唧唧何力力"，或由《折杨柳枝歌》之"敕敕何力力"与《木兰诗》之"唧唧复唧唧"而混淆为一；即令非混淆，亦犹"恻恻""切切""敕敕"之意，殆内心愁苦，发而为无可奈何啧啧之声，初亦非长嘘浩叹也。至白诗所云，上句已明言闻琵琶而咨嗟叹息矣，下句则谓再闻其言而啧啧然惋惜不已，正以见叹息与"唧唧"之非一事也。至欧阳修《秋声赋》云："但闻四壁虫声唧唧，如助予之叹息。"则虫鸣疾促与人之叹声徐缓相应，亦非谓唧唧犹叹息也。

问女何所思，问女何所忆？女亦无所思，女亦无所忆。

此数语多为人所忽。木兰自昨夜已见军帖，则心事重重，不言而喻，其所以停梭止织，正缘有所虑、有所忧也。何言无所思忆乎？证以《折杨柳枝歌》，则知此处之"思"与"忆"，乃狭义而非泛言也。《折杨柳枝歌》云："问女何所思，问女何所忆？阿婆许嫁女，今年无消息。"是其所思所忆，乃男女情爱之事，所思所忆之人，乃意中之情侣恋人，非泛指一切其他人与事也。予尝考十五国风，用"思"字者凡二十二篇，其不涉男女情爱相思之意者仅七八篇耳（其中尚有是否指相思之意而不能肯定者，姑亦除外，皆在此七八篇之内）。而汉乐府及《古诗十九首》之言"所思"（如"有所思""所思在远道"）、"长相思"、"思君令人老"云云，皆指男女或夫妇之思；而《饮马长城窟行》之“上言加餐饭,下言长相忆”,《西洲曲》之“忆梅下西洲”,则“所忆”亦有广、狭二义也。此诗盖言木兰之所以叹息,乃忧其父之年老与弟之年幼,无以充兵役,非缘己情有所钟,以婚嫁之事为念也。夫然后乃知此诗造意遣词之妙,虽本于《折杨柳枝歌》,而青胜于蓝矣。

附:俞平伯先生来信

《木兰诗》,我最初读第一句以为机杼声,如是而已。后来看了其他材料,反而迷惑。今看足下《札记》,更细辨之,以为问题在于:(一)当时情况是怎样的?就首四句看,总好像是其先机声轧轧,后来就停止了。一般读者印象如此(我亦如此),却并不很切合本事。木兰早已忧愁了,并非忽而忧愁,所谓“昨夜见军帖”是也。“织”者,农村妇女日常的工作;云“当户织”者,为就明也。她有了偌大的心事,机杼之声怕从头就未必那么“热火”的。及说到“不闻”,亦未必寂寂然,只是机声越来越低,惟闻太息之声耳。这自然是一种设想,非有确证,却符合诗中所述情事。从这一点,就破除了一般读者的印象。(二)它和先后文献的关系。自汉乐府以下,“侧侧力力”“敕敕力力”“恻恻力力”“唧唧力力”、“唧唧唧唧”,以声音求之均得通假,若无确诂,不宜遽分为二(“唧唧”“力力”尤不宜分)。白诗两句自与《折杨柳枝歌》和本诗有关,这些都是显明的。

从此来考虑本诗首句的解释。其一,以“唧唧”状声音之词,似可作以下诸解:或机杼声,或虫声,或太息声(或赞美声)。太息之声甚不恰,《札记》说是,可勿论。主要的只剩了两种:一是机杼之声,如一般的看法与《札记》所言;一是虫声,有如另一本之“促织何唧唧”,似亦有可取之处。

其二,“唧唧”非状任何声音,只作忧愁解。重言之者,加强加重之意,如曰“怀哉怀哉”。若以之释本诗首句,实较状声之词尤为恰当。符合于当时情况与女子心境,一也;合于前此之童谣、乐府与后之唐人诗,二也;有另一本之“唧唧何力力”可作旁证,三也。

我对于此篇本了解不多,因读了你的《札记》颇引起兴趣,遂草此以供参考。

小如按:平师所言“唧唧力力”不宜分之为二,其说甚是。拙文之病,亦正在过于强调“唧唧”为象声词耳。然此诗首句本作“唧唧复唧唧”,“唧唧”又本可作象声词用,故拙文亦不另改动矣。

读诗散札

予平生喜治辞章，而每好言考据。盖私心力主寓欣赏于考据，通诂训以体性情。董仲舒言“诗无达诂”，诚非望文生义、信口雌黄之谓；亦非谓解诗可以无确诂定训，一任读者师心自用者也。夫古今诗人构思立意，各出机杼；遣词造句，务竞新奇。后之览者，以意逆志，以今律古，以己度人，以此释彼，终隔一层，自无由尽达原诗之取义。此或“无达诂”之初旨乎？予历年来漫成此札，固亦自知其病。是以考据或多于欣赏，释词或多于析义。然近年多病，时亲药饵，缀辑成篇，不复一其体例，幸读者谅之。1981 年岁杪大病小愈，记于北京中关村寓庐。

释“枯鱼”

郭茂倩《乐府诗集》卷七十四“杂曲歌辞”录有汉诗《枯鱼过河泣》一首，其辞云：

枯鱼过河泣，何时悔复及！作书与鲂鱮，相教慎出入！

“枯鱼”一词，始见于《庄子·外物》，所谓“早索我于枯鱼之肆”是也。《经典释文》引晋人李颐《庄子集解》，释“枯鱼”为“干鱼”。夫既为“干鱼”，则已死矣；如此诗所云，岂复能“过河”而“泣”，且“作书”以寄“鲂鱮”乎？按《荀子·劝学》：“玉在山而草木润，渊生珠而崖不枯。”以“枯”与“润”对举。《管子·水地》：“齐晋之水，枯旱而运(浑?)，淤滞而杂。”注：“枯旱，谓其水惨涩而无光也。”《周礼·天官·司书》郑注：“山林川泽童枯而不税。”贾公彦疏：“川泽无水为枯。”以《庄子》与诸书互证，“枯鱼”殆指失水之生鱼，非谓已干死者。盖《庄子》之意，谓人之于道，譬犹鱼之于水，不可须臾离。苟失于水，而缓缓求济于他人，岂有及哉(参阅近人阮毓崧《庄子集注》)！此诗则言鱼为渔人所网得，置之船中，载之过河，于是失水待毙。方其渡于中流，奄奄一息，乃思作书向鲂鱮泣诉，且告之以己为鉴戒也。李白有拟作一首，其中有云：“作书报鲸鲵，勿恃风涛势。涛落归泥沙，翻遭蝼蚁噬。”正以状鱼失水之态，非谓鱼已死也。又《乐府诗集》卷四十四载《子夜歌》第十八首云：

常虑有贰意，欢今果不齐。枯鱼就浊水，长与清流乖。

以鱼水喻男女情爱之相谐相得，本汉晋乐府传统之比兴手法。此歌之女主人公以"清流"自喻，而以鱼喻其所欢；其所欢一旦与己仳离，心生二意，不复齐同，犹之失水为"枯鱼"。乃不择妍媸美恶，虽浊水亦往相就，以喻其所欢不辨女子之贤不肖也。以晋歌证汉诗，足见"枯鱼"非已死之干鱼，而为初失水之生鱼矣。

或曰：李注以"干鱼"释"枯鱼"，干、枯同义，今犹有干涸、干枯、干旱诸词，安知"干"之非即失水之意耶？予曰不然。《古今韵会》引《字林》："干，燥也。""干肉"一词，群经屡见。《仪礼》郑玄注："干肉，牲体之脯也。"《礼记·曲礼上》孔颖达《疏》云："干肉，脯属也。"《礼记·王制》及《汉书·礼乐志》又有"干豆"，郑玄注："干豆，谓腊之以为祭祀豆实也。"颜师古注："干豆，脯羞之属。"因知干鱼乃如今之鲊咸鱼，干肉乃如今之腌咸肉，与枯鱼义异。"枯鱼之肆"者，乃指售初网得而尚未死去之鲜鱼市场，非已加工之咸鱼店肆也。李注实误。

释曹操《短歌行》"慨当以慷"

《短歌行》云："慨当以慷，忧思难忘；何以解忧，惟有杜康。""慷慨"一词，今皆联绵为用，如《说文》"心"部所谓"忼慨，壮士不得志也"是也。此诗乃分而用之，因知"慷""慨"二字，固应自有本义。旧注于此从未涉及，愿陈鄙见如下。

请先言"慷"。"慷"本俗体，正字作"忼"。《说文》"心"部云："忼，慨也。从心，亢声。一曰：《易》：忼龙有悔。"徐铉曰："今俗别作慷，非是。"而"忼"又通"亢"，《说文》"一曰"引《易》之说可证。"亢"训"人颈"，本象人之颈脉形，字今作"吭"，所谓"引吭高歌"是也。"亢"引申训"高""极"，均见《广雅·释诂》。王肃于《易·乾》"亢龙有悔"句注云："穷高曰亢。"现代汉语"高亢"犹为连文。又训"仰"，见《经典释文》引司马彪《庄子注》。再引而申之，凡从"亢"之字多有"高""大"义。如《诗·绵》"高门有伉"，《毛传》云："伉，高大也。""沆"训大水、大泽；"抗"亦有"高""极"及高举、张大之义。他如舟行水上为"航"（古作"杭""斻"），田间高埂为"甿"，大阜为"阬"（今或作"坑"，则"坑"固有虚空、低下之义，亦有"高"义，《庄子·天运》所谓

"满坑满谷","坑"对"谷"而言,自当指较高之处),皆足为证。然则"忼"者,盖亦高举、上扬之义。以状心情,则当指激昂感奋,不可遏抑;以状声音,则当指引吭扬颈,仰天而啸也。

再请言"慨"。"慨"训叹息,并见《楚辞》《文选》。字又作"嘅"(《诗·中谷有蓷》:"嘅其叹矣。"),又与"忾"通(《诗·下泉》:"忾我寤叹。")。《说文》"心"部云:"忾,太息也。"又"口"部"叹"下云:"一曰,太息也。""太息",贾谊《治安策》谓之"长太息",即长叹之意。《史记索隐》云:"太息,谓久蓄气而大呼(大大地呼一口气)也。"段玉裁云:"太息者,呼吸之大者也。呼,外息也。吸,内息也。""嘅"又转为"喟",今所谓"喟然长叹",亦犹长太息也。

然后请释"慨当以慷"之意。"当"即"对酒当歌""门当户对"之"当",与"对"同义,犹言匹敌、配合。此句言始而慨然长太息,以呼出心中积郁之气,然后又引吭扬声,仰天高叫以配之,皆忧愁至极点之表现也。

曹丕《燕歌行》第二首之韵脚

曹丕七言乐府《燕歌行》,今存二首,皆一句一韵。其第一首家喻户晓,不烦缕缕。第二首云:

> 别日何易会日难,山川悠远路漫漫。郁陶思君未敢言,寄声浮云往不还?涕零雨面毁容颜,谁能怀忧独不叹?展诗清歌聊自宽,乐往哀来摧肺肝。耿耿伏枕不能眠,披衣出户步东西。仰看星月观云间,飞鸧晨鸣声可怜,留连顾怀不能存。

以"西"字与"寒""桓""元""魂""删""先"诸韵部字相押,知"西"不读今音(晋乐所奏亦有此句,知魏、晋读音初无变化),不入"齐"韵。而曹植《吁嗟篇》亦云:

> 吁嗟此转蓬,居世何独然!长去本根逝,宿夜无休闲。东西经七陌,南北越九阡。卒遇回风起,吹我入云间。自谓终天路,忽然下沉泉。惊飙接我出,故归彼中田。当南而更北,谓东而反西。宕宕当何依,忽亡而复存。

亦以“西”字为韵脚,与“先”“删”“魂”诸韵部字相押。然字书、韵书,于“西”字皆不列于“先”韵,而但音“先齐切”(音兮,在“齐”韵)。惟颜师古《匡谬正俗》卷八“西”字条云:

> 今俗呼东西之“西”,音或为“先”。按王延寿《灵光殿赋》云:“朱柱黝倏于南北,兰芝婀娜于东西。祥风翕习以飒洒,激芳香而常芬。神灵扶其栋宇,历千载而弥坚。”晋灼《汉书音义》:“反西为洒。”是知西有先音也。

因知“西”有“先”音,至唐初犹然。二曹诗之外,又得王延寿赋、颜师古说为证也。小如按:《太平御览》卷二十四引《尚书大传》云:“西方者何也,鲜方也。”此“西”字正读“先”音,故与“鲜”字同音为训。又《白虎通·五行》:“西方者,迁方也,万物迁落也。”《汉书·律历志上》亦云:“少阴者西方,西,迁也,阴气迁落万物,于时为秋。”“先”“迁”一声之转,亦同音为训,此“西”之读“先”又一证也。洗涤、洗雪字,古作“洒”(《孟子·梁惠王上》:“愿比死者一洒之。”),而“洗”亦有“铣”音(鲜上声)。如今之姓冼者,其字即读鲜上声,实与洗涤之洗为一字。俗求有别于洗涤字(读为兮上声),乃竟改从“水”(氵)为从“冰”(冫)作“冼”矣。是又“西”字可以读“先”之旁证与反证也。古有美女名西施,而《文选·神女赋》及《四子讲德论》李善注云:“先施,西施,一也。”是竟以“西”“先”为通假字矣。书此以补韵书、字书之不备。

陆机、李白之《拟古十二首》

《古诗十九首》始见于《文选》卷二十九,与《玉台新咏》所列互有出入。李善注云:“并云古诗,盖不知作者。或云枚乘,疑不能明也。诗云‘驱车上东门’,又云‘游戏宛与洛’,此则辞兼东都,非尽是乘明矣。昭明以失其姓氏,故编在李陵之上。”此说极平允通达,后之治《十九首》者,咸未出李善之藩篱也。夫十九首之非一人一时之作明矣,然《文选》卷三十载陆机《拟古诗十二首》,次第与《十九首》不尽相合,仅第一首为《拟“行行重行行”》耳。陆之拟诗中有《拟“兰若生朝阳”》一首,原诗《文选》不载而见于《玉台新咏》,首句作“兰若生春阳”。又《十九首》有“东城高且长”,陆之拟作则题为《拟“东城一何高”》,亦小有异。予因知《十九首》之辑,实始于昭明;陆机所拟,不惟篇次与《十九首》不同,即内容亦互有参差。且自所拟诗题以窥原诗，疑传本亦非止一种，故字句复小有异同也。

王琦辑注本《李太白全集》卷二十四载《拟古十二首》。萧士赟曰："《拟古》者，拟《古诗》也。古人多有此体，至于句意亦不大相远焉。"予自四十年前读太白诗，即疑此十二首乃拟《十九首》者。证以萧说，知士赟已先我而言之。所谓"拟《古诗》"，即指拟《十九首》；"句意亦不大相远"，故有摹拟之蛛丝马迹可寻。今据太白拟诗之内容，姑推定某首为拟《十九首》之某首，以就教于读者焉。

李诗其一"青天何历历"，疑是拟《十九首》"凛凛岁云暮"者；其二"高楼入青天"，疑拟"西北有高楼"；其三"长绳难系日"，疑拟"生年不满百"；其四"清都绿玉树"，疑拟"庭中有奇树"；其五"今日风日好"，疑拟"今日良宴会"；其六"运速天地闭"，疑拟"明月皎夜光"；其七"世路今太行"，疑拟"回车驾言迈"；其八"月色不可扫"，疑拟"驱车上东门"；其九"生者为过客"，疑拟"去者日以疏"；其十一"涉江弄秋水"，疑拟"涉江采芙蓉"；其十二"去去复去去"，疑拟"行行重行行"。独其十"仙人骑彩凤"不知所拟者何，谨从盖阙；且此诗非一韵到底，亦与《十九首》体例不合。然宋咸淳刊本《李翰林集》，此一组诗作《拟古十三首》，其第三首"君为女萝草"，载王琦本卷八，题为《古意》。考其内容，实拟《十九首》中之"冉冉孤生竹"也。予因疑太白之拟作，亦如陆机之本为十二首，而"仙人骑彩凤"一首不与焉。后人纂辑诗集，未能详审其内容，遂并为十三首，后乃剔出一首，改题《古意》，如今本之次第焉。予初不谙版本之学，但就诗论诗而已。至鄙说是否可信，惟请俟诸来哲。

说刘琨《扶风歌》"惟昔李骞期"

或有以刘琨《扶风歌》"惟昔李骞期"句之义相询者。此诗见《文选》卷二十八，其辞曰："惟昔李骞期，寄在匈奴庭。忠信反获罪，汉武不见明。"据《乐府诗集》卷八十四，此盖《扶风歌》之第八首，《文选》特并九首为一耳。《文选》李善注云："《周易》曰：'归妹愆期，迟归有时。'王肃曰：'愆，过也。''骞'与'愆'通也。"今按：善说是也。《乐府诗集》正作"愆期"，犹今言"过期"。余冠英先生《汉魏六朝诗选》注云："愆期，是说行军错过约期。李陵在汉武帝天汉二年（公元前99年）率步卒五千出塞，和匈奴主力军遭遇，战败降敌，武帝诛其全家。"（页一九三）而未详愆期之实。北京大学中文系编《魏晋南北朝文学史参考资料》注此诗，引《史记·李将军列传》"陵既至期还"云云（页三一二），虽揭橥本事，终嫌未切诗旨。盖李陵之罪，在其降匈奴,不在其愆期也。窃谓解此句宜细绎李善注,惜善引《归妹》九四爻辞而未引象辞,而琨此诗实兼用象辞之义。象曰:“愆期之志,有待而行也。”琨意在襮白李陵心事,言陵愆期而身寄匈奴,正谓其志在有待而行也。司马迁《报任安书》谓陵“身虽陷败,彼观其意,且欲得其当而报于汉”,琨盖师其意而不用其辞耳。

鲍照《梅花落》之标点与结构

鲍明远《梅花落》诗,久已脍炙人口。然近人于此诗之标点与命意往往其说不一。老友卞僧慧先生有《谈谈鲍照〈梅花落〉的句读和命意》一文(载《学林漫录》二集),于前人之标点与释义多所匡正,予甚韪其言。僧慧标点此诗如下:

> 中庭杂树多,偏为梅咨嗟。“问君何独然?”“念其(小如按:原文‘其’下有冒号,似可省)霜中能作花,露中能作实。摇荡春风媚春日,念尔零落逐寒风,徒有霜华无霜质。”

其突出之处在于以“摇荡春风”句属下不属上,句无主语,而主语实即下文“念尔”之“尔”,指杂花而言。故于“露中能作实”句圈断。盖诗中“念其”云云与“念尔”云云,句法虽相同,实不宜用之以划分诗之层次段落也。近读钱仲联先生增补集说《鲍参军集注》新印本,其标点正与僧慧之主张不谋而合。予又读辛稼轩词,其〔粉蝶儿〕《和赵晋臣敷文赋落梅》云:

> 昨日春如十三女儿学绣,一枝枝不教花瘦。甚无情,便下得雨僝风僽,向园林,铺作地衣红绉。　而今春似轻薄荡子难久。记前时送春归后,把春波,都酿作一江醇酎。约清愁,杨柳岸边相候。

其上下片之首句句法亦悉同,宜若分作两层矣。然细玩之,则下片“记前时”以下与“而今春似”云云固不相属。予因知此词之作法殆与《梅花落》诗结构相近。“而今”句虽属过片,实与上文一脉相承,共为一层意思;而“记前时”以下则为另一层意思也。可见以句法之近似或相同为划分一诗一词层次段落之依据,乃片面从形式看问题也。且稼轩此词亦赋落梅,意者其或有心规摹明远此诗之结构乎?然则稼轩读鲍此诗,固已得其确解,是以善变化其体而使后之读者不觉其摹拟之迹也。

说鲍照《从拜陵登京岘》诗“风烈”二句

《从拜陵登京岘》诗首四句云:“孟冬十月交,杀盛阴欲终;风烈无劲草,寒甚有凋松。”钱振伦注于第三句引《后汉书·王霸传》:“光武谓霸曰:颍(小如按:颍,新印本《鲍参军集注》误植为‘颖’)川从我者皆逝,而子独留努力,疾风知劲草。”而于第四句无注,黄节、钱仲联两先生亦未增补。今按,“寒甚”句盖本于《论语·子罕》:“岁寒然后知松柏之后彫(凋)也。”然鲍实反用前人之意而为过甚之辞以状冬日之酷寒。光武言“疾风知劲草”,鲍则言当北风疾烈之际,虽劲草亦披靡枯萎。《论语》言松柏不畏天寒,故岁暮万木皆凋,松柏独有晚节;而鲍则谓孟冬初非寒甚之时,松本不至于凋,而竟凛冽至此,虽挺立之松亦不能保其不凋之晚节也。世但知梁王籍《入若耶溪》之“蝉噪林逾静,鸟鸣山更幽”为诗中翻新之警句(《梁书·文学传》即谓王籍此二句“当时以为文外独绝”),不知鲍照此诗之二句更在王前也。又,此种一反常人之意而作翻新之语,至清黄景仁之“有酒有花翻寂寞,不风不雨倍凄凉”而愈痛切巉刻,可谓后来居上者矣。黄此二句题为《重九夜偶成》,乾隆三十五年庚寅九月(1770年)作,见《两当轩诗集》卷二,时景仁仅二十二岁也。

李白《陪族叔刑部侍郎晔及中书贾舍人至游洞庭》五首说义

诗词有一题多首,如阮籍《咏怀》、李白《古风》、温庭筠〔菩萨蛮〕之类,一望而知其非一时一地为一事而作,其排列次第先后往往无必然联系。然亦有数诗为一组,或联章之词曲,其顺序必不能随意更改,如曹植《赠白马王彪》、白居易〔忆江南〕三首,亦一望而知。至如太白此五诗及苏轼〔浣溪沙〕《石潭谢雨道上作》五首,其次第实亦必不可先后移易。而选诗者或于一组之中择其尤佳者一二首入选本,或随意更易其次第,皆与作意不合。夫以一组诗词之思想艺术成就而论,自有优劣之分,优者入选而稍逊者可以置之,此本无可非议;然就诗人创作之目的与作品之结构而言,则此种做法实不免贻人以割裂整体之讥。若此五诗,既不能移易其先后次第,更不宜凭读者主观好恶而随心取舍。请先读原诗:

洞庭西望楚江分，水尽南天不见云。日落长沙秋色远，不知何处吊湘君。
南湖秋水夜无烟，耐可乘流直上天。且就洞庭赊月色，将船买酒白云边。
洛阳才子谪湘川，元礼同舟月下仙。记得长安还欲笑，不知何处是西天？
洞庭湖西秋月辉，潇湘江北早鸿飞。醉客满船歌《白苎》，不知霜露入秋衣。
帝子潇湘去不还，空余秋草洞庭间。淡扫明湖开玉镜，丹青画出是君山。

前人评骘此五诗，固亦毁誉互见。如杨慎《升庵诗话》评第一首云："此诗之妙不待赞，前句云'不见'，后句云'不知'，读之不觉其复。此二'不'字决不可易。大抵盛唐大家正宗作诗，取其流畅，不似后人之拘拘耳。"而宋长白《柳亭诗话》则云："太白《洞庭》五绝，结句三用'不知'二字，亦强弩之末也。"鄙意太白此五诗连用三"不知"字，确似信手而成，未尽斟酌之美。然崔颢《黄鹤楼》诗，一首中连用三"黄鹤"、两"空"字、两"去"字，读之但觉气势磅礴，而不见其用字重复。况太白之"不知"分用于三首之中耶？升庵之评，虽仅就第一首言之，足以该此五诗，实为知言。且三"不知"之义亦不尽同也。第一首盖自洞庭与长沙两地引起联想，故涉及"湘君""帝子"。而"吊湘君"之典，实渊源于屈原《九歌》，故诗中实隐隐有一屈原之形象在言筌之外，而为作者所怀念、所引为同调者也。此正与第五首首句相呼应。非独"帝子"不返，即屈子亦长往矣。"不知何处吊湘君"者，犹言不知何处觅屈原也。不然，诗为游洞庭而作，与长沙何干！旧说或以为长沙在洞庭之南，诗言"日落长沙秋色远"，方位殊不相合。其实第一诗首言"西望"，次言"南天"，第三句正绾合上两句，"日落"应"西望"，"长沙"应"南天"，非言日落于长沙，而指于日落之际("日落"二字应作一小顿)，秋色一望无边，虽天无纤云，湖无烟障，而长沙竟无觅处，故下接言"不知何处吊湘君"也。其第三诗首言贾至，次言李晔，"月下仙"之出典，虽用《后汉书·郭太传》郭太与李膺同舟，众人望之，以为神仙故事，实亦隐隐有一作者本人在言筌之外。夫贾至、李晔及太白本人，皆与长安有一段渊源，又皆遭谗毁贬谪而去国，追念昔游，诚有足乐，故言"还欲笑"。然"欲笑"并非"已笑"，甚且欲强为欢笑而不能，实反语也，盖亦反用桓谭《新论》闻长安乐则西向而笑之典也。夫三人俱为迁客，各有牢骚，此日不惟远离长安，抑且并西天(即长安所在)在何处亦难望见。第一首之"不知何处"为缅思古人，第三首之末句则共嗟身世，似同而实不尽同也。至于第四首之末二句，"醉客满船歌《白苎》，不知霜露入秋衣"，"满船"乃形容歌声充溢船中以见醉意，而非言舟中醉客充塞(宾主仅三人，似不得言"满")，盖宾主酒醉而秋夜已深,故霜露侵衣而生寒。此"不知"与《赤壁赋》"相与枕藉乎舟中,不知东方之既白"之"不知"同义,即"不觉"之谓,与上二"不知"初不相重复也。

然吾为此札,旨在说明此五诗之先后不可互易。第一诗言"日落",知时犹未入夜也。第二诗首点"夜"字,又言"赊月色",则自日落而月出矣,第三诗言"月下仙",则月已当空,而主客正泛舟湖心,容与中流。第四首言"湖西秋月辉",是下半夜月已偏西,天色将曙之景。第五诗末二句"淡扫明湖""丹青画出"云云,盖谓波平如镜,水清如玉,君山如色着丹青,映于湖上,此乃天明后所见之实景。此五首正写自前一夕黄昏始游,至次晨天晓方尽兴而归。如随意更易其次第或任选中间一二首而弃其余,皆失作者之初心也。

最后请略释"赊"字。此字见于《说文》,实为"贳"之孳乳字。故"贳"训"赊"(见裴骃《史记集解》引韦昭说及司马贞《史记索隐》引《广雅》)。而此处之"赊"则当释为"借""假""贷",而不宜径解为赊欠字。近人或云:"当月色不足时,他(指李白)甚至想赊得些来:'且就洞庭赊月色,将船买酒白云边','且就东山赊月色,酣歌一曲送泉明。'在他的想象里,月色可以一赊再赊,像赊酒一样到处去赊的。"(见《社会科学战线》1981 年第 4 期,页二五九)此疑未尽确。夫赊酒者,于己为不足,于人则有酒可售为有余。故张相《诗词曲语辞汇释》谓"赊"有二义:一为有余,一为不足。夫月色与酒不同,"月色不足"犹言月之不明;使月不明,将何从而赊得之耶?此与下句乃言洞庭湖上月色正明,可假借其光以映舟买酒,非月光不足之谓也。

说韦应物《长安遇冯著》诗

《韦苏州集》卷五载此诗云:"客从东方来,衣上灞陵雨。问客何为来?采山因买斧。冥冥花正开,飏飏燕新乳。昨别今已春,鬓丝生几缕?"以《唐诗三百首》入选,遂极通俗。然诗成于何时,冯著为何如人,诗意何在,皆有待推勘。考韦集有关冯著之诗凡四首。余三首为《寄冯著》、《赠冯著》(皆在卷二)与《送冯著受李广州署为录事》(卷四)。近人万曼《韦应物传》(载开明书店《国文月刊》第六十、六十一期),谓著乃韦故友,是也。《赠冯著》云:"契阔仕两京,念子亦飘蓬。方来属追往,十载事不同。岁晏乃云至,微褐还未充。惨悽游子情,风雪自关东。华觞发欢颜,嘉藻播清风。始此盈抱恨,旷然一夕中。善蕴岂轻售,怀才希国工。谁当念素士,零落岁华空。"按,韦任洛阳丞在永泰元年(765 年),任京兆功曹在大历十二年(777 年),

以“契阔”“十载”等句考之,则《赠》诗当作于大历十二年前后,“十载”为约举成数。此诗言“客从东方来”,而《赠》诗复有“风雪自关东”之句,疑著或韦宦洛阳时之交游也。其后韦摄高陵令,继任鄠县令,复辞栎阳令,皆在大历十四年(779 年)七月之前。而此诗诗题首标“长安”,知韦当时亦非久居长安者。然则此诗其作于韦任京兆属县县令之一二年间乎?《赠》诗既云“岁晏”,而此诗末言“昨别今已春”,则此诗当成于作《赠》诗次年之春矣。至此诗之意,亦当参读《赠》、《送》二诗而后能通。《赠》诗一则云“飘蓬”之“游子”,再则云“怀才”之“素士”,则著亦不遇之士,非隐逸流也。今人或释“采山因买斧”句之“采山”为樵采,谓著有归隐之志,疑与诗意龃龉。夫“买斧”云者,岂著真欲樵采而入长安以求斧斤之具,一似农民之入城买农具乎!此盖言著入长安谋求生路耳。《易·旅》:“旅于处,得其资斧。”王弼注:“斧所以斫除荆棘,以安其舍者也。”韦正暗用此典,意谓欲开斫山林,必先买斧;以喻欲求存活,必先入仕途以博微禄也。是以著卒受李广州署为录事(李广州名勉),而韦复有诗送之。录事小吏,而冯著受之,是“买斧”之实也。

又此诗“冥冥”句,盖承“衣上”句而来。《楚辞·山鬼》:“雷填填兮雨冥冥。”《文选》五臣注:“冥冥,雨貌。”以释此句,最为允洽。盖春日阴雨,本为养花天也。又杜甫《醉歌行》:“树搅离思花冥冥。”或以为韦句盖本于杜。然杜之意乃谓人有离思故花亦仿佛黯然无色,韦则谓在春阴中花正发蕊,似不宜以杜绳韦耳。

至于《寄冯著》一首,中有“幸无职事牵,且览案上书,亲友各驰骛,谁当访敝庐”之句,则疑是韦早年罢洛阳丞后居同德寺时所作,附志于此。

宋人咏昭君诗

宋人咏昭君诗,自以王安石《明妃曲》二首最为脍炙人口。欧阳修有和作二首,其二之末句“莫怨春风当自嗟”,则以入《红楼梦》而为人所知。修尚有《明妃小引》,知者益尠矣。诗云:“汉宫诸女严妆罢,共送明妃沟水头。沟上水声来不断,花随水去不回流。上马即知无返日,不须出塞始堪愁。”有无寄托不可知,以意境言,亦未出前人窠臼。北宋末年,画师李公麟(伯时)作《十古图》中有《明妃出塞》一幅,刘子翚为题一绝云:“羞貌丹青斗丽颜,为君一笑静天山。西京自有麒麟阁,画向功臣卫霍间。”颂昭君之功绩,讽西汉之名臣,卓然不群,堪称两宋压卷之作。

类书引放翁诗有误

游国恩先生生前尝语诸生:"'斜阳古柳赵家庄'云云,本放翁诗也;而后人或言是刘克庄所作。乃取《后村大全集》逐册逐页细检,卒无所获,始信确为陆诗。"此种经验,予亦有之。《佩文韵府》十四寒"丹"字下"师丹"条引陆游诗:"老髦(小如按,似应作'耄')师丹浑忘事,少年烛武不如人。"予尝遍检《剑南诗稿》,并无此二句。后于宋庠《元宪集》中得之。其诗题为《寄子京》,前有小序云:"为郡八年,荣愿已息。朝思念旧,复假相印、管内枢。然思归之心,日以忉怛矣。"诗曰:"八年三郡驾朱轮,更忝鸿枢对国均。老去师丹多忘事,少来之武不如人。车中顾马空能数,海上逢鸥想见亲。惟有弟兄归隐志,共将耕凿报尧仁。"其三、四两句与《韵府》所引不尽相同。然今本陆诗无此二句,则确无可疑也。又,"不如意事常八九,可与言人无二三",乃南宋方岳诗,见于《秋崖小稿》;而翟灏《通俗编》则谓为陆游诗,亦误。予已另有记,见《读〈琵琶记〉校注札记》。

放翁诗用宋祁诗词语

宋子京"红杏枝头春意闹",名句也,而放翁用之。《初春杂兴》之四云:"故岁愁听雨,新春剩得晴。暖催红蕊闹,涨入绿池平。游马行争路,华灯卖满城。江村独无事,户户及时耕。"第三句即化用子京词意。又,宋祁《景文集》卷十六有《感秋》七律,其三、四两句云:"天上有星宁免客,人间无地可埋忧。"而放翁《江楼醉中作》亦云:"天上但闻星主酒,人间宁有地埋忧。"直是生吞活剥子京成句矣。他如放翁《马上作》:"杨柳不遮春色断,一枝红杏出墙头。""一枝"句乃全抄唐末吴融《途中见杏花》成句,而陆诗又为叶绍翁《游园不值》"春色满园关不住,一枝红杏出墙来"所祖,则钱锺书先生《宋诗选注》已言之。叶诗后来居上,信然。而放翁之于吴融、宋祁,其诗究竟孰为工拙,殊难评定。唐人诗多自造境,宋人诗则每取前人已造之境为己境,即长短句亦不免此病。此或宋诗终逊唐诗一筹之症结所在欤?

杜诗臆札

前　言

予未十龄，即诵杜诗。二十前后，更手抄杜集。开国之初，僭席高校，一度讲授杜诗，值教改而中辍。然读杜之殷，未尝或止；每览一书，凡与杜诗有关涉者，见辄存录。积至1966年，居然盈箧，一旦而失之，再无觅处矣。从此屏杜不读，别无创获。复十有余年，东鳞西爪，于杜固未能忘情也。间有一得，率拾纸泚笔为记，并旧日残稿，仅七则而已。因思过而忘之，孰与过而存之，微不足道，不犹胜于不着一字乎？壬戌二月大病小愈，记于中关村寓庐。

说《望　岳》

岱宗夫如何？齐鲁青未了。造化钟神秀，阴阳割昏晓。荡胸生层云，决眦入归鸟。会当凌绝顶，一览众山小。

《望岳》虽杜甫少作，实有创造性。盖以五律近体之作法写仄韵古诗，故中间四句亦如律诗之颔联、颈联，对仗极工。前人释此诗，每强调“望”字，遂多曲解。其实此诗乃写边登山边望岳之实际感受，不独距山愈行愈近，抑且入山愈登愈高，非静止而望之也。其层次大抵如下：

第一句写未见泰山时心中已生一悬念；第二句则目光已及泰山山脉之外围，自远处望之，山势绵亘齐、鲁两地而山之青苍之色了无边际，直无从尽收眼底，则山之巍峨雄伟已可想见。三、四两句，则写已望见岱宗之主峰矣。三句泛写，极言自然造化之力将其最神奇秀出（秀者突出也，非仅状其秀丽而已）之特点聚集于泰山一身；四句实写，谓山之高下起伏能变易光线之明暗。旧注谓阴为山北，阳为山南，信然；然此非望山者目力所能见及者。望山者只能望其一面，绝不可能同时既见山北，又见山南。盖人行于岗峦起伏之间，日光下射，时隐时现，山之坡陀或受日或不受日，有阳光处则晓，无阳光处则昏；边行边望，目力所及，光线忽明忽暗，变化极骤，故人之感官亦随之产生急剧变化，是以作者下一"割"字以写出此种急剧变化之实感。五、六两句，乃入山渐深、距山渐近、登山渐高之感受。身边有层云荡胸，天外则目逐归鸟至于眦决，皆愈登愈高时所见。近人多以王嗣奭《杜臆》之说先入为主，所解不免穿凿。如解第五句为"望着山中云气层生，使人心胸为之开豁，有云气荡涤人心胸的感觉"，实模棱两可。鄙意非但"感觉"而已，而应解为云气层生，在人胸前回荡。又如解第六句"决眦"为"纵目"，则将实际感受释为虚泛之笔，似失作意；鄙意以为仍当从蔡梦弼《杜工部草堂诗笺》之说为是。蔡云："目眦决裂，入于飞鸟之归处。"浦江清、吴天五两先生合注之《杜甫诗选》引申蔡笺，宜可信也。末二句预写将来，言一旦登临绝顶，则群山自小。虽为题中应有之笔，实亦兼寓作者自身之抱负。其用《孟子·尽心上》"孔子登东山而小鲁，登太山而小天下"之意，前人已屡言之。此作者早年之作，故志意恢宏，吐属不凡，豪放遒劲，实胜晚年颓唐感伤之笔，正以见其"窃比稷与契"之壮怀，不得以其用孔子之典而少之也。

此诗佳处，窃谓在于作者胆大而思精。胆大者，全诗仅八句，而虚写之笔竟有四句之多（第一句以泛问句领起；第三句亦较抽象；七、八两句则预写他日登绝顶时情景：皆虚笔也），实写"望岳"，仅余四句，乃全无拘墟局促之态，非力能扛鼎者不克臻此。思精者，则指四、五、六三句摹写之深细，无生活实践者固写不出，而遣词造意皆自两汉古赋化出，正作者"精熟《文选》理"在创作实践中最确切之例证。杜之为"诗圣"，自此诗已见端倪。

此诗之第一句既以泛问句领起，故前人亦多言及。如"夫如何"之"夫"字，翁方纲《石洲诗话》卷六及《复初斋文集》卷十一《与友人论少陵〈望岳〉诗》皆言之綦详。其略曰："此一'夫'字，实指岱宗言之，即下七句全在此一'夫'字内。盖少陵纵目遍齐、鲁二大邦，而其青未了，所以不得不仰叹之。此'夫'字犹言'不图为乐之至于斯'，'斯'字神理，乃将'造化神秀'、'荡胸层云'诸句，皆摄入此一'夫'字内，神光直叩真宰矣，岂得以虚活字妄拟之乎？"又云："'如何'者，仰而讶之之词。"乍读之似近于附会，细绎之亦未尝无理。盖诗人竟敢以语助词入诗，在盛唐诗中诚为蹊径独辟。宋人效之，则不免有头巾酸馅气矣。俞平伯先生昔年在北大灰楼讲授杜诗，谓此句之"夫"字实本于《鲁论语》"夫何言哉"句"夫"字之用法（今本《论语·阳货》作"天何言哉"，翟灏《四书考异》以为当作"夫"）。予则谓杜诗中用"如何"字，有两处为赞叹语气，此诗其一也；另一处则为《寄高三十五书记》“美名人不及，佳句法如何”之“如何”是也。并录以存参。

说“默思失业徒”

二十余年前聆某教授讲杜甫《自京赴奉先县咏怀五百字》，于篇末“默思失业徒，因念远戍卒”二句，释“失业徒”为今语“失掉职业”或“找不到工作的人”，虽非显误，终欠妥帖。按，以“业”为“营生”或“职业”，六朝已然，如《桃花源记》“武陵人捕鱼为业”之“业”是也。然“失业”连用，则义与此殊。此二句之上文，作者云：“生常免租税，名不隶征伐”；清人汪灏《树人堂读杜诗》更于“默思”二句有批语，上句批为“提起一种租税人”，下句批为“又提起一种征伐人”。然则“失业”云者，盖与租税有关。以今语释之，则“业”乃指农夫之产业即土地田亩，而非指职业、营生或工作也。

古人注杜，于此句每不措意。非失之眉睫，实以旧时于“失业”之意本无歧义或误解，故以为无须加注耳。仇注引《汉书·谷永传》，亦但取字面而已，初无助于读者对词义之理解。如改引《食货志》，则其义自明矣。《汉书·食货志上》云：“汉兴，接秦之敝，诸侯并起，民失作业，而大饥馑。”“民失作业”，即百姓失却可耕作之产业，故有大饥馑也。《汉书·食货志下》云：“于是农商失业，食货俱废。”则兼指农夫之土地与商贾之财货。杜此句“失业徒”，当显指丧失田亩之农夫无疑。苏轼《李氏园》诗：“当时夺民田，失业安敢哭。”以“失业”为果，“夺民田”为因，义极醒豁，足为正确理解杜诗此句之得力佐证。

说“畏我复却去”

一

公元757年4月，杜甫从沦陷在安禄山手中的长安逃到凤翔。这年秋天，他告假回鄜州探望妻儿。到家不久，就写了三首《羌村》。第二首开头四句是：“晚岁迫偷生，还家少欢趣。娇儿不离膝，畏我复却去。”第四句历来有两种解释。一种以仇兆鳌为代表，他说：“不离膝，乍见而喜；复却去，久视而畏。此写幼子情状最肖。”另一种则以金圣叹为代表，他把这句讲成孩子怕杜甫再离开家，“绕膝慰爱，畏爷复去。”

去年12月28日《人民日报》第七版刊载了萧涤非先生一篇文章，主张后说。我则主张前说。现在谈一下我的意见。

从全诗看，杜甫回了家，骨肉团聚，本是高兴的事。但由于诗人忧国伤时，以“偷生”为耻，虽与妻儿朝夕相处，也觉得“少欢趣”，因此总不免带有不悦的神情。孩子对父亲原很亲热，自然就慢慢地悄悄地退缩着躲开了。而孩子的行动翻转过来又增加了诗人“还家少欢趣”的心情。这与下文“忆昔好追凉，故绕池边树。萧萧北风劲，抚事煎百虑”的写法是一致的。从前贪凉，常在树下绕弯儿，现在走到树下，听到的却是北风萧萧，反而增加了内心的焦虑。矛盾的心情构成了曲折的诗境。我的这个讲法还不全同于仇说，诗中所写并非“乍见”时情景，也不给人以“久视而畏”的感觉。诗人只是把初回家时日常生活中的一刹那摄取入诗而已。但仇氏肯定这一句是具体的形象描写而非干瘪的心理叙述，则是正确的。

照另一种讲法至少有两关通不过。一、杜集中用“畏”字的诗句共二十余处，没有一处把它用作“担心”或“恐怕”的意思，都是作“畏惧”或“畏怯”讲的。照金说，“畏”字先不合。二、照金说，只说“复去”就够了，句中的“却”字便毫无着落而成为费词，甚至有不通的危险。古人主此说者对此点都回避不谈。用仇说，“却去”是一个词，意思是“退去”；而“复却”二字却从没有在一起连用的。杜甫最讲究用字，绝对不致过不去文字关。况且照金说，“二·三”的句法变成“一·四”，即使在古诗中也是相当别扭的。

萧先生的文章主要就杜甫为人慈祥这一面立论，并强调孩子不会怕杜甫。其实照我现在的讲法，谁也得不出这样的结论，说杜甫是“可怕的父亲”。因此他未免“过虑”了。

二

“畏我复却去”的公案由来已久，从来就有两种讲法。1957年1月号《语文学习》上曾发表拙文《说古典诗歌中的词义》，即曾涉及这一句诗的讲法。到了1961、1962年纪念杜甫时，这个问题乃又被提出。前面的小文章是1962年1月26日发表在《北京晚报》上的。到了1962年6月，萧涤非先生在《文史哲》双月刊上又发表《一个小问题纪念大诗人——再谈杜诗“娇儿不离膝畏我复却去”》的驳难文章，对傅庚生先生和我进行反批评。我对这个问题当时已无兴趣，也不想再攖固执己见的萧先生的锋芒,便听之任之了。到这年年末,中华书局决定把我的那篇短文收入《杜甫研究论文集》第三辑,让我再写几句话表明态度,我就写了如下的一段话:

> 拙文初无与萧涤非先生争论之意。后来拜读萧先生驳难长文,真是受宠若惊。今既以拙文收入专辑,只好略作解释,对读者有个交代。解诗首重文义。杜甫着"畏我复却去"一语则诗人之憔悴与娇儿之神情一时俱见。《羌村》三首皆即景写实,于此当无例外。徐增与金圣叹说未免求之过深,所以不取。关于"畏"字讲法,我曾据《杜诗引得》逐条逐首勘详其义,并非主观。有的地方解为"畏避"或转为状词,仍不作"担心"解。张相说此句本误,不具论。至"却"是否作"即"解,尚难臆定。惟雍陶诗"此生无复却回时",自当以"无复"连读,而"却回"亦应作一气读无疑。诗句结构为"一·四"或"二·三",应视全诗用语风格为准,不敢强古人以就我也。1963 年 3 月小如校后附记。

事情就这样过去了。荏苒至今,已近廿年,最近重读萧文,并细绎老杜原诗,感到还有再坚持己见的必要。萧文过长,不便迻录,今但再申鄙见如下。

第一,问题确如萧文所云,在于对"少欢趣"的理解上。这次重读,感到"少欢趣"不但是使娇儿畏已之"因",而且还是娇儿畏已之"果",即拙文所谓"孩子的行动翻转过来又增加了诗人'还家少欢趣'的心情"。下文"忆昔好追凉"四句亦正植根于此。如果把"畏我"句讲成孩子怕我再离开家,则娇儿迄未离膝可知。那么诗人有爱子在膝边终始徘徊,纵寡欢悰,亦当解颜,既无足以启下文,亦非承上文的语气。可见金圣叹等人的说法,似深求而实为曲解,反而不能贯穿上下文义,所以我仍持不取的态度。

第二,退一步说,即使原诗"复却去"一本作"却复去",或释"却"字为语助词,或径如萧先生之说解"却"为"即",根据我的第一点意见,这句诗"去"的主语也仍应为"娇儿"而不应是作者自己。关键还是在于"娇儿"究竟是否已离开了膝边。

第三,萧文中引用了他买到的旧书上所见的清人评语,认为解释得很精辟,并加以引申,把"故绕池边树"的"故"讲成"故意"的意思,从而把"忆昔"两句解释为娇儿硬拉着父亲到外边去散闷。那我不禁要问,"忆"的主语到底是娇儿还是诗人自己?萧先生的答案是:"这两句还是承上文娇儿来的。"可是"好追凉"的主语却依然是杜甫本人。试问古人写诗岂有这样的句法?至于"故绕"句,既然说"故"是孩子故意,那么“绕”的主语又是谁呢?这不仅有添字解诗之嫌,抑且有缠夹不清之病。况且从诗的本身看,无论如何也得不出孩子拉着父亲去同绕池边树的印象。这种硬用一己之主观臆测来代替古人作诗的本旨的做法,实在是很不妥当的。

我认为萧文对我的批评,有一点是对的。即我把“畏”字所具有的“担心”和“畏惧”二义截然分开,确是近于生硬勉强。但这并不足以动摇我对“畏我复却去”的讲法。

三

最近蒋绍愚同志在《文史知识》杂志上从“却”字的语言角度来分析“却去”的讲法,认为应该讲成“回去”,即回到杜甫来的地方去。姑不论“去”字的用法在古汉语和现代汉语中并不相同;即使可以讲成“回去”,则杜甫当时已回到家中,硬要讲成“回”到杜甫来的地方“去”,亦属牵强。不顾全诗的作意,只抽出一个词来用代入法套将上去,这显然也是见树不见林的做法。1982 年 3 月病中写完二、三两节。

说《春夜喜雨》

好雨知时节,当春乃发生。随风潜入夜,润物细无声。野径云俱黑,江船火独明。晓看红湿处,花重锦官城。

此诗予尝数为文论之。1956 年曾撰《说古典诗歌中的词义》一文,内有一条即论此诗首二句,略云:

> “发生”这个词儿,今天的用法如发生事故、发生偏差的“发生”,都作“出了”解,但古人却不这样用。这里的“发”是茁发,“生”是生长;发生,犹言发育孳长。但前人拘泥于“发育孳长”之意,把此句解成“当春乃万物发生之时”(见明人胡震亨《杜诗通》引刘辰翁说),也是不妥当的。照我粗浅的理解,作者是把春雨当成有知觉的东西来描写的,所以第一句就写着“好雨知时节”。诗人认为,春天是万物萌芽发生之时,而这场好雨恰似知道季节一般,它也在一个春天的夜里象万物一样地“发生”起来了。万物的孳长是一点点大起来的,这场雨也正是如此,它“潜入夜”而“细无声”,好像植物的嫩芽一样,刚看见它从土里钻

出来,不知不觉就长大了。

其后1959、1962年,予皆有小文析此诗之义,惜稿已尽佚。今按:《庄子·庚桑楚》云:"夫春气发而百草生,正得秋而万宝成。"《尸子·仁意》云:"其风春为发生,夏为长赢,秋为方盛,冬为安静。"(《太平御览》卷十九引《尸子》文,与此小异。)《尔雅·释天》亦云:"春为发生,夏为长赢,秋为收成,冬为安宁。"《御览》卷十九引梁元帝《纂要》:"春亦曰发生。"皆杜此诗第二句所本。"发生"者,正形容春雨由疏而密、由多而少之神态。首句点明"好雨",寓题中"喜"字意;次句即明写"当春",则知好雨乃春雨矣。三、四两句写夜雨,以"潜""细"两字规定春雨之特征,即以明春雨之可喜。五、六两句写雨夜,五正写,六反写,以"明"衬"黑",是雨夜真景。七、八两句预写次日清晨,以雨催花之可喜烘托诗人内心之喜。抑有进者,如从作者捕捉形象之次第考之,则当先有中间四句,而第二句乃三、四两句之自然结果,第一句又是第二句之结论。惟以律诗之章法结构求之,则首尾为虚写,中间为实写,乃成一完整之诗作耳。末句之"花重",当指花之繁盛鲜艳,密度大而色彩浓,非指花着雨滞重之态。近人选本多从轻重义为注脚,似失作意。白居易《长恨歌》:"鸳鸯瓦冷霜华重。"陆游《涪州道中》:"雨添山翠重。"皆非单纯指轻重之意,可为佐证也。夫锦官城以产锦著称,用江水濯锦,锦色倍鲜;而春晓雨后之花,浓盛鲜活,恰为锦城添色。诗意实含双关。而清人俞玚云:"绝不露一'喜'字,而无一字不是喜雨,无一笔不是春夜喜雨。结语写尽题中四字之神。"盖写雨景切夜易,切春难,故用末二句点明万物发生之欣欣向荣,而"喜"在其中矣。

说"沉 塘 坳"

《茅屋为秋风所破歌》云:"茅飞渡江洒江郊,高者挂罥长林梢,下者飘转沉塘坳。""沉"字旧注各家均未加诠解。近人多释为沉没,其实非是。《语文学习》1957年5月号载有刘岫、商文光二君《对"沉塘坳"解释的意见》一文,引曹植《吁嗟篇》"自谓终天路,忽然下沉泉",释沉为深,极有见地。今按,"沉"之训深,于古有征,不独陈思诗一例。《庄子·外物》:"慰暋沉屯。"《释文》引司马彪注:"沉,深也。"《史记·刺客列传》言荆轲为人"深沉好书",又谓田光"智深而勇沉",深沉或复合连用,或连类并举,足证两字同义。《汉书·司马相如传》:"洒沉澹灾。"师古注:"沉,深也。"《后汉书·郭太传》："沉阻难征。"李贤注："沉，深也。"《论衡·问孔》："或是而意沉难见。"意沉，谓意义深奥也。求之杜诗本集，以"沉"为"深"之例亦数见。《述怀》："沉思欢会处。"《雨》之二："沉思情延伫。"沉思，犹言深思，其语盖出于萧统《文选序》"事出于沉思，义归乎翰藻"也。又《枯棕》："使我沉叹久。"沉叹，深深地叹息也。《长江》之二："色藉潇湘阔，声驱滟滪深。""深"一本即作"沉"，足证深、沉同义。就本诗言之，"沉塘坳"与"长林梢"为对文，"沉"自当训"深"为切。盖"茅飞"句极写风吹茅草之远，已远逾江之彼岸，自无从拾取之矣；"高者"句极写茅飞之高，达于高树之顶梢；"下者"句则极写茅被风卷至最低处，直至已涸之深塘之最坳下之底——亦皆无法拾取。然后下文乃更言尚有若干茅草固可为己所追及而重新拾回者，不意又为穷苦之"群童"公然抱持而去，己虽殚力竭气亦未能追及之。此正杜甫自伤年老力衰之具体写照。如释为"沉没"，则塘有水而茅轻，似未必能沉没于水底；使塘已涸竭无水，则沉字更无着落矣。"坳"盖指塘之最低下处，亦即塘之最深底也。必如此解乃合诗意耳。

说"春知催柳别"

《移居夔州作》："伏枕云安县，迁居白帝城。春知催柳别，江与放船清。农事闻人说，山光见鸟情。禹功饶断石，且就土微平。"此是大历元年（766年）春作者自四川云安移家白帝城时作。1956年作家出版社出版《杜甫诗选》于第三句注云："见到柳色放青，知道春天的到来，……故而有柳色催别的感觉。"是释原句为"知春催柳别"矣，疑未确。盖此句乃自灞桥折柳赠别之典联想而成。李白《劳劳亭歌》亦用此典而造意与之相反，可以参看：

天下伤心处，劳劳送客亭，春风知别苦，不遣柳条青。

仇兆鳌注"春知"二句云："春知别意，江与清波，此从无情处看出有情。"虽不误而所释太简略。盖诗人正以春日为有情，谓其知己之将别，故催柳枝早日放青，以示惜别之意也。边连宝《杜律启蒙》释此句云：

"春知催柳别"，犹"吩咐西河堤畔柳，安排青眼送行人"也。（小如按：此二句见王实甫《西厢记》第四本第二折，“吩咐”作“寄语”，边氏引文当是误记。而王西厢此二句又借自金人高汝砺临终留诗“寄谢东门千树柳，安排青眼送行人”之句。高诗见《中州集补》，近人王季思先生《西厢记校注》谓见于《中州集》，小误。）

然作者写“春”与“江”虽同属有情，而三、四两句之感情初非一致。三句所抒为惆怅惜别之情，如卢元昌《杜诗阐》所谓“顾此柳色依依，若有离恨”是也。四句则写江涨波清，与人以放船东下之便，若赞助己之迁居者然，是所抒为喜悦快意之情，恰与上句形成对比。汪灏《树人堂读杜诗》谓：“春柳渐浓，春亦愿我离云安；江涨渐清，江亦愿我赴白帝。”释第四句甚恰，而解“春知”句则不免有“合掌”之病。夫作者自此迁彼，心情本自复杂，既惜别云安，复向往白帝，种种委婉曲折，仅以两句摹绘出之。解诗者乃一以贯之，使诗意简单化，自不免索然寡味。予尝谓杜诗易读而难通，此诗即一例也。

略论杜诗的用事

清初人吴见思撰《杜诗论文》，在《总论》中曾提到另有《杜诗论事》一书，补旧注之不足者凡一万余事，惜其书不传。1979 年 4 月，日本著名汉学家吉川幸次郎先生光临北京大学，在中文系举办的学术报告会上介绍了他多年来研究杜诗的心得，对前人解释杜诗未能惬心贵当之处提出了他精辟的意见，如《行次昭陵》“幽人拜鼎湖”句的“幽人”和《秦州杂诗》之五“南使宜天马”句的“南使”究何所指的问题，很带启发性。因此笔者深感在研究杜诗的用事方面还是一块大有可为的园地。这里略谈一点个人体会。

所谓用事，有的是用古事古语，即通俗所说的用典故；有的则是用当时的事或典。吉川幸次郎教授所谈的几个例子，大都属于前人误把唐代当时的事或典当成了古代的事或典，所以认为值得商榷。我这里想说的则是杜诗在用古事时有明典有暗典，明典易知，暗典难求。而暗典之中，又有正用或反用的不同。其实我国古代诗词的艺术特点多凭借此种手法来表现，杜甫不过是继往开来的大师之一而已。

所谓明典，如《登兖州城楼》“东郡趋庭日”的“趋庭”，《题张氏隐居》五律中的“杜酒偏劳劝，张梨不外求”之类，只要找到一个详尽的注本，一检可得，无烦诠解。

至于杜诗中暗用的典故，即使前人注了出处，往往仍不免有雾里看花或似是而非的毛病；何况有的诗句前人所注或未尽确，或根本未注。如七古名篇《哀江头》云：

昭阳殿里第一人，同辇随君侍君侧。辇前才人带弓箭，白马嚼啮黄金勒。翻身向天仰射云，一笑正坠双飞翼。

"第一人"即指杨玉环，用《汉书·外戚传》汉成帝宠赵飞燕姊妹使居昭阳殿事，此即所谓明典。而"辇前"四句，倘不深究，很可能被认作写实。但钱谦益、仇兆鳌两家注本都引潘岳《射雉赋》："昔贾氏之如皋，始解颜于一箭。"其实潘岳这里也是用典，所谓如皋射雉事，见《左传·昭公二十八年》魏献子引叔向当初所讲的一个故事：

昔贾大夫恶（生得丑陋），娶妻而美，三年不言不笑，御以如皋（驾车带着他妻子到皋泽中去），射雉，获之，其妻始笑而言。

《哀江头》是杜甫忧国伤乱之作。当时长安已陷于安禄山之手，杜甫在诗中所"哀"的是唐玄宗的西逃和安、史部下对长安的蹂躏，至于李隆基因宠幸杨玉环而导致外戚弄权和军阀窃国，则非作者此诗着力谴责的所在。但追本溯源，宠爱杨氏又确是李唐肇祸之端。于是作者暗用此典，写皇帝为了讨好贵妃，不惜晏安鸩毒，流连于射猎歌舞，正如贾大夫之媚其美妻。这种含而不露的微讽，于诗旨是恰到好处的。

三十多年前听俞平伯先生讲杜诗，于《观公孙大娘弟子舞剑器行》中"女乐余姿映寒日"一句解释说：这句是暗用向秀《思旧赋序》，借以寄今昔沧桑之深慨。我以为这个解释是很精辟的，它正与诗中上文"感时抚事增慨伤"句相映照。检《思旧赋序》云：

（嵇康）临当就命，顾视日影，索琴而弹之。余（向秀自指）逝将西迈，经其旧庐，于时日薄虞渊，寒冰凄然，邻人有吹笛者，发声寥亮，追思曩昔游宴之好，感音而叹，故作赋云。

所谓"日薄虞渊，寒冰凄然"，正是此句"映寒日"之所本。惟作者写得极为含蓄，使人不觉其用典，即所谓"暗用"是已。黄生《杜诗说》卷三评云：

> 后段深寓身世盛衰之感，特借女乐以发之，其所寄慨，初不在绛唇朱袖间也。

此外，陈式《问斋杜诗说意》卷十八、张远《杜诗会粹》卷二十，皆申此旨而详略互见，今不具引。但他们都未涉及“映寒日”所暗用之典。仇注引陶渊明诗“惨惨寒日”，只从字面找依据，已失之泛；作家出版社1956年出版的《杜甫诗选》注云：“舞时在十月，故云映寒日。”也把用典看作单纯写实，且仅就季节言之，未免近于皮相矣。

杜甫还有一首五绝《八阵图》，乃是家喻户晓之作：

> 功盖三分国，名成八阵图。江流石不转，遗恨失吞吴。

历来注家于此诗多着意于第四句的解释。据仇注归纳说：

> 今按，下句（指“遗恨”句）有四说：以不能灭吴为恨，此旧说也；以先主之征吴为恨，此东坡说也（见《津逮秘书》本《东坡题跋》卷二《记子美八阵图诗》，又见《东坡志林》）；不能制主上东行而自以为恨，此（王嗣奭）《杜臆》、朱（鹤龄）注说也；以不能用阵法，而致吞吴失师，此刘氏（刘逴）之说也。

此四说中究以何说为是，我以为关键在于对第三句的解释。所谓“江流石不转”，实暗用《诗·邶风·柏舟》“我心匪石，不可转也”而反其意。《柏舟》诗中的抒情主人公以石为喻，言石虽坚而尚可转动，而我之心却比石更为坚定，竟连一丝也不动摇。杜甫则谓诸葛亮之忠于蜀汉，不但其心坚定不二，就连他遗留在江中的石蕝也不随江流而转动，足见其矢志不移的节概。然而诸葛亮对刘备最感遗憾的，乃是刘备贸然妄兴吞吴之师，终于失算，以致功败于垂成。而自己既受知于刘备，竟不能予以制止，当然对此是负有责任的。可见仇注所引朱鹤龄说，从全诗来看似更确切。当然东坡之说与朱说也并无太大矛盾，只是不及朱说深刻。仇注虽引《柏舟》诗句，只是仍着眼于字面，却未点明是反用其意，这就把诗中的真正含义给疏忽了。

杜诗这种暗用典故的手法到宋诗中乃日益发展，尤以陆游为更擅胜场。如陆的七绝《夜归偶怀故人独孤景略》云：

买醉村场夜半归，西山月落照柴扉。刘琨死后无奇士，独听荒鸡泪满衣。

第二句看似眼前实景，其实却是暗用杜诗《梦李白》“落月满屋梁，犹疑照颜色”之意，以见作者与独孤景略交谊之深、志趣之相投和自己对亡友怀念之切。这正是杜诗影响于后世的重要方面之一。

附记：

杜甫的这种暗用典故的手法也是在继承前代诗人的基础上有所发展的。如王粲《七哀诗》：“南登霸陵岸，回首望长安。”看似纪实，实有寓意。霸陵为汉文帝墓，作者所以登霸岸而回望长安，正暗示因面临长安大乱局势而缅怀西汉文帝治世，惟使人不觉其用事耳。晚唐杜牧则反用王粲诗而袭其意，其《将赴吴兴登乐游原一绝》云：“欲把一麾江海去，乐游原上望昭陵。”这正是作者对晚唐黑暗政局有所不满，才对李世民的贞观之治表示向往（昭陵是唐太宗墓），故望昭陵以寄意。可是杜牧把王粲诗的“登”和“望”的地点调了个位置，便显得有模仿的斧斫痕迹，所以宋人叶梦得在《石林诗话》中就明确点出了。可见在暗用典故这一方面，小杜还是略逊老杜一筹的。

白居易诗臆札

前　言

近时由于工作需要，读了部分白居易诗，同时参考了日本简野道明的《白诗新释》以及新中国成立前后出版的各种选本，实兼有“补课”性质。从前过信白诗老妪都解之说，又惑于苏轼“元轻白俗”之论（其实东坡本人受白居易的好影响正不在少），以为白诗平易浅近，一篇到手，迎刃可解。实则过去读书，近于囫囵吞枣，这次披诵，不禁悦服诗人工力之深，初不宜专从“浅出”一面去理解。即如《有木诗》第七首（“有木名凌霄”），其“朝为拂云花，暮为委地樵”二句，“拂云”用杜诗“阶前树拂云”（《陪郑广文游何将军山林十首》之九），“委地”用《庄子·养生主》“如土委地”，皆不露丝毫斧斫痕迹。前人津津乐道杜诗无一字无来历，却无人为白诗费解处写笺注，至少应说是一缺憾。午夜雒诵，每有会意，辄随手写记，成《臆札》十则，亦聊胜于无耳。1961 年 11 月在北京西郊。

《臆札》写于 1961 年冬日，当时人民文学出版社出版的《白居易诗选》（以下简称《诗选》）和《中国历代诗歌选》（以下简称《诗歌选》）上编尚未问世。其后重读白诗，遂以此二书为主要参考读物。旧作中有些意见与《诗选》雷同，今已删去；同时也偶据《诗选》和《诗歌选》中有关意见对拙文有所补充。汰旧益新，仍存十则。这是需要加以说明的。1965 年 9 月重订再记。

《观刈麦》

《观刈麦》诗：“复有贫妇人，抱子在其旁。右手秉遗穗，左臂悬敝筐。听其相顾言，闻者为悲伤。家田输税尽，拾此充饥肠。”此是写实，殆无可疑。但白居易所以选择“秉遗穗”这一场面，实本于《诗·小雅·大田》：“彼有不获稚，此有不敛穧；彼有遗秉，此有滞穗，伊寡妇之利！”然《大田》诗意在于歌颂，所谓“雨我公田，遂及我私”。诗中写到奴隶主在大批“公田”丰收之余,对没有劳动力的寡妇也略予沾溉——地里的残穗就足够她吃的了。《观刈麦》的用意则恰好相反。从诗中的描写看,既有“遗穗”可“秉”,大约也是丰收。然而在丰收的后面却有着极悲惨的现实存在。这正是白诗“青出于蓝而胜于蓝”的地方。

《宿紫阁山北村》

《宿紫阁山北村》诗:“村老见余喜,为余开一尊。”意本醒豁,无烦诠解。然“开”字究应何训,殊耐推敲。《说文》“门”部:“开,张也。”桂馥《说文义证》以《老子》“将欲翕之,必固张之”释证其义,是。《汉书·邹阳传》:“欲开忠于当世之君。”颜师古注:“开,谓陈说也。”由“翕张”之义引申为“张布”,由“陈说”之义引申为“陈设”、“陈列”,于是“开”有张布、陈设之义。李白《春夜宴桃李园序》:“开琼筵以坐花。”“开琼筵”,即陈设筵席之意。今犹有“开饭”一词,犹言“摆饭”。故“开一尊”即摆上一杯酒或置酒一杯。

《采地黄者》

采地黄以饲马,盖出自神仙家言。《太平御览》卷八九七引《抱朴子》云:“韩子治(南宋朱翌《猗觉寮杂记》引作‘韩子子治’)尝以地黄、甘草哺五十岁老马,以生三驹,又百三十岁乃死。”白居易此诗不知是否用其事。可参阅《猗觉寮杂记》卷上及清人冯应榴《苏诗合注》卷三十九。盖苏轼有《小圃五咏》,其第二首即咏地黄。又冯注引东坡《寓惠集·与翟东玉书》:“药之膏油者莫如地黄,啖老马皆复为驹。”亦可与白诗互参。又,冯注所引《猗觉寮杂记》之文,中华书局出版之《中国文学研究资料汇编·白居易卷》未收。

白此诗云:“凌晨荷锄去,薄暮不盈筐。携来朱门家,卖与白面郎。与君啖肥马,可使照地光。”“盈筐”用《诗·周南·卷耳》“不盈顷筐”,“朱门”见杜诗“朱门酒肉臭”,皆易知。而“白面郎”“照地光”二语,亦皆有所本。杜甫《少年行》:“马上谁家白面郎。”疑白诗正用此句。《九家注杜诗》引赵彦材说:“白面郎,盖言其富贵少年者耳。”释此最确。又韩翃《送张渚赴越州》:“白面谁家郎,青骊照地光。”与白诗用语全同。韩翃为天宝十三年进士,又是大历十才子之一,年辈早于白居易,其诗固为白所及见。如果白不是用韩翃诗，则很可能这两句话是当时习用语，故韩、白两家皆取以入诗（许浑、皮日休诗中皆有“白面郎”一语，足见是当时所习用之词）。

又，《仇注杜诗》卷十，于《少年行》首句下注云：“《南史》：‘童谣云：不见马上郎，但见黄尘起。’”《楚辞》：“厌白玉以为面兮，怀琬琰以为心。’”今按，《南史》引童谣见于《陈本纪·论》（《御览》卷九六〇引此谣则以为出于《陈书》），用以注杜诗，似未贴切；与白诗自更无关涉。《楚辞》二句，见于东方朔《七谏》。证以李白《洛阳陌》：“白玉谁家郎，回车渡天津，看花东陌上，惊动洛阳人。”则仇注为近是。然则《七谏》二句似亦可移注白诗。

关于“照地光”，愧无所知。杜甫《韦讽录事宅观曹将军霸画马图》：“曾貌先帝照夜白。”“照夜白”又见《明皇杂录》《开元记》《画鉴》等，当即一马。照夜白者，马毛能照得夜间发光之谓。“照地光”之义，或当与此相类。《说文》：“骊，马深黑色。”韩翃诗中的“青骊”乃黑马。以黑马而能照地光，其毛色之润泽可知。通过韩翃诗，我们对“照地光”的意义了解得似更多一点。

《新制布裘》

《新制布裘》诗：“丈夫贵兼济，岂独善一身。”按，《孟子·尽心上》：“古之人，得志，泽加于民；不得志，修身见于世。穷则独善其身，达则兼善天下。”白诗正本此。《孟子》连用两“善”字，白诗把“兼善”改为“兼济”，盖本于《周易·系辞》，所谓“知（智）周乎万物而道济天下”（《上传》第四章）与“臼杵之利，万民以济”（《下传》第二章）的“济”是也。但白当时写此诗之意似指自己无论得志与否，皆应以“兼济”为贵，而对“独善”则采取不予考虑的态度。又，李白《赠韦秘书子春》：“苟无济代心，独善亦何益！”疑白诗提法亦受李诗影响。

又按，白氏《与元九书》有云：“古人云：‘穷则独善其身，达则兼济天下。’仆虽不肖，常师此语……进退出处，何往而不自得哉！故仆志在兼济，行在独善，奉而始终之则为道，言而发明之则为诗。谓之讽喻诗，兼济之志也；谓之闲适诗，独善之义也。”此书是白居易谪居浔阳时作，较《新制布裘》诗为迟，书中强调“独善”的一面，已带有消极情绪。从而又看出作为士大夫的白居易思想中的阶级局限。而这种局限发展到白氏晚年就更其严重，以至于完全脱离了社会，忘掉了“兼济”，也忘掉了他自己早年写的那些大言不惭的诗句（然而白居易晚年的官却比他写《新制布裘》时做得高多了)，完全沉浸在“独善”的小天地之中去了。

《轻　肥》

《轻肥》诗云：“尊罍溢九酝，水陆罗八珍：果擘洞庭橘，脍切天池鳞。”擘，博厄切，《广雅·释言》训“剖”，《玉篇》训“裂”，段玉裁《说文解字注》：“今俗谓裂之曰擘开。”现代汉语有“掰”(bāi)字，即由“擘”字孳乳而生。此与“剥”不是一字，而今人书写却每以“剥”代“擘”了。“洞庭橘”，《诗选》注谓“江苏太湖洞庭山产橘”云云，是。而《诗歌选》上编初版则注云：“湖南的柑橘很好，当时交通不便，运到长安，更加名贵。”不免凭臆测以立说。至第二次印刷本，此条注文保留了首句，以下改为：“或说是太湖洞庭山之橘。均言其名贵。”尤为模棱两可之词。按《诗歌选》所注，似据《山海经·中山经》“洞庭之山……其木多柤梨橘柚”之说，而且湖南省也的确是产橘的。然据《山海经》郭璞注：“今长沙巴陵县(即今湖南岳阳市)西，又有洞庭陂(湖)，潜伏通江。《离骚》曰：‘邅吾道兮洞庭’，‘洞庭波兮木叶下’，皆谓此也。”郝懿行《笺疏》：“按洞庭山在今苏州府城西太湖中，一名包山。……郭以此经洞庭山，即君山也。在今湖南巴陵洞庭湖中。”故虽名“洞庭之山”，却实指君山。而南宋赵彦卫《云麓漫钞》卷十：“洞庭有山水之分。吴中太湖内，乃洞庭山，产柑橘，香味胜绝。韦苏州、吴融、王维、苏子美诗序，皆指山为言。楚之洞庭乃湖，连亘数州，边湖亦产柑橘。《襄阳记》：‘李叔平敕子曰：龙阳洲有千头木奴。’龙阳洲在洞庭侧旁。张华云：‘橘在湘水侧。’刘瑾云：‘寄生于南楚。’谢惠连《甘(柑)赋》：‘倾予节兮湖之区。’皆言湖边，初不指湖为言。今湖南多云鼎甘(柑)，亦此义。”是知湖南洞庭湖边虽产柑橘，却不以洞庭为名，而唐、宋人所谓的“洞庭橘”，则概指太湖洞庭山所产。如韦应物《答郑骑曹青橘绝句》(一作《故人重九日求橘书中戏赠》)云：“怜君卧病思新橘，试摘犹酸亦未黄。书后欲题三百颗，洞庭须待满林霜。”此当是韦在苏州刺史任内之作，因为他是没有到过湖南的；故诗中的“洞庭”，当指“苏州府城西太湖中”的洞庭山。又如皮日休《早春以橘子寄鲁望》诗：“个个和枝叶捧鲜，新凝犹带洞庭烟。”皮日休与陆龟蒙(字鲁望)唱和之作，皆成于皮在苏州寄居的年代里，当时陆隐居太湖，而皮受辟于崔璞，并曾畅游洞庭山，时在咸通九年以后(详见皮所作《太湖诗序》，序作于咸通十一年，即870年)。则诗中的“洞庭”亦当指太湖的洞庭山。再如僧贯休《庭橘》诗，径言“洞庭山上味何如”，更是指太湖里的洞庭山无疑了，因为洞庭湖上的君山，除了《山海经》之外，后世是很少称它为洞庭山的。然则白居易此诗亦不指湘橘而指吴橘可知已。又据宋韩彦直《橘录》卷上云：

> 洞庭柑皮细而味美，比之他柑，韵稍不及。熟最早，藏之至来岁之春，其色如丹。乡人谓其种自洞庭山来，故以得名。东坡《洞庭春色赋》有曰："命黄头之千奴，卷震泽而与还。"

"黄头千奴"，即指橘，用吴丹阳太守李衡种橘的故事，见《水经注》和《襄阳记》。"震泽"，为太湖之古名，见《尚书·禹贡》。这些材料，都可为白诗佐证，说明此诗的"洞庭橘"不是指湖南的产物，而自以《诗选》之用《橘录》之说之为宜也。

《买　花》

《买花》诗云："贵贱无常价，酬值看花数。灼灼百朵红，戋戋五束素。"篇末云："一丛深色花，十户中人赋。""戋戋"一句，聚讼纷纭，讲法不一。《诗选》注云：

> 戋戋句，用《易经·贲卦》"束帛戋戋"语。戋戋，众多委积之貌；一说，剪裁分裂之状。"素"，绢之精白者；这里用以形容白色牡丹花。按向来对此句解释意见不一：有人以为"素"是指花的代价，或又以为"素"是束花用的。

《诗歌选》则注云：

> 灼灼二句：说百朵的红牡丹值二十五匹生帛。古代五匹为一束。……"戋戋"……微少。这里是反话。一说，"五束素"指五株白牡丹，亦可。

这里分歧共有两个：一、"戋戋"究竟是"多"还是"少"？二、"素"究竟指"帛"还是指"牡丹"？而两者实彼此关联，解决一个，另一个也就容易弄清楚。至于《诗选》说的"或又以为'素'是束花用的"，说近支离，这里不想去讨论。

"戋戋"一语出自《周易·贲卦》爻辞，殆无可疑。其全文是这样的："六五，贲于丘园，束帛戋戋。吝，终吉。""贲"是"饰"的意思，"丘园"乃贤者所隐居之地，"束帛”则聘贤的礼物也。旧注大抵如此解释。但王弼注却说得比较含糊：

> 处得尊位，为饰之主，饰之盛者也。施饰于物，其道害也。施饰丘园，盛莫大焉。故贲于束帛，丘园乃落；贲于丘园，帛乃戋戋。用莫过俭，泰而能约，故必吝焉，乃得终吉也。

对于“戋戋”未作正面具体的解释。陆德明《经典释文》引马融云：“戋戋，委积貌。”又引薛虞云：“礼之多也。”又引黄颖云：“猥积貌。一云，显见貌。”又《文选·东京赋》“旅束帛之戋戋”句，薛综亦云：“戋戋，委积之貌也。”故孔颖达作《周易正义》，则云：“戋戋，众多也。”此即《诗选》“众多委积之貌”一语之所由来。盖束帛“委积”，则数量“众多”，自然也就“显”而易“见”。故《释文》与《正义》两书所列举的训释并无矛盾。而唐以前注家对“戋戋”的解释，都是“多”的意思，从上面所引的材料，也可概见。

到了北宋时，程颐作《易传》，对“戋戋”一词才提出了异训。他说：“戋戋，剪裁分裂之状。帛未用则束之，故谓之束帛。及其制为衣服，必剪裁分裂戋戋然……戋戋，谓受人剪裁而成用也。”这就是《诗选》一说的根据。但程颐这一解释实不可取，就连他的信徒朱熹也不同意。《朱子语类》卷七十一云：“他（指程颐）解作裁剪之象，尤艰曲说不出。”又云：“程《传》作剪裁，已是迂回。”又云：“伊川此卦《传》大有牵强处。‘束帛’解作剪裁，恐无此理；且如今将束帛之说教人解，人决不思量从剪裁上去。”故朱熹著《周易本义》，便对“戋戋”作出与“众多”相反的解释而不用程说。他说：

> 束帛，薄物。戋戋，浅小之意。人而如此，虽可羞吝；然礼奢宁俭，故得终吉。

在《朱子语类》卷七十一里，还有好几条与此类似的意见。如说：

> 或以戋戋为盛多之貌，曰：“非也。戋戋者，浅小之意，凡浅字、笺字皆从戋。”或问：“浅小是俭之义否？”曰：“然。所以下文云‘吝，终吉’。吝者虽不好看，然终却吉。”

又说：

> 戋戋，是狭小不足之意。以字义考之，从水则为浅，从贝则为贱，从金则为钱。如所谓“束帛戋戋”，“六五”居尊位，却如此敦本尚俭，便似吝啬，如卫文公、汉文帝，虽是吝，却终吉……

又说：

> 盖戋戋自是浅小之意。如从水则为浅，从人则为俴，从贝则为贱，皆浅小意。

他如南宋张世南《游宦纪闻》卷九亦有类似的说法：“如‘戋’有浅小之义，故水之可涉者为‘浅’，疾而有所不足者曰‘残’，货而不足贵重者为‘贱’，木而轻薄者为‘栈’……凡此皆可类求。”可与朱熹说互参。从此，“戋戋”一词的训释便由“多”到“少”，一反汉魏晋唐之旧说了。（按，丁度等撰《集韵》，在“狝”韵中收“戋”字，训为“少意”；沈括《补笔谈》卷一亦云：“《易》曰‘束帛戋戋’，戋戋者，寡也，谓之盛者非也。”是北宋时已有此训了。）清儒治经，多尊汉而蔑宋，如毛奇龄本来一向是同朱熹唱对台戏的，但他对“戋戋”一词的解释，却依朱说。毛氏在《仲氏易》卷十里解“束帛戋戋”句，先引张衡《东京赋》，然后说：“而规模减小，草野羞啬，不其吝乎？”这不是与《周易本义》的解释如出一辙了么？又如焦循《周易补疏》卷一，释此句亦云：

> 循按：……《释文》“戋戋”，子夏《易传》作“残残”。《淮南·本经》高诱注云：“残，堕也。”王逸《离骚章句》云：“落，堕也。”残、落义同。故王氏（按，指王弼）以“落”字与“戋戋”互明；贲于束帛，丘园乃戋戋矣；贲于丘园，束帛乃落矣（按，请参阅前引王弼注文）。薛虞云：“戋戋，礼之多也。”《正义》本此，以戋戋为众多。王氏无此训。

同样是引申王弼的话，焦循竟与孔颖达的理解完全不同。他释“戋戋”既有残、堕（同“隳”）之义，显然也与朱熹的说法相近。所以清人张云璈在《选学胶言》卷三里说：“古皆以‘戋戋’为‘多’，今则训为‘少’矣。”

我们治学往往受清儒影响,对宋儒讲考据,总带有主观片面的看法,以为他们既靠不住,也信不过。其实这不能一概而论。即如朱熹对“戋戋”一词的解释,我以为就比唐以前人正确。请先从“戋”字谈起。《说文》:“戋,贼也。《周书》曰:戋戋,巧言也。”段玉裁注:“(戋)与‘残’音义皆同……今则‘残’行而‘戋’废矣。”《释文》于“束帛戋戋”句引子夏《易传》,正作“残残”,已见前引焦循《补疏》。残余、残缺、残坏,都有“少”的意思。至于所引的“戋戋,巧言也”,字应作“諓諓”。《春秋公羊传》文公十二年何休《解诂》:“諓諓,浅薄之貌。”《汉书·李寻传》颜师古注:“諓諓,小善也。”此外,从水的“浅”,《说文》训“不深也”;从人的“俴”训“浅”,亦见《说文》,与“譾陋”的“譾”同义(见《集韵》);从巾的“帴”训狭,见《周礼·考工记》郑众注;从木的“栈”训小钟,见《尔雅·释乐》:“钟小者谓之栈。”从皿的“盏”(又写作琖)训“最小杯也”,见《方言》卷五郭璞注。可见由“戋”得声的字,每有狭小、微少、单薄、肤浅之意。况且《贲卦》明有“吝,终吉”之语,少量的束帛正是“吝”字的注脚。所以近人朱起凤氏撰《辞通》,于“戋戋”之义径取朱熹之训而遗汉唐旧说,是不为无见的。

不过问题还要辩证地看。朱熹对《贲卦》“戋戋”一词的解释固然正确,援引过来解释白诗却未必适合。因为朱熹是南宋人,他的著作,白居易是无法看到的。对于唐朝科第出身的士子(包括白居易在内)来说,倒是陆德明、孔颖达等人的著述会更有权威性。所以白居易用《贲卦》入诗,对“戋戋”一词,用孔氏《正义》的说法的可能性是非常大的。

这里就牵涉到对诗中“束素”的理解了。从上文“贵贱”二句和篇末“一丛”二句的涵义看来,此处的“五束素”似应指花的代价而不是指花。否则上下文都嫌落空,缺乏具体的说服力。果尔,则“素”当指帛。根据《仪礼·士昏(婚)礼》的注文,一束是十端,即五匹。这是从汉唐以来直到明清近代最普通的讲法。而唐制,端又比匹为大,布帛六丈为端,四丈为匹。故白诗的“五束”或为三百丈,或为一百丈,总之是个不小的数目。因而这一句应该是实指,并非说“反话”。盖从《贲卦》来看,束帛本是聘贤的币礼,以一束(五匹)帛聘贤者,自然为数不多,未免“羞吝”;所以汉魏晋唐人的解释未必中肯,而朱熹之说却容易为人所接受。从白诗看,则“彤庭所分帛,本自寒女出”,用一丈或数丈的素帛去换一朵饥不能食、寒不能衣的牡丹花,其为奢侈浪费自不待言。故鄙意白诗的“戋戋”实以解作“委积众多”之义为宜。这样讲,不但紧承上文,且与篇末二句也彼此关联,先后照应,诗人讽喻之旨也十分清楚了。况且“灼灼”两句,上句言“花”为实写,下句言“帛”为虚写(即从诗句所反映的形象看,现场只有花而无帛),而虚实又复相生(即虽不见帛而实使想到花价与五束帛之值相等)。这样讲,就诗境言,亦复更有深度。

至于《诗选》释“戋戋”为“众多委积之貌”,却以“素”比喻白色的“花”,实属自相矛盾。因为“五束”花实在不算众多,且亦不能给人以“委积”之感也。

《自蜀江至洞庭湖口有感而作》

唐代元和、长庆之际,诗人韩愈、孟郊与元稹、白居易各自成派。从前我讲文学史时,曾发表过这样的意见:韩、孟也写过元、白一派风格的诗篇,并举韩愈《山石》及其一些七言绝句和孟郊的《游子吟》等诗为例。目的在说明韩、孟不是不能写通俗易懂的作品,而是有意回避“当时体”以求独辟蹊径。这次读白诗,才又发现白氏集中也有与韩愈风格相近的作品,即此诗便是。兹全录其诗如下:

> 江从西南来,浩浩无旦夕;长波逐若泻,连山凿如劈。千里不壅溃,万姓无垫溺。不尔民为鱼,大哉禹之绩。导岷既艰远,距海无咫尺;胡为不讫功,余水斯委积?洞庭与青草,大小两相敌;混合万丈深,渺茫千里白。每岁秋夏时,浩大吞七泽。水族窟穴多,农人土地窄。我今尚嗟叹,禹岂不爱惜?邈未究其由,想古观遗迹。疑此苗人顽,恃险不终役。帝亦无奈何,留患与今昔。水流天地内,如身有血脉;滞则为疽疣,治之在针石。安得禹复生,为唐水官伯!手提倚天剑,重来亲指画。疏河似剪纸,决壅如裂帛。渗作膏腴田,踏平鱼鳖宅;龙宫变闾里,水府生禾麦。坐添百万户,书我司徒籍!

此诗从一开头即表现得气势浩瀚,句法高古,极似韩愈。自“我今尚嗟叹”以下,以想象带议论,亦韩诗中习见手法。而“安得禹复生”以下,一气呵成,尤使人有山奔潮涌之感。可见大作家的艺术风格总是不拘定式、不囿于一隅的。

细思之,此诗所以似韩诗,或者说所以与白氏其他作品不大相同的原因,还不在于章句技巧而已。最主要的一点,即白氏此篇的创作方法乃是浪漫主义的。诗人用瑰丽的幻想来表达崇高的理想,用夸张的手法来寄托远大的抱负,自然与《秦中吟》《新乐府》等着重揭露与控诉的写法不同;更与诗人晚年由于一味耽溺看花饮酒、吟风弄月的生活而写的作品有巨大差异。这一类型的诗篇在《长庆集》中虽然数量不多,却是决定白居易成为一代大作家的一个重要因素。

正由于此诗意在揭橥诗人的抱负和理想,我们就不宜用一般庸常的想法来要求它。清人赵翼在《瓯北诗话》卷四里曾批评此诗说:

> 香山有过洞庭湖诗,谓大禹治水,何不尽驱诸水直注之海,而留此大浸,占湖南千里之地。若去水作陆,又可活数百万生灵,增入司徒籍。岂禹时苗顽不用命,遂不能兴此役耶?此书生之见,好为议论,而不可行者也。万山之水,奔腾而下,其中途必有停潴之处,始不冲溢为患。……黄河之水,无地停蓄,遂岁岁为患。若令蜀江出峡后,即挟众水直趋东海,其间吴楚经由之地,横溃冲决,将有更甚于黄河者。香山但发议论以骋其诗才,而不知见笑于有识也。

从道理讲,赵翼的话未尝无理。然执此以评白诗,适足以见其迂拘可笑。其实白居易何尝当真要办傻事,想把洞庭湖给填平,不过借此一抒其富国忧民的理想而已。这样的批评只能说明批评者还没有真正体会到诗人的用意,当然赵翼更不懂什么叫浪漫主义创作方法了。可见"知人论世",谈何容易!

此诗用典有极明显者,如"不尔民为鱼,大哉禹之绩"二句是。《左传·昭公元年》:"刘子曰:美哉禹功,明德远矣!微禹,吾其鱼乎!……子盍亦远绩禹功,而大庇民乎!"亦有颇为隐晦者,如"疑自苗人顽,恃险不终役,帝亦无奈何,留患与今昔"四句是。前二句盖用《韩诗外传》卷三:"当舜之时,有苗不服。其不服者:衡山在南,岐山在北,左洞庭之波(一本作'陂'),右彭泽之水——由此险也。以其不服,禹请代之,而舜不许,曰:'吾喻教犹未竭也。'久喻教而有苗民请服。"诗中的"恃险",必须读了《外传》,才能很明确地理解,而且用典密切联系到"洞庭之波",尤见诗人匠心。至于"帝亦无奈何"的"帝",乃指舜而非指禹。这一点似乎连赵翼以及简野道明都没有搞清楚。现陈述理由如下:

一、《礼记·檀弓》:"舜葬于苍梧之野。"郑玄注:"舜征有苗而死,因葬焉。"《淮南子·修务训》也明载着舜"南征三苗,道死苍梧"的话。可见诗中的"无奈何"确有所指,并非空谈。(当然,如《吕氏春秋》和《韩诗外传》等书就说舜终于征服了三苗,这里恕不去考辨史实。)

二、禹治水时尚未为帝,读《尚书》和《史记》自知。而且在这两部书中每逢叙述到舜、禹对话时,总是以"帝"称舜而不以称禹。

三、此诗前后诸句皆直呼禹名,独此句称“帝”,宜非指一人也。

此诗结尾处说:“坐添百万户,书我司徒籍。”有的选本只注:“司徒,官名。”似未解决问题。按,《周礼·地官》:“大司徒之职,掌建邦之土地之图,与其人民之数。”正因为司徒是掌管土地和人口的,所以清代才称户部尚书为司徒。而此诗的“书我司徒籍”也才显得用语贴切。又按孙诒让《周礼正义》卷十七题下疏云:“《小尔雅·广言》云:‘司,主也。’《白虎通义·封公侯篇》云:‘司徒,主人。(司徒,是主管人事的官。)不言人(而)言徒者,徒,众也,重民众。’”可知“司徒”一名的词义,即“掌管众庶”之意。这对于了解白诗也不无帮助。

《琵　琶　行》

此诗各选本大都有详注。陈寅恪先生《元白诗笺证稿》亦有专文。惟“名属教坊第一部”句的“第一部”,各本注释皆付阙如。考《新唐书·礼乐志》:“玄宗……即位,命宁王主藩邸乐,以亢(抗)太常,分两朋以角优劣。置内教坊于蓬莱宫侧,居新声散乐倡优之伎……又分乐为二部:堂下立奏,谓之立部伎;堂上坐奏,谓之坐部伎。太常阅坐部,不可教者,隶立部;又不可教者,乃习雅乐。”可见坐部伎水平最高,立部伎次之。此诗的“第一部”,疑指坐部伎。

又此诗本极流行,诗题亦向无异议。而本集则题作《琵琶引》,《诗选》从之,且加注云:“按序文说‘行’,而题目作‘引’……‘行’、‘引’草书形近,似有一讹。”今按,原题实当作《琵琶行》,“引”乃误字。作者自序明言“命曰《琵琶行》”,《诗选》已及之;而诗云:“莫辞更坐弹一曲,为君翻作《琵琶行》”,以“行”字协韵,显非讹字。“三占从二”,自以作“行”为是。《诗选》不免好奇,且有客观主义之嫌也。

《问刘十九》

我们读古典诗词,往往好用今天的生活方式和常用语去理解古人用的词汇,有时不免有毫厘千里之失,有时即使理解得意思差不多,而诗味却被冲淡。这里随手拈个大家都熟悉的例子,如白诗《问刘十九》即是。诗云:

绿蚁新醅酒,红泥小火炉。晚来天欲雪,能饮一杯无?

我儿时读此诗，认为较难懂的是第一句。经过查字典和看注解的过程，才懂得“绿蚁”是酒的表面上浮着一层泡沫，又叫“浮蚁”。“新醅酒”，即新酿熟的酒。而下面的三句，看起来很容易懂，因此不再开动脑筋，以为没有问题了。

近来又对这首小诗反复涵泳，竟然发现以前对第二句理解得不够正确。这首诗虽仅四句，前两句对仗得却十分工稳。“绿蚁”对“红泥”，“新醅酒”对“小火炉”。以前一直把“小火炉”三字读成“小的火炉”，印象中仿佛白居易用的是现在北京常见的煤球炉或两用炉。其实这个理解是错的。这不仅由于“小的火炉”和“新醅的酒”在对仗上不够工稳，更主要的是破坏了原诗优美的意境。原来这句诗里的“炉”，是专供暖酒用的酒炉，诗人已明白告诉我们是用“红泥”做的，其体积比煤球炉之类还要小得多。而暖酒自然要用“小火”，如果用猛火、大火，岂不把酒都蒸发了？因此，第二句应该读为“小火的炉”才对。小火，即微火、文火，这同“新醅的酒”才对仗得工稳巧妙。至于导致误解的原因，主要由于自己对生活缺乏知识。其实这种酒炉，在我青年时代，无论南方、北方都是习见的，而自己却从未加以注意，便无从索解而“想当然”了。另外，也忘记了“火炉”这个词儿只是现代汉语中才有，古人是不大说的。

其实“小火”一语，古诗中也习见。元稹《痁卧闻幕中诸公征乐会饮，因有戏呈三十韵》：“深炉小火埋。”李煜《病起题山舍壁》：“炉开小火深回暖。”都是把“炉”和“小火”分开来讲的。清人舒位《京口夜泊听雪》，有“红泥小火老瓦盆”之句（见《瓶水斋诗集》卷五）；又郑珍《祀灶日作》之三：“红泥小火鲍姑贫。”（见《巢经巢诗后集》卷一）皆用白氏诗意。凡此皆可为吾说之佐证也。

刘十九非刘禹锡辨

《问刘十九》绝句，以《唐诗三百首》入选，故极流行。然刘十九是何人，诸家多未深考。简野道明《白诗新释》谓是刘禹锡，大误。而海内时贤亦每袭其说，故不得不辨。

考刘十九之名，仅见于汪立名编《白香山诗集》卷十七，此外别无所见。这一卷内，皆白居易为江州司马时所作近体诗，有关刘十九者凡四首。计：一、《问刘十九》；二、《刘十九同宿》；三、《雨中赴刘十九二林之期，及到寺，刘已先去，因以四韵寄之》；四、《蔷薇正开，春酒初熟，因招刘十九、张大夫、崔二十四同饮》。诗人晚年与刘禹锡唱和最频,竟无一题称刘禹锡为“刘十九”者。所谓“二林”,即庐山的东林、西林二寺,则刘所居之地肯定在江州无疑。白居易贬江州司马,在815年;由江州移四川忠州,在818年12月。检《刘十九同宿》诗,题下自注云:“时淮寇初破。”按,裴度、李愬平蔡州吴元济在817年(唐宪宗元和十二年),其时白居易正在江州。诗云:

红旗破贼非吾事,黄纸除书无我名。惟共嵩阳刘处士,围棋赌酒到天明。

今按,刘禹锡,中山人;刘十九,嵩阳人。二刘非一人之证一。刘禹锡自815年(元和十年)即任连州刺史(柳宗元于此年尚有诗寄赠),刘十九则被称为“处士”。二刘非一人之证二。刘禹锡此时身在广东连州贬所,断无擅离职守,跑到江州来同白居易“围棋赌酒”之理。二刘非一人之证三。有此三证,已足说明问题,然尚有更有力的证据在,即刘禹锡排行二十八,并非排行十九。汪编《白香山诗后集》卷四有《梦刘二十八因诗问之》一首,其首句即云:“昨夜梦梦得。”梦得,刘禹锡字。然则刘禹锡行二十八已成铁案。岂有同一人初行十九而后行二十八之奇谈乎!

此札写成,读《诗选》,谓刘十九是刘轲,心窃疑之。读《中华文史论丛》第五辑(1964年6月出版)载朱金城先生《〈白居易诗选〉编年注释质疑》,于刘十九非刘轲有详考,兹不赘。近人岑仲勉先生《唐人行第录》(1962年4月中华书局出版)页一五八列“刘十九”条,下注云:“嵩阳处士也,名未详。”对此抱阙疑态度,最为审慎。

韩文琐札

予自童稚，即从父师诵习韩文。长而涉世，虽僭大学讲席，而往往蹈于游谈无根之习；儿时所诵，悉已忘之。丙丁以来，偶得余暇，记忆所及，因成此札。倘假以岁年，秉烛发愤，重读韩文，当续成之也。辛亥岁国庆前二十日记于北京西郊。

一、《杂说一》

茫洋穷乎玄间

《杂说一》："然龙乘是气，茫洋穷乎玄间。"《古文观止》释"茫洋"为"云水之气"，大误。桂馥《札朴》卷四"望羊"条云："《春秋元命苞》：'武王柔肩望羊。'《晏子春秋》：'杜扃望羊待于朝。'《大戴礼》：'武王望羊。'哀十四年《左传》：'长而上偻望视。'杜注：'目望羊。'字又作'洋'。《庄子·秋水篇》：'河伯始旋其面目盳洋向若而叹。'《释文》云：'司马、崔云：盳洋犹望羊，仰视貌。'馥按正作'阳'，《论衡·骨相篇》：'武王望阳。'"小如按：《释名·释姿容》："望羊，羊，阳也。言阳气在上，举头高，似若望之然也。"毕沅《疏证》："《史记·孔子世家》云：'眼如望羊。'与下文'举头高似若望之'之谊合。"近人阮毓崧《庄子集注》于《秋水篇》注云："洋或作羊。洋、羊皆阳之假借。《论衡·骨相篇》：'武王望阳。'言仰望太阳也。故司马及崔以'望洋'犹'望羊'，皆训为仰视貌。"今按："茫洋"犹"盳洋"与"望羊"，仰视之貌。韩此文正用《庄子》，状龙昂首仰视，高飞于天。今成语有"望洋兴叹"，即本于《秋水篇》，盖仰视而长叹之意。如释为"云水之气"，则与下文了无关涉矣。惟"望洋"或"望阳"乃以叠韵为联绵词，不得析为动宾结构作"仰望太阳"解，阮说亦病穿凿。

薄日月，伏光景，感震电，神变化，水下土，汩陵谷

《杂说一》状龙之灵怪，叠用此六句。自句法结构言之，似皆为动宾式，上一字为动词，下二字为宾语。然第四句"神"字实为状词，以状动词"变化"者也。至每句下二字之结构，前三句又与后三句异。前三句宾语为并列式名词；第四句"变化"实谓语而非宾语，后二句之"下土""陵谷"，其义为"下之土""陵之谷"，"下""陵"非与

"土""谷"并列者也。"神变化"一句之外,其他五句之上一字虽皆动词,修辞亦小有异。如第五句之"水"字,即以名词为动词者,其义为降雨。所以不用"雨"而用"水"者,状雨之大也。自文义言之,"神变化"为虚,其他五句为实。自次第言之,则"薄日月"而后"伏光景"(薄,迫也;"伏"训藏匿,犹今言潜伏),光景伏而后"感震电"("感"训触,训动);其变化通神,而后大雨滂沱,降于下土,汩没陵谷。"陵谷"之所以非并列而当释为"陵之谷",以雨水大而可以汩没谷壑,不至于汩没山陵也。总之,上一句皆下一句之因,下一句皆上一句之果。虽皆为三字排句,而无雷同之病。此昌黎所以为文章之伯也。

二、《师　说》

传道受业解惑

《师说》:"古之学者必有师。师者,所以传道受业解惑也。"下文云:"彼童子之师,授之书而习其句读者也,非吾所谓传其道解其惑者也。"自世彩堂本《韩集》以下诸本,"受""授"二字皆前后不同。而坊间选本如《古文眉诠》《唐宋文醇》之类,则擅改上"受"字为"授",其实非也。"师者,所以传道受业解惑也"二句,盖承首句"古之学者必有师"言之,言学者求师,所以承先哲之道,受古人之业,而解己之惑也。非谓传道与人,授业与人,解人之惑也。《论语·学而》:"传不习乎?""传"有授、受二义,或释为传道与人而己反不习,或释为虽得师之传而己不习。韩文此二句正谓求师之举,为学者所当务。下文言"人非生而知之者,孰能无惑",仍自受业之一方言之,故开端"受业"之"受",必为承受之义而非授与之义无疑也。下文之"授",为授与之义甚明,不得因下文之"授"而遽改易上文之"受"。或以为上古"授""受"二义本为一字,可以通用,韩愈好古,故以"受"为"授"。此说尤误。夫"授""受"既已分为二义矣,宋元诸版本之文字亦既互异矣,而竟强同之,不亦厚诬古人乎?安在其实事求是也!

三、《进学解》

动而得谤,名亦随之

《进学解》:"动而得谤,名亦随之,投闲置散,乃分之宜。"近人于前二句,或释为

“一动就受到毁谤,名声也跟着毁坏”。(《古代散文选》中册,人民教育出版社)其实非也。上文云“动辄得咎”,与此“动而得谤”正相呼应;上文云“三年博士,冗不见治”,与此“投闲置散,乃分之宜”正相呼应。此易知者也。如释为“名亦随之而毁”,则其病有二:一、添字解经,前人所忌;二、与上下文义相枘凿。盖上文国子先生以孟、荀二大师相譬况,夫孟、荀皆不遇而有大名,己之学行远逊孟、荀,而所遭际则已远胜孟、荀,且能“乘马从徒,安坐而食”,此当引为鉴戒者也。方己动辄得谤之时,声名亦随之而至。此其终不免为“圣主”所“诛”“宰臣”所“斥”矣,岂不殆哉!倘“投闲置散”,则谤无由兴,声名亦将没世无闻,是诚大幸也。斯乃善“称”“己量”、明哲保身之道,即所谓“乃分之宜”也。其意盖谓己之不遇,病在业之不精,行之不成,非有司之不明不公,与孟、荀之虽“优入圣域”而竟终身不遇者,固不可同日而语也。此乃牢骚满腹之语,正不宜从正面理解。前人以韩愈此文为仿东方《客难》、扬子《解嘲》之作,以此类文章悉属于反话正说之流也。

四、《张中丞传后叙》

巡起旋

《张中丞传后叙》云:“且将戮,巡起旋。其众见巡起,或起或泣。”小如按:《左传·定公三年》:“夷射姑旋焉。”杜注:“旋,小便。”近时选本于此句往往失注。

五、《蓝田县丞厅壁记》

必曰丞至以相訾謷

《记》云:“……丞位高而逼,例以嫌不可否事。……官虽尊,力势反出主簿、尉下。谚数慢,必曰‘丞至’,以相訾謷。”前人句读,大都于“必曰丞”下绝句,而以“至以相訾謷”为一句。疑非是。“数”读上声,责也。“慢”同“嫚”,轻慢侮辱之谓。此言俗谚以“丞至”为斥责侮慢之词。“丞至”,犹言丞来了,“訾謷”犹言诋毁。此二句意谓人或以“丞至”之语加之于所轻慢之人,而所轻慢之人又以他语反斥之,相互为诋毁也。如以“至”属下句,则谚语仅一“丞”字,似属罕见;且下句之“訾謷”与上句之“数慢”,于义本无深浅之分,以“至”为连接副词(犹今言“甚至于”),则上下文反不易得其解矣。或疑以“至”属上句,则为两偶字句(每句四字),似非韩文古奥奇崛之体。此亦但知其一,不知其二。夫修辞所以奇崛,正以字句奇偶互为错综耳。倘无偶字句,何以见奇字句之突兀耶?读下文“种学绩文”以下,叠用四偶字句,文气乃益振,可以悟文章参差错落之理矣。

六、《与冯宿论文书》

实有意思

《与冯宿论文书》开篇有云:“辱示《初筮赋》,实有意思。但力为之,古人不难到。”今口语犹言“有意思”,殆始于唐人语耶?然宋人王明清《挥麈录余话》,录有王俊《首岳飞状》,中多当时口语,有云“动后甚意似”。“甚意似”,犹今言什么打算,什么想法,与今用法相同,而字则不作“意思”。因疑韩文“意思”,非今通用之义。按桂馥《札朴》卷四云:“《玉篇》:‘意,思也。忆意不定,往来念也。’《礼记·大学》《正义》云:‘总包万虑谓之心,为情所意念谓之意。’《礼记·礼运》:‘非意之也。’注云:‘意,心无所虑也。’《正义》云:‘谓于无形之处用心思虑也。无虑即虑无也。’”然则“有意思”者,谓冯宿殚思竭虑以为文章,故韩愈读之能见其用心也。今言善为文者谓之“有创造性”,当与此语之义为近。

附按:《首岳飞状》中存宋代口语词汇甚多,“意似”其一也。此外尚有:一、“交”——如“朝廷交更飜(番)朝见”、“交我救他”、“若朝廷不肯交相公来时”、“待我交你下手做时”(例甚多,不悉举),“交”今作“教”或“叫”。二、“遮”——如“我遮人马动”“待我遮里兵才动”,“遮”今作“这”;宋元人词曲多作“者”,如“者番”“者遭”,即这一次、这一回也;然此状中亦已有“这”字,或当时已“遮”“这”兼用,或“这”系后人改笔。三、“懑”——如“今自家懑都出岳相公门下”“他懑有事”“将来必共这懑一处”,前二“懑”字元人杂剧及《三言》《二拍》作“每”,今作“们”;“这懑”,即“这么”,与上二“懑”字用法不同。四、“做”——如“你做我覆知太尉”,此“做”字有“给”“替”之意,“你做我”,犹言“你给我”“你替我”或“你为我”。今似已无此用法矣。

王安石诗臆札

前　言

新中国成立以来,把王安石的诗当作普及读物向社会介绍的人,我算是较早的一个。我写过介绍王安石三首小诗的广播稿。我自己受旧文学框框的束缚虽很深重,可是我觉得王安石的诗文确乎不同凡响,很喜欢读。60 年代初,社会上有那么一股风,对王安石殊为不敬,有点近于吹毛求疵。我当时对此颇有反感,很想伸张一下正气,于是又写了一篇《王安石是"想当然"吗?》的札记,结果还引起一位自命为懂诗的同志的批评与驳难。这已是往事了,此日追怀,真不无"时不我与"之感。

古典文学应该批判地继承,应该进行科学的总结,应该古为今用,这些道理自不容抹杀。但近几年却出现一种怪现象,有的古人看似大受重视,实际上却是把一件时髦衣服硬披在古人身上,使他被歪曲窜改,如王安石就是其中的一个。今年为了工作需要,我有机会走马观花地看了一遍这位北宋大政治家、大诗人的一百卷全集,并仔细地读了他的一部分诗和散文。在阅读和工作中,有些关于王安石诗的体会情不自禁地想记下来,这就是我重作冯妇又写起札记的缘起。看来我毕竟有点名心未断,才又泚笔成文,贻人以"着相"之讥。尤其在我落笔之时,摆在眼前还有个现实问题,即写好之后给谁看呢? 屈指数来,我的这类无关痛痒的小文的读者将不超过三至五人,甚至更少。真是"海内存知己,天涯若比邻"了。但这或许比持"不为无益之事,何以遣有涯之生"的世界观的人,比无所事事的人,犹胜一筹而已。做老实人,说老实话,本是处世的起码条件,这也算是自供状吧。1974 年 8 月。

上面这段"前言"是"四害"横行、黑云蔽日的时候写的,因此非但心情寂寞,思想也很矛盾。现在居然把这些无关痛痒的小文拿出来问世了,高兴之余,却又不免惭愧。而"时不我与"倒是真的,翻转头来只恨自己拿不出像样的东西来为"四化"多做贡献了。所幸贤者识大,不贤识小,有一口气便出一分力,也还是比无所事事稍胜一筹吧。1983 年 3 月病中再记。

王安石三首小诗浅释

王安石是北宋时代的政治家,也是杰出的诗人和散文家。他在北宋文坛上有比较重要的地位。他的诗继承了杜甫和韩愈的传统,善于翻新出奇,富有独创性,无论是思想内容和艺术手法都有一定成就。现在介绍他写的三首小诗,目的在于让读者通过这几首七言绝句,对王安石的诗歌特点有个初步了解。

第一首是《登飞来峰》:

飞来山上千寻塔,闻说鸡鸣见日升。不畏浮云遮望眼,自缘身在最高层。

飞来峰在杭州西湖灵隐寺附近。1050 年夏天,王安石在鄞县(现在的浙江宁波)做县令,任满以后回江西临川故乡,路过杭州时写了这首诗。这一年王安石三十岁。此诗写的虽是登高远眺,却体现了诗人的理想和抱负。

北宋仁宗时,国家表面上平安无事,实际上各种社会矛盾却一天比一天尖锐起来了。王安石作为封建统治阶级内部的一个有进步倾向的知识分子,怀着要求变革现实的雄心壮志,希望有一天能施展他治国平天下的才能。所以他一登到山顶塔端,就联想到鸡鸣日出时光明灿烂的奇景,通过对这种景物的憧憬表示了对自己前途的展望。"不畏浮云遮望眼"这句是用了个典故。西汉人陆贾在他写的《新语·慎微篇》里说过这样的话:"故邪臣之蔽贤,犹浮云之障日也。"这是把浮云蔽日比喻奸邪小人在皇帝面前对贤臣进行挑拨离间,让皇帝受到蒙蔽。唐朝的李白在《登金陵凤凰台》诗的结尾说:"总为浮云能蔽日,长安不见使人愁。"意思说自己离开长安是由于皇帝听信了小人的谗言。王安石把这个典故反过来用,他说:我不怕浮云遮住我远望的视线,因为我站得最高。这是多么有气魄的豪迈声音!后来王安石在宋神宗时做了宰相,任凭旧党怎么反对,他始终坚持贯彻执行新法。他这种坚决果断的意志,早在这首诗里就流露出来了。这首诗和唐人王之涣的《登鹳雀楼》是有异曲同工之妙的。

1078 年,王安石已经快六十岁。他辞掉宰相的职务,隐居在金陵的钟山。在那里他写了很多精巧深刻的山水景物诗,充分表现出他晚年艺术上的成熟和对祖国美丽山川的热爱。《北山》和《书湖阴先生壁》这两首有名的绝句,都是他六十岁以后

写的。先看《北山》:

北山输绿涨横陂,直堑回塘滟滟时。细数落花因坐久,缓寻芳草得归迟。

前两句,“绿”是指绿色的水,“陂”是湖,“直堑”是直的河沟,“回塘”是曲折的水塘,“滟滟”是形容水满了、多了,晃晃荡荡,要漫出来的样了。意思说春天来了,高山把绿水输送到地面上,涨满了横的湖、直的河沟和曲折的水塘。把一句话分成了两句说。但湖面是宽阔的,只显得水势很大、很满,所以用了个“涨”字;“堑”和“塘”都比较小,就显得晃晃荡荡,水快漫出来了,所以用了“滟滟”这个词儿。作者对于景物的描写是十分细致的。绿水酣畅饱满地流着,说明春天的新生气息很浓厚,春水的充沛正是万物欣欣向荣的象征。于是年老的诗人怀着愉快的心情走到山野里,欣赏着漫山遍野的花草。三、四两句就是描绘诗人在玩赏花草时的动作和心情。唐人王维有一句诗:“坐久落花多。”(《从岐王过杨氏别业应教》)意思是说,在花丛里坐久了,才发现落在地下的花瓣儿逐渐多了起来。这是一句描写静态的诗。王安石把这句诗所表现的静境改成动境,形象就比原来的活泼细致得多了,但读起来反而感到更加从容宁谧。诗人说:自己贪着仔细地数着落花的数目,于是不知不觉在花底下坐了很久。“因坐久”的“因”字是“因而”“因此”的意思,而不是现代汉语中“因为”“由于”的意思。在王安石的诗里,“坐久”是“细数落花”的结果,恰好同王维的说法相反。第四句说,我要缓慢地向偏僻的地方去寻求芳草,这样才可以迟一点回去。“得”是“能够”“可以”的意思。诗人为什么要在花底下坐得很久,而且想迟一点儿回家呢?一方面是春天的景物太可爱了,使人流连忘返,不想回去;另一方面,也说明作者对春天十分珍惜,惟恐把良辰美景轻轻放过。这不仅在客观上写出了春天欣欣向荣的气息,在主观上也写出了诗人本身对自然景物的珍惜和留恋。这就可以让我们分享诗人这种陶醉在大自然怀抱中的乐趣。

如果说《北山》这首诗是写作者自己对春天美好景物的追求,那么《书湖阴先生壁》这一首,却是写水光山色找上门来让人欣赏,意境就更为新鲜活泼了。“湖阴先生”是王安石隐居钟山时的邻人杨德逢的别号,这首诗就是题在杨德逢屋里的墙上的。原句是:

茅檐长扫静无苔,花木成畦手自栽。一水护田将绿绕,两山排闼送青来。

这诗写杨德逢的住处清雅幽静，从屋里向外望去，水光山色都在眼前。但好处全在三、四两句。第三句不写人们引水灌田，却写水好像很有情，为了爱护秧田，携带着绿色的水波环绕着田地。这个“将”字应该讲作“携带”的意思，是动词，不应该讲成助动词“把”的意思。因为三、四两句是对仗的，“一水”对“两山”，“护田”对“排闼”，“绿”对“青”，“绕”对“来”，都是两相对称的。“送”既是动词，“将”字自然也应该是动词。而且我认为，说水带着碧绿的颜色环绕在田地周围，要比说水绕着绿色的田地流显得更为形象生动。如果把“将”字讲成助动词，不但意境肤浅，而且把诗的味道也给破坏了。第四句写得最精彩，是千古传诵的名句。“排闼”是把门挤开直撞进来的意思。作者不说人爱山色舍不得关门，却写两面的高山一定要把苍翠的景色推开门送给人看，甚至人想关门都关不住。南宋诗人叶绍翁的诗句：“春色满园关不住，一枝红杏出墙来。”（《游园不值》）大概就是从王安石这句诗变化出来的。但叶诗以小巧纤细取胜，不如此诗写得这样挺拔劲秀。

读了王安石这三首小诗，我们会感到诗人在描写景物和刻画意境方面，总比一般人深刻新奇，不但不说前人说过的话，也不重复前人已经塑造成定型的形象。诗人用他所刻画的比较新奇而深邃的内容把读者引入一个新鲜而不陌生的境界，给人很多新的启发和新的感受。我们在欣赏王安石诗句时，往往为诗人惊人的语言和独创的境界而感到惊奇。王安石晚年的诗，在艺术上达到了一种超妙的境地，给人以“摧刚为柔”的感觉。这种力求推陈出新的独创性是颇值得我们参考借鉴的。1961年。

附记

《安徽师大学报》1978 年第 2 期载俞炎同志《王安石诗飞来山在绍兴证》一文，考订飞来山不是杭州西湖的飞来峰而是绍兴城外的宝林山，其说甚是。本文应据以改正。1979 年 3 月。

王安石是“想当然”吗？

——谈“一鸟不鸣山更幽”

(一)

1961年12月26日《光明日报》“东风”版载李厚基同志《效颦学步与点铁成金》一文，谈到写诗不宜剽窃抄袭，道理很对。但对王安石的批评似乎不大公允。现摘引李文如下：

> 即像王安石那样一位在创词立意上颇下一番工夫的诗人，也不免有些笑话。……《古今谭概》说：“梁王籍诗云：‘蝉噪林逾静，鸟鸣山更幽。’王荆公改用其句曰：‘一鸟不鸣山更幽。’山谷笑曰：‘此点金成铁手也。’孰不知以动中见静意，益见其静。”王安石知其一不知其二，缺少真切的生活体验，只是凭着想当然，因此闹了笑话。

隔了两天，在12月29日《人民日报》第六版上载有夏静岩同志《改诗》一文，也提到王安石这句诗。夏文先引顾嗣立《寒厅诗话》：“……而王半山改王文海‘鸟鸣山更幽’句为‘一鸟不鸣山更幽’，真是死句矣。”然后下断语说：“王安石改王文海鸟鸣之句为鸟不鸣，当然改得更坏了。”从宋朝的黄庭坚、清朝的顾嗣立直到今人，都说王安石改王籍诗很失败，好像罪谳已定，无可动摇。其实黄、顾诸人的话未必可信。王安石晚年久居钟山，对当时当地的山光鸟情十分熟悉自不待言，说他“缺少真切的生活体验”，只是凭着“想当然”而“闹了笑话”，似乎说不过去；相反，我们久居城市的人，对山居生活的经验却未必真正丰富。不从具体作品出发，就对诗人横加非难，实未足以服人之心。下面试就个人的体会谈一下这首诗。先看此诗全文：

> 涧水无声绕竹流，竹西花草弄春柔。茅檐相对坐终日，一鸟不鸣山更幽。（《钟山即事》）

开头两句记景，都是作者眼中所见。我初读此诗，颇疑这与下二句不相衔接。后来才体会到作者在静坐以前还有信步闲游的一个短暂历程，头两句正是作者在漫步时所见。这从“坐终日”即可推测得出。于此可见作者剪裁概括的工力。值得研究的是第三句。所谓“茅檐相对坐终日”，是“对”着什么呢？“茅檐”应该是所坐之处。人绝对不会对着茅檐兀坐，更不会把眼光死盯着自己的住屋，那岂不成了“正墙面”而“坐”了么？从第四句看来，我们可以肯定作者是面对着山而“坐终日”，所对者正是眼前的钟山。人面山而坐称为“相对”，此盖暗用李白的《独坐敬亭山》：

众鸟高飞尽，孤云独去闲。相看两不厌，只有敬亭山。

意思说不仅人面山而坐，山也在与人“相对”，这正是从李白诗中的“相看”化出来的。试想，一个人“终日”对山而坐，对于山的情态变化自然十分清楚。当山中有鸟鸣时，固然显得幽静；但这只是就一般情况而言。而在一整天之中，有时却会发生“一鸟不鸣”的情形。在这“一鸟不鸣”的短暂时间里，作者立即感到比有鸟鸣时还要幽静，山的静穆可爱处才更多地为诗人所领会。于是诗人恍然地、憬然地写道：“一鸟不鸣山更幽。”这必须是诗人面对着山静静地观察了一整天之后才能体会得到的境界。只有写出这样的境界，这首诗才不是无的放矢。它比王籍所写的境界更透过一层，是在领略到王籍诗境中动中有静、愈见其静的佳处之后又有了更深的体会，并非单纯地为“翻案”而“翻案”。不就诗歌本身去探讨改作的原因，反指摘诗人不该把这句诗“改坏了”，显然是有些片面的。

此外，还要附谈两点。一、王安石对王籍诗曾“翻”过两次“案”，除此诗外，还有一首《老树》。诗云：

去年北风吹瓦裂，墙头老树冻欲折。苍叶蔽屋忽扶疏，野禽从此相与居。禽鸣无时不可数，雌雄各自应律吕。我床拨书当午眠，能惊我眠聒我语。古诗鸟鸣山更幽，我念不若鸣声收。但忧此物一朝去，狂风还来欺老树。

这里是说鸟鸣声吵得人睡不着午觉，所以希望它们暂时把“鸣声收”起来。同时却为了爱惜老树，又盼众鸟能够不走也好。诗境与《钟山即事》是不同的，对于“一鸟不鸣”的评价也不一样。可见这并非对王籍的诗随便加以否定。何况王安石午睡时不喜鸟鸣也并非绝对的，如《午枕》云：“午枕花前簟欲流，日催红影上帘钩。窥人鸟唤悠扬梦,隔水山供宛转愁。”又《日西》云:“日西阶影转梧桐,帘卷青山簟半空。金鸭火销沉水冷,悠悠残梦鸟声中。”都是对鸟声表示欣赏的。二、王安石对“鸟鸣山更幽”的境界也并非没有体会。随手举两诗为例:

> 昏黑投林晚更惊,背人相唤百般鸣。柴门长闭春风暖,事外还能见鸟情。(《金陵即事》)
>
> 晴明山鸟百般催,不待桃花一半开。雨后绿阴空绕舍,总将春色付莓苔。(《雨晴》)

合上引《老树》及诸诗观之,王安石倒是“既知其一”“又知其二”的呢!

(二)

此文于1962年初在《光明日报》“东风”版发表后,有一位先生写文章不指名地反驳我,认为王安石“不懂‘动中见静,愈见其静’的境界,所以把人家的原句给改坏了”,并且责难我是“想为王安石辩护”。为了说清道理,还是照引这位先生的原文:

> 前些日子有一位同志想为王安石辩护,说“一鸟不鸣山更幽”句,缘自前一句“茅檐相对坐终日”而来,因坐对茅檐(小如按:我原文之意是说“坐对钟山”),终日听鸟,偶然无声,更觉山幽,此其一;引王诗“我床拨书当午眠,能惊我眠聒我语”句,说被吵得睡不成午觉了,故希鸟儿暂时收鸣,此其二;引王诗“背人相唤百般鸣”“晴明山鸟百般催”“窥人鸟唤悠扬梦”“悠悠残梦鸟声中”诸句,说王固喜鸟鸣者,此其三。然而,听鸟终日,顿时死寂,虽青山亦减生气,人独不寂寞乎?何以反会欣赏到“山更幽”,殊不可解。此其第一说不能成立。王籍的“鸟鸣山更幽”,当非万鸟归林、聒耳欲聋时的烦躁(小如按:原文误作“燥”)感,此何与于被吵得睡不成午觉?也不同于“百般鸣”“百般催”“唤梦”、惊梦等等的意境。此其第二、第三说同样不能成立。唯一能说明问题的,是王安石不懂“动中见静,愈见其静”的境界,所以把人家的原句给改坏了。

所谓“第一说”之“不能成立”,是由于这位先生认为王安石说“山更幽”“殊不可解”。我以为,不能因为自己主观上不欣赏或不体会这种“终日听鸟,偶然无声,更觉山幽”的境界，便用了“死寂”“减生气”“寂寞”等主观感受来责怪别人“何以反会欣赏到‘山更幽’”。盖一首诗写得好不好，我们对它喜爱不喜爱，与这首诗究竟怎样理解，其间虽有关系，却并非一回事。每个人由于爱好不同，欣赏角度不同，进而评骘古人作品写得好与不好，这当然可以有差别，而且允许存在差别，至于某一首诗应该怎样解释，尽管也会存在分歧看法，而最终却应该只有一种解释是正确的。我当初写这篇小文的目的有三：一、旨在说明不宜盲从古人“积非成是”的论点；二、阐明个人对“一鸟不鸣山更幽”这句诗的体会和理解，但这完全不等于我在替古人辩护，而是尽量体察古人的用心；三、提出评论事物要比较全面地看问题这一要求。我感到，原来对王安石此诗进行非难的几位同志，看似不迷信古人，其实倒是承袭了古人诗话中陈陈相因的论点，至少是缺乏一定的独立思考。而我对此诗的理解是否正确，那完全有争鸣的余地；不过我是把这首诗与王安石其他有关鸟鸣的诗放在一起，并且把“一鸟不鸣山更幽”这句诗放在整首诗中，来加以理解和体会的，而不是孤零零地把一句诗单独抽出来加以评论。如果有人批评我把道理讲错了，并提出更确切可信的解释，那我将心悦诚服地接受。如果仅由于不喜爱“一鸟不鸣”的意境，从而竟得出结论说“山”也并不“更幽”，还责难别人对此诗的理解“不能成立”，那就未免强人以就我，有点“以力服人”的味道了。至于上引文字中所说二、三两点，就更有强词夺理之处。我的文章明明指出《钟山即事》和《老树》诗境不同，而这位先生偏要把它们搅在一起。王籍诗固非写“万鸟归林，聒耳欲聋”（鸟声本不至于“聒耳欲聋”），但应与“蝉噪林逾静”句合看，始能互文见义；王安石在特定条件下希望群鸟收鸣，本属常情，又何以见得他不懂“动中见静，愈见其静”而把诗“改坏了”呢？这不啻说王安石本不懂诗，而吴小如竟把王诗讲出了一点道理来，适足以见其愈加不懂诗而已。这还有什么好谈的呢！至于我在文中引王安石的其他作品，原不过供读者印证参考，使大家对王安石理解得更全面些，并非用来解释“一鸟不鸣山更幽”这句诗的涵义。因此这位先生的反驳，就有点无的放矢了。姑不具论。

（三）

南宋人方勺《泊宅编》卷上云：

> 元祐中，东坡帅杭。予自江西来应举，引试有日矣，忽同保进士讼予户贯不明。赖公照怜，得就试。因预荐送，遂获游公门。公尝云：“王介甫初行新法，异

论者哓哓不已。尝有诗云:‘山鸟不应知地禁,一逢春暖即啾喧。’古诗有‘鸟鸣山更幽’,更作‘一鸟不鸣山更幽’,诚有旨哉!”

这是苏轼亲对方勺发表的意见,是把这句诗当作政治诗来理解的,同一般人把此诗解释为抒情诗不一样。但这原可备一说,两者并不矛盾。苏与王政治上虽然对立,私交却不算浅,所以对王安石的诗有较多的了解,而且并不因这样解释对自己不利就不予承认。清人翁方纲《石洲诗话》卷三云:

“一鸟不鸣山更幽”,自不如“鸟鸣山更幽”。王介甫好争长短,如此类之小者亦然。

如果苏轼的话有几分道理,那么王安石的这种“好争长短”,也不是没有原因的了。封建文人对王安石每多偏见,如翁方纲的这种论调自无足怪。反不如身列元祐党籍的苏轼,看问题倒比较客观得多呢。

王安石诗的用字

近人治宋诗而比较了解王安石的要推钱锺书先生。他在《宋诗选注》中评王安石诗的一段话里曾说:

他比欧阳修渊博,更讲究修辞的技巧,因此尽管他自己的作品大部分内容充实,把锋芒犀利的语言时常斩截干脆得不留余地、没有回味地表达了新颖的意思,而后来宋诗的形式主义却也是他培养了根芽。他的诗往往是搬弄词汇和典故的游戏、测验学问的考题,借典故来讲当前的情事,把不经见而有出处的或者看来新鲜而其实古旧的词藻来代替常用的语言。

这段话虽含贬讽之意,基本上还是搔着了宋诗也包括王安石诗的痒处。关于王安石诗的语言,实即遣词用字,后人举例总是推崇“春风又绿江南岸”和《书湖阴先生壁》的“一水护田将绿绕,两山排闼送青来”,并认为后者是以“汉人语对汉人语”。现在索性把钱先生的这两段评注转引如下:

> 这句也是王安石讲究修辞的有名例子。据说他在草稿上改了十几次,才选定这个“绿”字;最初是“到”字,改为“过”字,又改为“入”字,又改为“满”字等等(洪迈《容斋续笔》卷八)。王安石《送和甫寄女子》诗里又说:“除却春风沙际绿,一如送汝过江时。”也许是得意话再说一遍。(《宋诗选注》页五六,“春风又绿江南岸”句评注)
>
> “护田”和“排闼”都从《汉书》里来,所谓“史对史”,“汉人语对汉人语”(叶梦得《石林诗话》卷中、曾季狸《艇斋诗话》);整个句法从五代时沈彬的诗里来(吴曾《能改斋漫录》卷八),所谓“脱胎换骨”。可是不知道这些字眼和句法的“来历”并不妨碍我们理解这两句的意义和欣赏描写的生动;我们只认为“护田”、“排闼”是两个比喻,并不觉得是古典。所以这是个比较健康的“用事”的例子……(《宋诗选注》页五五,“一水”“两山”二句的评注)

钱锺书先生认为“春风又绿江南岸”是王安石的得意语,我则以为那整首诗都是为王安石所偏爱的。他的《与宝觉宿龙华院三绝》第一首末句云:“金山只隔数重山。”然后自注说:“某旧有诗:‘京口瓜洲一水间,钟山只隔数重山。春风自绿江南岸,明月何曾照我还。’”第三首前两句云:“与公京口水云间,问月何时照我还。”则原诗的第二句和第四句都曾重说过一遍了。此外,作者在《北山有怀》一诗中还写道:“伤心踯躅岗头路,明日春风自往还。”意境也差不多。其实《泊船瓜洲》一诗在王安石集中并不是最精彩的,第三句各本都作“自绿”而非“又绿”,鄙意“自绿”比“又绿”好,好处在“自”不在“绿”(详下篇拙文)。至自注末句作“何曾”,不作“何时”,疑为作者笔误,仍以作“何时”为是。而“一水”“两山”二句之所以脍炙人口,也不在于用了什么“汉人语”,而是由于形象鲜明突出,造语活,创意新。正如作者自己所说:“看似寻常最奇崛,成如容易却艰辛。”(《题张司业诗》)

最近读王安石的古诗,发现在钱先生所说的各种情形之外,还有另一面,即所用的字或词看来并不新鲜,其实却是“不经见而有出处”的。如《省兵》云:

> 有客语省兵,兵省非所先。方今将不择,独以兵乘边。前攻已破散,后距方完坚;以众亢彼寡,虽未犹幸全。将既非其才,议又不得专,兵少败孰继,胡来饮秦川。万一虽不尔,省兵当何缘?骄惰习已久,去归岂能田?不田亦不桑,衣食犹兵然。

其中“省兵当何缘”一句很容易被人忽略。粗粗一看，好像“何缘”即是“缘何”，等于现代汉语的“为什么”或“何故”的意思。但上面已有一句“万一虽不尔”，则下句应当是深入一层的问句；如果只泛泛讲成“何故”，反显得累赘而不接气。检《方言》卷十三云：“毗，缘，废也。”钱绎《方言笺疏》云：

《管子·侈靡篇》云：“好缘而好驵。”房注：“缘即捐也”。《说文》：“捐，弃也。”《众经音义》卷六引《仓颉篇》同。捐、缘音同，弃与废义亦相近也。

“捐”即“蠲”，是废除、减免的意思。然则“当何缘”者，是说省兵的结果到底捐除、减省了什么呢？（王安石《上仁宗皇帝言事书》有“若夫迎新将故之劳，缘绝薄书之弊”的话，“缘”也应解作“捐”，“缘绝”即“捐弃”“弃绝”之意。）接下去说这些兵骄惰成性，即使还乡也不能从事农业生产，“衣食犹兵然”，还是跟没有省一样。这样讲上下文就贯穿一气了。

至于以“史对史”，以“汉人语对汉人语”，这在作旧诗的人并无什么规定，一定要上下句用语都出于同一书或同一朝代。不过古人写诗，在语言上总要铢两相称，不能深一脚浅一脚，忽古忽今，忽雅奥已极，忽鄙俚太甚。这从唐代的李白、杜甫，下而至于元白、韩孟以及李贺、李商隐等，都已注意及此，只是王安石对此格外下工夫罢了。这里举一浅显例子，即以《毛诗》对《毛诗》者，如《酬王詹叔奉使江东访茶法利害见寄》中的两句：“哿矣富阡陌，哀哉此无粮。”这一望而知用的是《小雅》。《正月》篇云：

哿矣富人，哀此茕独。

又《雨无正》：

哀哉不能言，匪舌是出，维躬是瘁；哿矣能言，巧言如流，俾躬处休。

王安石以“哿矣”对“哀哉”，显然径从《雨无正》搬了过来，工稳是不消说了。但上句作“富阡陌”，下句却不说“贫无粮”而作“此无粮”，则是兼用《正月》的“哀此茕独”和《小雅·鸿雁》的“哀此鳏寡”。这里的“此”，正是指的“茕独”和“鳏寡”，比径用

“贫”字还显得丰富有力。但首先要有个前提，即必须知道王安石是在用《毛诗·小雅》里的典故或成语才能体会得出。钱锺书先生在评王安石时曾说：

> 也许古代诗人不得不用这种方法，把记诵的丰富来补救和掩饰诗情诗意的贫乏，或者把浓厚的“书卷气”作为应付政治和社会努力的烟幕。

又说：

> 除掉……社会原因，还有艺术上的原因；诗人要使语言有色泽、增添深度、富于暗示力，好去引得读者对诗的内容作更多的寻味，就用些古典成语，仿佛屋子里安放些曲屏小几，陈设些古玩书画。

其实，艺术上的原因原是服务于社会原因的，语言的色泽、深度和富于暗示力，都和作者所要表达的思想深度和广度分不开。但引人注目和值得玩味的却毕竟是那些经过锤炼和推敲的，即在造语用字上有其独到之处的诗句。即以上引“哿矣”两句而论，正是全诗中深刻有力的警策语，如果把“哿矣”“哀哉”这些词汇去掉，这两句诗就肯定不会有较强劲的艺术效果。可见他在写诗时用这样的字面也并非出自偶然或只为了追求以《毛诗》对《毛诗》，而是着力要写出贫富悬殊的社会现象。

关于“春风又绿江南岸”

王安石的《泊船瓜洲》是一首脍炙人口的七绝。钱锺书先生编著《宋诗选注》，周振甫先生写《诗词例话》，都选入和谈到了这首诗。而它之所以受人注意，则始于南宋人洪迈《容斋续笔》卷八里的一条记载，题为《诗词改字》：

> 王荆公绝句云：“京口瓜洲一水间，钟山只隔数重山。春风又绿江南岸，明月何时照我还。”吴中士人家藏其草，初云“又到江南岸”，圈去“到”字，注曰“不好”，改为“过”，复圈去而改为“入”，旋改为“满”。凡如是十许字，始定为“绿”。

后世便辗转引用此例,来说明古代名作家、大诗人在炼字上是经过辛苦推敲、反复斟酌的,于是这首诗也就不胫而走,成为家喻户晓的作品了。但洪迈所引王安石此诗,第三句实与原文有出入。原诗第三句并非作“春风又绿江南岸”,而是“春风自绿江南岸”。这很可能是洪迈误记。现在传世最早的宋版《王文公文集》卷七十,流行最普遍的根据明嘉靖刻本影印的《四部丛刊》本《临川先生文集》卷二十九,以及距王安石时代较近的南宋人李壁辑撰的《王荆文公诗笺注》卷四十三,所载此诗第三句,都作“自绿”,没有一个本子是作“又绿”的。而在李壁笺注本卷四十二《与宝觉宿龙华院三绝》(《四部丛刊》本卷二十八载此诗诗题末尾多一“句”字)的第一首诗末的注文中还说:

> 公自注云:“某(《四部丛刊》本无此字)旧有诗(《四部丛刊》本‘诗’下有‘云’字):京口瓜州(《四部丛刊》本作‘洲’)一水间,钟山只隔数重山。春风自绿江南岸,明月何曾(《四部丛刊》本作‘时’)照我还。”(《四部丛刊》本此自注语载在诗题下,而《王文公文集》卷六十五载此三诗则无作者自注。)

更可为原诗作“自绿”不作“又绿”的一个强有力的佐证。钱、周两先生在选诗、写文章时似仅凭记忆或但据洪氏引文而未检校原书,都作“又绿”,显然是疏忽了。

问题于是来了。第一,如果洪迈的话可信,则王安石所以把这句诗屡加改动而最后确定为“绿”字,是同上面的“自”字有关联的。“自到”“自过”“自入”“自满”当然都不如“自绿”好,而且作“自入”“自满”,反而愈改愈坏,有点不大通顺了。第二,也许读者会说,王诗此句第三字可能确本作“又”,后来才改为“自”,即在修改过程中一共改掉两字。这就牵涉到用“自绿”好还是用“又绿”好的问题了。照我个人的看法,用“自绿”似更好一些。这个“自”,是自然而然的意思。也就是说,春风明月,原属良辰美景,在作者心目中,认为它们应该是有情的,而它们偏偏无情。一到春天,和风自管吹绿了江南的岸草,明月自管照射出皎洁的光辉,可是却不管诗人思归不得的惆怅情怀。作者正是受到无情的美景的感触而引起自己欲归不得的愁思。这同李白的“春风不相识,何事入罗帏”,“举头望山月,低头思故乡”;温庭筠的“山月不知心里事,水风空落眼前花”等诗词中名句都是用的同一手法,惟意境各有不同。如果只说“又绿”,不过形容时光易逝,“又是一年春草绿”,显得意境稍浅而用笔亦不免平直,远不如“自绿”的耐人寻味。

不管读者是否同意我个人的讲法,但从以上的意思可以总结出一条经验,即锤炼字句是一种辛勤的艺术劳动,应该在这上面下苦功夫;不过对于一个字的锤炼,却不应孤立地、形而上学地只为炼字而炼字来考虑,而应辩证地从通篇的思想内容和艺术构思来考虑,结合上下文进行斟酌推敲。这才是写诗所以离不开形象思维的道理。否则纵极尽雕琢之能事,也无非是"诗匠"而已。

附记

明人董斯张《吹景集》卷二"古诗多讹字"条云:

> 唐人《上元》诗,坊本俱云"金吾不禁夜",《艺文(类聚)》引此诗,"禁"乃"惜"字耳。又虞姬歌"四面楚歌声",初疑先秦那得有唐人诗,比读《楚汉春秋》云:"四方楚歌声。"太白《乌栖曲》"银箭金壶漏水多",孟棨《本事诗》作"金壶丁丁漏水尽",殊妙。又《乌夜啼》结二句,《本事诗》作"停梭向人问故夫,欲说辽西泪如雨",便觉"独宿空房"大是俗境。但《乌栖曲》一句用一韵,古体相沿如此,"漏水尽"一句独无韵,似非格;此"尽"字确为"溢"字,传写亥豕耳。江采苹诗:"长门尽日无梳洗,何必珍珠慰寂寥。"《八闽通志》载此诗,"慰"字作"与"字。盖言履綦无声,明珰盈握,翻使萧阒之情转深,犹持愁以相赠也。视俗本"慰"字,何啻嚼蜡。刘禹锡诗:"高髻云鬟宫样妆。""高髻"四字,《本事诗》作"鬌髾梳头"(原注:《升庵集》作"浮渲梳头")。又"断尽苏州刺史肠","苏州"二字,《本事诗》作"江南"。只数字,便有雅俗之异。崔护诗:"人面不知何处去。"《梦溪笔谈》作"人面只今何处是",亦胜。定知古诗中讹字不少,证文字通者其辨之。

今按:董说于作诗修辞殊有裨益,有的本子也确胜于流行版本。但董所举诸例,尚不免有后人改原作的可能,因此显得有"出蓝"之异。而唐宋人名句,有的本集并不误,而且比改本还好,如张籍《节妇吟》"何不相逢未嫁时","何"不应作"恨",杜牧《七夕》"红烛秋光冷画屏","红"不应作"银";罗隐《蜂》"为谁辛苦为谁甜","甜"不应作"忙";与此王安石之"自绿"不应作"又绿",都是改本不及原本为优,但以讹传讹,原本反而湮没不彰了。故录董说以证成鄙论云。

说《促织》诗

王安石有些诗与唐人新乐府有关系,如七古《河北民》,从题目到内容,都是新乐府体。这里要谈的一首七言绝句《促织》,则是从唐代新乐府作家之一李绅的《悯农诗》二首发展来的。

李绅的《悯农》二首都是五绝,用对比手法写贫富悬殊,反映了严重的阶级对立,而残酷的阶级压迫也就不言而喻了。"四海无闲田,农夫犹饿死";"谁知盘中餐,粒粒皆辛苦",以具体而鲜明的对照手法,刻画出尖锐的社会矛盾,是古典诗歌中有力的投枪和匕首。后来如孟郊的《织妇词》:"如何织纨素,自著褴褛衣",郑谷的《偶书》:"不会(不理解)苍苍主何事,忍饥多是力耕人。"写的虽也相当沉痛,却总觉得不及李绅的诗感人深切。其关键乃在于:一、用以对比的两个极端的形象不够鲜明;二、作者总忍不住要站出来说话,结果反而减弱了诗歌的感染力。到了宋代,梅尧臣的《陶者》是这一类短诗中的代表作:

陶尽门前土,屋上无片瓦。十指不沾泥,鳞鳞居大厦。

钱锺书先生在《宋诗选注》中评此诗为"不加论断、简辣深刻"。这"不加论断",反倒容易更有力地打动读者。与梅尧臣同时的还有一个不大出名的张俞,他的《蚕妇》却比较有名:

昨日到城郭,归来泪满巾。遍身罗绮者,非是养蚕人。(《宋文鉴》卷二十六)

问题倒不在于落前人窠臼,主要是把蚕妇写得只有悲哀而无愤怒,就显得力量有些单薄了。这类诗到了王安石的《促织》却有了较大发展:

金屏翠幔与秋宜,得此年年醉不知。只向贫家促机杼,几家能有一绚丝?(通行本"绚"作"钩",今从大德本、嘉靖本。"绚"音渠。一绚,一绺。)

从主题看,这首诗同孟郊、张俞所反映的内容是相近的,而且作者本人也站出来表了态,似乎没有什么新意。但内容虽同而手法互异,尽管都是站出来表态,王安石却出之以嬉笑怒骂,是锋芒毕露的写法。这就显得爱憎分明,感情强烈多了。

从具体描写看,前两句和后两句显然是以对比手法写贫富悬殊,但就李壁的笺注看,却不易把上下文统一起来。前二句注云:“古诗:长安醉眠客,岂知秋雁来。即此意。”后二句注云:“唐张乔诗:念尔无机自有情,迎寒辛苦弄梭声。椒房金屋何曾识?偏向贫家壁下鸣。”注得并非不切。但张乔对蟋蟀是表同情的,而王安石则予促织以贬词,仅用“只向”二字,便把蟋蟀写成乘人之危或幸灾乐祸的家伙,而作者对贫家的同情,对富家的愤慨都明确地表现出来了。这正是王安石此诗的独到之处。然而关键还在对前两句怎样理解。

我的体会是:第一句的“金屏翠幔”是同末句的“一绚丝”形成鲜明对照的。屏风上的图案是丝织成的,帷幔的质地也是丝的,都是耗费了劳动妇女无数心血的产物。可是富贵人家“得此”甚易,并且用来作为遮风挡寒的工具,那些醉生梦死的老爷们年复一年安于这种舒适的处境之中,完全感觉不到秋天寒冷的威胁。偏偏就在这个季节,无情的蟋蟀(即促织)却向贫家鸣叫不已,催促他们赶快劳动,却不想想穷苦人家多少门户连“一绚丝”也没有,让他们拿什么去织呢?“金屏翠幔”和“一绚丝”不仅是成品和原料的对比,而且是生活的豪奢与贫瘠的对比,是物质的珍贵与寒碜的对比,甚至在数量上也是悬殊的。这就比李绅、孟郊、梅尧臣、张俞诸人之作的内容丰富多了。何况在对比之中还加上个蟋蟀做媒介,在嗔怪它无端“促机杼”的语气中,实际却把矛头指向了豪门贵族,这就更使读者感到深刻痛切,却又觉得含蓄不尽。因此我认为这首诗确乎不同凡响了。

说《韩子》诗

我写这篇小文是想达到这样一个目的:读古人作品一定要独立思考,破除先入为主的成见,不要人云亦云,跟着古人炒冷饭。但创立新说,又必须持之有故,言之成理,有根有据。不能异想天开,随心所欲,凭主观武断来标奇立异,哗众取宠。

这首《韩子》是王安石写的若干首评论古人的七绝之一,指的是唐代大作家韩愈。除这一首外,王安石也为商鞅、苏秦、张良、韩信等古人写过发表议论的诗,诗题都直呼其名。这里称韩愈为“子”,从题目就说明王安石对韩愈是相当尊重的。诗的全文是：

> 纷纷易尽百年身，举世何人识道真（明嘉靖刊本这一句又作“默默谁令识道真”）。力去陈言夸末俗，可怜无补费精神。

第一句的“纷纷”是指古往今来纷纷扰扰的世俗之人，等于说“芸芸众生”，这同嘉靖本第二句又作“默默谁令识道真”的“默默”是互文见义，意思说这些纷纷扰扰的人却又都是一些默默无闻的庸庸碌碌之辈。“百年身”一语见于鲍照和杜甫的诗，“易尽百年身”指人生短暂。“道真”见于《庄子》和《汉书》，这里指儒家孔孟之道的真谛。不论是“举世何人识道真”还是“默默谁令识道真”，这一句都是指世上没有人能够领会孔孟之道的真谛。韩愈虽是古文大师，但他并不满足于只擅长写文章。他自命为孟轲的传人，当然他对孔孟之道的真谛是有所认识的，可是这并没有被世俗之人所了解。“力去陈言”见于韩愈的《答李翊书》，他的原话是“惟陈言之务去”，意思说写文章一定不要说别人说过的陈词滥调。这个观点本不错，可是韩愈认为这只是他在写文章方面的奋斗目标之一，而其最终目的还是要“识”孔孟的“道真”。“末俗”，指王安石当世的浅俗之人；“夸末俗”，照我的理解，应该是倒装句法，应该讲成当世的浅俗之人仅只看到“力去陈言”是韩愈散文的特色和成就，从而对此竞相夸尚。言外之意，这些“末俗”之人对韩愈并没有真正地了解。在北宋当时，就有那么一批读书人，专写一些故作艰深的佶屈聱牙的文章，从而受到欧阳修的反对。可见王安石在这一点上也是有同样看法的。所以他说这些人是“可怜无补费精神”。这句诗是套用韩愈本人的诗句（他在《赠崔立之评事》一诗中有一句“可怜无益费精神”，王安石只改动了一个字）。这同杜甫在《戏为六绝句》中对讥笑“初唐四杰”的那些“轻薄”的读书人进行指责，说“尔曹身与名俱灭，不废江河万古流”，在性质上正相类似。可是由于宋代的士大夫对王安石大都抱有偏见，包括给王安石诗集作笺注的李壁在内，都认为这首诗是王安石在讥讽韩愈还没有“识道真”，只知道从表面上追求“力去陈言”，并以此向世俗之人夸耀，于是就挖苦韩愈“可怜无补费精神”。这样讲法，恐怕既歪曲了韩愈，更歪曲了王安石。因为韩愈当时提倡作古文，本就被认为不合时宜，那些世俗之人对韩愈也根本瞧不起，韩愈又怎么会向这些人去夸耀自己有“力去陈言”的本领呢？而王安石写这首诗，本来是把自己当成韩愈的知音，从而对韩愈加以肯定，对“末俗”加以抨击，怎么能既讥讽韩愈还没有“识道真”（诗中的“何人”是不应该包括韩愈在内的)，又嘲笑他“可怜无补费精神”呢？在宋代的古文家中，王安石学韩愈是被公认为升堂入室的，这在李壁的《笺注》中也是写得明明白白的；世上哪有这样的逻辑，对于自己十分认真学习的榜样，却连讥笑带挖苦。王安石怎么会是这种人呢？

说到这里，还想附带讲一件事。欧阳修对王安石是很赏识的，他虽不是王的老师，却是王的前辈。欧阳修曾经写过一首七律赠给王安石，前四句说：“翰林风月三千首，吏部文章二百年。老去自怜心尚在，后来谁与子争先？”这对于王安石的赞美是不遗余力的。“翰林”指李白，头一句是说王安石在诗歌上的成就不下于李白；“吏部”一句，用的是南齐谢朓的典故，可是诗里写得明白，“吏部文章二百年”，韩愈曾为吏部侍郎，而且说的是文章，当然是说王安石在文章方面的成就不下于韩愈。所以王安石在回答欧阳修的一首七律的前四句说：“欲传道义心虽壮，强学文章力已穷。他日若能窥孟子，终身何敢望韩公？”三、四两句，是分承一、二两句的。意思说自己想在继承孟子的道义方面多努一把力，将来或许能够探索到孟子的思想深处；可是在写文章方面自己已经尽了最大努力，看来这一辈子也未必赶得上韩愈了。这明明是推崇韩愈的话，更没有嘲笑欧阳修只知道学韩愈的文章而不懂得研究孟子的思想的意思。可是宋朝的士大夫，包括李壁在内，却说这是王安石在蔑视韩愈，认为韩愈的水平有限，并不是自己努力追求的目标。从古以来，不少学者文人都人云亦云地跟着这种看法随声附和，仿佛王安石是个狂妄无知到极点的人，甚至有人认为王安石除了孔子以外几乎所有的历史人物都批评到了。这真是一种非常有害的偏见。如果我们多多少少有点实事求是的精神，就不会对王安石这首诗作出如此不近情理的曲解。

我们反对戴着有色眼镜看人，更反对打着手电筒专在别人身上挑毛病。而有这种缺点的人恐怕从古以来就不少。宋朝士大夫对王安石抱有偏见，曲解他的诗意，硬说他瞧不起韩愈，因而对韩愈极尽讥讽轻蔑之能事，就是一个非常具体的例子。

《出塞》《入塞》二诗释义

《出塞》《入塞》解题

按：诗集卷二十三《送契丹使还次韵答净因长老》李壁注云：“公多有使北诗，而本传及年谱皆不载尝出疆。独温公《朔记》云云。”语焉不详。司马光《朔记》内容如何亦待考。嘉靖本《临川文集》卷八十四有《伴送北朝人使诗序》云:“某被敕送北客至塞上。语言之不通,而与之并辔十有八日,亦默默无所用吾意。时窃咏歌,以娱愁思、当笑语。鞍马之劳,其言有不足取者。然比诸戏谑之善,尚宜为君子所取。故悉录以归示诸亲友。”集中使北诗当即此十八日中所作。又诗集卷一有《夜梦与和甫别,如赴北京时,和甫作诗;觉而有作,因寄纯甫》。北宋时之北京即今河北大名。诗集卷二十三有《发馆陶》,题下李壁注云:“馆陶,属北京大名府。”则赴大名与使北或即一事。钱锺书先生《宋诗选注》系王安石使辽于1060年(宋仁宗嘉祐五年),则是在安石任度支副使判官时,亦未详所本。姑从之。

《出塞》

涿州沙上饮盘桓,

诗集有《涿州》绝句,又有《白沟行》。白沟,今名拒马河,即涿州境。李壁注所云“本朝与辽人分界处”是也。安石使北最远当至此,盖此行乃伴送辽使,初非使辽,故行至交界处即止。

看舞春风小契丹。

上句言“饮盘桓”,此句言“看舞”,盖辽使入境,以礼酬答,置酒陈歌舞款待安石,以报其伴送之劳。“小契丹”,未详。《佩文韵府》卷十四“寒”韵“契丹”条引范成大《阅番乐》诗云:“绣靴画鼓留花住,剩舞春风小契丹。”(小如按:此条当系原载于阴时夫《韵府群玉》而为《佩文韵府》所转录者,诗不载于今本《石湖诗集》,倘非误引,即范之佚诗。)又范之《石湖词》有〔鹧鸪天〕一阕,首句云:“休舞银貂小契丹。”以“绣靴画鼓”及“银貂”证之,则“小契丹”当是契丹族舞名,靴与貂则舞者所着之舞鞋舞饰也。北京大学中文系七三级师生注释之《王安石诗文选》页五十八以“春风”亦属舞名,疑误。

塞雨巧催燕泪落,濛濛吹湿汉衣冠。

“巧”即凑巧、恰巧之意。居燕之汉族父老既见南来之宋使,又睹辽人所演奏之歌舞,故悲不自胜而潸然泪下。此际恰值塞上细雨濛濛,如助人之悲思,故言“巧催”。而吹湿汉衣冠者,正不知是雨是泪。此所谓语浅意深。

《入塞》

荒云凉雨水悠悠,

云雨荒凉,状天色也;“水悠悠”,状地面景物。盖作者俯仰所见如此,若有情,若无情。

鞍马东西鼓吹休。

言北人送行者与宋使南归者各自首途，“东西”，犹言“南北”。“鼓吹(读去声)休”，北人奏乐送行，宋使既入塞，则乐声止息。

尚有燕人数行泪，回身却望塞南流。

《王安石诗文选》注云：“还有燕人饱含热泪，送别宋朝官员，回身遥望南方，伤心地流下眼泪。”疑非是。所谓“数行泪”，乃使者之泪，主语为使者而非“燕人”。此泪一如送行之燕地汉族居民与宋朝官员分手时所流之泪，故言“尚有”。然使者于未与燕地汉族居民分手时，有泪而不忍竟流；既与燕人分别，然后回身南向入塞，乃情不自禁怆然而涕下。如解此为“燕人”之泪，则燕人送使者时正自北南行，本面对塞南，无须“回身”而望；相反，使者与送行人分手时，面乃向北，既别之后，始回身南向。此不仅于诗境有浅深之不同，抑且有逻辑上合理与否之问题。故辨明如上。

读词臆札

自1962年以还,偶治唐宋词,一得之愚,往往札记成文。徒以经久,积稿尽失。今夏复董理旧日所业,乃复就在己之心臆者重写定之,成《读词臆札》若干则。古人得鱼而每忘其筌,今则鱼筌俱废,聊为屠门一嚼云尔。1969年9月小如记。

旧说李白作〔菩萨蛮〕

此与〔忆秦娥〕词,皆传为李白之作。自胡应麟《少室山房笔丛》疑为伪托,议者于焉纷纠。近人杨宪益《零墨新笺》,考订〔菩萨蛮〕词牌于盛唐已流行,因以此词属诸李白。夫盛唐时有此词调,与李白之曾否作此词,初无必然联系。以词在唐世发展演进之迹考之,疑此词乃中晚唐间无名诗人所作。宋僧文莹《湘山野录》卷上云:"此词不知何人写在鼎州沧水驿楼,复不知何人所撰。魏道辅泰见而爱之。后至长沙,得古集于子宣内翰(小如按:曾布字子宣)家,乃知李白所作。"窃疑此词作者,即登驿楼题壁之人。托名李白,徒附会耳。清人许昂霄《词综偶评》云:"远客思归口气,或注作'闺情',恐误。"说本不误。然许又引李益《鹧鸪词》:"处处湘云合,郎从何处归?"复云:"此词末二句,似亦可如此解,故旧人以为闺思耳。"则自相矛盾。近人浦江清先生主远客登楼说(详见周妙中辑《浦江清文录》),俞平伯师主闺情说(见《唐宋词选》稿本,以下简称《俞选》),疑浦说近是。盖末二句非远客不能道,"长亭短亭",闺中人固无此生活实践也。

平林漠漠烟如织。

漠漠,状下文之"烟",非状上文之"平林"。陆机《君子有所思行》:"廛里一何盛,街巷纷漠漠。"《文选》五臣注:"漠漠,布列貌。"谢朓《游东田诗》:"生烟纷漠漠。"五臣注:"漠漠,布散也。"以小谢诗证此词,最允洽精确。又王逸《九思·疾世》:"尘莫莫兮未唏。""莫莫",一本作"漠漠","漠漠"古作"莫莫"。扬雄《羽猎赋》:"莫莫纷纷,山谷为之风猋,林丛为之生尘。"《汉书·扬雄传》颜师古注:"莫莫,尘埃貌。"《文选》李善注:"莫莫纷纷,风尘之貌也。""莫莫纷纷",即陆、谢诗所谓

“纷漠漠”。谢诗明写“烟”,陆诗则指街巷间尘埃之状也。杜甫《秋日夔府咏怀寄郑监李宾客一百韵》:“兵戈尘漠漠,江汉月娟娟。”“漠漠”可以状尘埃迷茫,亦可以状烟雾弥漫。五臣注训“布散”,是也。林木是直线条,晚烟漠漠横于平林之间,是纵横交织也,故云“如织”。

寒山一带伤心碧。

唐人诗用“一带”,皆实指而非泛说。褚朝阳《登圣善寺阁》:“华岳三峰小,黄河一带长。”羊士谔《泛舟入后溪》:“水绿滩平一带春。”元稹《度门寺》:“门临溪一带,桥映竹千重。”白居易《别草堂三绝句之三》:“一带山泉绕舍回。”皆以“一带”状水,所谓一衣带水是也。此词则以“一带”状山,在唐人诗词中确属别开生面。宋人诗或言“一发”,或言“一抹”,以状青山,如苏轼《澄迈驿通潮阁》:“青山一发是中原。”秦观《泗州东城晚望》:“林梢一抹青如画,应是淮流转处山。”疑皆自此词脱胎者。“伤心”乃“碧”之状语,极言山色动人心魄,非谓人见寒山而伤心。近人夏承焘先生《唐宋词选》(以下简称《夏选》)注云:“看到寒山的碧色感到伤心。”则以“伤心”与“碧”为二事,疑非是。《俞选》注引杜甫《滕王亭子》:“清江锦石伤心丽。”“锦”,一本作“碧”,则是亦以“伤心”状碧色。盖极言石色斑斓动人,非谓江石之丽使人伤心也。如依夏解,则与下文“有人楼上愁”意复,上既言“伤心”,再出“愁”字,便为赘笔矣。

暝色入高楼,有人楼上愁。

《俞选》注引梁费昶《长门怨》:“向夕千愁起。”孟浩然《秋登万山寄张五》:“愁因薄暮起。”皆与此词意境相近。“暝色”句,即柳宗元《始得西山宴游记》所谓“苍然暮色,自远而至”也。

玉阶空伫立,宿鸟归飞急。何处是归程?长亭更短亭!

“玉阶”一本作“玉梯”,即指驿楼之阶梯,不必泥于字面。“宿鸟”句,言日暮则见宿鸟归飞,正反衬远客思家之心之切。夫宿鸟眷林,归飞甚急,而人则以道里辽远,不知归程何处,故下文紧接“何处”二句也。柳永〔八声甘州〕:“望故乡渺邈,归思难收。”是赋;此则为比兴耳。《释名·释宫室》:“亭,停也,亦人所停集也。”庾信《哀江南赋》:“十里五里,长亭短亭。”《白帖》卷三《馆驿门》引庾赋,并云:“言十里一长亭,五里一短亭。”

旧说李白作〔忆秦娥〕

此词内容与词牌命意相合,当是本词。《列仙传》卷上云:“箫史者,秦穆公时人,善吹箫,能致孔雀白鹤于庭。穆公有女字弄玉好之,公遂以女妻焉。日教弄玉作凤鸣,居数年,吹似凤声,凤凰来止其屋。公为作凤台,夫妇止其上,一旦皆随凤凰飞去。"秦娥,指弄玉,于此词则以喻闺人。《俞选》于此词末二句注云:"借汉喻唐,唐人诗中常见。本篇疑为残唐时人伪乱之作。"今按:此词寄兴遥深,题曰《忆秦娥》,实则忆长安也,俞说近是。

箫声咽,秦娥梦断秦楼月。秦楼月,年年柳色,灞陵伤别。

此词结构甚奇。题曰《忆秦娥》,自是他乡游子系念室家之作。然上片却从闺思写起。夫秦娥闻箫而梦断,正以思远人之故。因回溯远人初离长安时,已尝于灞桥折柳相送。柳色年年常新,而行人一去不返矣。此纯从对面设想,与李白《关山月》"佳人当此夜,叹息未应闲",杜甫《月夜》"今夜鄜州月,闺中只独看"诸作构思正复相类。《俞选》注云:"楼、台亦通称,秦楼即秦台。"然古诗《陌上桑》:"日出东南隅,照我秦氏楼。""秦楼",固诗词习见语也。《三辅黄图》卷六:"文帝霸陵,在长安城东七十里……就其水名,因以为陵号。"故"霸陵"通作"灞陵"。又:"霸桥,在长安东,跨水作桥。汉人送客至此桥,折柳赠别。"

乐游原上清秋节,咸阳古道音尘绝。音尘绝,西风残照,汉家陵阙。

下片正面写游子思家,然所忆乃长安今昔沧桑,无复昵昵儿女之语。"音尘绝"三字,乃"忆"之关键。王国维评此词"绝以气象胜",并于末二句云:"寥寥八字,遂关千古登临之口。"(《人间词话》)正以其所忆乃大者远者,故能纯以气象胜也。晚唐诗人如李商隐、杜牧,往往因乐游原而托兴,如李之"夕阳无限好,只是近黄昏";杜之"长空澹澹孤鸟没,万古销沉向此中。看取汉家何事业,五陵无树起秋风";又"欲把一麾江海去,乐游原上望昭陵"——皆所以抒盛衰之感,可与此词互参消息。王琦辑注《太白全集》于此词有详注,兹不复赘。

温庭筠〔梦江南〕二首

千万恨,恨极在天涯。

首句言恨之重,次句言恨之深。此是正面喝破,开门见山。谭献评温词,屡言用"重笔"。实则温词更多直笔,如此词首二句与〔更漏子〕"梧桐树,三更雨"诸句是也。此下三句则写恨极之事态,似直而实曲矣。

山月不知心里事。

一句写夜境。己之心事为何?乃恨远人之久不归来也。然此情实无人知,却曲说“山月不知”。盖夜中己之无眠有恨，惟山月见之。然月愈明则己愈难入睡，于是并山月亦恨之矣，恨其不能体察己之心事而照人不已也。山高则月小，言“山月”者，正暗示夜已深耳。

水风空落眼前花。

一句写昼境。看花，韵事也；然看花而怀远人，则徒益怨情。况独对落花乎？花落则春光易逝，则看花人亦将老矣，能无恨乎？一“空”字写尽恨态。言“水风”者，暗示落花随流水而飘逝，则是恨益深矣。此古人修辞精当凝练之证。“眼前”与上文“天涯”字相照映。

摇曳碧云斜。

末句写黄昏之境，是介乎昼夜之间一段时光，仍是曲写。若秦观（一作无名氏）之“安排肠断到黄昏”（〔鹧鸪天〕），是以拙重之笔自正面写透心事；李清照之“梧桐更兼细雨，到黄昏，点点滴滴，这次第，怎一个愁字了得！”（〔声声慢〕）则是以铺叙之笔自反面缴足文情。而此词则举重若轻，深入浅出。读此可悟唐宋词境之异，犹唐宋诗境亦各自不同也。江淹《拟僧惠休〈别怨〉》：“日暮碧云合，佳人殊未来。”此言黄昏时碧云摇曳，而己之孤寂依然，所以为恨也。（以上为第一首）

梳洗罢。

此一句而具三义。时则晨兴，一也；人则闺中妇，二也；此盖反用《诗·伯兮》“自伯之东，首如飞蓬，岂无膏沐，谁适为容”语意：彼诗言良人远行，故已无心膏沐；此则心中悬想良人或今日即归来，于是着意梳洗以待之，犹之“女为悦己者容”之意——三也。温词凝练浑成，耐人寻味，端在此等处。

独倚望江楼。过尽千帆皆不是，斜晖脉脉水悠悠。

“倚”上仅着一“独”字，情态自见。《西洲曲》：“鸿飞满西洲，望郎上青楼，楼高望不见，尽日阑干头。”此词之“望”，即彼曲“望郎”之“望”，而“过尽”二句则由“尽日阑干头”五字化出，化平直为婉曲也。“千”“皆”字，与“独”字相映照。“脉脉”，仿佛有情之谓；“悠悠”，仿佛无情之谓；有情无情，则皆出自主观之想象。夫日没则己不复能倚江楼而望，唯恐斜晖之逝，而盼能迟迟其行也，故以“脉脉”状之，古人所谓斜阳若恋人之衣裾也；千帆过尽，而江水无穷，一若不察己相思之诚者，何其无情义乃尔，故以“悠悠”状之，柳永所谓“误几回天际识归舟”也。

肠断白苹洲。

《夏选》初印本注引梁柳恽《江南曲》：“汀洲采白苹，日暖江南春。”并云：“又去采白苹来想送给所思的人，表达她的深切的思念。”修订本则引北宋寇准诗以释之。《俞选》注引白居易诗及《太平寰宇记》，以白苹洲为专名，谓其地在湖州霅溪东南。小如按：此词但言登楼望远，不言入洲采苹，夏之初说固非；至唐人填词而用北宋人诗为典据，益见悠谬。至苹生洲渚，江南所在多有，诗人亦未必确指谓即霅溪之白苹洲也。赵微明《思归》诗云：“为别未几日，去日如三秋。犹疑望可见，日日上高楼。惟见分手处，白苹满芳洲。寸心宁死别，不忍生离忧。”（赵氏，中唐时人，此诗见于元结《箧中集》及王安石《唐百家诗选》。小如附注。）窃谓此词正温所祖。然则“白苹洲”者，望中所见之地，亦即与良人分携之处，故望之而“肠断”也。（以上为第二首）

晏几道〔临江仙〕

梦后楼台高锁，酒醒帘幕低垂。

《俞选》云：“这两句眼前实景，‘梦后’，‘酒醒’互文，犹晏殊〔踏莎行〕所云：‘一场愁梦酒醒时’；‘楼台高锁’从外面看，‘帘幕低垂’，就里面说，也只是一个地方的互文，表示春来意兴非常阑珊。许浑《客有卜居不遂薄游沃汧陇因题》：‘楼台深锁无人到，落尽春风第一花。’”小如按：首句说“梦后”，已逗怀人之意，盖梦中所忆，无非当年欢聚时景象也。而次句言“酒醒”，则愁思又复兜上心来矣。杜甫《登高》：“艰难苦恨繁霜鬓，潦倒新停浊酒杯。”饮酒所以祛愁，杯酒新停，愁仍未减，则愁之深重可知。此词写梦后酒醒，惟有一片寂寥，正反衬梦中景物之百堪回味，而酒后之无聊赖益难解脱，则下文虽回忆当年，乃一层深似一层，情思亦愈写愈长也。

去年春恨却来时，落花人独立，微雨燕双飞。

《俞选》云：“‘去年春恨’是较近的一层回忆，独立花前，闲看燕子，比今年的醉眠愁卧，静掩房栊，意兴还稍好一点。”“‘独立’与‘双飞’对照，已暗逗怀人意。《五代诗话》卷七引翁宏《宫词》：‘落花人独立，微雨燕双飞。’此篇盖袭用成句。”今按：“落花”二句，不必确指为“去年”事。落花微雨之中，人独立而燕双飞，不过是春日常见之景；然今春景色既无异于“去年”，触景生情，故“去年”之“恨”又复来心上矣。上片两结句诚属比兴，然所喻醒豁易解，犹是眼前可道之意；而下片二结句则出神入化矣。此词结构，似滞实活，似正实奇，盖上下片前三句皆质实，后二句乃各以比兴出之，不惟警策，抑尤深厚。

记得小苹初见，两重心字罗衣。

汲古阁本《小山词》作者自跋：“始时沈十二廉叔，陈十君宠家，有莲鸿苹云，品清讴娱客。每得一解,即以草授诸儿。"《俞选》云:"以下直到篇末,是更远的回忆,即此篇的本事。"夫作者怀人幽怨之情,深且重矣,短短一词,如何可尽言之也?故仅择初见之一瞥而写之,然即初见之一瞥,亦写之不能尽,故仅择而写其"两重心字罗衣"一事而已。然此非写衣也,而在于"两重心字"四字,盖即心心相印之谓也(旧说或解为"心字香"云云,皆近穿凿,兹所不取)。此似拙直而实工巧,似单调而特具典型意义,正作者以少少许胜人多多许处。南宋人喜填慢调,多缘不谙小令此种特色,遂不免辞费耳。

琵琶弦上说相思。

此亦极质实之句。通体写男女两情相爱,仅此一句落实耳。然而但觉其端庄郑重、凝练浑厚而不觉其流于轻浮佻达者,则上下片两用比兴之功也。

当时明月在,曾照彩云归。

《俞选》云:"李白《宫中行乐词》八首之一……篇末云:'只愁歌舞散,化作彩云飞。'显然为此词结句所本。"又云:"彩云比美人。江淹《丽色赋》:'其少进也,如彩云出崖。'其比喻美人之取义仍从《高唐赋》'行云'来,屡见李白集中,如《感遇》四首之四'巫山赋彩云'、《凤凰曲》'影灭彩云断'及前引《宫中行乐词》。白居易《简简吟》:'彩云易散琉璃脆。'本篇'当时明月''曾照彩云'与诸例均合,寓追怀悼惜之意,即作者自跋所云。"小如按:夫彩云比美人,诚是矣;而"明月"之喻其谁乎?岂作者之自况欤?曰:此正作者以比兴出之之所以不可及也。明月似自况而又非自况也。尝试析其义矣。一、夫当时之明月既曾照彩云归矣,此往昔之情所以百思不厌也;二、然明月至今犹在,而彩云已四散飞逝矣,对月怀云,曷胜感慨;三、明月常新,清朗如昨,而作者已垂垂老矣,此所以年年春恨无穷也;四、当时明月得伴彩云,是千载一时之幸会,而今日追怀,乃真有不可骤得之感矣。夫作者以比兴之词出之,而读其词者乃衍绎其义以迄数四而犹未尽,于以见作者之造意遣词,诚留有有余不尽之回甘;而说之者不免烦琐踳驳,纵乱坠天花,卒不能概其深情挚意于一二,此其所以为出神入化之笔也。

秦观〔踏莎行〕《郴州旅舍》

雾失楼台,月迷津渡。

小如按:此词题曰《郴州旅舍》,自是初到贬所时所作。上片刻画客中孤寂无聊,而从外界环境写起。“雾失”句,盖昼景;“月迷”句,则夜色。初到异乡,旅况凄凉,而春寒料峭,昼则浓雾迷茫,夜则亦惟云愁月暗而已。居者不见楼台,行者不知津渡,虽欲纵目远眺而竟一无所见,真荒凉抑塞极矣,然后下文“可堪”二句乃有着落。淮海词每运匠心于人不察觉处,即此可见一斑。

桃源望断无寻处。

《俞选》云:“这有两重意思:桃花源,避世的地方,也就仿佛神仙的境界,表示向往,陶潜记中本假云在武陵;武陵,今湖南常德,作者贬官南去时北望,离家乡愈远,也有思乡之意。”小如按:武陵之桃源既在湘北,而郴州则在湘南,地近两粤矣;两地远不相及,何言“望断”“无寻处”耶?意者郴州附近,或别有一桃源,故《淮海长短句》中更有〔点绛唇〕《咏桃源》一词,盖借当地胜境以咏刘阮入天台之事也。虽然,此句实以桃源为理想国,俞说可参。

可堪孤馆闭春寒,杜鹃声里斜阳暮。

上句“可堪孤馆”四字迭用双声字,音调乃益凄厉。下句自宋人词话,皆争议“斜阳暮”三字是否重出,因而主张改“暮”为“度”、为“树”、为“曙”者,见《苕溪渔隐丛话》前集卷五十引《诗眼》、《词林纪事》卷六引《王直方诗话》,以及王楙《野客丛书》、张端义《贵耳集》。时人亦往往拾古牙慧,妄为月旦。亦有不主改字者,明人如俞彦《爰园词话》、《草堂诗余》沈际飞评及嘉靖张綖刊本《淮海长短句》附注(汲古阁本附注实全抄张本),清人如宋翔凤《乐府余论》,皆以改字为非;然所言亦未中肯。今按:此当连上文一气读之。盖索居孤馆,日夜都无所见,所谓“孤馆闭春寒”是已。惟时至黄昏,则浓雾渐收而日影乍见;杜鹃于放晴之顷,乃亦纵声鸣啭。然此际日已西斜,仅一霎晴而夜春至矣。“斜阳”与“暮”,不惟不复,且以见斜阳之暂现,暮色之骤临。此正作者以入化之笔状难摹之景,而古今人竟纷然议之,殊无谓也。予尝以此意语启元白先生,元白所解,正与鄙意相同。然明杨慎《词品》卷三已尝及之,惟阐之未详尽耳。其言曰:“秦少游〔踏莎行〕:‘杜鹃声里斜阳暮。’极为东坡所赏。而后人病其‘斜阳暮’似重复,非也。见斜阳而知日暮,非复也。犹韦应物诗:‘须臾风缓朝日暾。’既曰朝日,又曰暾,当亦为宋人所讥矣。”

驿寄梅花,鱼传尺素。

小如按:上句用陆凯《赠范晔》诗:“折梅逢驿使,寄与陇头人。江南无所有,聊赠一枝春。”(《太平御览》卷九七零引《荆州记》)下句用汉乐府《饮马长城窟行》:“客从远方来,遗我双鲤鱼。呼儿烹鲤鱼,中有尺素书。”似泛用而实工切。盖上句写朋友之谊，下句写家室之情也。

砌成此恨无重数。

此乃深入一层写法。作者远在南天，倘故友家人一无消息，固应有恨矣；今则虽有消息，而此恨仍难排遣。且非独有恨而已，恨之来宛如以砖石砌环堵，每加一砖一石于墙，即牢不可移，以见恨之愈积愈深，愈加愈重也。盖“恨”本抽象之情，而作者独有意用一“砌”字，则其恨之执著具体，一望可知。淮海词素以用字轻盈擅场，斯则似拙直而实沉痛，以示“此恨”之不可移易也。

郴江幸自绕郴山，为谁流下潇湘去。

张綖本附注：“释天隐注《三体唐诗》谓此二句实自‘沅湘日夜东流去，不为愁人住少时’变化。然《邶》之‘毖彼泉水，亦流于淇’，已有此意，秦公盖出于此。”《俞选》云：“所引唐诗，为戴叔伦《湘南即事》诗。刘长卿《岳阳馆中望洞庭湖》：‘孤舟有归客，早晚通潇湘。’意亦略同……而秦此词却语法生新，写出望远思乡的真情。”今按：此词不易解处凡二：一为“斜阳暮”之是否重复；一为此二句之“幸自”与“为谁”，究属何解。窃谓上句言郴山幸有郴水为伴，水绕山而回流，则水倘亦有情者耶？苏舜钦《春暮初晴自御宿川之华严寺》：“水绕苍山意共深。”即此意也。然秦既为逐客，不惟有思乡之悲，抑且有去国之憾；下句言郴水竟流下潇湘，独留己于贬所，则是弃己于不顾，彼郴水依旧无情也，其“流下潇湘”复“为谁”耶？必如是解乃与全词意合，而前人所引《邶风》及刘长卿诗，似皆与此无涉。（张相《诗词曲语辞汇释》释“幸”为“本”，释“谁”为“何”，于文义则顺矣，于词味则近于嚼蜡，故所不取。且其训释亦无训诂学之确凿依据也。）

李清照〔声声慢〕

予尝以为词之小令，诗之余也；而慢调，则赋之余也。不熟读汉魏六朝诸赋，则填慢词必不易工。退而言之，亦须长于作骈文，始能工于为长调。两宋词人以长调擅场者，其咏物词固无论矣；即抒情写景之作，亦往往以似赋者为工。至如前人评辛弃疾〔贺新郎〕《别茂嘉十二弟》似《拟恨赋》，犹见树而未见林也。易安此词脍炙人口者数百年，实一篇悲秋赋耳。惟有以赋体读之，乃得其旨。

寻寻觅觅；冷冷清清，凄凄惨惨戚戚。

近人论词，或以易安属之婉约派词人，或以此词属之婉约体，皆大谬不然者。此词所写固属闲愁,然直抒胸臆,了无假借,以豪放纵恣之笔抒曲折蕴藉之怀,既无所谓委婉,亦无所谓隐约。即如此开端三句,其多用叠字,固与乐调音节有关;然仅就叠字言之,犹属皮相。其层次之后先,则寻寻觅觅,其始也;不明言百无聊赖,已刻画出一百无聊赖者之形象矣,于文义当用分号(;)断之。冷冷清清,则寻觅之结果也。至于凄惨忧戚之感受,则又缘冷清之环境影响而生。即此三句,已笼罩全篇矣。至其情调,既非幽咽泣诉,亦非凄凉怨慕,乃由悲而戚,由愁惨而凄厉,百感迸发于中,然后不得不诉诸笔墨而谱入管弦,所谓欲罢不能者也。不如此解之,不足以得此词作意。予尝闻此说于廖辅叔教授而韪之,后之人或亦当有韪吾言者。

乍暖还寒时候,最难将息。

此词作于秋日,读上下文自知。然"乍暖还寒"乃状早春天气者,曷用之以形容秋日也?今按:此写一日之晨,非写一年之始也。晨兴日出,故言"乍暖";然晓寒犹重,故言"还寒"耳。"最难将息"与上文"寻觅"句相呼应。

三杯两盏淡酒,怎敌他晓来风急。

《俞选》云:"'晓来',各本多作'晚来',殆因下文'黄昏'云云。其实词写一整天,非一晚的事,若云'晚来风急',则反而重复。上文'三杯两盏淡酒',即……〔念奴娇〕词所谓'扶头酒醒'。下文'雁过也',即彼词'征鸿过尽'。今从《草堂诗余别集》《词综》张氏《词选》等各本,作'晓来'。"小如按:此说极是。"晓来风急",始与上文"乍暖还寒"相合。古人晨起于卯时饮酒,又称"扶头卯酒"也。"词写一整天"云者,即鄙意所谓赋体也。惟"雁过也"与〔念奴娇〕之"征鸿过尽"尚微有别,详下。

雁过也,正伤心,却是旧时相识。

小如按:〔念奴娇〕作于春日,所谓"宠柳娇花寒食近",是清明前夕也。然则彼词所云"征鸿过尽",乃指南雁北飞。意者赵明诚当时在汴都,易安居南,故有"万千心事难寄"之语。此词则南渡后之作,秋日北雁南飞,作者所指,正往昔居北时所见之雁,故言"正伤心,却是旧时相识"也。《俞选》云:"雁未必相识,却云'旧时相识'者,寄怀乡之意。赵嘏《寒塘》:'乡心正无限,一雁度南楼。'词意近之。"其说是也。近人胡云翼《宋词选》则云:"……雁儿飞过的时候,正好托它带信,可是丈夫已死,信寄给谁,想想只有'伤心'。再一看,这雁儿原来是替她带过书信的'旧时相识',这就使她更加难受了。"未免失之穿凿矣。

满地黄花堆积,憔悴损,如今有谁堪摘?

《俞选》云:"'憔悴损'关合人和菊花,即〔醉花阴〕词'人比黄花瘦'意。"小如按:“满地”句谓菊花盛开,“堆积”以状其多,非指残英,以菊之瓣不同于桃杏也。“憔悴损”自是指人。然人不摘花,花当自萎;及花已损,则欲摘而不堪摘矣。惜乎人之无心摘花也。此兼用杜秋娘“花开堪折直须折”语意而深远过之。

守着窗儿独自,怎生得黑!梧桐更兼细雨,到黄昏点点滴滴。

前二句断句依张惠言《词选》。自此以下写独坐无聊、中怀苦闷之状,比“寻觅”三句又进一层。秦观(一作无名氏)〔鹧鸪天〕下片:“无一语,对芳樽,安排肠断到黄昏。甫能炙得灯儿了,雨打梨花深闭门。”与此意近。惟此从反面说,言天不肯黑尤为难过。“梧桐”二句不仅脱胎淮海,且兼用温庭筠〔更漏子〕下片“梧桐树,三更雨”诸句境意。

这次第,怎一个愁字了得!

据张相《诗词曲语辞汇释》,此处“次第”作“光景”解。然此语尚可解为“转眼间”或“一一”“逐一”。胡云翼《宋词选》释为“这一连串的情况”,近之。予谓“这次第”即“这当儿”。又,自庾信以下至辛幼安,动辄言愁有千万斛,谓愁多也。此则反言之,谓己之思绪纷茫复杂,仅用一“愁”字如何包括得尽。妙在又不说明于一“愁”字之外复有何种心情,即戛然而止,不了了之。此亦“无垂不缩”“欲说还休”之笔也。通首一气到底,大气包笼,别无枝蔓,此真赋体也。

姜夔〔扬州慢〕

作者自序云:“淳熙丙申至日(小如按:此宋孝宗淳熙三年,1176 年也),予过维扬。夜雪初霁,荠麦弥望。入其城则四顾萧条,寒水自碧,暮色渐起,戍角悲吟。予怀怆然,感慨今昔,因自度此曲,千岩老人(按,萧德藻字东夫,号千岩老人)以为有黍离之悲也。”小如按:词之有专序,肇自白石,亦赋前有序之意。

淮左名都,竹西佳处,解鞍少驻初程。

《俞选》引《隋书·宇文化及传》:“炀帝惧,留淮左。”是淮左为扬州旧名,自隋唐时已然。近人释此,但言宋置淮南东路云云,尚未达一间耳。杜牧《题扬州禅智寺》:“谁知竹西路,歌吹是扬州。”“淮左”句言其古,“竹西”句言其盛。此是从未至扬州写起,言久闻扬州为名都,城中多胜地,故动“解鞍少驻”之念也。此种起笔颇似王勃《滕王阁序》以“豫章故郡”云云开端,乃故作老生常谈示人以朴也。

过春风十里,尽荠麦青青。

杜牧《赠别》:“春风十里扬州路,卷上珠帘总不如。”此借以写扬州繁盛,谓当杜牧在扬州时，沿途皆珠帘绣户也。然今日所见，“尽荠麦青青”，则骤然顿挫，跌入荒凉之境矣。

自胡马窥江去后，废池乔木，犹厌言兵。

“胡马”句用重笔，庄严出之，具见作意。“厌言兵”之主语，为“废池乔木”，是拟人法，故其旨深入一层。胡云翼《宋词选》云：“至今人民谈到敌人的侵略战争，还是切齿痛恨。”全失词旨。盖词中既未涉及人民，亦毫无“切齿”之意。“废池乔木”，正谓世家故宅也。夫富贵显达之家，遭兵燹犹荒凉至此，则民生疾苦不言而喻。陈廷焯《白雨斋词话》云：“犹厌言兵四字包括无限伤乱语。”得之。

渐黄昏清角，吹寒都在空城。

此处断句依张惠言《词选》及郑文焯说。作者〔淡黄柳〕云：“空城晓角，吹入垂杨陌。”可与此互参。“清角”“吹寒”，与上“厌言兵”意相反而相成；“空城”则点睛之笔，与“荠麦”、“废池”诸句，肸蛮相通矣。

古人填词，多上片写景，下片写情，慢词尤多此例。然前举李清照〔声声慢〕乃以情景融贯一气而下为变例。此词上片景中着情，下片后半复以景代情；上片纯实，下片全虚。虽合通例，亦略具变化。

杜郎俊赏，算而今重到须惊。

杜牧在扬州为扬州极盛之时，扬州亦因小杜诗而增重其声价。故作者于上片已屡引牧诗，此处更着意言之。不言其地极盛时如何如何，却从“俊赏”者角度着笔，似平而实敧，似直而实曲。此与“淮左”二句作法亦相类，力求于平淡中见功夫耳。

纵豆蔻词工，青楼梦好，难赋深情。

此数句每致人误解。或以杜郎为作者自况者固非；即以挦扯牧诗中之侧艳字句为近于不伦不类者，亦未搔着痒处。（予读中学时即已习闻此二说。）鄙意此数句乃作者谓小杜当时诗中所赋，无非一己之情怀，男女之悦慕，初无所谓国仇家恨也。如是，则“纵有春风词笔也写不出深情来”（《俞选》语）。此所谓“深情”，乃作者此际所深感之情也。胡云翼云：“纵使有杜牧写……诗的才华，也难以表达我此时悲怆的深情。”此为得之。至于作者之深情，则序文与上片已明言之矣。

二十四桥仍在，波心荡，冷月无声。

以下又着景语，此极写景物之无情以反衬作者之情之深也，杜牧《寄扬州韩绰判官》：“青山隐隐水迢迢，秋尽江南草未凋。二十四桥明月夜，玉人何处教吹箫。”桥与水月犹在，而人世已换，玉人更不知何往矣。惟有无声之冷月，荡于波心而已（“无声”盖自牧诗“吹箫”意来也)。此写无情之物,以见作者之情溢于词也。

念桥边红药,年年知为谁生?

上文之桥、月、水,皆无生之物,且经久不变者;而“冷月无声”,又极其荒寒死寂者也。若夫“红药”,则有生之物,其开与谢且年复一年也,其为物又极其鲜明艳丽者也。然而此妩媚于春风中之红芍药,复为谁生者乎?《诗·隰有苌楚》:“隰有苌楚,猗傩(婀娜)其枝,夭之沃沃,乐子之无知。”杜甫《哀江头》:“江头宫殿锁千门,细柳新蒲为谁绿?”又:“人生有情泪沾臆,江草江花岂终极?”皆白石此二句所祖。然“乐子无知”,质言之也;老杜之两作问语,哀愤之极而抗言之也;白石之词,则宛转抑郁而言之也。白石写此词时,值冬至雪后,初未尝见红药也;却从眼前之“荠麦”、“乔木”,幻化出一片春色,故着一“念”字。然“红药”之“生”,不惟非锦上添花,甚且近于幸灾乐祸,则无情之极致,莫逾于此矣。于以见作者所欲“赋”之“深情”,比之“豆蔻梢”“青楼梦”,真不知深几许矣。此正予所谓之以景代情也。《俞选》谓“本篇上片最工,下片较弱”,似犹未辨神骏于牝牡骊黄之外耳。

附记一

近读施蛰存先生《读温飞卿词札记》(载《中华文史论丛》第八辑),有一则论温之〔梦江南〕词云:

> 近见钱仲联先生解释,谓“女子从清晨梳洗才罢,倚着望江的高楼,到千帆过尽,斜日西沉,是整整一天的过程”。此乃以梳洗句为晨妆。此女独倚江楼,自晨至暮,无乃痴绝?窃谓此词乃状其午睡起来之光景。飞卿〔菩萨蛮〕云:“无言匀睡脸,枕上屏山掩,时节欲黄昏,无聊独闭门。”(小如按:温词末句通作“无憀独倚门”。)其上片云:“雨后却斜阳,杏花零落香。”情态正同,皆写其午睡醒时孤寂之感,一则倚楼凝望,一则无聊闭门耳。

今按:予释此词,亦同钱说,今读施札,复细绎温词,窃谓钱说是也。施云此女“无乃痴绝”,不知温词正极写此女之痴绝也。考温此词“独倚”句,实本于《西洲曲》(见臆札正文),所谓“尽日阑干头”者,正谓自朝至暮也,此其一。温词屡言“梳洗”,如〔菩萨蛮〕之“懒起画蛾眉,弄妆梳洗迟”,皆指晨妆,若午睡初醒,则但“无言匀睡脸”而已。且下文“过尽”句，落笔千钧，“千帆”盖极言船只所过之多，亦暗示时间之久与自然景象变化之迟缓。若仅午睡后一晌之情态，正不必用此重笔。此其二。至于援“雨后却斜阳”云云以为类证，亦似未允洽。盖填词各有意境，各有章法，施所引〔菩萨蛮〕上片首二句为“南园满地堆轻絮，愁闻一霎清明雨”，“一霎”云云，正以摹写于短暂时间内自然景象变化之速，其与〔梦江南〕所状之无憀情绪虽同，而意境景象本不同也，似不宜以彼例此。此其三也。

附记二

予臆札本旧稿，北大历史系教授周一良先生尝见之，曾有来信评予所释李清照〔声声慢〕云：

> “乍暖还寒”句从一天气候之变化解释，颇新颖。然“时候”一词似仍以联系季节为长。六朝文人中“乍”与“或”并列之例甚多，“乍暖还寒”疑即“又暖又寒”之意，或暖或寒之意，不知当否？

今按：“乍”与“或”并列而释为“或”、“又”，乃周先生之创见，且尝与丁声树先生通函讨论，丁先生深韪其说，并备引六朝人诗文为例证。然鄙意“乍”“或”连用，与后之“乍”“还”连用并非同一意义，此于六朝人文字中可证。盖“乍”“或”连用，“乍”可在“或”前，“或”亦可在“乍”前，如《北山移文》篇末之“或飞柯以折轮，乍低技而扫迹”，即于前文“乍回迹以心染，或先贞而后黩”次第不一，而意义则全同也。至“乍”“还”连用，必“乍”字在前乃可通，“还”字不能与“乍”相互易位。此与《毛诗》之“终”“且”连用，“既”“且”连用为一脉相承，宋词中或“乍”、“还”连用，或“才”“又”连用，皆不能相互易位也（“才”“又”连用如辛弃疾〔祝英台近〕“才簪又重数”是）。“乍”“还”连用正与“才”“又”连用同义。至于“时候”“时节”等词，本皆指节候而言，然自晚唐时已渐变其词义为短暂之时间矣。如温庭筠〔菩萨蛮〕：“时节欲黄昏，无憀独倚门。”此“时节”即指黄昏前一晌之时间，而非杜诗“落花时节又逢君”之“时节”矣。柳永〔永遇乐〕：“薰风解愠，昼景清和，新霁时候。”由阴雨而新霁，自属较短暂之时间，是“时候”一词在宋代已与现代汉语之义无殊矣。故予之释〔声声慢〕仍持旧解，并申鄙意以答周一良先生。

读词散札

1961 年，尝检读《全唐诗》若干卷，颇获见两宋词用语来处。当时信笔札记，时易岁移，今已荡焉无存。近年偶读小词，复时有所获益，积习难除，仍泚笔成札，聊志不忘。饾饤之资，诚无足取，亦不敢必其与博弈孰贤也。“暗飞萤自照”，如是而已。1969 年国庆日记。

《散札》始成于 1969 年，后以事搁置久之。1978 年重理残箧，并读时贤近著，复有商榷之见，乃续成数则，与前札以时代先后次第之，凡十五则。然荏苒又十易寒暑矣。1979 年 5 月再记。

一

曩予释韦应物〔调啸词〕（即〔调笑令〕）之“跑沙跑雪独嘶”，谓“跑”当读平声，音庖，即“虎跑”之“跑”，谓兽以爪或蹄蹴地也。然持异说者仍多，以为应读作现代汉语赛跑、跑步之“跑”，读上声，鄙意不敢苟同。考唐代文人填“调笑令”曲，《全唐诗》收存者凡七阕，除本阕此句外，其余六阕与此句相应者，首字作平声者五阕，第三字作平声者四阕，前三字悉作平声者三阕，因知此二“跑”字当作平声读，始协律也。矧“跑”之训趋走、疾驰而读上声，乃晚近之事，《康熙字典》《中华大字典》尚未收上声也。证以晋、唐释藏中俗语，益自信所说之非妄。西晋竺法炬《佛说群牛譬经》，谓驴“前脚跑土”；唐义净译《根本说一切有部毗奈耶》第二十六《离间语学处》第三，言牛王“出声吼叫，以脚爮地”。慧琳《一切经音义》卷六十注此“爮”字云：“音庖，俗字也，正体从手作捊，时人多呼为孚字，非也。”是知从足之“跑”与从“爪”之“爮”，实即一字。而“跑”“爮”“爬”一音之转，义亦全同（所谓“以足爬地”），唐以前人无不如此读，无不如此解也。

二

1974、1975 年，国内学术界之文权一度为“四害”所篡窃，形而上学猖獗，断章取义、附会牵强之风盛极一时。唐之韩愈与柳宗元,刘禹锡与白居易,不惟志同,抑且道合。而当时秉承意旨之徒,乃强为分别儒法门户,贬抑韩白而褒扬刘柳。《刘禹锡集》卷二十七有《杨柳枝词》九首,"其一"之末二句云:"请君莫奏前朝曲,听唱新翻《杨柳枝》。"此不过言民间乐府新声之可爱重,而前朝旧曲习见无奇,故不欲听人演奏耳。而彼时为文字者,或竟以此词比附于八司马之永贞新政,谓刘假此词以申其革新之旨云云。实则刘此词乃唐文宗大和年间所作,去顺宗永贞、宪宗元和时朝政不知几经变易矣。与刘作相后先,白居易在洛阳亦有《杨柳枝词》,其一阕末二句亦云:"古歌旧曲君休听,听取新翻《杨柳枝》。"不惟用意全同,即造语亦几无大异。而当时作文字者竟视若无睹,避而不谈。学风之不正,莫此为甚,姑举一例以概之耳。

三

唐宋人词中屡言"屏山",如温庭筠词"枕上屏山掩"、"晓屏山断续"、"金鸭小屏山碧"皆是也。此盖谓屏上有山形图案,而所谓屏,乃指"枕屏风"。今日本民间犹有此物。检1972年(日本昭和四十七年)6月日本社会思想社出版之《了解日本事典》第二二六页,于《家具与道具》项内"屏风"条下有云(译文大意):"又有枕屏风,为低矮之小屏风,仅有两扇,立于寝室中枕畔,就寝时用以御风。"又1929年(昭和四年)富山房出版之《大日本国语辞典》卷四,于"枕屏风"条下注云(译文大意):"立在枕边的小屏风。"并举镰仓时代(当中国南宋时)日本文学作品以为例证。是知枕屏风之用由来已久,盖自唐代传入日本者。予因知温庭筠《菩萨蛮》首阕第一句"小山重叠金明灭",必指枕屏风上金碧山水无疑。盖朝日初升,阳光映室,枕屏上山影金光闪耀,而闺人犹卧而未起,故下句紧接言"鬓云欲度香腮雪"也。或谓"小山"指发,谓云鬟高耸,如小山之重叠云云(见近人华连圃《花间集注》,1936年商务印书馆出版,华氏注文以屏与发二义并举),显非的解矣。

枕屏风或谓之枕障。周邦彦《大酺·春雨》云:"润逼琴丝,寒侵枕障,虫网吹粘帘竹。"谓雨中虽枕畔有屏,亦觉寒意侵人也。上引日本《事典》有"障子"条,引《和名类聚抄》,谓"障子乃屏风之属"是也。予因知韦庄戒家人不用《秦妇吟》障子,非指悬于床上之帐,乃谓一室隔断为二所用之障壁,故障子上可书写或绘画,虽篇幅长如《秦妇吟》,亦能容之也。

四

梅尧臣《苏幕遮·草》下片云：

> 接长亭，迷远道。堪怨王孙，不记归期早。落尽梨花春又了。满地残阳，翠色和烟老。

小如按：此词脍炙人口，结尾尤称警句。然实有所本。宋胡宿文集（《胡文恭集》）中有《宋故左龙武卫大将军李公墓志铭》，李即后主李煜弟从谦也。《志》言后主友爱异于他弟，开宝中受言奉币，入贡诞节，后主尝因置酒，恻然有勤望之劳，赋《青青河畔草》一篇，章末有"王孙归不归，翠色和春老"之句，当时士人莫不传讽云云。从来辑李煜诗文者，皆未及此二句。而梅词下片实自此二句化出，前人亦皆未及之也。参阅李慈铭光绪丙戌（1886）六月十七日《越缦堂日记》。

五

柳永《望海潮》云："烟柳画桥，风帘翠幕，参差十万人家。"近人蒋礼鸿先生《敦煌变文字义通释》页一七一云："参差，几乎，差不多。"柳词盖谓钱塘城中大抵有十万户人家也，此"参差"正差不多之意，蒋说至确。现代汉语约举成数，每言"十万上下""十万左右"，上下、左右云者，犹之言参差也。吴自牧《梦粱录》卷十九"塌房"条云："柳永咏钱塘词曰：'参差十万人家。'此元丰前语也。自高庙车驾由建康幸杭，驻跸几近二百余年，户口蕃息，近百万馀家。"所谓"近"，正柳词"参差"之同义语。近人胡云翼先生《宋词选》（以下简称《胡选》）释柳词此句之"参差"云："这里用来形容房屋高低不齐。关汉卿《南吕一枝花·杭州景》：'万馀家楼阁参差。'用此意。"虽以"参差"之古义解之，实误。一、关曲未必用柳词为出典。二、即令用柳词，关去北宋已久，亦未必解"参差"词义。三、柳词用"参差"在数词前，乃状语；关曲用"参差"在主语后，乃谓语。两句句例本自不同，未宜牵合。于以见词曲虽小道，求解人亦正难也。

六

王安石《桂枝香·金陵怀古》上片云：

> ……千里澄江似练，翠峰如簇。征帆去棹残阳里，背西风，酒旗斜矗。彩舟云淡，星河鹭起，画图难足。

小如按：此词选注者虽多，而可商榷之处不少。“澄江”之“江”，自指长江；然下文“征帆”以下，既言“酒旗”，又言“彩舟”，则必非长江之景可知。金陵即今南京市，为江南一大都会，古今过客至多，几曾见长江之侧有酒旗，长江之中有彩舟耶？故“征帆”以下，乃写秦淮河之景也。而历代及时贤注本，皆罔及之，甚且引白鹭洲云云以谓写长江景物，亦昧于事实矣。然鄙说从何得而征信之也？曰，以篇末“至今商女，时时犹唱，后庭遗曲”诸句足以证之，此正小杜《泊秦淮》诗中成句也。又“翠峰如簇”之“簇”，亦多误说。此“簇”与“练”为对文，必指实物无疑。或释为“聚”，则动词也，与上文不相对仗，其误自不待言。《胡选》则以“箭镞”字释之，亦未允洽。闻之魏天行（建功）师云：此“簇”乃“蔟”之通假，谓蚕蔟也。其物为供蚕结茧之具，通用稻、麦秆为之，上尖下宽，形略似山。此说近之。又，“征帆”三句，近人黄港生氏谓从张昪《离亭燕·一带江山如画》“云际客帆高挂，烟外酒旗低亚”二句化出，其说是也（见1979年4月11日香港《大公报》“艺林副刊”）。至此词下片云：“叹门外楼头，悲恨相续。”予尝释之云：“谓陈代灭亡之悲恨乃前此南朝各代亡国之悲恨的继续。”曾见许于俞平伯师，今亦附识于此。

七

苏轼《洞仙歌》末二句云：“但屈指西风几时来，又不道流年暗中偷换。”小如按：此为一篇结穴所在，最为警策。词人写帝王后妃于池上纳凉，已避炎歊，理宜知足，而犹觉意之不足，因盼秋凉早至。殊不知西风既来，则一年又逝矣。汤显祖《还魂记》写杜女游园，有“锦屏人忒看得韶光贱”之句，正从东坡词悟出，可以互参也。

八

秦观《满庭芳·别意》云："别来怎表相思，有分香帕子，合数松儿。"小如按："松儿"何物，前人多不能解。或谓是酒筹，非也。胡仔《苕溪渔隐丛话》后集卷十六引《东皋杂录》云："孔常甫言：唐人诗有'城头催鼓传花枝，席上抟拳握松子'，乃知酒席藏阄为戏，其来已久。"松儿，疑即松子。抟拳握之，使人猜其数。"合数"，指所猜之数与所握松子之数正相符合也。辛弃疾《祝英台近》："试把花卜归期，才簪又重数。"以松子为卜，犹以花为卜，皆求其数之验也。又，催鼓，《全唐诗》引作"椎鼓"。

九

罗大经《鹤林玉露》卷七云："诗家有以山喻愁者，……有以水喻愁者，……贺方回云：'试问闲愁都几许，一川烟草，满城风絮，梅子黄时雨。'盖以三者比之愁多也，尤为新奇；兼兴中有比，意味更长。"小如按："一川"之"川"，盖指平川之地，此句喻愁之无畔岸，如弥望之春草也。（以草喻愁恨，晚唐五代诗词中已有之。秦韬玉《独坐吟》："又觉春愁似草生。"李煜《清平乐》："离恨恰如春草，更行更远还生。"皆是。）"满城"句，喻愁绪纷茫而无定，如缭乱之柳絮也。"梅子"句，则喻愁思之纠结不去，如殢人之梅雨也。懊恼情怀，一句深于一句，而末句尤切"闲愁"之旨。

十

张孝祥有[念奴娇]，上片云：

> 星沙初下，望重湖远水，长云漠漠。一叶扁舟谁念我，今日天涯飘泊。平楚南来，大江东去，处处风波恶。吴中何地，满怀俱是离索。

忆数年前，社会科学院文学研究所曹道衡同志以此词"星沙"句出典见询，予告以不知也。后与魏天行（建功）、林静希（庚）诸师相聚而检群书，佥以为此词乃于湖自潭州返临安途中所作，似当于分野郡望求之。于是检得《史记·天官书》云："翼为羽翮，主远客。轸为车，主风。其旁有一小星，曰长沙。”张守节《正义》：“翼二十二星；轸四星，长沙一星，辖二星，合轸七星，皆为鹑尾，于辰在巳，楚之分野。”又《太平御览》卷一七一引《湘州记》云：“始皇二十五年，并天下，分黔中以南之沙乡为长沙郡，以统湘川，盖取星以名焉。”潭州为长沙郡，而长沙乃“取星以名”，则“星沙”即长沙。“星沙初下”者，盖作者始自长沙乘舟顺江而下也。

十一

读《杭州大学学报》1978 年第 2 期所载蔡义江同志《稼轩词论两题》，文中系辛弃疾《破阵子·为陈同甫赋壮词以寄之》之写作年代于宋光宗赵惇绍熙四年(1193年)秋，而以邓恭三(广铭)先生《稼轩词编年笺注》于此词未系年为非是。其理由约有以下数端：

一、绍熙四年秋辛弃疾知福州兼福建安抚使，“心情比较兴奋”，“干劲很足”，“挑灯看剑，吹角连营，麾下分炙，沙场点兵，也正是他作帅时的环境与生活情况”，“并非为赋壮词而徒作豪语”。

二、“五十弦”乃借李商隐《锦瑟》之句说年岁之意(是年辛五十四，陈五十一)，并申明其旨云：“词语用此，是把义山数弦柱、叹年华的个人感怆情调，‘翻’为北定中原的塞外之声(小如按：此语费解，北定中原，何以便为塞外之声?)……若以为只是描写奏乐的热闹，则不但佳人锦瑟，绝非军中之乐，而且‘翻’字也就无法解通了(原注：‘翻’字从无演奏之义)。翻者，变也。白居易诗‘为君翻作琵琶行’，因为把乐曲变为诗歌，故曰‘翻’。若‘五十弦’泛指军中乐器，则‘塞外声’本其所奏，何‘翻’之有?”

三、陈亮于本年进士及第第一名，有《及第谢恩和御赐诗韵》之作，末二句云：“复仇自是平生志，勿谓儒臣鬓发苍。”辛此词“结尾几句，还有呼应陈亮所作诗的含意在”。

今按：一、看剑、吹角、分炙、点兵，皆军旅之事，自辛弃疾未南渡时已尝经历，岂必待晚年为“帅”时始有此生活体验？蔡文但凭主观臆测，初无丝毫史实依据也。二、所谓“五十弦”，辛词意本指瑟。瑟为习见弦乐器，何尝不可奏于军中？如“五十弦”为实指年数，则“八百里”又将实指何事？蔡文驳胡云翼《宋词选》于“八百里”云云不宜指实，然则上句必不能指实而下句乃非指实不可，此种“逻辑”岂非自相矛盾？

且"翻"者制曲、谱曲之谓,"为君翻作琵琶行"者,为君谱成琵琶行也;犹白之"听取新翻《杨柳枝》"之为听取新谱《杨柳枝》也。"翻"释为演奏,固未尽确,似亦不作"变"字解耳。至第三端,则是在肯定辛作必成于陈中进士时之前提下始能成立,不能以之证实辛此作必在陈中进士时也。所谓赋"壮词"者,盖辛、陈本俱存壮志,即两人所谱《贺新郎》唱和诸阕,亦皆壮词也,独此词于题中标举出之耳。而末句之"可怜白发生",正作者慨叹彼此虽具宏伟抱负而卒不能付诸实施,于辛、陈平生有志不获骋之经历均无不合,岂必待陈进士及第始赋壮词以赠也!邓注不予编年,正见其阙疑之审慎态度,若蔡氏之论,实近于无中生有矣。

至《稼轩词论两题》中之另一文,考辛弃疾《永遇乐·京口北固亭怀古》之写作年代与作者南归之时间,盖亦用以论证邓注之系年有误者。然其言虽辩,似若可信,而于邓注引岳珂《桯史》所述此词之具体写作时间则避而不谈。盖欲驳邓说,必先以有力之证据否定岳珂之言为不足信,乃可进而考证其他。否则纵言之凿凿,亦无说服力,故不具论。

写此札讫,以之就正于恭三先生,恭三先生曰:"君文尚阙一事待补。蔡氏文中言'陈亮多次考进士',却'并不是真正想去做官',辛赋此词,是'又怕这个陈同甫重发老脾气,中了进士不肯去做官',故'要陈亮从这种对出仕的消极态度中转变过来'。此说亦无据。陈同甫何尝甘为隐士耶?"今按,陈亮究欲出仕与否,尚有待深考,姑不具论;仅就此词言之,初无明文"要陈亮从这种对出仕的消极态度中转变过来"之意,即暗示之笔亦无从求索,故知蔡说不可信。爰补述如上。

十二

辛弃疾《清平乐·村居》上片云:"茅檐低小,溪上青青草。醉里吴音相媚好,白发谁家翁媪?"《胡选》及俞平伯师《唐宋词选释》本皆以"醉"属诸翁媪,疑非是。此"醉里"乃作者自醉,犹之"醉里挑灯看剑"之"醉里",皆作者自醉也。若谓翁媪俱醉,作者何由知之?且醉而作吴音,使不醉,即不作吴音乎?"相媚好"者,谓吴音使作者生媚好之感觉,非翁媪自相媚好也。盖作者醉中闻吴语而悦之,然后细视谛听,始知为农家翁媪对话也。此惟夏承焘先生《唐宋词选》(初版本,以下简称"《夏选》")注文得其解。

十三

张相《诗词曲语辞汇释》卷五“商略”条云：

> 商略，有估计义，有准备或做造义。商量亦同。与本义之作商榷解者微异……姜夔《点绛唇》词：“……数峰清苦，商略黄昏雨。”此言准备雨景也，亦犹言做造雨意也。

小如按：玩姜词意，先言雁随云去，盖雨将至而未至；末言“残柳参差舞”，则雨已过而风来。然则“商略”云者，非特酝酿准备而已，乃状雨时作时辍之谓。盖“数峰”如人之眉黛，为乌云所笼压，若不胜凄苦，一似与“黄昏雨”斟酌商量，恳其勿濛濛而降也者。江南秋冬之际，绵雨正复如斯。如张氏所解，则通篇但有雨意而非雨中之景，“清苦”字便无着落。

十四

刘过《龙洲词》有《沁园春》一阕，《宋六十名家词》本有题云：“风雪中欲诣稼轩，久寓湖上，未能一往，因赋此词以自解。”词云：

> 斗酒彘肩，风雨渡江，岂不快哉！被香山居士，约林和靖，与坡仙老，驾勒吾回。坡谓“西湖，正如西子，浓抹淡妆临照台”。二公者，皆掉头不顾，只管传杯。白言“天竺去来，图画里峥嵘楼阁开。爱纵横二涧，东西水绕；两峰南北，高下云堆”。逋曰“不然，暗香浮动，不若孤山先访梅”。须晴去，访稼轩未晚，且此徘徊。

近人以此词入选本者，如《夏选》、《胡选》等书，其标点悉以“须晴去”以下三句括于“逋曰”数语之内，如是则末三句亦皆属林逋之言，窃以为甚误。此词虽“鬼”话连篇，以唐之白居易、宋之林逋与苏轼之语入词，然三子之言，皆刘过檃括并加工彼等所作与西子湖有关之篇什而成，是末三句必非林逋之语可断言也。在作者之意，虽在词中于古人形象有所点染，而其主旨则犹言前人于西子湖之景物称道备至，今值风雪天气，旅途不便，而西湖在风雪中尚有足资流连者，不如俟晴日再访稼轩未晚耳。末三句正作者之自解语。亦惟如此解之，于通篇首尾之文气与文义，始咸臻完足。若径谓自“不然”以下皆林逋之言，直是北宋之林逋与南宋之辛弃疾有旧，遂尔阻刘命驾之语气矣，夫岂其然！且词末若但用逋言作结，作者更无片言足之，于章法亦欠收煞，故窃所不取也。又词中“驾勒”二字，盖宋人俗语，疑本为控驭辕马之词，此则借以喻人之被挟持、裹胁耳。驾谓马被拘束于左右双辕之中，勒谓马之为辔所羁、为缰所勒。今人书“绑架”字，作从木之“架”，实“驾”乃为本字也。

十五

刘辰翁《柳梢青·春感》下片末云：“辇下风光，山中岁月，海上心情。”《胡选》于末句谓临安沦陷，南宋志士多于海上抗元，故云。其实非也。此不过孔子乘桴浮海意耳，胡氏之说未免拔高其思想性矣。而《夏选》于此句亦云然，似皆求之过深。又，《须溪词》有《兰陵王·丙子送春》一阕，上片有云：“依依甚意绪，漫忆海门飞絮。”《胡选》释此，以为“‘海上心情’和这句的意思相同”，是以“海门”为通海道之门户矣。今按：海门为地名，一在今江苏南通之东；一则在今浙江临海东南，《宋史·苏轼传》所谓“浙江潮自海门东来，势如雷霆”是也。而“海门飞絮”云者，不过指临安附近景物，未必指抗元之通道。此解与前说同属求之过深之弊。

校后附记：

一、顷读香港《七十年代》1980年3月号，内有《为纯美辩护》一文，涉及温词“小山重叠金明灭”句，语义含糊，未明厥旨。彼文作者似于枕屏风之为物不甚了然，故不得其确解耳。二、张孝祥《于湖文集》卷八《过岳麓见子云题字偶逢来使因寄二诗》之一云：“星沙逢驿使，岳麓见题名。”岳麓山正在今长沙，此为“星沙”乃长沙代称又得一确切佐证。1980年3月作者校讫补记。

再记：

1980年秋，予为北大中文系同学授唐宋词，门人朱则杰君谓予：贺铸〔青玉案〕

词所用草与絮之喻，唐人诗已及之。杜牧《题安州浮云寺楼寄湖州张郎中》诗有云："……恨如春草多，事与孤鸿去。楚岸柳无穷，别愁纷若絮。"既言恨如草，又言愁若絮也。予颔其言，且以为后生可畏也。附志于此，兼致谢忱。壬戌立春小如病中记。

词语丛札

释“来”

写这篇札记的目的只是想说明：“来”作为语助词，不仅可以位于句末，还可以位于句首。

远在三十年前，我因要讲屈原的《离骚》而阅读了近人卫瑜章先生的《离骚集释》（商务印书馆《国学小丛书》），发现他讲“来吾道（导）夫先路”这一句里的“来”字很有道理，见解也很新。过去人讲这一句，总把“来”讲成辛弃疾词中“杯，汝来前”的“来”。仔细想想，并不妥当。因为屈原是忠君的，他对楚怀王不能像我们现在招呼熟不拘礼的亲友一样。而卫说恰好解决了这个问题：

> 瑜章按：来，词之“则”也。下文“虽信美而无礼兮，来违弃而改求”，词之“乃”也。前人以来去释之，则诂籀为病矣。王引之《经传释词》谓“来”有为句中语助，有为句末语助，独此又为句首发语词。

这个讲法确有一定的说服力。后来我在《楚辞》里还找到一条旁证。王褒《九怀》的第一章开篇云：

> 极运兮不中，来将屈兮困穷。

这个“来”也应该是句首语助词。由于后人已不得其解，于是就对原文擅加改动。据王逸《楚辞章句》，这句的“来”字“一作求，一作永”，我以为都是后人想把文章讲通而对原文妄加改易的结果。幸好原作的“来”字还保存着，才没有被窜乱。

根据卫说，我又检王引之的《经传释词》。王书释“来”共有三条。第一条是把“来”字讲成“词之‘是’也”，从而讲通了《毛诗》里不少带“来”字的诗句，如“伊予来塈”“反予来赫”等。这是王氏的创见。第二、三条是：

> 来，句中语助也。《庄子·大宗师篇》：“子桑户死，孟子反、子琴张相和而歌曰：‘嗟来桑户乎！嗟来桑户乎！’”嗟来，犹“嗟乎”也。
>
> 来，句末语助也。《孟子·离娄篇》曰：“盍归乎来？”《庄子·人间世篇》曰：“尝以语我来。”又曰：“子其有以语我来。”来字皆语助。

后来俞樾在《群经平议》中据第二条论证《檀弓》“嗟来食”的“来”是语助词而非来去之来，纠正了旧注沿袭多年的误释（我另有专文论此义，兹不赘）。第三条则使陶渊明《归去来兮辞》的“来”字得到确切的解释。但我认为，王引之说的这两条实是一回事，“嗟来”的“来”虽在句中，却属语尾，其性质完全同于句末语助。倒是现代汉语中的许多韵文如民谣里的“正月里来是新春”之类的“来”，才算是句中语助。

问题就这样搁下了。直到十多年前，我因考虑《诗·大雅·绵》里的“古公亶父，来朝走马”，又遇到这个位于句首的“来”，才把当年的公案又记忆起来。当时曾想，俞氏既然解决了“嗟来食”的“来”，不知对这句“来朝走马”有无看法。终于我在他的《达斋诗说》中找到了一条：

> 自来说此句者，皆从“走马”二字发义，谓是参西戎之俗，开骑马之风。乃愚自幼读《孟子》，即致疑于“来朝”二字。夫“来朝”者，从其未来之时计之也，犹曰明日耳。岂有追述百年以前之事，而犹曰“来朝”哉！诚言来朝，则诗中必应及其先一日事，乃于“古公亶父”之下不著一语，即曰“来朝走马”，此语大有可疑。求之朱《传》不得其说，求之毛、郑，仍不得其说。及作《群经平议》，得一创解，终以无征不信，删而不存。今姑采于此。窃疑“来”字乃“夹”字之误。夹与甲通。《周礼·射鸟氏》“则以井夹取之”，注云：“夹读为甲。”《尚书·多方篇》：“因甲于内乱。”《正义》曰：“夹声近甲，古文甲与夹通。”并其证也。夹朝者，甲朝也。《大明篇》：“会朝清明。”毛《传》曰：“会，甲也。”会朝，亦即甲朝也。《彤弓篇》：“一朝飨之。”《传》曰：“一朝，犹早朝。”夫经既言“朝”，其早不待言矣；此早字乃甲字之误，说详《群经平议》。甲为十日之首，引申之为第一之称。故毛公云：“一朝，犹甲朝。”甲朝之称，盖当时常言也。“会朝清明”者，一朝清明也。“来朝走马”者，一朝走马也。夹乃甲之假字，而来又夹之误字耳。

《楚辞·哀郢篇》:“甲之朝吾以行。”此正袭诗人“甲朝走马”之义,且可证甲朝之为古人常言矣。

这个解释当然可备一说,但总嫌弯子转得太多太大,不能直截了当地说明问题。因此我认为,这一句的“来”也应该是句首助词。为了验证这个说法的可靠性,我通过《毛诗引得》把三百篇中所有带“来”字的诗句都摘了出来,然后进行排比分析。除作名词的“来”如《思立》的“贻我来牟”、《閟宫》的“徂来之松”不论外,作动词的“来”,有的就是往来的“来”,如《终风》的“莫往莫来”、《青衿》的“子宁不来”等;有的作“敕”讲,如《女曰鸡鸣》的“知子之来之”(此马瑞辰说,甚确);有的是“归”或“止”的同义词,如《君子于役》的“羊牛下来”、《六月》的“来归自镐”、《大明》的“来嫁于周”和《雍》的“有来雍雍”(“有来雍雍”与“至止肃肃”为对文,“来”“止”同义);有的是“同”的同义词,如《常武》的“徐方既来”和《閟宫》的“淮夷来同”(“同”是“会同”的意思)。至于作为虚词,则大部分属于王引之所说的“词之‘是’也”。其余“来”字在句首而可能不属于上述各种解释的,还有以下诸句:

来即我谋——《氓》
来方禋祀——《大田》
来朝走马——《绵》
来献其琛——《泮水》
来游来歌——《卷阿》
来旬来宣——《江汉》
来咨来茹——《臣工》

后三句与《凫鹥》中的“公尸来燕来宁”等句的“来”,肯定是语助词,其用法与“载歌载舞”的“载”,“爰居爰处”的“爰”,“乃积乃仓”的“乃”相类。剩下的只有前四句。“来即我谋”和“来献其琛”的“来”可以解作到来,也可以解作语助词。但《氓》里还有“匪来贸丝”“以尔车来”等句,统观上下文,“来即我谋”的“来”仍以作往来之来解为宜①。而《泮水》的“来献其琛”,则与“庶民子来”(《灵台》)“来百工”(《中

① 此句的“来”有“即”的意思,犹言“接近”“就而近之”。“来”和“即”二字同义,相偶联列为词。韩愈《山石》诗:“以火来照所见稀。”“来照”,就到近处而照的意思。

庸》)的“来”用法相近,即“近者悦,远者来”的“来”。至于《大田》的“来方禋祀”,陈奂的《诗毛氏传疏》中却有这样的解释:

> 来方,犹上篇(小如按:指《甫田》)云“以方”,古“粢”字,语词也。

这个解释是正确的。但陈氏没有推而广之,把《诗》《骚》里其他以“来”字为句首语助的诗句都进行研究和解释。根据这一句“来方禋祀”,我终于敢把“来朝走马”的“来”也讲成句首语助了。

归纳以上这些有句首语助“来”字的诗句,又发现它们的另一特点,即这些句子在一篇诗里都是下句而非上句①。而一般说来,在《诗》《骚》里绝大多数都是由上下两句合成一个押韵单位(一个句组),因此“来”字所处的地位,恰在这个单位或句组的中间。而时隔两三千年,在近现代民间歌谣中,作为句中语助的“来”,一般也正是位于一个句子的当中,而这种句子又往往是由两个三字句连成的七字句。如果把这两个三字句看成一个押韵单位或句组,那么这个“来”字也正好位于单位或句组的中间。如“正月里来是新春”这个句子中间的“来”,其位置恰与上述《诗》《骚》中用“来”字为句首语助词的诸句的“来”字的位置相适应。因此我认为,在近现代汉语的民间韵文中作为句中语助的“来”,可能是从《诗》《骚》中那种作为句首语助的“来”沿袭发展而成的。

释“濯濯”

“濯濯”一词,《毛诗》凡三见。《大雅·灵台》:“麀鹿濯濯。”《毛传》:“濯濯,娱游也。”郑《笺》:“鸟兽肥盛喜乐,言得其所。”孔颖达《正义》:“娱乐游戏,亦由肥泽故也。二者互相足。”《大雅·崧高》:“钩膺濯濯。”《毛传》:“濯濯,光明也。”《商颂·殷武》:“濯濯厥灵。”郑《笺》:“濯濯乎其见尊敬也。”《正义》:“濯濯乎光明者其见尊敬也。”《孟子》凡两见。《梁惠王上》即引《灵台》诗句,赵岐注:“兽肥饱则濯濯。”《告子上》记孟子谈到牛山之木原来很茂盛,后来竟成了秃山:“是以若彼濯濯也。人见其濯濯也,以为未尝有材焉,此岂山之性也哉!”赵注:“濯濯,无草木之貌。”再考《尔

① 《大田》中的末章共九句,“来方禋祀”是第五句。但第一句“曾孙来止”应该是一个单句,所以“来方禋祀”这一句还是下句,它与上文“田畯至喜”合成了一个句组。

雅·释训》："濯濯，迅也。"《广雅·释训》："濯濯，肥也。"同为一词，而训释互异，因此值得进行分析研究。

在以上这四种古书及其注释中，我们看到有一条是共同的，即"麀鹿濯濯"句的郑玄《笺》、赵岐注和《广雅·释训》，对"濯濯"都训为"肥"，而与《毛传》异说。《正义》为了调停《传》《笺》两家，故为模棱之词，诚不足取；而清人胡承珙《毛诗后笺》、陈奂《诗毛氏传疏》亦皆依违其说，显然是受《正义》影响，不敢显斥《毛传》之非。只有清人马瑞辰在《毛诗传笺通释》卷二十四中说：

> 瑞辰按：《尔雅·释诂》："濯，大也。"《韩诗》："濯，美也。"《孟子》赵注："兽肥饱则濯濯。"《广雅》："濯濯，肥也。"盖本三家诗。肥与美、大义并相近。据《说文》："嬥，直好貌。"《广雅·释诂》："嬥，好也。"《释训》："嬥嬥，好也。"濯濯，当即嬥嬥之假借。

胡承珙则把《灵台》和《崧高》两诗中的"濯濯"联系起来。《毛诗后笺》卷二十三云：

> 承珙案：《文武有声》、《常武》《传》皆云："濯，大也。"《崧高》"钩膺濯濯"《传》："濯濯，光明也。"大与光明，义正与肥泽近。

胡氏又说：

> 《广雅》："濯濯，肥也。"乃专以"肥"训"濯濯"。司马相如《封禅文》："濯濯之麟，游彼灵畤。"《汉书》注引文颖曰："濯濯，肥也。"《史记索隐》则从《毛传》，云："濯濯，嬉游也。"然彼下文有"游"字，则从文颖训"肥"为是。

从胡承珙所引的材料中，我们可以看出：一、从西汉的文学家司马相如到东汉的学者赵岐、郑玄和魏代的《广雅》作者张揖，都把"麀鹿濯濯"的"濯濯"讲成"肥"的意思；二、尽管胡氏对毛《传》"娱游"之说不敢否定，但他也不得不承认"濯濯"应该解作"肥也"。鄙意《灵台》和《崧高》两诗的"濯濯"，其义本自相近。形容动物可释为肥美，形容饰物（"钩膺"是饰物）则可释为光明，初无矛盾。而《毛传》"娱游"的解释则近于望文生义。至于《殷武篇》"濯濯厥灵"的"濯濯"，据陆德明《经典释文》，本是“趹趹”的假借字,与《尔雅·释训》的“迅”义相蒙(参阅王先谦《诗三家集义疏》卷二十八)。这样,《毛诗》的三个“濯濯”,基本上算是解决了。

剩下来的只有《孟子》里形容牛山无草木的“濯濯”一词,我以为它应当是“涤涤”或“蓧蓧”的假借字,读为 di 或 ti 的入声,同《灵台》《崧高》的“濯濯”完全是两个意思。考《毛诗·大雅·云汉》:“旱既太甚,涤涤山川。”毛《传》:“涤涤,旱气也。山无木,川无水。”《说文》二篇下“艸”部训“蓧”为“草旱尽”,引此诗作“蓧蓧山川”。清人和当代学者都认为《说文》“盖本三家诗”。马氏《毛诗传笺通释》卷二十六云:

> 蓧从俶声,俶从叔声,叔与少长之少、多少之少,皆双声而义同。故蓧有草旱尽之象。《说文》:“宋(寂),无人声。”“䳭,秃䳭。”凡从“叔”声者,皆有“无”义,与“蓧”之训“草旱尽”者,义正相近。《毛诗》作“涤涤”者,同部假借字也。

近人马宗霍《说文解字引诗考》卷一也说:

> 案蓧从俶声,俶从叔声;涤从条声,条从攸声。叔声、攸声古音同在幽部,故蓧读如涤。《集韵》俶或作倜。蓧之为涤,犹俶之为倜也(小如按,此说可与陈奂《诗毛氏传疏》卷二十五释此句的疏文互参)。

《毛诗后笺》卷二十五更申毛《传》之义云:

> 承珙案:涤涤即涤荡之义。《传》云“旱气”者,谓山之木、川之水皆为是气涤除殆尽也。《说文》……引《诗》“蓧蓧山川”,此或据三家诗,其字从艸,故云“草旱尽”。然经文连川言之,则不如毛义之该备耳。

其实毛《传》所谓“旱气”,《说文》所谓“草旱尽”,“旱”之云者,都是从《云汉》诗中的描写旱象联想臆测而来。而原文不论作“涤涤”或“蓧蓧”或“濯濯”,都只是一干二净、一无所有之意。王夫之《诗经考异》论《云汉》“涤”字可供参考,此不赘。焦循《孟子正义》卷二十三对赵岐“无草木之貌”一语有疏文说:

> 《毛诗》言“濯濯”者二:《大雅·灵台篇》“麀鹿濯濯”《传》云:“濯濯,娱游

也。"《崧高篇》"钩膺濯濯"《传》云:"濯濯,光明也。"濯是洗浣溉涤之名。物经涤濯,则垢污悉去,故光明为濯濯。山有草木,则阴翳不齐;草木尽去,不异洗濯者然,故赵氏以"濯濯"为"无草木之貌"也。

此虽比附毛《传》"光明"一训立说,却有两点值得注意:一、扬弃了《毛传》"娱游"的说法。二、把"涤""濯"两字通过其本义联系起来进行解释。这是比较可取的。至于我认为"濯濯"当为"涤涤"的假借字,有以下几条理由:一、涤、濯双声同义,以"涤濯"为同义联列的复合词,仅《周礼》一书即五次出现。《周礼·天官·冢宰》陆德明《释文》:"涤,直历反;濯,直角反。"同为定纽字。二、据《广韵》"锡"韵,"翟"字与"涤"字不但同韵,而且同在定纽,则从"翟"得声之字也可能与之同音。三、马瑞辰、胡承珙都认为"濯濯"音和"嬥嬥"意义相近(马氏说已见上引,胡氏说见《毛诗后笺》卷二十三),而《集韵》"锡"韵已收"嬥"字,音 ti 入声,在透纽。透、定二纽之字本可相通。四、在陈奂《诗毛氏传疏》卷二十三《灵台》疏文中,他以为"濯濯"和"趯趯"也声义相近,而"趯"与"涤""翟"同在"锡"韵,并与"嬥"同在透纽。它如从"翟"之字如"籴""縒"都在锡韵定纽,而从"翟"的字锡韵透、定二纽均都收入。可见从"翟"的"濯"字完全可以成为"涤"的同音假借字。至于从"攸"得声而读为 di 或 ti 入声的,也不止"涤"这一个字,如《广韵》"锡"韵定纽有"蓧"字(这字也读 diao 去声),透纽有"蓨"字(这字也读 tiao 阴平),也足以说明从"攸"得声的字与从"翟"得声的字都可以成为同音字的。另外,段玉裁在《说文解字注》里怀疑"蔋"可能是"藤"的误字,虽为马瑞辰、马宗霍二人所否定,但段氏解释"涤涤山川"为"草木如盪(荡)涤无有也",却是无可厚非的。这不但与焦循、胡承珙之说若合符契,而且也可移作《孟子·告子上》"濯濯"一词的确切注脚。

释 "株"

人民教育出版社 1957 年改编出版的初小语文课本第五册里,曾把《韩非子·五蠹篇》中"守株待兔"的故事译成白话文。兹全录译文如下:

田边有一棵大树。

一只野兔跑得太急,撞在大树上,昏倒了。

> 就在这个时候,一个农人在田里做完了工作,回家去。他从大树旁边过,得到野兔。
>
> 他从此不拿犁,不拿锄,天天守在大树旁边,等第二只野兔来。
>
> 第二只野兔老也不来,他田里的庄稼都枯了。

《五蠹篇》上的原文是这样的:

> 宋人有耕者,田中有株。兔走触株,折颈而死。因释其耒而守株,冀复得兔;兔不可复得,而身为宋国笑。

把“折颈而死”改成“昏倒了”,这是否妥当,姑置勿论;值得商榷的是把“株”译为大树的问题。检《说文解字》“木”部:“株,木根也。”(《华严经音义》卷七十四引作“树根也”。)徐锴《说文系传》:“入土曰根,在土上者曰株。”则“株”字之义本极清楚,它并非大树而只是树根。段玉裁《说文解字注》说得就更明确:“株,今俗语云桩。”朱骏声《说文通训定声》更说明“桩”就是“株”的音转。然则把“株”字译为“树桩”,似乎比大树要确切多了。

这种树桩是怎么来的呢?徐灏《说文段注笺》云:

> 灏按:《韩非·五蠹篇》:“田中有株,兔走触株。”此皆指伐木之余而言,“株”之引伸义也。

证以刘向《列女传》所谓“赵简子之园多株,不便于马”的话,徐灏的解释是可信的。而且大树孤零零地矗立在田边,自然容易看得见;断桩仅高出地面少许,跑得太急的兔子自有可能一头撞上,折断颈项送了命。古人遣词造意,都有实际生活作根据,我们只凭主观臆测,显然是容易弄错的。

但课本的改编者之所以把“株”译为“大树”,也并非无据。我疑心这是误信了《康熙字典》“木”部“株”字条下的错误训释之故。《康熙字典》是这样讲的:

> (株)……干也。《韩非子·五蠹篇》:“宋人守株,冀复得兔。”

其实这里的“干也”并非树干的意思。徐灏在前面所引的那段话的后面接着说：

> 《蜀志·诸葛亮传》：“成都有桑八百株。”则以干数之，乃其本义也。许（慎）训“株”为“根”，盖浑言之也。犹今人谓一干为一根耳。

然则《康熙字典》所谓的“干”，应该是量词，照现代汉语的说法，应释为“根”或“棵”才对；现代汉语至今也还有“一株树”的说法。而《康熙字典》训“干”而引《五蠹篇》，却是把量词解为名词了。这正是《字典》的编撰者不够谨严确切的地方。结果到了课本里，树桩就变成大树了。

附记

此文初写于1957年，本谓事过境迁，已无保留的必要。后来看到1961年北京出版社出版的北京市高小试用语文课本第二册，其中选了《五蠹篇》这段原文，而注释中把“株”字也还是讲成了树。可见小小一个词义也不免要长期争鸣下去。因此把它收入《丛札》，以备参考。

释“録”

清人蒋超伯《南漘楛语·读淮南子》有一则云：

> 《泰族训》：“仁莫大于爱人，智莫大于知人。二者不立，虽密慧捷巧，劬録疾力，不免于乱也。”又《主术训》：“仁以为质，智以行之，两者为本，而加以勇力辩慧，捷疾劬録。”即《荀子·荣辱篇》之“鉤録”也（原注：《荀子》云：孝悌愿悫，鉤録疾力）。杨倞云：“鉤与拘同。拘録，谓自检束。”非也。劬録、劬劳，一音之转。《楚辞》“躬劬劳而瘏瘁”，《诗》“母氏劬劳”，平声为“劳”，仄声即“録”。

小如按：蒋说是也。卢文弨《钟山札记》卷二、郑珍《说文新附考》卷六皆于此词语有释证，兹不具引。劳、録双声，“録”又通“碌”，今犹言“劳碌”“忙忙碌碌”，“碌”皆当作“録”也。从“石”与从“金”字或相通，如“矿”“钅广”亦相通也。

又按:“劳”“録”与“累”“羸”字亦皆为双声。古人言“疲羸”,现代汉语言“劳累”,羸、累皆为劳、録(碌)之音转。然“劬劳”“劬録”二词,朱起凤《辞通》皆未收入,似未允也。1968年作。

释 “形”

《论衡·问孔篇》:“圣人之言,不能尽解;说道陈义,不能辄形。不能辄形,宜问以发之;不能尽解,宜难以极之。”近人黄晖《论衡校释》、刘盼遂《论衡集解》并引近人吴承仕之说曰:“‘不能辄形’,形当作‘勑’,形近之讹也。下文‘周公告小材勑大材略’,通津本作‘小材形’;元本作‘勑’,是也。勑、略对文,‘勑’正作‘敕’,经籍传写误作‘勑’。《说文》:‘敕,诫也。’《方言》:‘敕,备也。’盖告诫详尽之意。本论又云:‘晓勑而已,无为改术也。’又云:‘故引丹朱以戒勑之。’义并同。后文‘勑武伯而略懿子’,元刊本、通津本并误作‘形’,其比正同。校者莫能推类正之,亦其疏也。”小如按:“小材勑大材略”与“勑武伯而略懿子”,字当作“勑”,作“形”者误,吴说是也。“不能辄形”与下文“是孔子相示,未形悉也”则作“形”实不误。请陈鄙说。

“形”训“见”,见《礼记·乐记》注,《汉书》注,《后汉书》注,《吕览》《淮南》高诱注,《荀子》杨倞注。今通书作“现”,显现之意。然“见”“现”古实一字,后世乃以不及物动词读“现”,及物动词读“见”耳。《孟子·离娄下》:“文王视民如伤,望道而未之见。”此“见”字赵岐注训“至”,疑非是。佛家有“见道”之语,则“道”固可为“见”之宾语。《问孔篇》亦云:“或是而意沉难见。”此“见”字用法与《孟子》正同。今谓人之有识为“有见解”“有见识”,“见”与“解”“识”连用而为对文,是“见”有“解”与“识”之义也。此文上言“不能尽解”,“尽解”与“辄形”为对文,“形”字正当训“见”“解”。“不能辄形”犹言不能立即体会或立即领悟,正不必改作“勑”字。“见”又训“知”,与“悉”同义,“形悉”亦同义联列复合词,无烦改字矣。《自纪篇》:“充书形露易观。”“形露”犹“显露”,正与“不能辄形”之“形”义同而用异也。

中国科学院哲学研究所编译之《中国哲学史资料选辑》有此篇译文,译是句为“不能够立刻想透彻”,不知何据。要之“想透彻”非“勑”字义,亦非“形”字义,可断言耳。1968年作。

释"标准"

"标准"一词,现代汉语习见。但究应如何解释,或未能详。检《现代汉语词典》和最新出版的《辞海》,在"标"字条下都有一条解释:"标:准的。如:目标;标准;标的。"另外在"标准"这一条下面则释为"衡量事物的准则";新本《辞海》则多了一条"榜样;规范"的解释,并引晋孙绰《丞相王导碑》:"信人伦之水镜,道德之标准也。"又引杜甫《赠郑十八贲》诗:"示我百篇文,诗家一标准。"仔细研究一下,这样的解释并没有把"标"的本义以及它与"准"的关系说清楚,所以还是不能给人以明确的概念。

今按:"标准"一词始见于孙绰碑文,已见前引。又袁宏《三国名臣赞·夏侯玄赞》:"器范自然,标准无假。"《荀子·儒效》云:"君子言有坛宇,行有防表。"唐人杨倞注:"防,堤防;表,标也……行有防表,谓有标准也。"《后汉书·傅燮传》:"由是朝廷重其方格。"唐李贤注:"方,正也。格,犹标准也。"在唐人作品中,除新本《辞海》所引杜诗外,韩愈《伯夷颂》里也说:"彼独非圣人而自是如此——夫圣人乃万世之标准也。"可见这个词儿在唐代已普遍流行了。

考"标"字是有名词、动词两种用法的。《文选》郭璞《江赋》:"标之以翠翳。"李善注:"标,犹表识也。"又同书孙绰《游天台山赋》:"赤城霞起而建标。"李善注:"建标,立物以为之表识也。"又同书任昉《王文宪集序》:"黄琬之早标聪察。"李善注:"标,立也。"《说文》"木"部:"标,木杪,末也。"《广雅·释诂一》:"标,末也。"《淮南子·本经训》:"檦株欂栌。"高诱注:"檦株,柱类。"以《说文》《广雅》证之,知"檦株"即"标末"。综上诸训,知"标"字之义,作名词用则为表,为柱,为竖立之物,为物之末端;作动词用则为建,为立。杜甫《陪诸公登慈恩寺塔》:"高标跨苍穹。"以塔为"高标",最得"标"字之义。故唐宋水戏(如龙舟竞渡),立竿为标,上悬锦彩,胜者得之,谓之"锦标",详见孟元老《东京梦华录》卷七,我另有小文加以考证,兹不赘。

"准"字之义训"平",见《说文》《广雅·释诂三》《字书》《字林》。又训"绳",见《后汉书·崔骃传》注。《礼记·月令》:"先定准直。"注:"谓封疆经遂也。"清人桂馥《札朴》卷四"准"字条引《太白阴经》说水平槽云:"三池浮木齐起,眇目(闭着一只眼)视之,齿齐平则为天下准式。"今言"水准",即指水平线。《庄子·天道》:"'(水)平中(去声)准。"王先谦《集解》:"其平与准相中(相合)……谓之水平。"

《汉书·律历志上》:“衡运生规,规圆生矩,矩方生绳,绳直生准。准正则平衡而均权矣……准者,所以揆平取正也。”

综上诸训,知“准”对“直”而言,亦即对“标”而言。“准”的始义为横平,“标”的始义为竖直。然则“标”和“准”之义,就是几何学上的最正最直与最平最横的线。所以袁宏用“标准”与“器范”为对文。器范,犹今言典型、模范。韩愈说“圣人”是“万世之标准”,犹言万世之典范、模楷。新本《辞海》“标准”条另一解释为“榜样”“规范”,虽属引申义,却是正确的。

至于《荀子·儒效》所谓“防表”,“防”训堤防,取其横而平;“表”犹“标”,取其直而正。所以杨倞以“标准”释之。“准”为“準”之异文,见《广韵》,今简化汉字则以“准”代“準”了。“标”,大徐本《说文》音敷沼切,则与“表”同音。段玉裁《说文解字注》引《周礼》注云:“故书‘表’为‘剽’,‘剽’‘表’皆谓徽识也。”段云:“按,表、剽皆同标。”其说甚是。故“檦”“标”亦同为一字(六朝墓志“檦”字又多讹作“樹”)。然“标”“表”训直立之物,前人皆语焉不详,如今言“华表”,实即柱类物。“标准”之“标”,正取此义。又,汉语又有“标榜”一词,这也是对文相偶而为词,标直而榜横也。又,新本《辞海》以“准的”为“标”的训释,“的”是箭靶的圆心,实即几何学上的点。“标”“准”“的”恰好是三个不同的概念,现在却大都混为一谈了。

释“落”

一　1961年8月16日刊于《文汇报》的《释“落”》篇

事情的缘起是这样:教研室的同事注释孔稚圭的《北山移文》,其中有这样几句:

> 使我高霞孤映,明月独举;青松落阴,白云谁侣。(《古文观止》“阴”作“荫”,非是。今从萧统《文选》)

大家都感到“青松落阴”一句的“落”字不好讲。我于是开始翻书。《康熙字典》和《经籍纂诂》不算,晚出的《中华大字典》在“落”字下共有三十一条训诂,旧本《辞海》也有十三条解释,竟没有一条用得上的。更检《文选五臣注》,上面是这样讲的:

> 言山人之去,松阴零落,白云无与为偶。

松树是四季长青的,而且古而愈茂。“青”松而言“零落”,已不成话;至于松树的阴影也会“零落”,更属望文生义的谬解。后来的《古文评注》《古文观止》大抵袭用五臣误说,这里不再征引。

因此我想,“落”字作动词用,除一般作“坠落”“降落”“零落”和“落成”讲之外,在古典诗文中还有一种比较特殊的用法,那就是隋代薛道衡的《人日思归》诗:

入春才七日,离家已二年。人归落雁后,思发在花前。

现代汉语中常说的“落后”一词,正是从薛诗来的。然则“落后”的“落”应该怎么讲?我想应该作“遗”“留”或“剩”“余”讲。“人归落雁后”,即是说人归留在雁归的后面了。今天普通话中有“丢三落四”一语,“落”字读如“拉”字的去声,也是“遗”“留”的意思。关汉卿《玉镜台》杂剧:“落得个虚名儿则是美。”“落得个虚名”,即“留得个虚名”。京戏《罗成叫关》:“岂肯造反落骂名。”“落骂名”即“留骂名”。又如说一个人生了三个孩子,“一个也没有落住”,即是说三个孩子“一个也没有留下”。又如说地主吝啬成性,到死时“一文也没有落下”,即是说到死未剩一文钱。书法家、美术家为人作字绘画,总要留姓名为款识,称为“落款”,实即“留款”。“落”字既可作“遗”“留”“剩”“余”解,亦可引申作“赢”“赚”解。石君宝《秋胡戏妻》杂剧:“倒也落的三朝吃喜筵。”即赚得三朝吃喜酒之意。京戏《珠帘寨》:“落得个清闲。”亦即赢得个清闲。近人张相《诗词曲语辞汇释》卷三云:“落得,犹云弄到这地步也。亦作落的或落来……复次,落得或落的,亦有与乐得义近者,犹云乐得为之也……”另外,旧本《辞海》申集“艸”部“落”字第十二条解释云:“俗谓安然得之曰落。”这话在北京方言里是有的,读如劳(去声),如说“落了几个钱”,实则等于说“剩了几个钱”。旧本《辞海》更有“落得”一条,与张相说大抵相近。这几条解释,鄙意以为都不算确切。盖依张说,不仅“落”字本身训诂不明白,而且“弄得这地步”和“乐得”之义恰相矛盾,反不如释为遗、留、剩、余、赢、赚等意思来得妥帖。

那么回过头去再看“青松落阴”,问题似乎简单一些了。“落阴”者,留阴、余阴之谓,意指青松只剩下了树阴,人却不见了。与下文的“白云谁侣”正是同样的意思。

这个讲法是否可信,颇难把握。但孔稚圭、薛道衡两人时代相去不远,薛诗的“落”字能这样讲,孔文自然也可能这样讲。况且“落”这个词历千载而犹新,我们正可向活的语言中去寻找根据,不能因为字典上没有这条训诂便率尔否定此一讲法。

从而我还解决了一句杜诗。杜甫《重过何氏五首》中第二首云："犬迎曾宿客，鸦护落巢儿。"这里的"落巢儿"绝对不是说小乌鸦从巢中落在地下的意思，而是指留在巢里没有飞出去的雏鸦。而且只有这样讲才讲得通。另外，杜甫《将适吴楚留别章使君》诗中有"扁舟落吾手"之句，"落吾手"亦当解作"为我所赢得"才对。

归纳了这些材料，我不免有了"冒险主义"的想法。《离骚》："朝饮木兰之坠露兮，夕餐秋菊之落英。""夕餐"云云，历来都认为是讲起来最麻烦的一句，菊花瓣儿究竟落不落，成为千古聚讼纷纭的疑案。我想，假如把"落英"解为"残余的英""遗留在花上的英"，是否也可通呢？以"坠露"与"余英"或"遗英"为对文，从意义上还是说得过去的。而且这样讲，把菊花瓣不落地而称之为"落英"的问题也解决了。此外，王勃《滕王阁序》里的名句："落霞与孤鹜齐飞，秋水共长天一色。"似乎也应该把"落霞"释为残余在天空的霞才合理。我们通常只说日落或月落，而不说云落或霞落，因为云霞是无所谓落不落的。谢朓的名句"余霞散成绮，澄江静如练"，"余霞"即残余之霞。杜甫《大历三年春白帝城放船出瞿塘峡四十韵》："落霞沉绿绮，残月坏金枢。"亦以"落""残"为对文。故王文、杜诗句中的"落"字皆应解作"余霞"为是（他如杜牧《九日齐山登高》："不用登临恨落晖。""落晖"，指日之余晖。纳兰性德〔浣溪沙〕《古北口》："终古闲情归落照。""落照"，谓日残余之光。此类用法在古人诗词中甚多，不具引）。也许有人以为，把"落"解成"余"，是把动态解成静态，如王勃文中所云，岂不与"齐飞"之义不合。我说，霞之所以像飞，初不因其落否，而是由于鹜的飞给人带来的错觉。杜甫《重题郑氏东亭》："向晚寻征路，残云傍马飞。"马跑得愈快则云亦飞得愈快，不正是从王勃的这一名句发展出来的么！

二　关于"落"字的训释答玉青《也释"落"》

读《文汇报》1961年10月11日发表的署名玉青（实即周汝昌先生的化名）的大作《也释"落"》，对拙文提出不同意见，获益良多。但经过仔细推敲研索，觉得拙文所谈除对《离骚》"夕餐秋菊之落英"一句的解释确有"冒险主义"倾向外，其他各点，并未被真正驳倒。而且他那篇文章未免火气十足，逻辑性也不够缜密，近于"抬硬杠"。这样就不足以使我心悦诚服。为了进一步讨论，现就《也释"落"》一文中主要驳难的论点简答如下：

一、我并未把一切"落"字"一概"释为"剩""余"之义，更没有想由此"一通百通"，把不能通的也硬加"相通"起来，当然更谈不到"先有成见，执一而论"。这些大帽子都是玉青强加在我头上的。我只认为，把"落"字讲成"遗""留""剩""余""赢"

“赚”这一系列意义，是可以讲通我所举的那几条例句的。至于“落第”“落榜”“落户”“落网”以至“落草”等词语，我完全承认其中的“落”字皆各有其不同的解释，而且也从未认为它们非得一律讲成“遗”“留”“剩”“余”“赢”“赚”诸义不可。倒是玉青有意把它们强拉了来，同“落阴”“落霞”等缠夹在一处的。

二、“鸟儿落在塔尖上”的“落”，实是“降落”一义的引申用法，初不论鸟儿是向上飞还是向下飞。而且我也从未以此义之例来证实我的说法，可以说与我的论点无干(因我本未涉及“降落”一义)。不过玉青说这个“落”字可以当“停留”讲，我看倒沾了一点我的说法的边儿呢。

三、我并未说“落”“剩”二字可以互代。“落雁后”虽不可释为“剩雁后”，但它是可以释为“留雁后”或“遗雁后”的(“留”“遗”的下面如说现代汉语时应加“在”或“于”字，这在古汉语中则可省略)。倒是玉青硬要让两字互代。行不通时，就归咎于吴小如。这不能不说是强加于人。所举例证恕不细谈了。

四、照玉青的解释，“落霞”之“落”应与“落腔”之“落”用法相近，即所谓“收场”“归着”义。“落巢儿”和“落阴”的“落”应为“停”“居”“止”“次”义。其实，“停”“居”“止”“次”诸义和我说的“留”字义十分接近，都同样是“落”的引申义，它们可以互相补充而并不互相排斥。至于玉青对“落霞”的解释，我也想反问一句：您说“落腔”是“收腔”的意思，那么“落霞”就是“收霞”么？玉青说“青松余阴”或“留阴”不妥当，那么说“青松居阴”或“次阴”就妥当吗？如果说“落阴”应释为“著(着)阴”，那同说“余阴”“留阴”实质上又有什么区别呢？假如我再举出若干有“落”字的词语，而其解释恰好不能用“收场”“归着”或“停”“止”“居”“次”诸义来代入，然后即用以反驳玉青，说您这样讲大成问题，是“先有成见，执一而论”——其结果不过是为抬杠而抬杠而已。然而玉青恰好就是用这种逻辑来对我进行反驳的，这岂非是在打无聊的笔墨官司么！

五、“雺”字见于《说文》，是降落、坠落之“落”的本字，我前文未提及。《说文》一书我还是读过的，只为篇幅有限，未便炫博旁骛。而玉青所举的“落日沉”的“落”，在我看来，就是降落、沉落的意思。上“落”字是动词作状语(形容词)，下“沉”字是谓语，如此而已。至于“明河晓落”，固然可以用“收场”“归着”一义去解释，但也可能是从“沉落”“坠落”一义引申开去的。所谓“晓落”，即“晓没”之意。这些都与拙文论点无关，不过是顺带谈一下。我以为，举出这些例子并不足以动摇对我所举的那些词语的解释。

六、生活在今天而说“玉青落书”,当然不容易使人一下子就懂得。但《北山移文》是六朝人写的,今天的人如果懂得了古人说“青松落阴”的意思,即使有人模仿着说一句“玉青落书”,那也并非绝对不能懂。可是,一个当代的人在平时说话却模仿《北山移文》的句法,同时又怪人听不懂看不懂,这岂非有意要让人扣上“不通古今之变”的帽子么?因此我以为玉青所举的例子是不足以服人的。

最后,我觉得这样讨论的最大收获是:由于我的抛砖引玉,竟使得“落”字的词义愈加丰富起来,特别是玉青所举的那些引申义,对我们读书和写作确有帮助,这才是“百家争鸣”的真正好处。

三 答李平心先生关于“落”字的训释及其他

拙文《释“落”》于1961年8月在上海《文汇报》发表后,一时颇引起讨论。有些读者同意我的看法,写信来为我补充若干例证。有的读者则指出“夕餐秋菊之落英”一句不能按照我的看法讲。同年10月11日,《文汇报》发表了玉青先生的《也释“落”》,我曾写了答复文章(即本篇第二节),仍寄《文汇报》。编辑部认为为一个字往复争论,太占篇幅,建议不再发表,我同意了。但为了畅抒己见,现在收入本书,算作补充意见。到11月2日,《文汇报》却又发表了李平心先生的《训诂、文法与音韵》,副题为《以“落”字的训释为例》,其论点主要是说“阴”为动词而“落”为“形容‘阴’的副词”,而释“落”为“孤”,认为与“少加孤露”的“露”字实是一字。当然也还是不同意拙文的讲法的。只是李文发表在《文汇报》编辑部对我的建议以后,既然不允许我进行争辩,我也就未再撰文商榷。事实上,我对李平心先生的论点是有看法的。

我以为,“青松落阴”的“阴”实是名词而并非动词,它与上文“高霞孤映”二句的“映”“举”二字的词类并不相同,而“落”显然也不是“形容‘阴’的副词”了。照我看,这四句的句法并不完全一致,如李先生释“白云谁侣”的“谁”为副词就相当牵强。与其强求一致,还不如说“高霞”二句是完全对称的,“青松”二句是不完全对称的,更为接近客观现实。特别是李文中举《醉翁亭记》“野芳发而幽香,佳木秀而繁阴”两句来说明《北山移文》的“阴”也是动词,就更值得研究。其实欧文的“香”“阴”都是名词,“幽”“繁”都是状词(形容词),这本来是稍具常识的人都能一望而知的。而李先生却把它们释为“流香”和“成阴”,这明明是在“香”和“阴”的上面硬添进“流”和“成”两个动词,因而更足以说明“香”和“阴”只能是名词而必非动词了。至于释“落”为“孤”,从训诂学的角度看,当然不排斥这一讲法。但具体用在

“青松落阴”和“落霞与孤鹜齐飞”这两句里是否合适,似还可从长计议。前者因我对“高霞”二句和“青松”二句的句法理解不同,自然产生了分歧看法,这里不再多谈;后者则“落”与“孤”在一句之中是否一定为同义词亦待商榷。因为下文“秋水”和“长天”固然亦相对仗,但“秋”“长”两词意义既不相类,词类也不一致。翻转过来看上句的“落”“孤”两词,也无妨各具一义而各居一类。至于对“落霞”二句的具体解析,则每人欣赏的角度和理解的程度既不相同,自然更不宜强求一律,这里也就不再一一驳辩了。好在玉青和李平心两位先生的原文具在,读者不妨检读,我自己固不敢师心自用也。

另外,北京大学中文系所编《魏晋南北朝文学史参考资料》第558页注⑩释“青松落荫”句云:“‘落’,居,有屯聚、蓄积之意,如村落、篱落。‘青松落荫’,犹言青松积荫。按,‘落’训‘降’,‘降荫’言荫之沉重,也有堆积的意思。意思是徒有大片松荫堆积在那里,却无人过问。”此注前半以“落”训“居”,与玉青说同;而谓“有屯聚、蓄积之意”,却以“村落”云云证之,则是用名词的“落”来解释动词的“落”,似未能贴切无间。后半从“降落”义引申出“荫之沉重”和“堆积”的意思,似嫌牵强。至于讲成“徒有大片松荫堆积在那里”,则与鄙意释此句为“青松把树阴遗留在那里”,实质上已无大出入。所以,我还是暂时不放弃我的意见,以待进一步研索探讨。1965年10月重校旧文并记。

释“光阴”

以“光阴”一词入诗文,就现有的文献资料看,大抵始于六朝而盛于唐人。其出处则源于《淮南子·原道训》里的一段话:

> 故圣人不贵尺之璧,而重寸之阴,时难得而易失也。禹之趋时也,履遗而弗取,冠挂而弗顾,非争其先也,而争其得时也。

又《初学记》卷一“日”部引王隐《晋书》:“陶侃少长勤整,自强不息。常语人曰:‘大禹圣人,乃惜寸阴,至于凡俗,当惜分阴。’”陶侃的话即本于《淮南》。《原道训》又说:“经霜雪而无迹,照日光而无景。”“景”,即“影”之古体字。《颜氏家训·书证篇》:“《尚书》曰:‘惟影响。’《周礼》云:‘土圭测影’,‘影朝’,‘影夕’。《孟子》曰:

‘图影失形。’《庄子》云：‘罔两(魍魉)问影。’如此等字，皆当为‘光景’之‘景’。凡阴景者，因光而生，故即谓之景(着重点是笔者加的)。《淮南子》呼为‘景柱’，《广雅》云：‘晷柱挂景。’并是也。”由此看来，“阴”即“景”，亦即《淮南子》所谓的“时”，也是《广雅》所谓的“晷”。陶侃所说的“寸阴”，现在还有一个保留着古汉语色彩的现代汉语词汇，叫做“寸晷”。而颜之推所说的“光景”，也正是现代汉语中习用的“光阴”。这个“光阴”是指时间的意思，在唐人诗中已多这样使用。如张九龄《始兴南山下有林泉，尝卜居焉，荆州卧病，有怀此地》诗：“行行念归路，眇眇惜光阴。”元稹《酬翰林白学士代书一百韵》诗：“翰墨题名尽，光阴听话移。”原注：“又尝于新昌宅说《一枝花》话，自寅至巳，犹未毕词也。”此二诗中所谓的“光阴”，都指日影，亦即指时间。这是一般人都已司空见惯的。

但如果认为自古以来诗文中的“光阴”都是这一种讲法，都指时间，则似不然①。如李白的《春夜宴桃李园序》是一篇人所共知的文章，开头就说：“夫天地者万物之逆旅也，光阴者百代之过客也。”上句说万物生存于大地之间，所以天地成为万物的旅舍；而下句的“光阴”，却与上句的“天地”相对仗，其为平列的二词而非指一物一事甚明，可见不宜用“日之影”来解释了②。如果把“光阴”径解为“时间”，那么下文的“百代”也是指时间，则全句的意思成为“时间是时间的过客”，岂非毫无意义的废话？又杜牧《牧陪昭应卢郎中在江西宣州佐令吏部沈公幕，罢府周岁，公宰昭应，牧在淮南，縻职叙旧，成二十韵，用以投寄》诗有云：“聚散真漂梗，光阴极转邮。”以“光阴”对“聚散”，也是用平列的正反两义合成一个词，犹如现代汉语中至今还存在的一些词汇如“消息”“褒贬”之类。可见小杜诗句在这里也不是指抽象的时间而当别求他训。照我个人的理解，这里的“光阴”(如李文与小杜诗)应该是“日月”的代称。析而言之，“光”即“日”，“阴”即“月”。但以“阴”指“月”，其证易得，如刘昭《续汉书·天文志上》注引张衡《灵宪》云：“月者，阴精之宗。”《颜氏家训·归心篇》：“日为阳精，月为阴精。”民间以太阴为月，太阳为日，本是家喻户晓的。至于以“光”指“日”，就不那么容易使人理解，因之也不能一下子为人所接受。考俞樾《古书疑义举例》卷一《变文协韵例》条下有一段话云：

① 现在能发现的古代文人作品中最早出现“光阴”字样的是江淹《别赋》：“明月白露，光阴往来。”这里的“光阴”宜讲作昼夜或明暗，其实它还是日月的引申义。

② 证以上文所引《淮南子·原道训》，以“日光”与“霜雪”为对，知“日”“光”也是两个词，是平列的，而且同义，不能解为“日之光”。

《蓼萧篇》:“既见君子,为龙为光。”按,光者,日也。《周易·说卦传》:“离为日。”而虞注于“未济六五”及《夬·象传》并云:“离为光。”于《需·象辞》则曰:“离日为光。”是日与光义得相通。《文选》张孟阳《七哀诗》注:“朱光,日也。”陆士衡《演连珠》注曰:“重光,日也。”辞赋家以日为光,本经义也。“为龙为光”,犹云“为龙为日”。龙与日,并人君之象。《贾子·容经篇》曰:“龙也者,人主之譬也。”《尸子》曰:“日五色,阳之精,君德也。”是龙、日为君象,古有此义。此言远国之君朝见于天子,故曰“既见君子,为龙为光”,并以天子言。不言“为龙为日”,而曰“为龙为光”,亦变文以协韵耳。

我以为俞说是正确的。李白的文章意思正是说,日月驶转于中天,故为百世(时间的长河)之过客(唐人避李世民讳,故谓“世”为“代”);而杜牧的诗意则是说,日月飞驰于天,其急如转邮(“极”,同“亟”,犹今言“急”;转邮则指如驿递之运转不停)。只有这样理解李白的文章和杜牧的诗句,才合情合理,准确贴切。可见这里的“光阴”是指具体的日月而不是抽象的时间。

当然有人会不同意我的意见,认为有光则必有影,明为光,暗为影,也是两个相反相成的词自相偶而合成一词,仍当指日影为是,而时间的意思则是从日影之义引申而来的。可是我还可以举出另外的两个例子。今传褚遂良书《房梁公碑》,文中有“惕视光阴,益深忧国”的话,骆宾王《与博昌父老书》中有“秋天白露,几变光阴”的话,以“光阴”为宾语而言“视”、言“变”,似乎都应当指有形的日月而不是泛指抽象的时间,才更显得合理和贴切。所以我还是保留我的意见,认为“光阴”一词既指抽象的时间,又指具体的日月。

释“锦标”

我国从很古的时候就有“龙舟竞渡”的风俗。这种划船比赛实际就是一种群众性的体育运动。中唐时期,一个名叫张建封的官僚写过一首长诗《竞渡歌》,其中描写赛龙舟的场面很生动,现节引如下:

鼓声三下红旗开,两龙(指龙舟)跃出浮水来。棹影斡波飞万剑,鼓声劈浪鸣千雷。鼓声渐急标将近,两龙望标目如瞬。坡上人呼霹雳惊,竿头彩挂虹霓

晕。前船抢水已得标，后船失势空运桡。（着重点是笔者所加）

诗中所说的“标”，原是作为赛船终点的标识，但它同时也是这场划船比赛的胜利者所应获得的物质奖赏。考《宋史·礼志》云：

（宋真宗）咸平三年五月，（帝）幸金明池，观水戏。扬旗鸣鼓，分左右翼。植木系彩，以为标识。方舟疾进，先至者赐之。

正足以说明“标”的两重意义。“标”的本身是比赛终点的标识，而在标上所悬挂的彩，就是奖品了。

南宋初年人孟元老《东京梦华录》卷七中有一段记载写得就更为清楚：

水殿前水棚上一军校以红旗招之……则诸船皆列五殿之东面，对水殿排成行列；则有小舟，一军校执一竿，上挂以锦彩银椀之类，谓之“标竿”，插在近殿水中。又见旗招之，则两行舟鸣鼓并进，捷者得标，则山呼拜舞。并虎头船之类，各三次争标而止。

既然把“锦彩”挂在标竿之上，于是这个标就又称作“锦标”。晚唐时状元卢肇《竞渡诗》末二句云：“向道是龙刚不信，果然衔得锦标归。”（见王定保《摭言》卷三，定保并加注云：“锦标，船头所得。”）这就是“锦标”一词最早的出处。后来南宋诗人杨万里的《观竞渡》诗，有“银碗锦标夸胜捷，画桡绣臂照江湖”之句，可见直到南宋，仍有赛龙船夺锦标的风俗。

“锦标”一词沿用既久，作为赛船终点的标识的意思逐渐消失，只作为比赛优胜者所应获得的奖品了。今天我们常说的“锦标赛”，还是沿袭唐宋以来的说法，不过涵义已经变了。但如1979年出版的新版《辞海》，于“标”字下有一条解释说：“标示竞赛优胜的旗帜，如锦标，夺标。”（页二九二九）又于“锦标”条下开宗明义说：“锦制的旗帜。”（页三九四〇）则显然是错误的。因为“锦标”并不是锦旗，也不仅是指一种奖品。

有人以为“锦标”一词是外来语，是从英文的champion或俄文的Чемпион译音而成的。根据上述的简单考订，我以为中西语源之间并无什么联系。又有人以为西方的这一名词是由我国流传出去的，其实也是误解。因为 champion 一词起源于拉丁文，原意是“广场”“运动场”的意思，同水上为赛船而竖立的悬挂锦彩的标竿，是毫无瓜葛的。字音相近，不过是巧合罢了。

释“卧薪”

吴越争霸事初见于《左传》《国语》，后见于《史记·越世家》及《越绝书》和《吴越春秋》。《史记》和《吴越春秋》仅记勾践尝胆事而无所谓“卧薪”。以“卧薪”与“尝胆”相提并论，实始于苏轼的一篇游戏文章《拟孙权答曹操书》（见《东坡续集》卷九），却与勾践无涉。近人王竹楼氏有《越王勾践卧薪说质疑》，载《光明日报》1963 年 1 月 16 日《史学》双周刊，考订甚详尽。惟王氏文中未及文学作品，仅谈到《东周列国志》，并认为小说的记载是故事流传广泛的主要原因之一。实则在文学作品中，以卧薪、尝胆二事并属诸勾践，乃始于梁辰鱼的《浣纱记》传奇。它比冯梦龙《东周列国志》问世的时间要早，而且影响也并不比《东周列国志》小。

照我的主观臆测，苏轼在文章中把“卧薪”和“尝胆”连在一起，还是有依据的，而且用的大约就是勾践的故事。故南宋时人如曾开、真德秀、黄震等皆以此二事并属诸勾践。考《吴越春秋·勾践归国外传》有云：

> 越王念复吴仇，非一旦也。苦身劳心，夜以接日。目，卧则攻之以蓼；足，寒则渍之以水。冬常抱冰，夏还握火。

“卧薪”的出典，疑即从“目，卧则攻之以蓼”这句话引申创造出来的。按《毛诗·豳风·东山》：“有敦瓜苦，烝在栗薪。”“栗”，孔颖达《正义》引《韩诗》作“蓼”，通志堂本《经典释文》引《韩诗》作“蓼”。据《广韵》，蓼、蓼同为一字，则《韩诗》实作“蓼薪”。清马瑞辰《毛诗传笺通释》卷六云：

> 栗、蓼盖一声之转。《广韵》蓼、蓼同字，当读如“予又集于蓼”之蓼。蓼，辛苦之菜也。《毛传》盖以栗为蓼之假借……《韩诗章句》训“蓼薪”为“聚薪”，亦非诗义。

今按：马释“蓼”为“辛苦之菜”，义本孔《疏》，其说良是。《说文》：“蓼，辛菜。”郝懿行《尔雅义疏》卷十三：“《内则》烹煎用蓼，取其辛能和味，故《说文》以为辛菜。”桂馥《说文义证》卷三引曹植《藉田赋》：“好辛者植乎蓼。”又引任昉《述异记》：“菜之辛者谓之蓼。”更引《本草》《古今注》等，其义并同。而所以称之为“蓼薪”，则应从《韩诗》“聚薪”之义（见《释文·毛诗音义中》及王应麟《诗考》引；孔《疏》引《韩诗》则作“众薪”，义同）。盖蓼之为物，如果积聚得多了，便可以称为“蓼薪”，并非“蓼”“蓼”在训诂上可以解释成“聚”或“众”。马驳韩说，似只知其一不知其二，恐未必尽然。然则《吴越春秋》里所说的“攻之以蓼”，实即“攻之以蓼薪”。大约勾践在疲倦要睡的时候，就利用“蓼”的辛味来“攻”（刺激）其“目”，为的是打消睡意。当然，这种东西数量少了是没有用的，必须成堆地摆在身边，其辛味才强烈。这可能就是“卧薪”的由来。

“尝胆”是让味觉感到苦；“卧薪”是让眼睛感到辛辣，其目的是在折磨眼睛而非折磨整个身体。二者性质既近，所以苏轼才把它们相连成文。这应该是对《吴越春秋》本文作了正确的理解然后加以引申创造的结果。如果只从字面上照现代人的理解来设想，认为勾践一天到晚躺在柴火垛或稻草堆上，那恐怕就“失之毫厘，谬以千里”了。

释“顷”
——论辛弃疾1167年“潜入金国”说之不可信

《北方论丛》1979年第二期载蔡义江、蔡国黄两位同志大作《辛弃疾漫游吴楚考》，文中据辛弃疾《九议》中的一段话，证明辛在宋孝宗乾道三年（1167年）“曾经去过金国”，并且把这段话看成辛“曾潜入敌国的铁证”，还在文章里讥笑“梁启超等对《九议》曾作过一番考证，但居然对辛弃疾事历关系如此重要的金国之游，视而不见，实在是令人奇怪的事”。这段话是：

> 某顷游北方，见其（蔡文原注：按，指金国）治大臣之狱，往往以矾为书，观之如素楮然，置之水中则可读，交通内外，类必用此。

两位蔡同志根据上引辛文加以发挥道：

> 这里明白地指出，他在乾道六年以前不久，曾经去过金国。乾道四至六年，他在建康任上，当然没有去金国的可能。唯一可能潜入金国的只有乾道三年。上《九议》与此行只相隔三年，所以才说“顷游北方”。

实际上两位蔡同志引以为据的关键，就是辛文中的“顷”字。他们两位用今天一般的古汉语知识来解释这个“顷”字，自然就得出上述的结论来。殊不知这里的“顷”字并不作“不久以前”的意思讲，因而他们的这一“铁证”也就落空了。

诚然，“顷”在古汉语中有表示短暂时间的涵义，如说“顷刻之间”“少顷”“有顷”“顷之”“居顷之”和“俄顷”等等；但这并不是“顷”字的唯一涵义。“俄顷”一词，见于郭璞《江赋》(《晋书·王戎传》亦有“俄顷辄出”的说法，乃后人追述之词，不得先于郭璞)。《文选》李善注在《江赋》“俄顷”下面引司马彪《庄子注》说：“顷，久也。”《庄子·秋水》又有“顷久”一词，《经典释文》引司马彪注：“顷久，犹早晚也。”从司马彪的这两条注文可以考见，用作表时间的语词，“顷”比“俄”所指的时间要长，但比“久”所指的时间却又短些。所以“俄”“顷”两词连用，实是两个词连列复合为一词，而取义偏重于“俄”，故被我们理解为时间短暂的意思。犹之“褒”“贬”两个词连列复合为“褒贬”一词，取义偏重于“贬”一样。这是魏晋六朝以来的人对于“顷”字涵义的理解。

到南宋时，这个“顷”字的用法仍不限于讲成现代汉语的“不久以前”这一种。相反，它实际上所指的时间涵义却是相当“久”的。如以司马彪的注文推之，似应该用现代汉语中的“当初”“早先”“早些时候”“先前”等词语来译它才合适。这不仅可以从辛弃疾本人的文章中找到其他例证，而且还可以从辛弃疾同时代人的文章中找到更有力的例证。陆游有一首七律，题为《将至京口》，末二句云：“铜瓶愁汲中濡水，不见茶山九十翁。”句末有作者自注云：“顷在京口，尝取中濡水寄曾文清公。”(诗与注文均见《剑南诗稿》卷十)按，陆游于1178年(宋孝宗淳熙五年)，自蜀东归，这首诗是从四川回到长江下游时写的，必不能早于1178年。诗中的“茶山”即注文中的“曾文清公”，乃是指年辈长于陆游本人的诗人曾几。曾几死于1166年(宋孝宗乾道二年)，卒年八十二，这是有案可查的。如果曾几活到1178年，就已过了九十岁，所以陆游说“不见茶山九十翁”。这首诗题为“将至京口”，可见写此诗时作者还没有抵达京口，所以自注中的“顷”字显然不是指“不久”以前，而是指的至少相隔十二年以上的“以前”。如果依两位蔡同志的讲法，那么陆游的这条注文简直是文笔不通了。

与此类似的例子在陆游全集中也不止一见，这里再举一例。《剑南诗稿》卷二十七的最末一首诗，题为《癸丑重九登山亭，追怀顷在兴元，常以是日猎中梁山下，乐甚；慨然赋诗，予于是生六十有九年矣》。癸丑是宋光宗绍熙四年（1193 年），陆游在兴元（即今陕西南郑，南宋时为汉中府治）王炎幕府时是乾道八年（1172 年），中间相隔二十一年，而陆游在诗题中却说“追怀顷在兴元”，那么这个“顷”字是指相隔二十年以上的以前，也是“铁证”无疑的了。

另外，辛弃疾在他的《新居上梁文》中说：“稼轩居士生长西北，仕宦东南，顷列郎星，继联卿月。”以“顷”与“继”为对文，可见这个“顷”应作“始”“早”“先”解才合理，如果释此“顷”字为“不久以前”，那么辛弃疾的这篇文章也就成为不可理解的了。

以上诸例也许并不能说服两位蔡同志，他们可以一口认定《九议》里的“顷游北方”就是“不久以前”潜入金国。那么我以为，一定要找出更为强有力的证据来。只根据目前的论据是近于主观臆测的。

照我的理解，辛弃疾在《九议》中所说的“某顷游北方”，不过是指他早年尚未南归时的经历而已，并不是什么乾道三年又复“潜入金国”。因为我这样讲，不但“顷”字有着落，而且与辛弃疾的早年行踪也毫无矛盾。

我对辛弃疾的生平没有研究，不想对两位蔡同志的论文作全面评价。我只想说，把辛弃疾文章里的一句话加以片面理解，从而作为考订其行年的唯一依据，这种方法本身就是非常不妥当的。

释“剑界”

关汉卿《单刀会》杂剧第四折有一段写关羽的剑在匣中发出鸣声，词云：

（正末云）鲁子敬，你听的这剑界么？

（鲁云）剑界怎么？

（正末云）我这剑界，头一遭诛了文丑，第二遭斩了蔡阳。鲁肃呵，莫不第三遭到你也？

……

(鲁云)那里什么响?

(正末云)这剑界二次也!

“剑界”,有的注本说“未详”;有的则注为“就是剑”,虽不误而未明其所以然。《大戏剧家关汉卿杰作集》①注云:“‘剑界’,不详,疑是‘剑环’或‘剑鞘’。”今按:此是据“你听的这剑界么”一句推想而得,恐未确。盖古人说剑响,都是指剑在匣中自鸣,并不指环或鞘作响。何况下文说“我这剑界,头一遭诛了文丑”云云,亦断无以剑环或剑鞘杀人之理。鄙意以为“剑界”即“剑铗”,“界”是“铗”的别字。屈原《涉江》:“带长铗之陆离兮。”王逸注:“长铗,剑名也。其所握长剑,楚人名曰长铗也。”《管子·问》:“衣夹铗。”房玄龄注:“铗,两刃铍也。”左思《吴都赋》:“羽族以觜(嘴)距为刀铍,毛群以齿角为矛铗。”刘渊林注:“铍,两刃小刀也。铗,刀身剑锋。有长铗、短铗。”则知铗亦剑类②。“剑铗”连用,实指一物。北曲读“大”为 dài,读“窄”为 zhǎi,读“客”为“qiǎi”(即 qiě 的开口音,入怀来辙而不入乜斜辙),然则“铗”亦可读为 jiài(即 jiè 的开口音,亦入怀来辙),正与“界”字同音(“界”在北曲中亦读为 jiài,同样入怀来辙,今京戏仍如此发音,称为“上口字”)。特以“铗”字较生僻,故用同音的“界”字代替之。此在戏曲手抄本中原属习见的情况。而“剑铗”则既可以鸣,又可以杀人,于上下文义悉通,较之释为剑环、剑鞘似更妥当一些。

释“煖”“馔”

《元曲选》丙集载李直夫《便宜行事虎头牌》杂剧,其第三折云:“到来日(次日)牵羊担酒,与叔公煖痛去。”又己集《孟德耀举案齐眉》杂剧:“烧酒备下三瓶,到家自己煖痛。”可见“煖痛”是当时流行语。日本吉川幸次郎等所注《元曲选释》释此语云:“煖痛,煖犹治也。”(第五册,页三十六)

以“煖痛”为治痛,于义似不贴切。检翟灏《通俗编》卷九“暖孝”条云:

---

① 吴晓铃等:《大戏剧家关汉卿杰作集》,中国戏剧出版社,1958 年,第 171 页。

② 《庄子·说剑》:“天子之剑,以燕溪、石城为锋,齐、岱为锷,晋、卫为脊,周、宋为镡,韩、魏为夹。”陆德明《经典释文》云:“夹,一本作铗,同。”陆又引司马彪注云:“(铗),把也。”按,此连上文锷、镡等部分而言,故训“铗”为剑把(即剑柄)。盖析言之则镡为剑镮,铗为剑把;若单就“铗”字而言,则铗亦剑也。司马彪的解释与王逸、刘、房诸说并不矛盾。

《燕在阁知新录》:“暖孝之说,最为无礼;不意宋时已有此言。宣仁太后上仙,忽有旨下光禄,供羊酒若干,为太后妃、皇后暖孝。东坡上疏,以暖孝出于俚俗,王后之举,当化天下,不敢奉诏。有旨遂罢。”《咫闻录》:“杭俗出殡前一夕,大家(大户人家)则唱戏宴客,谓之煖丧。吴中小民家,亦用鼓乐竟夜,亲邻毕集,谓之伴大夜。”

《咫闻录》所记,已是宋以后的风俗了。在《西游记》和《梼杌闲评》等明代章回小说中,尚有“煖寿”一语,指在生日前一夕设酒食预祝,或由亲友醵金治具亦可。此语至新中国成立前仍流行。而据元末明初人陶宗仪《辍耕录》卷十一云:

今之入宅与迁居者,邻里醵金治具,过主人饮,谓曰暖屋,或曰暖房。王建《宫词》:“太仪前日暖房来。”则暖屋之礼,其来尚矣。

然则自唐时已有类似的风俗了。综上“煖孝”“煖丧”“煖寿”“煖(暖)屋”“煖(暖)房”诸语,其“煖”字的意义和用法与“煖痛”之“煖”都极相近,从语法上看,也都是动宾结构的形式。然则这几个“煖”字的讲法皆宜一致。如一律解为“治”,则有些词语肯定说不通。因为“煖寿”“煖屋”绝对不能讲成“治寿”“治屋”。可见《元曲选释》的讲法是大可商榷的。

考宋赵德麟《侯鲭录》卷三有一条说:

世之嫁女,三日送食,俗谓之煖女。《广韵》中正有此说,使(使用)“馔”字。

又邵博《邵氏闻见后录》(旧本《辞海》误作《闻见前录》,因之好几种工具书也随之误引)卷二十“七月一则”写得更富有“小说”味:

大儒宋景文公(按,即宋祁),学该九流,于音训尤邃。故所著书用奇字,人多不识。尝纳子妇,三日,子以妇家馈食物书白(“白”是呈送、禀告的意思),一过目,即曰:“书错一字,姑报之。”至白报书,即怒曰:“吾薄他人错字,汝亦尔耶?”子惶恐却立,缓扣(同“叩”,问的意思)其错,以笔涂“煖”字。盖妇家书以食物煖女云,报亦如之。子益骇,又缓扣当用何“煖”字。久之,怒声曰:“从食,从而，从大。”子退检字书，《博雅》中出“馔”字，注云：“女嫁三日饷食饭为馔女。”始知俗间“馔女”云者，自有本字。

按《博雅》即《广雅》。但今本《广雅·释言》中并无此语，只有《集韵》和《类篇》中还保留了这条说明。兹引《集韵》卷五如下：

馔，《博雅》：“馔，饵，馈也。”一曰：“女嫁后三日饷食为馔女。”

依邵博所记，“一曰”以下的话似应同出于《广雅》，而王念孙《广雅疏证》则谓出于唐段公路《北户录》所引的《证俗音》。疑邵氏说误。盖述佚闻旧事，初不必考核精详，这对于邵博是无足深究的。至于《广韵》之文乃是这样的：“女嫁三日送食曰馔。”而《北户录》引《字林》则云：“馔，馈女也。”可见此“馔”字最早的用法应该只限于给出嫁的女儿送食物（当然兼有慰问之意），后来意义有所引申，并以同音而传讹，遂写成“煖”或“暖”，举凡因丧事、寿事、迁居、问病而馈送酒食都用它来表示，这才出现了自唐、宋以来以迄今日的“煖房”“煖屋”“煖孝”“煖丧”“煖寿”以及“煖痛”这一系列的用语，其承袭关系大抵如此。

不过我认为，我们今天并不需要把“煖”字再写成“馔”。因为：一、由“馔”变“煖”，自唐代已然，这从王建的诗就可以得到证明；而且从邵博的记载也可以看出，连用于本义的“馔女”一词，在北宋时也已不写难认的“馔”了，只有宋祁那样好古成癖的“大儒”，才专门从古字书里去找本字来写。二、从“馔”变为“煖”以后，意义上也有些改动，不仅是“馈酒食”而已，且含有温存、抚慰、劳问之意。王念孙《广雅疏证》云：“馔者，温存之意。”实已把“煖”字的涵义包括进去了。即如《辍耕录》中所谓的“煖房”或“煖屋”，我们今天也叫做“温居”（京戏《打面缸》中便有“温居贺喜”一语），其意不仅是祝贺乔迁之喜，且有贺新婚的意思（王建诗即含有此意）。“温居”实际“煖房”或“煖屋”的同义语，而温、煖更是一义。如仍用“馔”字，这方面的意思就表达不出来了。

所以元杂剧中“煖痛”的解释应该是：用酒食去馈送负伤或生病的人，表示对他的痛楚温存抚慰。

附记

赵翼《陔余丛考》卷四十三“暖房”条云：“俗礼有所谓暖寿、暖屋者。生日前一日,亲友治具过饮,曰暖寿。新迁居者,邻里送酒食过饮,曰暖房。《辍耕录》亦曰暖屋。又曰暖室……《五代史》:后唐同光二年,张全义及诸镇进暖殿物。则暖房之名,由来久矣。"然则除上文所引诸语外,又有"暖室""暖殿"之称了。

释"题桥人"

关汉卿《包待制三勘蝴蝶梦》杂剧,原为旦本。但在第三折结尾,由王婆婆的第三个儿子王石和(即王三)唱了两支曲子——〔端正好〕和〔滚绣球〕。后一曲中有云:

> 包待制,比问牛的省气力。俺父亲,比那教子的少见识。俺秀才每(们),比那题桥人无那五陵豪气!

《大戏剧家关汉卿杰作集》①注云:"汉代的司马相如离开成都的时候,在升仙桥的柱子上写下'不乘驷马高车,不过此桥'的话。这里的'题桥人'就指的是司马相如。"这本来很正确。元、明以来杂剧、戏文中凡涉及"题桥"或"题柱"的典故者,皆指司马相如(请参阅近人严敦易氏《元剧斟疑》中论《司马相如题桥记》的一篇文章)。关汉卿本人和屈恭之(字子敬,亦元代人,曾与钟嗣成同窗),就都写过《升仙桥相如题柱》杂剧(见《录鬼簿》,据楝亭十二种本),元、明间佚名作家亦有《司马相如题桥记》杂剧。但近人杨晦先生在《论关汉卿》(载1958年《文学研究》第二期)一文中,却引了南宋人曾敏行《独醒杂志》卷六里的一则故事来解释这里"题桥人"的出典。兹照录如下:

> 绍兴中,有于吴江长桥上题〔水调歌头〕云:"平生太湖上,来往几经过。如今重到,何事愁与水云多?拟把匣中长剑,换取扁舟一叶,归去老渔蓑。银艾非吾事,丘壑漫蹉跎。鲙新鲈,斟碧酒,起悲歌。太平生长,不谓今日识兵戈。欲卷三江雪浪,静洗胡尘千里,不用挽天河。回首望霄汉,双泪堕清波。"不题姓氏。后其词传入禁中,上命询访其人甚力。秦丞相乃请降黄榜招之,其人竟不

① 吴晓玲等:《大戏剧家关汉卿杰作集》,中国戏剧出版社,1958年版,218页。

至。或曰:隐者也,自谓"银艾非吾事",可见其泥涂轩冕之意。秦丞相请招以黄榜,非求之,乃拒之也。(据《知不足斋丛书》本)

杨先生更据这段引文加以发挥,认为"关汉卿是有爱国主义思想的!"并且说关汉卿本人"对于宋,对于中国民族的生死存亡的斗争"都很关心,还说关氏的杂剧是"在民族斗争和阶级斗争的夹缝里,付出极大的牺牲代价创造的成就",而《蝴蝶梦》则是在"国破家亡"的时代背景下写出的作品(引文均见上引《文学研究》第三十六、三十七页)。因此,弄清"题桥人"的出典将与关剧思想性的高度有密切联系。但我认为,杨的解释未免近于牵强附会。"题桥人"不过是指追求功名富贵的司马相如而已。这同曾敏行所记的那位〔水调歌头〕的作者是毫不相干的。

先看曲词上下文的意义。王三的意思是说,我们弟兄比起题桥的司马相如来,可没有他那样的"五陵豪气"。"五陵"典出《汉书·游侠传》:

原涉,字巨先。祖父武帝时以豪杰自阳翟徙茂陵……(涉)为谷口令,时年二十余。谷口闻其名,不言而治。先是涉季父为茂陵秦氏所杀。涉居谷口半岁所(许),自劾去官,欲报仇。谷口豪杰为杀秦氏。亡命,岁余,逢赦出。郡国诸豪及长安五陵诸为气节者,皆归慕之……(颜师古注:"五陵,谓长陵、安陵、阳陵、茂陵、平陵也。")

当时住在五陵地区的,多为豪门。杜甫《秋兴》:"同学少年多不贱,五陵衣马自轻肥。"所谓"五陵豪气",即指豪门子弟肥马轻裘,趾高气扬之态。而曾敏行所记的"题桥人",则是有"泥涂轩冕之意"的"隐者",是一位因南宋小朝廷苟安屈辱、不思抗金而兴"归去老渔蓑"的仁人志士。这样的人怎么会具有长安富贵子弟所流露的那种"豪气"呢? 此其一。上文说"俺父亲"比那"教子"的陈母"少见识",所以我们弟兄几人虽做了秀才,却未能飞黄腾达。文义本易明。如说我们弟兄比起那志图恢复而终于隐居的"题桥人"来,却少了一点阔气,则近于前言不搭后语。此其二。司马相如题桥是在入长安以前(详附篇《题桥故事考》),"五陵"亦在长安。同为汉代事,又同与长安有关,合二典而用之,文义始顺畅;如一宋一汉,一今一古,似非古人写文章的通例。此其三。有此三条,已足以证明关汉卿所用的典故与曾敏行所记无干了。

再从当时具体情况来考虑。我们知道曾敏行卒于宋孝宗淳熙二年乙未(1175年)十月二十九日(樊仁远《浮云居士曾公行状》),而《独醒杂志》则是淳熙十三年丙午(1186年)才由其子曾三聘“刻版于家塾”的(《独醒杂志》后附曾三聘跋语)。下距关汉卿从事戏剧活动的时代(1265年前后至1315年前后,此据杨晦先生本人的推算),大约一个世纪左右。据《知不足斋丛书》刊行人鲍廷博在跋文中说:“惜自淳熙丙午家塾版行而后,迄今六百余年,别无雕本。”可见曾氏之书流传并不甚广。很多知名之士如杨万里为作序,楼钥、陈傅良等为作跋,都是徇于三聘所请的结果。而当时南北政权既不统一,交通又多梗阻,文化交流也比较困难。久居北方的关汉卿是否有机会看到这部刻版稀见的书,是颇值得怀疑的。试检元人杂剧,曲文中几乎看不到引用南宋的轶闻琐事,也正是同样的道理。所以我认为,关汉卿既不易见到曾敏行的著作,也未必听说过“题桥人”的这首〔水调歌头〕。然则杨先生据此以论关汉卿在《蝴蝶梦》一剧中具有爱国主义思想,甚至说他对南宋都有民族感情,恐怕近于捕风捉影,有点“拔高”的味道了。

附:题桥故事考

西汉的司马相如是成都人。题升仙桥柱的故事是他在成都遗留下的最有名的掌故。这个故事最早见于晋人常璩的《华阳国志》和后魏郦道元的《水经注》,但所题的却是“门”而非“桥”。《四部丛刊》本《华阳国志》卷三云:

> 城北十里有(“有”,《水经注》卷三十三作“曰”)升僊(“僊”是“仙”的异体字,《水经注》作“迁”)桥,有送客观。司马相如初(“初”,《水经注》作“将”)入长安,题市(“市”,《水经注》作“其”)门曰:“不乘赤(‘赤’,《水经注》作‘高’)车驷马,不过汝下也。”(《水经注》在这下面还多两句:“后入邛蜀,果如志焉。”)

看样子,《水经注》也是引的《华阳国志》,而文字略有改动和增益。北宋初年所编的类书《太平寰宇记》和《太平御览》也都收入此事,均标明是引自《华阳国志》的。《寰宇记》卷七十二云:

> 升迁桥在县北十里。《华阳国志》云:“升迁桥有送客观,即司马相如入长

> 安，题市门曰：‘不乘赤车驷马，不过汝下。’”

《御览》卷七十三云：

> （常璩《华阳国志》）又曰：“升迁桥在成都县北十里，即司马相如题桥柱曰：‘不乘驷马高车，不过此桥。’”

这里有几点值得注意：

一、两书都把“僊”写作“迁”。这有两种可能：一是受旧本《水经注》的影响，“迁”是“僊”的误字；二是由于司马相如到长安后即飞黄腾达，步步“升迁”，遂改“僊”为“迁”。

二、两书都在引文中用了个似通非通的“即”字，可见它们在被写定时或彼此间互为影响，或同有所本。

三、《寰宇记》所引基本上同于《华阳国志》；《御览》所引则大大变了样，由“题门”改为“题桥柱”了。可见《御览》引书并不十分可靠，若据以校订古籍，当对它采取一分为二的态度。然而《御览》对后世影响较《寰宇记》为大，因此“题桥柱”的说法便日益推广，甚且取“题门”之说而代之了。

但“题桥”的说法实不始于《御览》，而自唐时已然。徐坚《初学记》卷七“桥”部注云：“蜀有七桥……又有……升仙桥，相如题者。”岑参《升仙桥》诗云：“长桥题柱去，犹是未达时。及乘驷马车，却从桥上归。名共东流水，滔滔无尽期。”（一本题作《升迁桥》）可见在唐玄宗时，这个故事即已开始从题门转化为题桥柱，而且已成为很熟的典故，所以《初学记》只交代一句而不详举出处，岑参也以之入诗。此外，在唐代较晚出的类书《白帖》卷三“桥”部“题柱”条下注云：“司马相如往京师，过蜀郡升仙桥，题其柱曰：‘不乘驷马，不复过此。’”但未标出处（小如按：此处引文据影宋本《白帖》单行本。《唐类函》引《白帖》此条，末二语云：“大丈夫不乘驷马车，不复过此桥。”《渊鉴类函》同。证以岑参诗，则《类函》引文亦当有据）。而较早的《史记索隐》引《华阳国志》，以及成书于中、晚唐之际《元和郡县志》卷三十一，犹皆作“题门”，可见《华阳国志》实本作“题门”。至晚唐时，韦庄《下第题青龙寺僧房》诗：“题柱未期归蜀国。”罗隐《投同州杨尚书启》：“旋慕题桥，因吟入洛。”是“题柱”之说愈晚而愈彰，无怪乎宋初人修《御览》时，也就径写为“题桥柱”，虽不符于《华阳国志》

原文亦在所不计了。我更疑心《御览》和《寰宇记》所引《华阳国志》文字，最初并无不同。惟《御览》成于众手，执笔者自不免妄改。通行本《华阳国志》与《四部丛刊》本不同，不但无“有送客观”四字，而且“不过汝下也”作“不复过此桥”，则疑是后人又据《御览》之文翻转来改动《华阳国志》，于是弄成司马相如题于“市门”之上，却说是“不复过此桥”，有点自相枘凿了。我所以用《四部丛刊》本作依据，正由于它比较接近本来面目的缘故。

稍后，元代阴时夫编《韵府群玉》和明代凌稚隆编《五车韵瑞》，各于上声“麌”韵“题柱”条下引此事，且皆谓出于《成都记》。两书引文略有出入，而《韵瑞》后出转详。其文云：

> 题柱——
>
> 《成都记》：“司马相如初西去，过升仙桥，题柱曰：‘不乘高车驷马，不过此桥’……”

考《新唐书·艺文志》：“卢求《成都记》五卷。”注：“（求），西川节度使白敏中从事。”亦见录于《宋史·艺文志》。入明以后，此书存佚不详。《韵瑞》成书于明中叶以后，所引《成都记》虽较《韵府群玉》为详，也未必即是原文。从《成都记》成书的时间看，不见得比托名白居易纂辑的《白帖》晚，但从故事的发展演变看，则无论《白帖》或《成都记》所记，都无非“递相祖述”，并不是第一手的材料。及至清康熙时修《佩文韵府》，更全抄《韵瑞》之文，于是近世《辞源》《辞海》，也都一律照抄。而《华阳国志》《水经注》最早出现的“题门”的传说，反而渐渐湮没无闻了。这也算是“数典忘祖”之一例吧。

释“哥”

白朴《墙头马上》杂剧第三折，正旦扮李千金所唱曲文有云：“你哥哥，这其间未是他来时节，怎抵死的要去接！”又云：“接不着你哥哥，正撞着你爷爷。魄散魂销，肠慌腹热，手脚獐狂去不迭（獐狂，犹言慌张；去不迭，犹言逃不迭）！”这是她对自己儿女说的话，“你哥哥”应指她丈夫裴少俊，亦即她儿女的父亲。但称父为“哥”，颇费解。近读顾炎武《日知录》，于卷二十四“哥”字条下云：

唐时人称父为哥。《旧唐书·王琚传》："玄宗泣曰：四哥仁孝，同气惟有太平。"睿宗行四故也。玄宗子《棣王琰传》(小如按：《新唐书》作"棣王琰")："惟三哥辨其罪人。"玄宗行三故也。

则知称父为"哥"，自唐代已然。因思"爷"本以称父，如《木兰诗》之"阿爷无大儿"及"不闻爷娘唤女声"，皆以"爷"指木兰之父，而后世则以称祖父。这里所说的"你爷爷"，即指裴少俊之父裴尚书，正是孩子们的祖父。惟这一称谓至今仍在沿用，故读者视为理所当然。而以"哥"称父，已久不流行，所以人们就不免感到奇怪了。

释"鉋""刨""耠""掊""跑"

《元曲选》丙集《冻苏秦衣锦还乡》杂剧："若要富，土里做；若要饶，土里鉋①。"又癸集《看钱奴买冤家债主》杂剧："自从与那一分人家打墙，鉋出一石槽金银来。"这个"鉋"字应读为 páo(袍、庖)，与木工用的"鉋子"的"鉋"(bào)并非一义。朱骏声《说文通训定声·颐部第五》"掊"字条下云：

掊，杷也。今盐官入水取盐为掊，从手，音声。字亦作刨，作抔，作耠。谓五指杷之。《汉书·郊祀志》："掊视得鼎。"注："谓手杷土也。"又《广雅·释地》："耠，耕也。"

今按，"抔"字古书习见，如《礼记·礼运》"污尊而抔饮"、《汉书》"取长陵一抔土"之类，其训都指用手捧掬，与"五指杷土"之义殊未合，这里姑置勿论。"刨"字始见于《集韵》，本作"削"解，坊间夏日卖刨冰而写此"刨"字，原是正确的，但通常却读作 bào(报)了。至于作掘地解而写成"刨"字，似更在"鉋"字之后。大约如"铲除"之转为"剗除"，都是由从"金"改为从"刀"的。

如据《说文》，"掊"自是"鉋""刨"二字的本字。《续汉书·百官志》注引胡广

---

① 这四句韵语应该是地道的农民语言。"土里"犹言"地里"，指田间。"饶"、"富"同义。"鉋"指耕地，"做"指劳作，北京口语叫"干活儿"，皆指农业生产劳动。"鉋""饶"协韵，"富""做"协韵。"富"古读为 fòu(否定的"否"第四声)，"做"读为 zòu(奏)，今河北省保定地区犹存此音。如保定儿歌有两句"白天做鞋做袜，夜晚点灯说话"，即读成"zòu(奏)鞋 zòu(奏)袜"。

说:“盐官掊坑而得盐。”这“掊坑”即今北京方言所说的“páo 坑”,又叫挖坑或掘坑,不过通常已写作“刨坑”了。《汉书·贡禹传》:“捽屮杷土。”颜师古注:“杷,手掊之也。”“手掊”,即用手指挖掘的意思。但古代的“掊”是读 póu(剖的第二声),与 páo 的读法实为一音之转。我想,人最早只是用手指当工具去掘土,所以“掊”字从“手”;正如《说文》“掊”字下面的解释,原是写作“把也”,今本写作“杷也”,这是业已经过段玉裁、朱骏声等人的改动,把“手”(扌)旁换成“木”旁了。“把”,其实就是“杷”,在《说文》的这条解释里也应该读为 pá(爬)。后来“掊”字改从“耒”作“棓”,表示掘地已完全用耒耜之类的农具而不再用人的五指去“páo”了,因而读作“pá 地”的“把”字也就变成了“杷”(“把”字却作为把柄的“把”读成 bǎ 或 bà),稍后更写作“耙”或“钯”;而“掊”“棓”的读音即逐渐由 póu(剖第二声)变为 páo(袍),作为耒耜之类的农具也进化为用金属打铸而成的,于是从金的“鉋”和从刀的“刨”也更进一步代替了“掊”和“棓”。这里不妨用图示意,说明文字的演化是同生产力的进步、生产工具的改进有密切关联的:

掊——→棓——→鉋——→刨

把——→杷——→耙——→钯

至于“抔”,恐怕由于它和“掊”在古代读音相同(都音 póu,剖第二声),才被朱骏声在解释“掊”字时羼了进来的。其实“抔”“掊”二字的义训并不相干。又因朱骏声是正统封建文人,不读元曲(认为小说、戏曲不是正统封建文学作品),以致把“鉋”字漏掉,没有写进他的著作里去。如果把《说文通训定声》里的“抔”字删去,另增“鉋”字,倒是更接近正确的做法。

此外还想补充说明三点:一、《广雅》中的“棓”字不仅可读为 pào 或 pòu,而且还可以读 pǎng,实与今所习用的“耪”为一字。《玉篇》:“棓,部项切,耜属。”其字收入“讲”韵(小如附按:“棓”从“咅”而读为 pǎng,正如“棓”亦从“咅”而为“棒”的正字,读为 bàng 者然)。所谓“pào 地”,也正是“pǎng 地”(“刨地”和“耪地”),意思基本上是一样的。二、《广雅》所释的“耕也”是指 pào 或 pǎng 这一动作而言;《玉篇》所释的“耜属”,是说“棓”原为一种农具。这正如“犁”“铲”“耙”“锯”“锄”诸字,既是名词又是动词一样,在我国语文中本属通例。不过到今天,作为“耜属”的“棓”已不清楚是何种样式,而作为动词的 páo 或 pǎng(“刨”或“耪”),却依然活在人民群众的口头。只是读音由 póu 而 páo,又由 páo 而 pǎng 罢了。三、人用手挖掘土地叫“掊”(páo),兽用爪、蹄挖掘泥土也同样叫“páo”,这在古代是写作“跑”字

的,读第二声,与袍、庖同音而不读第三声。《中华大字典》“足”部“跑”字下注云:

> 跑,蒲交切,音庖。以足爬地曰跑。《临安新志》:“是夜二虎跑(páo)地作穴,泉水涌出,因号虎跑泉。”

可见泉水是虎爪 páo 出来的,不是飞奔着跑(pǎo)出来的。韦应物《调啸词》(通行本作“调笑”)之一:“胡马,胡马,远放燕支山下。跑沙跑雪独嘶,东望西望路迷……”“跑沙跑雪”,是指用蹄爬蹴沙雪,是及物动词,而不是在沙漠或雪地上奔跑(奔跑则为不及物动词),这是古汉语和现代汉语无论在读音方面与词义方面都有显著区别的一个例子,要讲成奔跑的意思就错了。同时,上文说的“五指杷之”和“杷土”的“杷”,由于这里是兽类用爪或蹄在“pà”,也就改用“爬”字(故《中华大字典》训“跑”为“以足爬地”。这同现代汉语中说“爬行”的“爬”,读音虽同,词义上也是稍有差异的)。因读元曲得识“铇”字,遂稽考其源以成此短札。

此札成后,读周一良先生《魏晋南北朝史论集》中《论佛典翻译文学》大作,发现周先生引晋唐人所译佛典除“跑”字外,尚有“爮”“抙”等字,皆读为 páo(袍、庖),足补拙文之未及,谨附志于篇末。

《文选》枚乘《七发》李善注订补

七发八首　　枚叔

李善《文选注》:"《七发》者,说七事以起发太子也。犹《楚辞·七谏》之流。"又《文选六臣注》善曰:"《汉书》云:枚乘,字叔,淮阴人也。善属辞赋,为吴王濞郎中令。吴王反,乘谏不从。乃事梁孝王。孝王薨,归于淮阴。武帝即位,知其贤,以蒲轮征之,乘死于路。孝王时,恐孝王反,故作《七发》以谏之。七者,少阳之数,欲发阳明于君也。八首者,第一首是序;中六是所谏,不欲犯其颜;末一首始陈正道以干之。假立楚太子及吴客,以为语端矣。"

按:《六臣注》本所列李善语,与"说七事以起发太子之言"自相牴牾。"少阳"之说尤属无稽。自北宋以来,学者于善注"恐孝王反,故作《七发》以谏之"之说多疑其非是,而别主为谏吴王濞而作者则代不乏人。如清梁章钜《文选旁证》引朱绶云:"《七发》之作,疑在吴王濞时。扬州本楚境,故曰楚太子也。若梁孝王,岂能观涛曲江哉!"虽言之成理,而于史无征。且文学作品亦不必附会牵合于史实也。《文心雕龙·杂文》有云:"枚乘摛艳,首制《七发》,腴辞云构,夸丽风骇。盖七窍所发,发乎嗜欲,始邪末正,所以戒膏粱之子也。"解本篇题旨,似最稳确可从。

邪气袭逆,中若结轖。

善注:"言邪气入内而为逆,其坚若结也……《说文》曰:'轖,车籍交错也。'"

按:段玉裁《说文解字注》卷十四上:"轖之言啬也,引申之为结塞之称。故枚乘《七发》曰:'邪气袭逆,中若结轖'也。"是借"轖"为"塞"字。然朱珔《文选集释》卷二十:"《集韵》云:'重革之蔑,所以覆軨也。'结轖,与《九辨》'结軨'义同。軨为车轖间横木,从衡交结,本有阻阂之状,革挽之则愈坚。此言邪气袭逆,其中坚结,以结轖喻之,故著'若'字。盖不独借轖为塞矣。"发明善注尤精,宜从之。

卧不得瞑。

善注:"《素问》:'岐伯曰:不得卧者,是阳明之逆。'"

按:《五臣注》刘良曰:"瞑,寐也。"朱珔以为"瞑"即"眠"之本字,是。

赖君之力,时时有之,然未至于是也。

善注："言赖君之力，天下太平，故久耽安乐，时有此疾也。"

按："君"，指人君。明张凤翼《文选纂注》："言赖我君之力，使我安乐；如客言者，虽时有之，未至此之甚也。"语本《五臣注》吕向说。然诸家之说皆未尽洽。"赖君之力"，犹今言"托君之福"。意谓己诚病莫能兴，然托吾君庇荫之力，虽时有不适，尚未至于如客所言之甚也。善注"久耽安乐"云云，实原文之意所无。

饮食则温淳甘膬，脭酞肥厚。

善注："温淳，谓凡味之厚也。韩子曰：'夫香美膬味，甘口病形，厚酒肥肉，曼理皓齿而损精。'《说文》曰。'膬，腝易破也。'……脭，肥肉也……《说文》曰：'酞，厚酒也。'"

按："温淳"，疑专指酒味。"甘膬"，则专指肉肴之美。膬，同脆。"脭酞肥厚"，上二字是主语，下二字是谓语，犹言脭肥、酞厚也。

虽有金石之坚，犹将销铄而挺解也。

善注："高诱《吕氏春秋注》曰：'挺，犹动也。'贾逵《国语注》曰：'铄，销也。'"

按：以"动"释"挺"，非是。王念孙《读书杂志余编》："李训挺为动，则分挺与解为二义矣。今案：铄，亦销也；挺，亦解也。《吕氏春秋·仲夏纪》：'挺众囚，益其食。'高注曰：'挺，缓也。'（郑注《月令》曰：'挺，犹宽也。'义与'解'亦相近。）字或作"娗"。《吕氏春秋·勿躬篇》：'百官慎职而莫敢愉（偷）娗。'注曰：'愉，解也。娗，缓也。'缓，亦解也。故《序卦》《传》曰：'解者，缓也。'《后汉书·臧宫传》：'宜小挺缓，令得逃亡。'《傅燮传》：'贼得宽挺。'李贤注并曰：'挺，解也。'下文'筋骨挺解'，义与此同。"释此句最确。盖销铄，即镕化；挺解，即涣散。俗谓"瓦解冰销"，解是挺解，销是销铄。

且夫出舆入辇，命曰蹷痿之机。

善注："《吕氏春秋》曰：'出则以车，入则以辇，务以自佚，命曰佁蹷之机。'……枚乘引'佁蹷'而为'蹷痿'，未详。乘之谬为好奇而改之。"

按：清胡绍煐《文选笺证》卷二十五："（《吕氏春秋》）《重己篇》：'多阴则蹷，多阳则痿。'（高诱）注：'蹷，逆寒疾也。痿，躄不能行也。'是'蹷痿'二字，亦出吕书矣。"李善乃谓枚乘"谬为好奇而改之"，失之武断。"蹷痿"二字，分言之则如高诱注所言，合言之即指足麻痹瘫痪而不能行。命，名。机，即"几"。《五臣注》吕向曰："舆辇之安，乃为此病之几兆也。"几兆，犹言征兆。

今太子肤色靡曼。

善注:"王逸《楚辞注》曰:'靡,细也。曼,泽也。'"

按:《吕氏春秋·本生篇》"靡曼皓齿"句高诱注:"靡曼,细理弱肌,美色也。"《列子·周穆王篇》张湛注:"靡曼,柔弱也。"此盖形容肤色细腻柔嫩之状词。然即以古代士大夫审美观念言之,于女子为美色,于男子则亦应为病态,即今言面色苍白是也。善注引王逸说未允。

血脉淫濯。

善注:"淫濯,谓过度而且大也。《尔雅》曰:'淫,过也。'又曰:'濯,大也。'"

按:胡绍煐曰:"按,'淫'亦'大'也。《尔雅》'淫''濯'并'大也'。'淫濯'与上'挺解'、下'惰窳',皆二字同义。《周颂·有客》:'既有淫威。'《传》:'淫,大也。'亦其证。"其说是也。血脉而言大,当指血管膨胀硬化。

纵恣于曲房隐间之中。

按:李善于此句无解。曲,隐曲,深曲。《诗·秦风·小戎》:"乱我心曲。"毛《传》:"心曲,心之委曲也。"犹今言心灵深处。《三国志·郤正传》裴注引桓谭《新论》:"高台既已倾,曲池又已平。"曲池,犹深池,与"高台"为对文。此句"曲"、"隐"为对文,知"曲"亦必为深曲隐奥之义。王延寿《鲁灵光殿赋》:"旋室㛹娟以窈窕,洞房叫窱而幽邃。""旋室",即此所谓"曲房";"洞房",即此所谓"隐间"。李善注:"㛹娟,回曲貌。"窈窕,即幽邃之意。盖必回旋曲折而后能窈窕幽深也。"隐间",胡绍煐释为"隐隔","间"读去声,是以"隐间之中"为"曲房"之补足状语,疑未尽确。"间"应是名词,读平声,犹今言房间之"间"。"隐间",犹暗室、秘室。《鲁灵光殿赋》:"三间四表。"杜甫《茅屋为秋风所破歌》:"安得广厦千万间。"虽转为量词,实与此同义。

于是背秋涉冬。

按:背,违也。违,即离去也。"背秋涉冬",即"去秋"而"历冬"。下文"向虚壑兮背槁槐","背"亦离去之意。

使师堂操畅。("畅",五臣本作"张"。)

善注:"师堂,乐师也。《韩诗外传》曰:'孔子学鼓琴于师堂子京。'……《琴道》曰:'尧畅达则兼善天下,无不通畅。故谓之畅。'"

按:胡绍煐曰:"按,本书(即《文选》)《琴赋》'雅昶唐尧'注引《七略》:'雅畅第十七。'昶与畅同。《风俗通》:'凡琴曲和乐作者,命之曰畅。畅者,言其道畅美也。"陈旸《乐书》曰:'尧之《神人畅》,为和乐而作。'然则畅亦琴曲名。亦谓之张。《琴赋》'田连操张'是也。师堂即师襄,堂与襄古音通……"此可补善注之不详。

蚑蟜蝼蚁闻之,拄喙而不能前。

善注:"《周书》曰:'蚑行喙息。'《说文》曰:'蚑,行也。凡生类之行皆谓之蚑。'(按,王筠《说文句读》以'生'为'虫'字之误,是。)又曰:'蟜,虫也。'《方言》曰:'南楚或谓蛞为蝼。'《尔雅》曰:'蚁,蚍蜉也。"

按:依善注,则"蚑"为动词或状词,与下三虫名不相类。《尔雅·释虫》:"蠨蛸,长踦。"郭璞注:"小蜘蛛长脚者,俗呼为喜子。"《古今注》云:"长蚑,蠨蛸也。身小足长,故谓长蚑。"长蚑,即长踦,则蚑可引申为虫名,即蟢蛛是也。《五臣注》吕延济曰:"蚑、蟜、蝼、蚁,皆小虫名也。"是。

犓牛之腴。

善注:"《说文》曰:'犓,以刍莝养国牛也。'《国语》曰:'犓豢几何。'犓或为犕,未详。《说文》曰:'腴,腹下肥者。'"

按:胡绍煐曰:"按,犓,少牛也。牛之少者谓之犓,犹鸟之少者谓之雏。"是。

冒以山肤。

善注:"山肤,未详。"

按:方以智《通雅》、张云璈《选学胶言》,皆以"山肤"为石耳,俟考。

薄耆之炙。

善注:"薄耆,未详。一曰,薄切兽耆之肉而以为炙也。"

按:善注引"一曰"说近是。耆,脊背。字或作鳍、鬐、胝。朱珔、胡绍煐皆有考证。

钟岱之牡。

善注:"《汉书》曰:'赵地:钟、岱、石北,迫近胡寇。'如淳曰:'钟所在未闻。石,山险之限,在上党曲阳。'《吕氏春秋》曰:'代,故马郡。'"

按:钱坫《新斠注汉书地理志》:"钟,钟山,亦曰阴山也。在今榆林府城北鄂尔都斯界黄河北岸。"其地在今陕西省长城外河套地带,属内蒙古自治区伊克昭盟。胡绍煐曰:"依注,则正文'岱'当作'代'。"是。

前似飞鸟。

善注:"黄子曰:'骏马有晨风、黄鹄,皆取鸟名马。言走疾若飞也。"

按:"飞鸟",应作"飞凫",善注误。《齐民要术》卷六"养牛马驴骡"条内有云:"飞凫见者怒。"原注:"膂后筋也。"又:"双凫欲大而上。"原注:"双凫,胸两边肉如凫。”则“飞凫”是骏马特征之一，即以为骏马之称。与下“駏虚”为对文。参阅林茂春《文选补注》。

既登景夷之台，南望荆山，北望汝海，左江右湖，其乐无有。

善注：“景夷，台名也。孔安国《尚书传》曰：‘荆山，在荆州。’郭璞《山海经注》曰：‘汝水，出鲁阳山东北，入淮、海。’汝称海，大言之也。《战国策》：‘鲁君曰：楚王登京台，南望猎山，左江右湖，其乐之忘死。’无有，天下无有。”

按：近人王文濡《古文辞类纂音注》以为京台即景夷台，在今湖北省监利县北。又曰：“荆山，疑即猎山，当在湖南华容县境；若荆山，则在湖北南漳县西，不得云南望也。”录以俟考。张凤翼曰：“无有，言无有过之者。”似较善注为醒豁。

比物属事，离辞连类。

善注：“《礼记》：‘孔子曰：属辞比事，《春秋》教也。’韩子曰：‘多言繁称，连类比物也。”

按：善注未释“离”字。《五臣注》李周翰曰：“比象其物而属文章，离别辞句以类相次。”殊含混不明。《易·序卦》《传》：“离者，丽也。”又《兑》象曰：“丽泽，兑，君子以朋友讲习。”王弼注：“丽犹连也。”此二句，比、属、离、连四字同义，物、事、辞、类四字义亦相近。意谓比附连缀事物之名称与种类，加以归纳排列耳。

溷章白鹭，孔鸟鹎鹊。（“鸟”，五臣本作“雀”。）

善注：“溷章，鸟名，未详。”

按：“溷章”，谓毛色不一之鸟也，故与“白鹭”为对文。鹎鹊二字相连，疑亦一种鸟名。张衡《西京赋》：“駕鹅鸿鹎。”谓駕鹅与鸿鹎为二名也。《说文》：“鸿，鹄也。”则“鸿鹎”即此文之“鹎鹄”，故孔雀与鹎鹄亦当为二名。

螭龙德牧。

善注：“螭龙德牧，并鸟形，未详。”

按：《五臣注》吕向曰：“螭，雌龙也。凤背上文曰牧，腹下文曰德。”胡绍煐曰：“向以螭为龙，与鸟非类。其云‘背上文曰牧，腹下文曰德’，亦有误。今即其说而详证之。《中山经》：‘五采而文，名曰凤皇，首文曰德。’《海内经》：‘凤皇首文曰德。’皆其义。而‘腹文曰牧’，仍无可考。惟《释畜》：‘黑腹，牧。’言牛之腹文为牧也。张揖《汉书·司马相如传》注：‘螭，雌龙也。’螭为雌，则龙为雄矣。此借螭龙言之，‘螭龙’，犹言雌雄耳。然则‘螭龙德牧’，谓鸟雌雄首腹之有文者，如上云‘翠鬣紫缨’也。枚叔好奇，故假以称焉，未可知也。”今按：胡考“德”“牧”之解，所言甚精；而以

"螭龙"为鸟之雌雄,则别无佐证以征其必信,姑录以俟考。

淑漻蔫蓼。

善注:"言水清净之处,生蔫、蓼二草也……《字书》曰:'蔫,菸草也。'……毛苌《诗传》:'蓼,水草也。'"

按:王念孙曰:"李说非也。寂漻蔫蓼,四字皆叠韵,谓草貌也。既言寂漻而又言蔫蓼者,文重词复以形容之,若《风赋》之'被丽披离',《子虚赋》之'罢池陂陀',《上林赋》之'崴磈嵔廆'、'偨池茈虒'矣。"胡绍煐曰:"《尔雅》:'焄,蒙覆也。'《方言》作'蔫',同。蓼,亦作蓼。王伯厚《诗考》:《东山》'烝在蓼薪',《释文》引《韩诗》:'蓼,聚薪貌。'淑漻,犹蔫蓼,并谓草木之状。故下文云'蔓草芳苓'。"其说是也。

蔓草芳苓。

善注:"苓,古莲字也。"

按:胡绍煐引《汉书·扬雄传》"飏烨烨之芳苓"句颜师古注,以"芳苓"为草而非莲。又引傅毅《七激》:"陟景山兮采芳苓。"且曰:"若是莲,不云陟景山矣。益证芳苓确是草名。"清人则多谓苓是卷耳,仍俟后考。

众芳芬郁,乱于五风。

善注:"五风,异色也。"

按:"五风",善以为异色,而胡绍煐则谓为五音。上文"众芳芬郁",明谓草木之香气浓郁,则"风"非指声与色可知。《五臣注》李周翰曰:"五风,宫商角徵羽之风也。"盖谓来自五方之风,说近是。《太平御览》卷七零一引桓谭《新论》:"五声各从其方。春角,夏徵,秋商,冬羽,宫居中央而兼四季。"(《礼记·月令》与此说同,惟以宫为夏秋之际。)孔颖达《毛诗正义》:"五声之配五方也,于月令:角东,商西,徵南,羽北,宫在中央。"是五方之风,犹言四时之风矣。

滋味杂陈,肴糅错该。

善注:"王逸《楚词注》曰:'该,备也。'"

按:《说文》:"味,滋味也。"又曰:"滋,益也。"段玉裁曰:"滋,言多也。"益,亦多也。张衡《思玄赋》:"滋令德于中正兮。"李善引旧注:"滋,繁也。"然则"滋味"者,众味也,多种味也。《一切经音义》卷四引《通俗文》:"肴杂曰糅。"则知"肴糅"二字应相连为一词,与上"滋味"为对文。古人词序每不甚严,故"滋味"可与"肴糅"相偶,不必作"糅肴"也(如《楚辞·九歌》:"蕙肴蒸兮兰藉,奠桂酒兮椒浆。""蒸"宜置句首而与"奠"相偶。此类尚多,参看范晞文《对床夜语》卷一)。下"杂陈"与"错该”亦为对文。《五臣注》张铣曰：“糅错，皆杂也。”以糅、错为同义相连，甚误。

练色娱目，流声悦耳。

善注：“《埤苍》曰：‘练，择也。’《尔雅》曰：‘流，择也。’”

按：段玉裁曰：“湅缯汰诸水中，如汰米然，《考工记》所谓‘湅帛’也。已湅之帛曰‘練’，引申为精简之称。”“練色”，盖谓经过精选之色彩，善注殊未详尽。又，《管子·宙合》：“君失音则风律必流。”《荀子·强国》：“其声乐不流汙。”《礼记·乐记》：“流辟邪散狄成涤滥之音作，而民淫乱。”又：“使其声足乐而不流。”流者，盖指流荡淫靡之音。然则“流声”指悦耳入时之乐，李善注非是。

于是乃发激楚之结风。

善注：“文颖《上林赋》注曰：‘……结风，回风，亦急风也。楚地风气既漂疾，然歌乐者犹复依激结之急风为节，其乐促迅哀切也。”

按：《招魂》：“激楚之结，独秀先些。”与此文正同。高步瀛《文选李注义疏》卷八据《淮南子》高诱注与吴汝纶说，解“结风”为歌曲结尾之余声，是。文颖说非也。

使先施、徵舒、阳文、段干、吴娃、闾娵、傅予之徒。

善注：“皆美女也。先施，即西施也……徵舒、段干、傅予，皆未详。一曰，《左氏传》曰：‘楚庄王欲纳夏姬，申公巫臣曰：不可，今纳夏姬，贪其色也。’《史记》曰：‘夏姬，徵舒母也。’《淮南子》曰：‘不待脂粉，西施、阳文也。’许慎曰：‘阳文，楚之好人也。’”

按：徵舒非夏姬，阳文亦不必为美女。张云璈曰：“按，徵舒乃夏姬之子，不得即以夏姬为徵舒。”又曰：“（阳文）但曰好人，亦未见即是美女。故刘孝标《辨命论》云：‘阳文之与敦洽。’《注》：‘陈有恶人曰敦洽。’以好恶为对耳。”故其结论曰：“窃谓此七人中，必是杂举男女之美者，以侈陈游宴之乐，淳于髡所谓‘男女杂坐’是也。《注》概以为美女，殊混。”

杂裾垂髾。

按：“杂裾”，善未注。《礼记·玉藻》郑玄注：“杂，犹饰也。”又“杂”同“褋”。《说文》：“褋，五彩相合。”此盖指女子衣裾呈五彩之饰也。

揄流波，杂杜若；蒙清尘，被兰泽。

善注：“言引流波以自洁，杂杜若以为芳。”又：“《神女赋》：‘沐兰泽，含若芳。’”

按：《五臣注》张铣曰：“谓目之光若引水之波；杜若，香草也，其衣之香与此相杂。”又曰：“望其气如蒙覆清尘，览其发如被沐兰泽也。兰泽，以兰渍膏者也。”铣释

"揄流波"句是也，而释"蒙清尘"则迂曲而穿凿。盖"揄流波"、"蒙清尘"指其态，"杂杜若""被兰泽"指其衣发之香。"蒙清尘"，犹言承下尘，谓女子俯伏承人足下之尘，即居下风受驱遣之意也。此正承上文"杂裾垂髾，目窕心与"而言。"揄流波"，目窕也。"蒙清尘"，心与也。

嬿服而御。

善注："《尚书大传》曰：古者后夫人至于房中，释朝服，袭嬿服，入御于君也。"

按："嬿"，同"燕"。燕居为闲居，燕服则为闲居之服，犹今言便服。读《尚书大传》以"朝服"与"嬿服"为对文可知。惟是女子所服，故字从"女"耳。

驯骐骥之马。

善注："《广雅》曰：'驯，扰也。'"

按："扰"，应作"犪"（音与擾同）。《广雅·释言》："驯，犪也。"又《释诂一》："犪、驯，善也。"《释诂四》。"犪，柔也。"王念孙《疏证》："犪、驯者，《说文》：'犪，牛柔谨也。''驯，马顺也。'《玉篇》'犪'字注云：'《尚书》犪而毅字如此。'《周官·大宰》'以擾万民'郑注云：'擾，犹驯也。'擾，与犪通。《大雅·烝民篇》：'柔嘉维则。'柔与犪亦声近义同。故《史纪·夏纪》'擾而毅'《集解》引徐广《音义》云：'擾，亦作柔。'犪，各本讹作犪，今订正。"段玉裁《说文解字注》释"犪"字曰："按，凡驯扰字当作此。"今按此字本应作"犪"，隶书简化作"犪"，后又讹作"扰"，遂与扰乱字相混。即《周礼》"以擾万民"之"擾"，亦应从"牛"也。善注此文，宜用《说文》"驯，马顺也"之说，当较引《广雅》为切。

乘牡骏之乘。

按：善于此句无解。王念孙曰："牡，当为壮。《尔雅》曰：'骏，壮大也。'又曰：'奘，驵也。'《方言》曰：'奘，大也。秦晋之间，凡人之大谓之奘，或谓之壮。'《说文》曰：'壮，大也。''奘，驵大也。''驵，壮也。'《楚辞·九叹》：'同驽赢与乘驵兮。'王注曰：'乘驵，骏马也。'《魏都赋》曰：'冀马填厩而驵骏。'然则壮、奘、驵、骏四字，名异而实同。壮骏，即驵骏也。作'牡'者字之误耳。"朱珔曰。"……壮、牡形相似，牡与骏不相称，作'壮'是也……但马不独贵其大，当从《广雅》'壮，健也'之训。壮言其健，骏言其迅也。"两说皆是，朱说尤允。

掩青蘋，游清风。（"游"，五臣本作"遡"。）

善注："《方言》曰：'奄，息也。'……张揖《子虚赋》注曰：'青蘋，似莎而大。'"

按：《五臣注》张铣曰："掩，蔽也。"下文"掩蘋肆若"句善注亦曰："张揖《上林赋》注曰:‘掩,覆也。’”则此处亦应作“覆蔽”解。又,“蘋”,应作“薠”。蘋,即萍,盖水生之物;薠,则陆生之草也。下文“掩蘋肆若,为牧人席”,“蘋”亦应作“薠”。盖展席覆青薠之上耳。若水中之萍,则无从而掩之。“游”作“溯”,是。说见梁章钜《文选旁证》。溯,向也。

穷相御之智巧。

善注:“《文子》曰:‘无相御之劳而致千里也。’”

按:《尔雅·释诂》:“相,道也。”何晏《论语集解》引马融曰:“相,导也。”盖指向导之人。《五臣注》吕向以为是相马者,疑误。

鱼跨麋角。

善注:“鱼跨,跨度鱼也。麋角,执麋之角也。”

按:《五臣注》李周翰曰:“鱼跨,谓入于水。麋角,谓投其角而杀之。”胡绍煐曰:“麋角,犹云角麋,文特倒言以协韵耳。角麋,谓遮截而束缚之也。角与捔通。《广雅》曰:‘捔,掎也。’《豳风·七月》:‘猗彼女桑。’《传》云:‘角而束之曰倚。’《左传·襄公二十四年》:“晋人角之,诸戎掎之。’是角、捔通矣。鱼言跨,麋言角,并捕取之名。角非头角,跨亦非两股间跨也。”释“麋角”近是,“鱼跨”则惟有阙疑。

然阳气见于眉宇之间,侵淫而上,几满大宅。

善注:“《周书》曰:‘民有五气,喜气内蓄,虽欲隐之,阳喜必见。’大宅,未详。”

按:《五臣注》刘良曰:“阳气,喜色也。眉宇,眉额间也。侵淫,渐进貌。几,近也。大宅,谓面也。”以大宅为面,是。孙志祖《文选李善补注》以“大宅”为天地,甚误。余萧客《文选音义》:“以眉目口之所居,故为宅。”面之有眉,犹宅之有宇。《淮南子》高诱注:“宇,屋檐也。”称“眉宇”者,以宅喻面故也。

为牧人席。

按:《五臣注》张铣曰:“《周礼》有牧人职。”《周礼·地官》:“牧人掌牧六牲而阜蕃其物,以共(供)祭祀之牲牷。”此疑泛指牧官。

涌触并起。(“触”,五臣本作“觞”。)

按:作“觞”是也。涌觞,谓酒满觞。并起之“起”,即《醉翁亭记》“坐起而喧哗”之“起”。

诚必不悔,决绝以诺。

善注:“言游猎欢宴,忠诚为之,必不有悔;事之决绝,但以一诺,不俟再三。”

按:王念孙曰:“诚必不悔,以‘诚必’二字连读,非以‘必不悔’三字连读。‘诚必'与'决绝',相对为文。《管子·九守篇》曰:'用赏者贵诚,用刑者贵必。'《吕氏春秋·论威篇》曰:'又况乎万乘之国而有所诚必乎!'《贾子·道术篇》曰:'伏义诚必谓之节。'皆其证也。决绝以诺,'以'与'已'通';言或已或诺,俱决绝而无犹豫也。(原注:《表记》:'君子与其有诺责也,宁有已怨。'郑注曰:'已,谓不许也。'《逸周书·官人篇》曰:'已诺无决。')李注皆误。"其说是。

并往观涛乎广陵之曲江。

善注:"《汉书》:广陵国属吴也。"

按:善注未确言其地所在。汪中《述学》有《广陵曲江证》,以广陵为扬州,谓曲江即在扬州城外,极精确可信。或以下文有"伍子之山"、"胥母之场"而疑此广陵为钱塘,曲江即浙江者,汪氏已辨之。盖凡有江涛处往往庙食子胥也。文繁故不录。《文选旁证》引俞思谦说,可互参。

临朱汜而远逝兮。

善注:"朱汜,盖地名。未详。"

按:《五臣注》刘良曰:"朱汜,南方水涯也。"

莫离散而发曙兮。

善注:"莫离散,谓精神不离散也。发曙,发夕至曙也。《说文》曰:'曙,旦明也。'"

按:姚鼐曰:"暮离散者,晚潮去也。发曙者,早潮来也。"(说见《古文辞类纂》。)是读"莫"为"暮"也。梁章钜说同。胡绍煐曰:"'莫'对'发曙'言,不当解为'不'。"是。

揄弃恬怠。

按:"揄",撱、隓之假借字,即"堕"字,与"弃"字义同。见吕锦文《文选古字通补训》。

纯驰浩蜺。

善注:"贾逵《国语注》曰:'纯,专也。'浩蜺,即素蜺也。波涛之势,若素蜺而驰,言其长也。"

按:善注非是。胡绍煐曰:"纯,读如屯。《召南·野有死麕》:'白茅纯束。'郑《笺》:'纯,读如屯。'是纯、屯古通。屯驰,谓或屯或驰,犹下言'先后'耳。蜺,高也。本书《西京赋》:'直墆蜺以高居。'《鲁灵光殿赋》:'白鹿孑蜺于欂栌。'并以'蜺'为高。浩蜺,平列字,并高大之貌。言涛之屯驰高大也。"浩,大也。蜺,高也。胡说是。

莘莘将将。

善注："莘莘，多貌也。或为萃。"

按：作"萃"非是。胡绍煐曰："莘，与辨同。从多，辛声。《广雅》：'辨，多也。'《庄子·徐无鬼》：'祸之长兹莘。'亦假莘为辨。《释文》引李注：'辨，多也。'"可补善注之所未详。

初发乎或围之津，涯(荄)轸谷分。

善注："或围，盖地名也。言涯如转而谷似裂也。一曰，涯如草转也。《方言》曰：'荄，根也。'……一本无'荄'字。许慎《淮南子注》曰：'轸，转也。'"

按："荄"是衍文，当在"津"字断句。梁章钜、胡绍煐皆主此说。"或围"，胡绍煐曰："地名，今无所考。'或'盖古文'域'。'域''围'二字义贯。《诗》'九围'即'九域'也。疑此与下'藉藉之口'皆属寓言，非实有地理可考也。"其说近是。"域围之津"，疑指地平线，古所谓"天际"是也。盖潮发自远方，如来自大地之周边也。

回翔青篾，衔枚檀桓。

善注："青篾、檀桓，盖并地名也。"

按：善注非是。胡绍煐曰："此言涛之初发，如车之回翔，如马之檀桓。青篾，车名。《宋书·明帝纪》：'大妃乘青篾车。'篾，覆笭也。《秦风·小戎》《传》：幭，覆式(轼)也。'以青为篾谓之青篾，以素为篾谓之素篾，《礼记·曲礼》'素簚'是也。簚、幭、篾三字并同。檀桓，犹盘桓，回旋之貌。字亦作'澶湲'。"依胡氏说，似以"衔枚"为马之代称。善注："衔枚，水无声也。"是指江涛初发时但见其如车之回翔、马之盘桓而不闻其声也。

弭节伍子之山，通厉胥母之场。

按：汪中《广陵曲江证》于此二句有详考，兹不赘。《文选旁证》引俞思谦说："伍子之山，胥母之场，皆在今苏州境内。文人兴到，推广言之，不必泥也。"其说是也。盖文学初不同于历史，不宜胶柱以求耳。

凌赤岸，篲扶桑。

善注："赤岸，盖地名也。曹子建表曰：'南至赤岸。'山谦之《南徐州记》曰：'京江，《禹贡》北江。春秋分朔，辄有大涛至江，乘北，激赤岸，尤更迅猛。'然并以赤岸在广陵。而此文势似在远方，非广陵也。《说文》曰：'篲，扫竹也。'"

按：汪中、胡绍煐皆谓赤岸在广陵，汪氏且据郭璞《江赋》，以"扶桑"为"柴桑"之误，似病穿凿。以"扶桑"句证之，善注为近是。盖广陵与柴桑实无关涉。疑"赤岸"亦神话中地名如扶桑、旸谷之类。言波涛汹涌，来自远方，以见其势之浩瀚无涯。

又,王念孙曰:"训'篲'为扫竹,则与'扶桑'二字义不相属,且与上句'凌'字不对矣。今案,篲者,扫也。言涛势之大,凌赤岸而扫扶桑也。"

合战于藉藉之口。

善注:"藉藉,盖地名也。"

按:"藉藉之口",非实有其地,已见前引胡绍煐说。此盖以口舌之口,双关为港口、津口耳。

决胜乃罢。

善注:"合战决胜,而后乃罢。"

按:"决胜"亦意含双关。决,溢也。张凤翼曰:"胜者,谓莫之能御也。"

于是太子据几而起曰。

按:王文濡《古文辞类纂音注》引吴闿生曰:"此'曰'字当是衍文,删去之,文乃可读。"是。

霍然病已。

善注:"霍,疾貌也。"

按:胡绍煐曰:"按:霍,解散之貌。《荀子·议兵篇》:'霍然离耳。'杨注:'霍然,犹涣然也。'《尔雅·释训》舍人注:'释释,犹霍霍,解散之意。'是霍为解散也。"予初误以善注"疾貌"为疾病之貌,其实善乃谓迅疾之貌也。近人李次籛氏曰:"按,疾,急也。疾、急、激,三声同。假疾为急、激,古书常见。善注疾貌,谓急貌耳。……'霍然病已',亦言病愈之速。犹后世言其病顿愈也。"(见《文史》第四辑:《〈文史〉二辑志疑》,中华书局1965年出版。)其言是也。《广雅·释诂一》:"疾,急也。"《诗·召旻》"昊天疾威"句郑玄《笺》:"疾,犹急也。"韦昭《国语解》:"疾,速也。"皆"疾"训急、速之证。曩以善注为非是,实误。惟"疾""急"虽同为入声,而所收韵尾不同。"疾"在质韵,秦息切,属从纽,为浊声字;"急"在缉韵,居立切,属见纽,为清声字。恐非同声假借耳,

附记一

曩读高步瀛氏《文选李注义疏》,服其谨严该博,而惜其未竟全功。有志为续书,苦学殖荒落,且无暇及之。1957年,为北京大学中文系编注《两汉文学史参考资料》,乃于注《七发》之前先为长编,因成此稿。虽不无一得之愚,实读书札记类耳,

故厕之于《丛札》,以就正于方家。1962 年 9 月改订后记。

附记二

此文尝略加删削,发表于《文史》第二辑(1963 年 4 月中华书局出版)。承读者李次钱先生于“霍然病已”条纠其谬误,因采其说以订之,并志谢忱。1965 年 9 月重校后记。

邓广铭《稼轩词编年笺注》(卷一)摭遗

1962年冬日,邓广铭(恭三)先生《稼轩词编年笺注》再版问世,承先生惠赠一编,披览之余,间有所识,随手书之眉端,初拟通读一过,以所摭拾之绪余,呈教于先生。仅成一卷而因事中辍。“文化大革命”起,更不遑及此。十余年来,诸务纷集,无复读书之暇。而先生此编已重版二次,续有增补,亦无烦区区为之锱铢补缀矣。姑厕此未竟之稿于《丛札》,庶几乞正于世之通人,亦所以报恭三先生见爱之深也。1978年夏初题记。

卷一　江淮两湖之什

水调歌头(寿赵漕介庵)

教看鬓方鸦。

按:《西洲曲》:“双鬓鸦雏色。”

要挽银河仙浪,西北洗胡沙。

按:邓注引杜甫《洗兵马》,是。又,李白《永王东巡歌》之二:“为君谈笑静胡沙。”

回首日边去,云里认飞车。

邓注:“日边,喻朝廷。”是。本卷《满江红》(建康史帅致道席上赋):“看尊前飞下,日边消息。”正与此同义。按“日边”语见《晋书·明帝纪》及《世说新语·夙惠》,所谓“不闻人从日边来”是也。李白《永王东巡歌》之十一:“南风一扫胡尘静,西入长安到日边。”杜甫《览镜呈柏中丞》:“渭水流关内,终南在日边。”“日边”双关,既指西北方,又指朝廷所在。辛词盖用太白诗意,并上文且兼用其上句也。

又按:“飞车”,邓注引《帝王世纪》:“奇肱氏能为飞车,从风远行。”检宋翔凤辑本《帝王世纪》,无此条,仅苏轼《金山妙高台》诗王十朋注引赵次公之说云然。盖赵氏误记。《太平御览》卷九引《括地图》:"奇肱民能为飞车,从风远行。汤时,西风吹其车,至于豫州。汤破其车,不以示民。十年,西风至(《博物志》卷八作"东风至",是),乃复作车遣赐之。(其国)去玉门四万里。"又见《博物志》卷八及《金楼子·志怪篇》,邓注宜改引。

浣溪沙(赠子文侍人,名笑笑)

不妨开口笑时频。

按:《庄子·盗跖》:"上寿百岁,中寿八十,下寿六十。除病瘐死伤忧患,其中开口而笑者,一月之中,不过四五日而已矣。"辛正本此而反用之,言笑口宜常开也。又杜牧《九日齐山登高》:"尘世难逢开口笑。"

有人一笑座生春。

邓注引韩愈诗:"金钗半醉座生春。"按:韩愈《酒中留上襄阳李相公》:"金钗半堕座添春。""添"不作"生"。辛词或本此。

歌欲颦时还浅笑,醉逢笑处却轻颦。宜颦宜笑越精神。

按:古人"颦"、"笑"往往对举。《韩非子·内储说上·七术》:"(韩)昭侯曰:'……吾闻明主之爱,一嚬一笑。嚬有为嚬,而笑有为笑。'""嚬"与"颦"同,指眉蹙。王筠《五日望采拾》:"含娇起斜盼,敛笑动微嚬。"欧阳修(一作黄庭坚)《诉衷情》(眉意):"拟歌先敛,欲笑还颦,最断人肠。"

满江红(建康史帅致道席上赋)

袖里珍奇光五色,他年要补天西北。

邓注引苏轼诗:"我携此石归,袖中有东海。"按:此诗题为《文登蓬莱阁下石壁千丈,为海浪所战,时有碎裂,淘洒(洗)岁久,皆圆熟可爱,土人谓此弹子涡也,取数百枚,以养石菖蒲,且作诗遗垂慈堂老人》,邓注失引。"携",应作"持"。

金缕唱。

邓注引杜牧《杜秋娘诗》:"劝君莫惜金缕衣,劝君惜取少年时。"按:此杜秋娘为李锜妾时,锜所歌曲辞之首二句,见牧《杜秋娘诗》自注,非出于牧诗也。而《杜秋娘诗》有云:"秋持玉斝醉,与唱金缕衣。"乃与此词是句相应耳。

念奴娇(登建康赏心亭,呈史留守致道。)

上危楼赢得闲愁千斛。

按:“危楼”语出《水经注》。此疑用李商隐《北楼》:“此楼堪北望,轻命倚危阑。”

又按:“闲愁千斛”,盖脱胎于庾信《愁赋》佚句:“谁知一寸心,乃有万斛愁。”见《海录碎事》卷九下“愁乐门”引。又,苏轼《和沈立之留别》诗,王十朋注引赵次公曰:“庾信《愁赋》:‘岂将一寸心,能容万斛愁。’”文字小有异同。徐俯《念奴娇》:“对影三人聊痛饮,一洗闲愁千斛。”

陇上吹乔木。

按:“乔木”用《孟子·梁惠王下》“所谓故国者,非谓有乔木之谓也”语意,即以喻故国。杜甫《向夕》:“乔木易高风。”欧阳修《阮郎归》:“情似旧,赏休迟,看看陇上吹。”

宝镜难寻。

按:唐人小说屡言宝镜,如《王度古镜记》、《龙城录》等。此疑用李浚《松窗杂录》,兹引录如下:“卫公(李德裕)长庆中在浙右,会有渔人于秦淮垂机网,下深处,忽觉力举异于当(常?)时,及敛,就水次,卒不获一鳞。忽得古铜镜,可尺余,光浮于波际。渔人惊,取照之,历历尽见五藏(脏)六府(腑),萦脉动,竦骇神魄。因腕战而堕。渔人偶话于舍旁,遂乃闻之于公。尽周岁,万计穷索水底,终不复得。”秦淮在建康,此用当地事为典故也。

碧云将暮。

按:江淹《拟休上人〈怨别〉诗》:“日暮碧云合,佳人殊未来。”此虽用江诗上句,言时不我与,实兼下句“佳人未来”意。盖上句言宝物固难求,此则言知己尤难遇也。又,柳永《洞仙歌》:“伫立对、碧云将暮。”

谁劝杯中绿。

按:王僧孺《在王晋安酒席数韵》(一本题作《咏姬人》):“何因送款款,半饮杯中醁。”杜甫《醉为马所坠诸公携酒相看》:“共指西日不相贷,喧呼且覆杯中渌。”“醁”,醽醁,酒也。《玉篇》作“醽渌”,是“渌”与“醁”同音通用。而“渌”又与“绿”通。如《北史·于仲文传》:“至鸭渌水。”即今鸭绿江也。辛此句盖用杜诗,上“碧云”句亦暗括杜“西日不相贷”意。

千秋岁(金陵寿史帅致道,时有版筑役)

塞垣秋草,又报平安好。

按:此词全用北宋蔡挺《喜迁莺》词意。王明清《挥麈余话》卷一云:“熙宁中,蔡敏肃挺以枢密直学士帅平凉,初冬置酒郡斋,偶成《喜迁莺》一阕:‘霜天清晓。望紫塞古垒,寒云衰草。汗马嘶风,边鸿翻月,垅(陇)上铁衣寒早。剑歌骑曲悲壮,尽道君恩难报。塞垣乐,尽双鞬锦带,山西年少。　谈笑。刁斗静,烽烟一把,常送平安耗。圣主忧边,威灵遐布,骄虏且宽天讨。岁华向晚愁思,谁念玉关人老?太平也,且欢娱,不惜金尊频倒。’……会赐衣袄中使至,……得其本以归,达于禁中。宫女辈但见‘太平也’三字,争相传授,歌声遍掖庭,遂彻于宸听。乃知敏肃所制。裕陵即索纸批出云:‘玉关人老,朕甚念之。枢管有阙,留以待汝。’以赐敏肃。未几,遂拜枢密副使。”此二句,即檃括篇首至“常送平安耗”句意也。

尊俎上,英雄表。

按:《晏子春秋·内篇杂上》:“夫不出于尊俎之间,而折冲千里之外,其晏子之谓也。”(引文据王念孙、刘师培说校改。)此连上下文,谓史致道能决胜算于尊俎之间也。本卷《八声甘州》(寿建康帅胡长文给事):“只用平时尊俎,弹压万貔貅。”亦用此。“平时”,谓太平时也。

金汤生气象。

按:“金汤”,谓金城汤池,语见《汉书·蒯通传》。《水经注·河水二》引薛瓒《汉书注》,则以为出于《墨子》。

珠玉霏谈笑。

按:邓注引李白《妾薄命》诗,是。然东汉赵壹《疾邪诗》之二:“咳唾自成珠。”实李诗所本也。

梅花得似人难老。

按:此盖宋人多以梅比仙人萼绿华,故云。见范成大《梅谱》。本卷《感皇恩》(寿范倅)“人难老”句,邓注引《诗·鲁颂·泮水》:“永锡难老。”应移注至此。

莫惜金尊倒,凤诏看看到。

按:上句盖用蔡挺词篇末之意,下句则以蔡事拟史致道,言不日亦将有诏召史回朝秉枢政也。

又按:曹唐《长安客舍怀邵陵旧宴寄永州萧使君》之二:“五夜清歌敌玉树,三年洪饮倒金尊。”欧阳修《渔家傲》:“丛边莫厌金尊倒。”

江东小。

按:《史记·项羽本纪》:“江东虽小,……亦足王也。”(此条邓注重版时已补入。)此盖借用其意,誉史致道帅江东为屈材。

又按:《古今小说·众名姬千秋吊柳七》载《千秋岁》一阕,托名柳永为吕夷简作,实就辛此词点窜而成。今附录如下:“泰阶平了,又见三台耀。烽火静,欃枪扫。朝堂耆硕辅,尊俎英雄表。福无艾,山河带砺人难老。渭水当年钓,晚应飞熊兆。同一吕,今偏早。乌纱头未白,笑把金尊倒。人争羡,二十四遍中书考。”

满江红(题冷泉亭)

直节堂堂,看夹道冠缨拱立。

按:此以竹拟人。竹直而有节,故云“直节”。《广雅·释训》:“堂堂,容也。”本以状人之威仪,此以喻竹之挺秀。《汉书·萧望之传》:“望之堂堂,折而不桡。”辛正用此。“冠缨”,喻竹之枝叶。

渐翠谷,群仙东下,珮环声急。

按:《太平御览》卷九六二引王嘉《拾遗记》:“蓬山有浮云之簳,叶青茎紫,子大如珠,有青鸾集其上。……仙者来观戏焉。风吹竹折,声如钟磬之音。”(坊本《拾遗记》载在卷十“蓬莱山”条下。)辛盖以“群仙”“珮环”喻风来戛竹之声。谢朓《拟风赋》:“开翠帷之影蔼,响行珮之轻鸣。”唐王丘《咏史》。“松风鸣珮环。”亦以环珮之鸣喻风声。

琅玕湿。

按:“琅玕”指竹。杜甫《郑驸马宅宴洞中》:“留客夏簟清琅玕。”《九家集注杜诗》引赵彦材云:“琅玕,宝树名,美物也。故诗家多以比竹。”

醉舞且摇鸾凤影。

按:旧谓竹丛为鸾凤翔集之所,参看前引《拾遗记》。又顾野王《拂崖筱赋》:“既来仪于鸣凤,亦扰狎于翔鸾。”辛词盖谓在竹间起舞,故影摇鸾凤也。李白《月下独酌》:“我舞影零乱。”

浩歌莫遣鱼龙泣。

按:杜甫《自京赴奉先县咏怀五百字》:“取笑同学翁,浩歌弥激烈。”《荀子·劝学篇》:“瓠巴鼓瑟而流(游)鱼出听。”《列子·汤问篇》亦云:“瓠巴鼓琴而鸟舞鱼跃。”《太平御览》卷八十一引《乐动声仪》:“(箫韶)其为音如寒暑风雨之动物,如物之动人。雷动兽禽,风雨动鱼龙。……”故诗人每谓乐歌之声可以动鱼龙。如苏轼《宿建封寺晓登尽善亭望韶石三首》之一云:“君王自此西巡狩,再使鱼龙舞洞庭。”即谓黄帝张咸池之乐于洞庭之野,而鱼龙舞焉。辛则反言之,谓己虽发浩歌,然殊不欲惊动鱼龙使感泣耳。此又暗用杜甫《秋兴》之四“鱼龙寂寞秋江冷,故国平居有所思”句意。

恨此中,风物本吾家。

按:苏轼《腊梅一首赠赵景贶》:“此间风物属诗人。”

又(再用前韵)

照影溪梅,怅绝代佳人独立。

按:邓注引李延年歌首二句及杜甫《佳人》首句,本不误。然以梅拟美女,宋人已多用此种写法,如王安石《与微之同赋梅花得香字三首》之三云:“向人自有无言意,倾国天教抵死香。”即用李延年歌“一顾倾人城,再顾倾人国”语意,实开此词先河。“照影”,用林逋《山园小梅》之一:“疏影横斜水清浅。”又周邦彦《玉烛新》(梅花):“寿阳谩斗,终不似照水一枝清瘦。”又《花犯》(梅花):“但梦想一枝潇洒,黄昏斜照水。”皆可与此参看。

羽觞飞急。

按:《楚辞·招魂》:“瑶浆容勺,实羽觞些。”洪兴祖《楚辞补注》:“杯上缀羽,以速饮也。”李白《春夜宴桃李园序》“飞羽觞而醉月”句王琦注引左思《吴都赋》:“飞觞举白。”《五臣注文选》刘良曰:“飞觞,行觞疾如飞也。”又引成公绥《洛禊赋》:“列尊罍,飞羽觞。”

琴里新声风响珮。

邓注:“‘琴里’句谓善琴。”按:此言琴声如“风响珮”。苏轼《舟中听大人弹琴》:“风松瀑布已清绝,更爱玉珮鸣琅珰。”参看前引谢朓《拟风赋》、王丘《咏史》。

笔端醉墨鸦栖壁。

邓注引苏辙诗:“笔端大字鸦栖壁。”又云:“‘笔端’句谓善书。”按:以涂鸦喻书法,始于卢仝《示添丁》诗,所谓“闲来案上翻墨汁,涂抹诗书如老鸦”是也,然不谓善书也。辙诗诚辛词所本,而于“醉墨”则不尽切。苏舜钦《哭曼卿》:“壁上遗墨如栖鸦。”苏轼《次韵王巩南迁得归》之二云:“平生痛饮处,遗墨鸦栖壁。”皆在辙诗之前。石曼卿为酒人,轼诗则上句点明“痛饮”,正指“醉墨”而言,似宜兼入笺注。又,辙诗见《高邮别秦观三首》之二,邓注失引诗题。

是使君,文度旧知名。

按:《晋书·王坦之传》:“坦之,字文度。弱冠……有重名,时人谓之语曰:‘……江东独步王文度。’”李商隐《无题》:“出水旧知名。”

高欲卧,云还湿。

按:张旭《山中留客》:“纵使晴明无雨色,入云深处亦沾衣。”杜甫《游龙门奉先寺》:“天阙象纬逼,云卧衣裳冷。”

快晚风吹赠,满怀空碧。

按:《西洲曲》:“海水摇空绿。”空绿,犹空碧也。白居易《西湖晚归回望孤山寺赠诸客》:“烟波淡荡摇空碧。”苏轼《宿望湖楼再和》:“新月如佳人,出海初弄色。娟娟到湖上,潋潋摇空碧。”辛此词亦咏西湖夕景者,或用其意也。

宝马嘶归红旆动。

按:沈佺期《白莲花亭侍宴应制》:“朱旗夹小径,宝马驻清浔。”朱旗,犹此言红旆也。

龙团试水铜瓶泣。

邓注引苏轼诗:“唧唧铜瓶泣。”按:此见《岐亭五首》之一,邓注失引诗题。

念奴娇(西湖和人韵)

晚风吹雨,战新荷声乱,明珠苍璧。

按:前引白居易《西湖晚归》诗有云:“卢橘子低山雨重,棕榈叶战水风凉。”疑即此词“战”字用法所本。“新荷”,指荷叶。“明珠”,指叶上水滴。“苍璧”见《周礼·大宗伯》,此指绿叶圆如璧形。钱起《苏端林亭对酒喜雨》:“濯锦翻红蕊,跳珠乱碧荷。”而宋祁《蝶恋花》:“雨过蒲萄新涨绿,苍玉盘倾,堕碎珠千斛。”(见《全芳备祖》前集卷十一“荷花门”。)显为此词所本。邓注引文同诗“一望见荷花”云云,似未切。

飞鸟翻空,游鱼吹浪,惯趁笙歌席。

按:杜甫《城西陂泛舟》:“鱼吹细浪摇歌扇,燕蹴飞花落舞筵。”“笙歌”,语见《檀弓》。江淹《丽色赋》:“笙歌畹右,琴舞池东。”

看君一饮千石。

按:李白《江夏赠韦南陵冰》:“愁来饮酒二千石。”苏轼《岐亭五首》之四:“定应好事人,千石供李白。”

鹤随人去。

按:邓注据类书引《诗话总龟》林逋蓄鹤事。此宜引沈括《梦溪笔谈》卷十,以沈书在前也。

茅舍疏篱今在否。〔校〕《花庵词选》及《临安志》并作“竹篱”。

按:杜甫《陪郑广文游何将军山林十首》之四云:“旁舍连高竹,疏篱带晚花。”苏轼《山村五绝》之一:“竹篱茅屋趁豀斜。”

望湖楼下,水与云宽窄。

按:此犹言水与天同一宽窄也。疑自《六月二十七日望湖楼醉书五绝》之一“望湖楼下水如天”句化出。

醉中休问,断肠桃叶消息。

邓注引王献之《桃叶歌》,是。按:此盖隐指休问渡江消息也。

好事近(西湖)

冷浸一天寒玉。

按:李贺《江南弄》:“江上团团贴寒玉。”王琦注:“寒玉,喻月初上。”曾布妻魏氏《菩萨蛮》:“楼前溪水凝寒玉。”辛此词盖言水天一碧耳。

前弦后管夹歌钟。

按:《左传·襄公十一年》:“歌钟二肆。”孔颖达《正义》:“言‘歌钟’者,歌必先金奏,故钟以歌名之。《晋语》孔晁注云:‘歌钟,钟以节歌也。’”

新荷叶(和赵德庄韵)

人已归来,杜鹃欲劝谁归。

按:《本草纲目》卷四十九李时珍云:“蜀人见鹃而思杜宇,故呼杜鹃。……其鸣若曰‘不如归去’。”此盖古人旧说,唐宋诗词屡见,故辛词云尔。

翠屏幽梦,觉来水绕山围。

按:刘禹锡《金陵五题·石头城》:“山围故国周遭在,潮打空城寂寞回。”又,欧阳修《蝶恋花》:“枕畔屏山围碧浪。”苏轼《城南县尉水亭得长字》:“泽国山围里,孤城水影旁。”周邦彦《西河》(金陵):“山围故国绕清江。”

有酒重携,小园随意芳菲。

按:王维《山居秋暝》:“随意春芳歇。”韩愈《镇州初归》:“还有小园桃李在,留花不发待郎归。”王安石《暮春》:“春期行晼晚,春意剩芳菲。”

又按:周邦彦《琐窗寒》:“想东园,桃李自春,小唇秀靥今在否?到归时,定有残英,待客携尊俎。”可与此参看。

春风半面。

按:杜甫《咏怀古迹》之三咏昭君云:“画图省识春风面。”下文言“记当年初识崔徽”,正指从写真中识之,此用杜诗无疑。

又按:《南史·后妃传》,梁元帝徐妃作“半面妆”。白居易《琵琶行》:“犹抱琵琶半遮面。”苏轼《宋叔达家听琵琶》:“半面犹遮凤尾槽。”辛此处盖借用字面耳。

南云雁少,锦书无个因依。

按:牛峤《女冠子》:“锦字书封了,银河雁过迟。”晏几道《六幺令》:“还是南云雁少,锦字无端的。”又:此意辛词中屡见。

又按:“锦书”用前秦窦滔妻苏蕙以锦织回文诗图寄滔事,见《晋书·列女传》,亦诗词习用典故。

又(再和前韵)

春色如愁,行云带雨才归。

按:秦观《浣溪沙》:“无边丝雨细如愁。”又,冯延巳《鹊踏枝》:“几日行云何处去?忘了归来,不道春将暮。”辛盖兼用之。

春意长闲。

按:李煜《阮郎归》(呈郑王十二弟):“春来长是闲。”

游丝尽日低飞。

按:庾信《春赋》:“数尺游丝即横路。”“低飞”,即横路意。杜甫《题省中院壁》:“落花游丝白日静。”此词上句言“春意长闲”,亦隐用杜诗“白日静”意。

闲愁几许。

按:晏几道《西江月》:“试问闲愁有几。”贺铸《青玉案》:“若问闲情都几许。”罗大经《鹤林玉露》卷七引作“试问闲愁都几许”。

棋声似解重围。

按:此指围棋,故云。梁武帝《围棋赋》:“落重围而技穷。”此或反用之耳。

知音弦断,笑渊明空抚余徽。

按:邓注引《晋书·陶潜传》“蓄素琴一张,弦徽不具,每朋酒之会,则抚而和之”云云,是;而与上句不尽切合。“弦断”盖用伯牙、子期事,见《吕氏春秋·本味》,所谓“钟子期死,伯牙破琴绝弦,终身不复鼓琴”是也。黄庭坚《登快阁》:“朱弦已为佳人绝。”岳飞《小重山》:“知音少,弦断有谁听。”皆可与此参看。辛盖谓知音既绝,琴弦已断,但能效渊明无弦之琴,故用自笑耳。

声声慢(滁州旅次登奠枕楼作,和李清宇韵)

指点檐牙高处,浪涌云浮。

按:杜牧《阿房宫赋》:“檐牙高啄。”《文选·古诗十九首》之五:“西北有高楼,上与浮云齐。”

今年太平万里,罢长淮,千骑临秋。

按:此盖指宋、金和议已成,南师悉自淮河沿岸撤退也。

凭栏望,有东南佳气,西北神州。

按:《论衡·吉验篇》:“王莽时,谒者苏伯阿能望气,使过春陵,城郭郁郁葱葱(《后汉书·光武纪论》:‘望气者苏伯阿,为王莽使至南阳,遥望见春陵郭,唶曰:气佳哉!郁郁葱葱然。’)及光武到河北,与伯阿见,问曰:‘卿前过春陵,何用知其气佳也?’伯阿对曰:‘见其郁郁葱葱耳。’盖天命当兴,圣王当出,前后气验,照察明著。”故杜甫《哀王孙》云:“五陵佳气无时无。”《世说新语·言语》;“当共勠力王室,克复神州。”又《轻诋》:“桓公(温)入洛,过淮泗,践北境,与诸僚属登平乘楼,眺瞩中原,慨然曰:‘遂使神州陆沉,百年丘墟,王夷甫诸人,不得不任其责!’”辛凭栏远眺,于“东南”言“佳气”,于“西北”言“神州”,盖于颂扬中有感慨,微婉之笔也。

千古怀嵩人去,还笑我,身在楚尾吴头。

按:此用李德裕事。盖辛借“怀嵩”以喻己之思复河洛也。然久居江南,志不获骋,故云“笑我身在楚尾吴头”耳。余详邓注。

看取弓刀陌上,车马如流。

按:《后汉书·马皇后纪》:“车如流水,马如游龙。”刘沧《及第后宴曲江》:“绮陌香车似水流。”余详邓注。

木兰花慢(滁州送范倅)

况屈指中秋,十分好月,不照人圆。

按:苏轼《水调歌头》(丙辰中秋,欢饮达旦,大醉,作此篇兼怀子由):“不应有恨,何事长向别时圆。”

无情水都不管,共西风只管送归船。

按:南齐庾杲之《为竟陵王致书刘隐士(虬)》:“岂山水无情,应之以会。”又,周邦彦《尉迟杯》:“无情画舸,都不管,烟波隔南浦。”辛盖袭其句意。

目断秋霄落雁,醉来时响空弦。

按:邓注引《战国策·楚策》更羸射雁事及苏轼诗:“故应惊羽落空弦。”苏诗见《次韵王雄州送侍其泾州》,邓注失引诗题。然鲍照《代东门行》:“伤禽恶弦惊。”实先于苏诗。又本卷《沁园春》(带湖新居将成)“看惊弦雁避”句,邓注引庾信诗:“麋兴丽前(‘前’为误字,应作‘箭’),雁落惊弦。”应移注至此。然此二语见庾信《周大将军襄城公郑伟墓志铭》,乃铭辞,非诗句也。

又按:此但借用《国策》字面,与典故初无关涉。意谓己空怀报国之心,见雁落而思曩日之盘马弯弓,驰突战阵。今则百无聊赖,每于醉后怃然自失,时响空弦而已。

西江月(为范南伯寿)

新词玉佩相磨。

按:此盖誉范所作新词如玉佩之相鸣戛,铿锵动听也。亦兼指词采如玉之美,有晶莹悦目意。傅玄《秋胡行》:“玉磨逾洁。”杜甫《陪李北海宴历下亭》:“玉佩仍当歌。”

留君一醉意如何。

按:李白《题东谿公幽居》;“客到但知留一醉。”

浣溪沙(别成上人并送性禅师)

桃花开后不须猜。

按:苏轼《惜花》:“对花不饮花应猜。”“应”,或作“须”。

饱观鱼阵已能排。

按:《左传·桓公五年》:“原繁、高渠弥以中军奉公,为鱼丽之阵。”皮日休《报恩寺南池联句》:“坐来鱼阵变。”

水调歌头

把酒劝君留。

按:王维《送元二使安西》;“劝君更尽一杯酒,西出阳关无故人。”此盖反用之。又,叶清臣《贺圣朝》(留别):“满斟绿醑留君住,莫匆匆归去。”可与此参看。

不管秦楼人怨。

邓注引汉乐府:“日出东南隅,照我秦氏楼。”盖《陌上桑》起句。按:“秦楼人”应指思妇。李白《忆秦娥》:“秦娥梦断秦楼月。”即以秦娥为思妇之代称。邓注疑未切。

归计狎沙鸥。

按:本卷《水调歌头》(和王正之右司吴江观雪见寄)“鸥鸟伴,两忘机”句,邓注引《列子·黄帝篇》,应移注至此。

明夜扁舟去,和月载离愁。

按:李清照《武陵春》(春晚):“只恐双溪舴艋舟,载不动许多愁。”可与此参看。

诗书万卷,致身须到古伊周。

按:杜甫《秋日荆南述怀三十韵》:“不必伊周地,皆登屈宋才。”盖反言之。辛乃用杜意而正言之。又《论语·学而》:“事君能致其身。”杜甫《奉赠鲜于京兆二十韵》:“文章实致身。”

一剪梅(游蒋山呈叶丞相)

日暮天寒。

按:此借用杜甫《佳人》:"天寒翠袖薄,日暮倚修竹。"

归去来兮。

按:此借用陶渊明《归去来辞》成句。

探梅踏雪几何时。

按:萧纲(梁简文帝)有《雪里觅梅花》诗,首二句云:"绝讶梅花晚,争来雪里窥。"苏轼《次韵杨公济奉议梅花十首》之十:"更教踏雪看梅花。"

一片闲愁,芳草萋萋,多情山鸟不须啼。

按:淮南小山《招隐士》:"王孙游兮不归,春草生兮萋萋。"唐无名氏《杂诗》:"近寒食雨草萋萋,着麦苗风柳映堤。等是有家归未得,杜鹃休向耳边啼。"此或隐用其意。又杜甫《移居夔州作》:"山光见鸟情。"盖晴则鸟鸣,鸣则若多情者,故云"见鸟情"。辛此词反言之,谓鸟固多情,而人一有闲愁,乃不欲其鸣也。参看下《菩萨蛮》(书江西造口壁)引白居易《山鹧鸪》诗。

菩萨蛮(金陵赏心亭为叶丞相赋)

青山欲共高人语。

按:苏轼《越州张中舍寿乐堂》:"青山偃蹇如高人,常时不肯入官府。高人自与山有素,不待招邀满庭户。"此盖用后二句意而反言之。

联翩万马来无数。

按:曹植《白马篇》:"白马饰金羁,连翩西北驰。"此句盖即王安石《书湖阴先生壁》之一"两山排闼送青来"之意,特辛以马喻之,较王诗尤警动耳。又按:以马喻山,始自韩愈《南山诗》,所谓"或翩若船游,或决若马骤"是也。其后苏轼《江上看山》则云:"船上看山如走马,倏忽过去数百群。"惟苏于动境中写山如走马,辛则于静境中写山如万马奔沓而至,遂更奇肆。

望来终不来。

按:此言山为烟雨所蒙,故终未见其来耳。或解作高人未来,疑误。《楚辞·九歌·湘君》:"望夫君兮未来。"陈师道《绝句四首》之四:"客有可人期不来。"

太常引(建康中秋夜为吕叔潜赋)

一轮秋影转金波。

按:李白《峨嵋山月歌》:"峨嵋山月半轮秋,影入平羌江水流。""金波",见邓注。

飞镜又重磨。

按:此言月先呈金色,俄乃皎洁。以镜喻月,盖始于《古绝句》:"破镜飞上天。"(见《玉台新咏》)然"破镜"乃半月也。李白《古朗月行》:"小时不识月,呼作白玉盘。又疑瑶台镜,飞在青云端。"又《把酒问月》:"皎如飞镜临丹阙。"杜甫《八月十五夜月》之一:"满目飞明镜。"则皆指满月。辛盖本于李、杜。刘禹锡《望洞庭》:"湘江秋月两相和,潇洒(一本作'潭面')无风镜未磨。""镜未磨"盖兼喻水月。北宋女子曹希蕴《新月》诗:"谁家宝镜新磨出。"(见《宋诗纪事》卷八十七引《桐江诗话》)始以磨镜喻月之晶莹。虽咏新月,亦可与此参看。

把酒问姮娥。

按:此即用李白《把酒问月》题意。姮娥窃药奔月事见《淮南子·览冥训》。

被白发欺人奈何。

邓注引薛能诗,是。按:苏轼《次韵定惠院寓居月夜偶出》亦云:"白发纷纷宁少借。""少借",稍事宽容之谓。"宁少借",言不肯稍加宽贷,即欺人之意。

乘风好去,长空万里,直下看山河。

按:苏轼《水调歌头》(题见前《木兰花慢》阕引):"我欲乘风归去,又恐琼楼玉宇,高处不胜寒。"范仲淹《岳阳楼记》:"而或长烟一空,皓月千里。"又,苏轼《和黄秀才鉴空阁》:"明月本自明,无心孰为境。挂空如水鉴,写此山河影。"王十朋注引《酉阳杂俎》:"佛氏言,月中所有,乃大地山河影也。"(《古今事文类聚》前集卷二引文与此同,惟"大"作"天",疑误。今本《酉阳杂俎》无此文。)辛盖反用其意,谓乘风至月宫,临长空万里,便可径直向下方看大地山河也。周邦彦《满庭芳》:"坐看人间如掌,山河影,倒入琼杯。"(见《片玉集钞补》)可与此参看。

水龙吟(登建康赏心亭)

楚天千里清秋,水随天去秋无际。

按:王粲《游海赋》:“天与水际。”王勃《秋日登洪府滕王阁饯别序》:“秋水共长天一色。”王安石《和仲庶夜过新开湖忆冲之仲涂共泛》:“水远浮秋色。”辛盖兼有其意而又变化之。

遥岑远目。

邓注引韩愈《城南联句》:“遥岑出寸碧,远目增双明。”按:此韩愈、孟郊联句,上句愈作,下句乃郊作也。

献愁供恨。

按:王安石《午枕》:“隔水山供宛转愁。”此词所言之“遥岑”而呈“玉簪螺髻”之状者,正在隔水也。

玉簪螺髻。

邓注引《古今注》及皮日休《缥缈峰》诗:“似将青螺髻,撒入明月中。”按:刘禹锡《望洞庭》:“遥望洞庭山翠小,白云盘里一青螺。”在皮诗之前。又夏承焘先生《唐宋词选》(以下简称《夏选》)引韩愈《送桂州严大夫》诗:“水作青罗带,山如碧玉篸(簪)。”(此条邓注重版已补入。)本书卷四《行香子》(云岩道中):“云岫如簪。”则云山皆可以簪为喻。宋人词亦多以“螺髻”指山形。如苏轼《蝶恋花》(京口得乡书):“北固山前三面水,碧琼梳拥青螺髻。”又,俞平伯先生《唐宋词选释》(以下简称《俞选》)引周邦彦《西河》(金陵怀古):“山围故国绕清江,髻鬟对起。”皆以髻鬟喻山也。

落日楼头,断鸿声里,江南游子。

按:《俞选》引柳永《夜半乐》:“断鸿声远长天暮。”又《玉蝴蝶》:“断鸿声里,立尽斜阳。”

把吴钩看了。

邓注引《吴越春秋》及杜甫《后出塞》:“含笑看吴钩。”是。按:《汉书·韩延寿传》颜师古注:“钩,亦兵器也。似剑而曲,所以钩杀人也。”《梦溪笔谈》卷十九:“唐人诗多有言‘吴钩’者。吴钩,刀名也,刃弯。”《俞选》引鲍照《代结客少年场行》:“锦带佩吴钩。”

栏干拍遍。

按:邓注引《渑水燕谈录》卷四刘概事及诗云:“读书误我四十年,几回醉把栏干拍。”然拍栏干实指按拍而歌,非无故而拍。李煜《玉楼春》:“醉拍阑干情未切。”刘诗、辛词,疑皆用李意。又,欧阳修《少年游》:“敲遍阑干,向人无语,惆怅满枝红。”

亦可与此参看。

无人会，登临意。

按：邓注引《湘山野录》卷上王琪诗："残蝉不会登临意，又噪西风入座隅。"是谓蝉不会人意，与辛词不尽切。而杜甫《登楼》："花近高楼伤客心，万方多难此登临。"南唐李建勋《金山》："尽日凭阑谁会我。"王禹偁《点绛唇》（感兴）："平生事，此时凝睇，谁会凭阑意。"欧阳修《蝶恋花》："草色山光残照里，无人会得凭阑意。"似皆与辛此词之意境为近。又，"登临"，语出自宋玉《九辩》。周邦彦《兰陵王》（柳）："登临望故国。"

休说鲈鱼堪鲙，尽西风，季鹰归未？

邓注引《世说新语·识鉴》张翰事，是。按：张翰由洛归吴，故辛此词以之喻沦陷于中原而思归未得之人。意谓莫道吴中鲈鱼味美，今河洛尚有思南归而未得之人也。盖"归未"云者，正期待远人来归语气。近人或解为辛不欲效张翰之忘情世事、弃官还乡云云，疑非是。

求田问舍，怕应羞见，刘郎才气。

邓注引《三国志·陈登传》，是。此盖指南渡诸臣，但知求田问舍如许汜而已。"张翰"未归，"许汜"求田，"刘郎"忧国，三者各有所喻。而"刘郎"又辛自喻也。

可惜流年。

按：此伤岁月之不待人也。杜甫《移居公安敬赠卫大郎钧》："流年壮士悲。"

忧愁风雨。

按：此忧国家处于风雨飘摇之境也。邓注引苏轼《满庭芳》，是。又，《毛诗·豳风·鸱鸮》："予室翘翘，风雨所漂摇。"叶清臣《贺圣朝》（留别）："三分春色二分愁，更一分风雨。"

树犹如此。

邓注引《世说新语·言语》及庾信《枯树赋》，是。按：此承上二层而言，盖歇后语，正谓处此时此境，"人何以堪"耳。

倩何人，唤取红巾翠袖，揾英雄泪。

按：王勃《落花落》："罗袂红巾复往还。"《夏选》云："末了三句是慨叹南方无人了解英雄心事，回应上片'无人会，登临意'，并不是'醇酒妇人'的颓废思想。"《俞选》云："'倩何人'者，言无人也。应前文'无人会'句。"

摸鱼儿(观潮上叶丞相)

望飞来半空鸥鹭。

按:枚乘《七发》:"其始起也,洪淋淋焉,若白鹭之下翔。"隋孔德绍《王泽岭遭洪水》:"惊涛遥起鹭。"

须臾动地鼙鼓。

按:邓注引白居易《长恨歌》:"渔阳鼙鼓动地来。"但取其字面之义。朱庆余《观涛》:"晴雪喷山雷鼓声。"

鏖战未收貔虎。

按:《后汉书·光武帝纪赞》:"寻邑百万,貔虎为群。"岑参《陪狄员外早秋登府西楼因呈院中诸公》:"阶下貔虎士。"王安石《和王微之登高斋》之二:"灵旗指麾尽貔虎,谈笑立可南山排。"

看红旆惊飞,跳鱼直上,蹙踏浪花舞。

按:苏轼《瑞鹧鸪》(观潮):"碧山影里小红旗,侬是江南踏浪儿。"又《催试官考较戏作》:"红旗青盖互明灭,黑沙白浪相吞屠。"王十朋注引赵次公曰:"红旗青盖,言弄潮也。"此云"红旆",犹言"红旗"。

人间儿戏千弩。

邓注引《宋史·河渠志》钱镠命强弩数百射潮事。按:此当引宋人范坰、林禹《吴越备史》卷一,以《备史》在前也。其略云:"(开平四年)八月,始筑捍海塘。王因江涛冲激,命强弩以射涛头,遂定其基。"原注:"初定其基,而江涛昼夜冲激沙岸,版筑不能就。王命强弩五百,以射涛头。又亲筑(一本作'祝')胥山祠。……既而潮头遂趋西陵。王乃命运巨石,盛以竹笼,植巨材捍之,城基始定。"

白马素车东去。

邓注引枚乘《七发》:"如素车白马帷盖之张。"是。按:杜光庭《录异记》卷七:"昔伍子胥累谏吴王。忤旨,赐属镂剑而死。临终,戒其子曰:'悬吾首于南门,以观越兵来伐吴。以鲮鱼皮裹吾尸,投于江中,吾当朝暮乘潮,以观吴之败。'自是自海门山潮头汹涌,高数百尺,越钱唐,过渔浦,方渐低小。其声震怒,雷奔电激,闻百余里。时有见子胥乘素车白马,在潮头之中,因立庙以祠焉。"此词下云"属镂怨愤终千古",则此句盖兼用子胥事。(此条邓注重版已补引《太平广记》。)

谩教得陶朱，五湖西子，一舸弄烟雨。

按：邓注云："《越绝书》谓范蠡献西施于吴王，吴灭后，蠡复取西施同舟泛五湖而去。"本卷《破阵子》（为范南伯寿……因作此词勉之）阕"挂帆西子扁舟"句注文略同。而本书卷二《洞仙歌》（开南溪初成赋）下片邓注云："世传范蠡相越，越灭吴后，范蠡弃官去，携西子泛舟五湖。然其事不见所出。"两说自相矛盾。今按：范蠡载西子泛湖事见唐人陆广微《吴地记》引《越绝书》佚文，云："西施亡吴国，后复归范蠡，同泛五湖而去。"又，《史记·越世家》张守节《正义》引《越绝书》佚文云："在越为范蠡，在齐为鸱夷子皮，在陶为朱公。"

八声甘州（寿建康帅胡长文给事。时方阅折红梅之舞，且有锡带之宠）

把江山好处付公来。

按：韩愈《新修滕王阁记》："其江山之好，登望之乐，虽老矣，如获从公游，尚能为公赋之。"张乔《商山道中》："多逢山好处，少值客行时。"苏轼《八声甘州》（寄参寥子）："正春山好处，空翠烟霏。"

金陵帝王州。

按：谢朓《随王鼓吹曲·入朝曲》："江南佳丽地，金陵帝王州。"

想今年燕子，依然认得，王谢风流。

按：刘禹锡《金陵五题·乌衣巷》："旧时王谢堂前燕，飞入寻常百姓家。"此反用其意，以誉胡长文也。

待从今更数八千秋。

按：《庄子·逍遥游》："上古有大椿者，以八千岁为春，八千岁为秋，此大年也。"

酒泉子（流水无情）

离歌一曲怨残阳，断人肠。

按：韦庄《上行杯》："一曲离肠寸寸断。""残阳"云者，用周邦彦《西河》词意，见邓注引。

东风官柳舞雕墙。

按:“官柳”见《晋书·陶侃传》。韩翃《寒食》:“寒食东风御柳斜。”

三十六宫花溅泪。

邓注引骆宾王《帝京篇》:“汉家离宫三十六。”按:《后汉书·班固传》录固《西都赋》:“离宫别馆,三十六所。”李贤注引《三辅黄图》曰:“上林有建章、承光等一十一宫,平乐、茧观等二十五,共三十六所。”又,李贺《金铜仙人辞汉歌》:“三十六宫土花碧。”温庭筠《郭处士击瓯歌》:“吾闻三十六宫花离离。”

满江红(赣州席上呈太守陈季陵侍郎)

落日苍茫,风才定,片帆无力。

按:李白《江行寄远》:“疾风吹片帆,日暮千里隔。”此反用其意。

还记得,眉来眼去,水光山色。

邓注引王观《卜算子》,是。按:王词题作《送鲍浩然之浙东》,见《能改斋漫录》卷十六,邓注失引。

倦客不知身远近。

按:鲍照《代东门行》:“倦客恶离声。”邓注于本卷《霜天晓角》(旅兴)阕引《史记·司马相如列传》“倦游”语,及本卷《菩萨蛮》(书江西造口壁)附录中引苏轼《虔州八境图》(邓注误作“八景图”)之二:“倦客登临无限思。”皆应移注于此。

又按:柳永《安公子》:“万水千山迷远近,想乡关何处。”

便归来,只是赋行云,襄王客。

邓注引宋玉赋高唐事,是。按:此盖反用冯延巳《鹊踏枝》词意,引文见前《新荷叶》第二阕。

但楚天特地,暮云凝碧。

按:此用江淹诗“日暮碧云合”句意,已见前《念奴娇》阕。又,柳永《雨霖铃》:“暮霭沉沉楚天阔。”又《两同心》:“锦书断,暮云凝碧。”王诜《撼庭竹》:“还是夕阳天,空暮云凝碧。”

过眼不如人意事,十常八九今头白。

按:邓注引黄庭坚诗:“人生不如意,十事常八九。”黄诗见《用明发不寐有怀二人为韵寄李秉彝德叟》之三,“常”应作“恒”。

菩萨蛮(书江西造口壁)

郁孤台下清江水。

按:黄庭坚《次韵君庸寓慈云寺待韶惠钱不至》:"郁孤台下水如空。"

中间多少行人泪。

按:此疑从古乐府《陇头歌辞》"陇头流水,鸣声呜咽"化出。唐人于濆《陇头吟》:"借问陇头水,终年恨何事?深疑呜咽声,中有征人泪。"与辛词同一机杼而先于辛。又,秦观《江城子》:"便做春江都是泪,流不尽,许多愁。"可与此互参。

西北望长安,可怜无数山。

按:邓注引杜甫《小寒食舟中作》:"愁看直北是长安。"而遗其上句"云白山青万余里"。辛盖兼括此二句之意。刘攽《九日》:"可怜西北望,白日远长安。"

又按:邓注于附录中引李勉事及李白"长安不见使人愁"(《登金陵凤凰台》)、苏轼"孤云落日是长安"(《虔州八境图》之二),皆是。然白居易《题岳阳楼》:"夕波红处是长安。"宋张舜民《卖花声》(题岳阳楼):"回首夕阳红尽处,应是长安。"亦皆可与此互参。

江晚正愁余。

按:《夏选》引屈原《九歌·湘夫人》:"帝子降兮北渚,目眇眇兮愁予。"

山深闻鹧鸪。

按:前人释此词,每据罗大经《鹤林玉露》卷四"'闻鹧鸪'之句,谓恢复之事行不得也"之语立论,《夏选》及胡云翼《宋词选》亦皆从其说,其实非也。邓注于附录中据史实以驳之固宜。然邓注又云:"所谓'山深闻鹧鸪'者,盖深虑自身恢复之志未必即得遂行,非谓恢复之事决行不得也。"犹存两可之见。今按:辛此词实本于白居易《山鹧鸪》诗。白此诗作于江西,地望正与辛合。诗云:"山鹧鸪,朝朝暮暮啼复啼,啼时露白风凄凄。……迢迢不缓复不急,楼上舟中声暗入。梦乡迁客展转卧,抱儿寡妇彷徨立。山鹧鸪,尔本此乡鸟;生不辞巢不别群,何苦声声啼到晓!啼到晓,惟能愁北人,南人惯闻如不闻!"辛为北人,闻深山鹧鸪而愁,正用白诗之意,初与"行不得也"了无关涉也。

又按:《俞选》云:"这里特提鹧鸪,盖有两种意思:(一)《禽经》云:'随阳,越雉也,飞必南翥。'(小如按:《本草纲目》卷四十八云:'鹧鸪,一名越雉。')张华注云:

‘鹧鸪,其名自呼,飞必南向。虽东西回翔,开翅之始,必先南翥。其志怀南,不徂北也。’(二)今俗谓其鸣曰‘行不得也哥哥’。(俱见《本草纲目》卷四十八李时珍说。)左思《吴都赋》:‘鹧鸪南翥而中留。’刘注:‘鹧鸪如鸡,黑色,其名自呼。或言此鸟常南飞不北,豫章以南诸郡,处处有之。’按此注所云豫章地望,正与稼轩此词相合。”阐其义甚详。且所引《禽经》、《吴都赋》并注文,皆在白诗之前,可补邓注及鄙说之不足也。

《俞选》又论罗大经之说云:“至旧说此词本事,以罗大经说为有名,……自来每多承用。近人始有怀疑者,据《宋史·后妃传》未载金兵追到造口……云云。其实建炎三年金兵深入江南,宋亡迫在眉睫,赵氏东逃西窜,的确十分狼狈。……且词人之笔正不必依照官书。就词的作法而论,……(此词)固不仅个人身世之感,殆兼有家国兴亡之戚。‘闻鹧鸪’云云,心怀不惬可知。惟罗云‘恢复之事行不得’,过于着实,未免附会。”亦可与邓注附录参看。

水调歌头(和王正之右司吴江观雪见寄)

造物故豪纵。

按:邓注引苏轼《游泉山诗》:“伟哉造物真豪纵。”此诗见于苏氏《同正辅表兄游白水山》,邓注误。

千里玉鸾飞。

按:“玉鸾”,喻雪,犹言玉龙类也。

万斛琼粉盖玻璃。

按:“琼粉”,指雪;“玻璃”,指水。唐人李衢《都堂试贡士日庆春雪》:“绕砌封琼屑,依阶喷玉尘。”“琼屑”“玉尘”,与“琼粉”,一也。苏轼《与子由同游寒溪西山》:“归路万顷青玻璃。”王十朋注引赵次公曰:“万顷玻璃,言水之色似之。”

只放冰壶一色。

按:李衢诗(题见上):“冰壶鉴易真。”

老子旧游处,回首梦耶非。

按:《后汉书·马援传》:“颇哀老子,使得遨游。”又本卷《水调歌头》(淳熙己亥,自湖北漕移湖南,周总领、王漕、赵守置酒南楼,席上留别)“可惜南楼佳处”句,邓注引《世说新语·容止》庾亮语“诸君少住,老子于此处兴复不浅”云云,应移注至此。又,邓注引《世说》此文,末作“因便据胡床与诸人咏谑竟坐,甚得任乐”,断句有误。此应作“因便据胡床,与诸人咏谑,竟坐甚得任乐”。“竟坐”,指满座之客也。

又按:元稹《卢头陀诗》:“还来旧日经过处,似隔前身梦寐游。”杜牧《杜秋娘诗》:“觚棱拂斗极,回首尚迟迟。四朝三十载,似梦复疑非。”欧阳修《夜行船》:“伊川山水洛川花,细寻思,旧游如梦。”苏轼《青玉案》(和贺方回韵送伯固还吴中):“若到松江呼小渡。莫惊鸥鹭,四桥尽是,老子经行处。”

寄语烟波旧侣。

按:谢灵运《晚出西射堂》:“羁雌恋旧侣,迷鸟怀故林。”张祜《鹭鸶》:“好是沧波侣,垂丝趣亦同。”此盖承上文“鸥鸟伴”言之,故云“烟波旧侣”也。又,张志和自号“烟波钓徒”,见《新唐书》本传。

水调歌头(淳熙丁酉,自江陵移帅隆兴,到官之三月被召,司马监、赵卿、王漕饯别。司马赋《水调歌头》,席间次韵。时王公明枢密薨,坐客终夕为兴门户之叹,故前章及之)

我饮不须劝,正怕酒尊空。

按:《后汉书·孔融传》:“(融)常叹曰:‘坐上客常满,尊中酒不空,吾无忧矣。’”杜甫《酬孟云卿》:“宁辞酒盏空。”

别离亦复何恨,此别恨匆匆。

按:杜甫《酬孟云卿》:“告别莫匆匆。”又本卷《鹧鸪天》(离豫章别司马汉章大监)“聚散匆匆不偶然”句,邓注引欧阳修《浪淘沙》:“聚散苦匆匆,此恨无穷。”应移注至此。

又按:以上四句疑反用唐人武瓘《劝酒》:“劝君金屈卮,满酌不须辞。花发多风雨,人生足别离。”及叶清臣《贺圣朝》(留别)词意。叶词引文见前《水调歌头》阕。

人世竟谁雄。

按:杜甫《赠李白》:“飞扬跋扈为谁雄。”

一笑出门去。

按:桓谭《新论·祛蔽篇》引关东俚语云:“人闻长安乐,则出门西向而笑。”(见马总《意林》卷三引,《文选》卷四十二李善注、《太平御览》卷三九一引文并略同。)此疑用其意。李白《南陵别儿童入京》:“仰天大笑出门去。”

千里落花风。

按:隋丁六娘《十索》之三:“寄语落花风,莫吹花落尽。”李之仪《菩萨蛮》:“一阵落花风,云山千万重。”

此事付渠侬。

按:《集韵》:“倮,吴人呼彼称,通作‘渠’。”清陈锡路《黄嬭余话》卷五:“‘渠’,犹晋人言‘伊’,盖梁、陈已来语也。见任渊《山谷诗注》。按,俗谓他人又曰‘渠侬’,诗家亦用之。”又,翟灏《通俗编》卷十八说与此同。今按:我称“我侬”,(如袁褧《枫窗小牍》卷上引钱镠《还乡歌》:“长在我侬心子里。”)你称“你侬”,他称“渠侬”,皆吴语也。

但觉平生湖海。

按:邓注引《三国志·陈登传》许汜语,是。王安石《寄曾子固二首》之一:“平生湖海士,心迹非无素。”

除了醉吟风月。

按:白居易自号“醉吟”,有《醉吟先生传》。

霜天晓角(旅兴)

休说旧愁新恨。

按:曹唐《织女怀牵牛》:“封题锦字凝新恨,抛掷金梭织旧愁。”徐铉《和方泰州见寄》:“逐客凄凄重入京,旧愁新恨两难胜。”

玉人留我醉。

按:李煜《乌夜啼》:“胭脂泪,相留醉,几时重。”一本作“留人醉”。

鹧鸪天(离豫章,别司马汉章大监)

但将痛饮酬风月。

按:杜牧《九日齐山登高》:“但将酩酊酬佳节。”辛盖拟其句法。又欧阳修《浣溪沙》:“一尊风月为公留。”

莫放离歌入管弦。

邓注引欧阳修诗:“我亦且如常日醉,莫教管弦作离声。”按:欧诗见《别滁》,“管弦”应作“弦管”,邓注失引诗题。

后夜相思月满船。

按:杜牧《寄远》:“欲寄相思千里月。”温庭筠《水仙谣》:“光碎玉波满船月。”米芾《将之苕溪戏作呈诸友》之六:“却怜皎皎月,依旧满船行。”

念奴娇(书东流村壁)

野棠花落,又匆匆过了,清明时节。

按:邓注引沈约《早发定山》:“野棠开未落,山英发欲燃。”“英”,应作“樱”。辛盖反用沈诗意。又,韦庄《河传》:“花深柳暗,时节正是清明。”张泌《江城子》:“飞絮落花,时节近清明。”

曲岸持觞。

按:此用上巳修禊事,王羲之《兰亭序》所谓“引以为流觞曲水,列坐其次”是也。《荆楚岁时记》:“三月三日,士民并出江渚池沼间,为流杯曲水之饮。”“曲岸”,谓曲水之岸也。晏几道《清平乐》:“波纹碧皱,曲水清明后。”故辛亦云“过了清明”而回忆上巳也。

垂杨系马。

按:王维《少年行》之一:“系马高楼垂柳边。”晏几道《浣溪沙》:“户外绿杨春系马。”苏轼《定风波》:“薄倖只贪游冶去,何处?垂杨系马恣轻狂。”

闻道绮陌东头,行人曾见,帘底纤纤月。

按:上言“楼空人去”,谓意中女子不复得见。此言“行人曾见”云云,则犹有人知其下落也。然而今昔已殊,沧桑顿异,故下言“旧恨”既多,复益以“新恨”无穷也。吴融《御沟十六韵》:“光摇绮陌头。”晏几道《清平乐》:“归来紫陌东头,金钗换酒销愁。”又《菩萨蛮》:“个人轻似低飞燕,春来绮陌时相见。”

又按:邓注引苏轼《江城子》(题为《陈直方妾嵇,钱塘人也,求新词,为作此。钱塘人好唱〈陌上花缓缓曲〉,余尝作数绝以纪其事》,邓注失引)“门外行人立马看弓弯”及龙沐勋笺语,是。惟苏词但言“弓弯”,不言“新月”。邓注又引刘过《沁园春》,

虽言“新月”，然晚于辛矣。晏几道《浣溪沙》：“一钩罗袜素蟾弯。”正以新月为喻。

旧恨春江流不断，新恨云山千叠。

按：邓注于上句引李煜词，是。惟此词调为《虞美人》，邓注失引。

又按：卢纶《秋中野望寄舍弟绶兼令呈上西川尚书舅》：“旧恨尚填膺，新悲复盈睫。”柳永《卜算子慢》：“对晚景，伤怀念远，新愁旧恨相继。”此以新、旧愁恨相对而言者也(参见前《霜天晓角》阕引曹唐、徐铉诗)。邓注引李煜词，及欧阳修《踏莎行》：“离愁渐远渐无穷，迢迢不断如春水。”此以春江、春水喻愁恨之不尽、不断者也。张先《南乡子》：“不管离心千叠浪，滔滔。”李之仪《好事近》(次黄鲁直韵)：“相见两无言，愁恨又还千叠。”此以“千叠”状愁恨者也。苏轼《书王定国所藏烟江叠嶂图》：“江上愁心千叠山，浮空积翠如云烟。山耶云耶远莫知，烟空云散山依然。”向子諲《水龙吟》(绍兴甲子上元有怀京师)：“到而今江上，愁山万叠，鬓丝千缕。”此以云山千万叠与愁心相拟者也。至辛乃囊括前人所拟，出以融会浑化。虽机杼大体相同，而有后来居上之势。故不惮缕缕以备览。

料得明朝，尊前重见，镜里花难折。

按：杜牧《张好好诗》：“身外任尘土，尊前极欢娱。”疑即“尊前”句所本。“镜里花”，盖喻所曾见之女子。杜牧《杜秋娘诗》自注引歌辞：“花开堪折直须折，莫待无花空折枝。”温庭筠《定西番》：“罗幕翠帘初卷，镜中花一枝。”欧阳修《渔家傲》：“其如镜里花颜改。”皆以花喻女子。

也应惊问，近来多少华发。

按：崔涂《春夕旅怀》：“华发春惟满镜生。”苏轼《念奴娇》(赤壁怀古)：“多情应笑我，早生华发。”此承上文而言，盖以他人或相问为喻，言己亦垂垂老矣。

又按：韦庄《菩萨蛮》：“此度见花枝，白头誓不归。”辛此词下片或与之有关。

鹧鸪天(东阳道中)

香篝渐觉水沉销。

按：苏轼《佛日山荣长老方丈五绝》之五：“水沉销尽碧烟横。”周邦彦《浣溪沙》：“衣篝尽日水沉微。”

人历历。

按：汉乐府《陇西行》：“历历种白榆。”又《文选·古诗十九首》之七：“众星何历历。”《晋书·刘寔传》:“历历相次,不可得而乱也。”

旌旗又过小红桥。

按:张说《清明日诏宴宁王山池赋得飞字》:“绿渚传歌樽,红桥度舞旂。”

摇断吟鞭碧玉梢。

按:此处“碧玉”,指以竹为鞭。刘禹锡《酬元九侍御赠璧竹鞭长句》:“碧玉孤根生在林。”

水调歌头(舟次扬州和杨济翁、周显先韵)

落日塞尘起。

按:白居易《冀城北原作》:“野色何莽苍,秋声亦萧疏。风吹黄埃起,落日驱征车。”苏轼《武昌西山》:“中原北望在何许,但见落日低黄埃。”

胡骑猎清秋。

按:《史记·魏公子列传》:“公子与魏王博,而北境传举烽,言‘赵寇至,且入界’。……居顷,复从北方来传言曰:‘赵王猎耳,非为寇也。’”此言“猎”,即谓入寇也。如张孝祥《六州歌头》:“看名王宵猎,骑火一川明。”亦指入寇。

谁道投鞭飞渡。

按:邓注引《晋书·苻坚载记》“投鞭断流”语及《杜预传》孙歆《与伍延书》,是。然《南史·佞幸孔范传》载范云:“长江天堑,古来限隔,虏军岂能飞度(渡)?”似较《杜预传》尤切。

今老矣,搔白首,过扬州。

按:《左传·僖公三十年》载烛之武对郑君语:“今老矣,无能为也已。”苏轼《送任伋通判黄州兼寄其兄孜》:“无媒自进谁识之,有才不用今老矣。”

又按:杜甫《梦李白》之二:“出门搔白首,若负平生志。”又《春望》:“白头搔更短,浑欲不胜簪。”

倦游欲去江上,手种橘千头。

按:邓注引《襄阳耆旧传》李衡事,是。然《耆旧传》久佚,盖据类书转引。窃谓宜改引《三国志·吴书·孙亮传》裴注引《襄阳记》,略云:“衡每欲治家,妻辄不听。后密遣客十人于武陵龙阳泛洲上作宅,种甘(柑)橘千株,临死,敕儿曰:‘汝母恶吾治家,故穷如是。然吾州里有千头木奴,不责汝衣食,岁上一匹绢,亦可足用耳。'"苏轼《赠王子直秀才》:"山中奴婢橘千头。"

二客东南名胜。

按:"二客",盖用《新唐书·王珪传》珪母李语:"二客公辅才。"《周礼·夏官·职方氏》:"东南曰扬州。"《尔雅·释地·九府》:"东南之美者,有会稽之竹箭焉。"《世说新语·言语》:"会稽贺生,体识清远,言行以礼。不徒东南之美,实为海内之秀。""名胜",指名流。《晋书·王导传》:"会三月上巳,帝亲观禊,乘肩舆,具威仪,敦、导诸名胜皆骑从。"辛此语盖切扬州地望言之,谓二客为东南之名士,非泛语也。

直觅富民侯。

邓注引《汉书·食货志》及《车千秋传》,是。按:《食货志》颜师古注:"欲百姓之殷实,故取其嘉名也。"

又按:辛此词疑从北宋刘潜《水调歌头》化出,上片尤相近。兹录刘词如下:"落日塞垣路,风劲戛貂裘。翩翩数骑闲猎,深入黑山头。极目平沙千里,惟见琱弓白羽,铁面骇(一本作'骏')骅骝。隐隐望青冢,特地起闲愁。汉天子,方鼎盛,四百州。玉颜皓齿,深锁三十六宫秋。堂有经纶贤相,边有纵横谋将,不作(一本作'减')翠蛾羞。戎虏和乐也,圣主永无忧。"

满江红(江行,简杨济翁、周显先。)

过眼溪山,怪都似,旧时相识。

按:《左传·襄公二十九年》:"(吴公子札)聘于郑,见子产,如旧相识。"徐陵代陈霸先《与岭南酋豪书》:"但昔缘王事,游践贵乡,日想山川,依然旧识。"晏殊《浣溪沙》:"似曾相识燕归来。"

还记得,梦中行遍,江南江北。

按:韩熙载《奉使中原署馆壁》:"梦中忽到江南路。"苏轼《与子由同游寒溪西山》:"我今漂泊等鸿雁,江南江北无常栖。"

佳处径须携杖去。

按:王勃《春日还郊》:"闲情兼默语,携杖赴岩泉。"杜甫《次空灵岸》:"回帆觊赏延,佳处领其要。"

能消几緉平生屐。

按:邓注引《世说》阮遥集(孚)蜡屐语,是。然此事在《雅量》篇,邓注误作《方正》。

笑尘劳,三十九年非,长为客。

邓注引《淮南子·原道训》:"蘧伯玉年五十而有四十九年非。"按:《庄子·则阳》:"蘧伯玉行年六十而六十化,未尝不始于是之而卒诎之以非也,未知今之所谓是之非五十九非也。"又《寓言》:"孔子行年六十而六十化,始时所是,卒而非之,未知今之所谓是之非五十九非也。"皆在《淮南子》之前,宜改引。

吴楚地,东南坼。

按:邓注引杜甫《登岳阳楼》:"吴楚东南坼。"是。然辛虽用杜句,而意则与杜有别。杜盖谓吴、楚为江湖所坼,辛则言孙权割据东南,坼吴、楚于中原版图之外也。

英雄事,曹刘敌。

按:邓注引《三国志·蜀书·先主传》"今天下英雄唯使君与操耳"云云,疑未切。《俞选》云:"……'曹刘敌',指赤壁之战,即孙权所谓'非刘豫州莫可以当曹操者'(见《三国志·蜀书·诸葛亮传》),'当'即'敌'也。刘备能敌曹操,所以能败曹操,如今安得有这样的人?所以接说'被西风吹尽,了无尘迹'。"今按:此二语乃泛论孙权,似不专指赤壁一役。所谓"英雄",亦应指孙权而非谓刘备。盖下句已明言"曹刘敌",则上句"英雄"云者必当另有所指,不得以之统摄下文"曹"、"刘"二氏也。本书卷六《永遇乐》(京口北固亭怀古):"千古江山,英雄无觅,孙仲谋处。"又同卷《南乡子》(登京口北固亭有怀):"天下英雄谁敌手,曹刘,生子当如孙仲谋。"与此皆一意,可证。"天下"二句,正所谓"英雄事,曹刘敌"也。惟此词未点明是孙权而已。《俞选》释《永遇乐》阕"千古江山"三句云:"盖云南渡草草之局,非特无望于若刘寄奴之恢复中原,并不能如孙仲谋之称雄江左也。"亦可移注于此。

楼观才成人已去。

邓注引苏轼《送郑户曹诗》:"楼成君已去,人事固多乖。"按:此二句见轼《又送郑户曹》诗,邓注小误。《后汉书·梁冀传》:"冀乃大起第舍,……又起菟苑于河南城西,经亘数千里,发属县卒徒,缮修楼观,数年乃成。"此当是借用,谓经营不易而人事无常也。

旌旗未卷头先白。

按:此盖言山河未复而此身已老。"旌旗未卷",谓兵戈未息。李益《答许五端公马上口号》:“晚逐旌旗俱白首。”

叹人间,哀乐转相寻。

按:《庄子·知北游》:“乐未毕也,哀又继之。哀乐之来,吾不能御,其去弗能止。”《礼记·孔子闲居》:“乐之所至,哀亦至焉,哀乐相生。”曹丕《与朝歌令吴质书》:“乐往哀来,怆然伤怀。”又,苏轼《满江红》(董毅夫……命其侍儿所作《满江红》嗟叹之不足乃次其韵)有“忧喜相寻”之语,疑亦辛词所本。

今犹昔。

按:《俞选》引王羲之《兰亭序》:“后之视今,亦犹今之视昔。”

南乡子(舟行记梦)

攲枕橹声边,贪听伊哑聒醉眠。

按:韩偓《南浦》:“应是石城艇子来,两桨咿哑过花坞。”

翠袖盈盈在眼前。

按:《文选·古诗十九首》之二:“盈盈楼上女。”

别后两眉尖。

按:唐徐凝《忆扬州》:“桃叶眉尖易得愁。”柳永《甘草子》:“中酒残妆慵整顿,聚两眉离恨。”

欲说还休梦已阑。

按:本书卷二《丑奴儿》(书博山道中壁)邓注引李清照《凤凰台上忆吹箫》:“多少事欲说还休。”应移注至此。

只记埋冤前夜月,相看,不管人愁独自圆。

按:埋冤,今作“埋怨”、“瞒怨”,义并同,惟宋代尚读平声,故作“冤”耳。温庭筠《梦江南》:“山月不知心里事。”又,此兼用苏轼《水调歌头》中秋怀子由词“不应有恨”二句之意,已见前引。

南　歌　子

万万千千恨。

按:刘禹锡《送春曲》之三:“游人千万恨,落日上高台。”温庭筠《梦江南》:“千万恨，恨极在天涯。”

前前后后山。

按：苏轼《雨中游天竺灵感观音院》：“前山后山雨浪浪。”

万万不成眠后。

邓注：“‘后’为语助词，与‘啊’同。意即‘万一睡不着啊’。”（重版末句已删去。）按：“后”，元人杂剧及今昆曲、京剧中犹有此语，书作“呵”，读音与“乎”相近，与“啊”之用法略有不同。又，“万万不成眠”者，无论如何也睡不着之谓，若释为“万一睡不着”，则是基本上可熟睡矣。重版删去此句是也。

西江月（江行采石岸，戏作渔父词）

千丈悬崖削翠。

按：白居易《仙娥峰下作》：“青崖屏削碧，白石床铺缟。”杜牧《正初奉酬歙州刺史邢群》：“翠岩千尺倚溪斜。”北宋李质、曹组《艮岳百咏·环山馆》：“开户忽惊千仞翠。”（见《挥麈后录》卷二）又，杨万里《入峡歌》：“忽然褰云露山脚，仰见千丈翠玉削。”辛与杨为同时人，彼此宜不相袭，然可互参也。

一川落日镕金。

按：廖世美《好事近》（夕景）：“落日水镕金，天淡暮烟凝碧。”李清照《永遇乐》：“落日镕金，暮云合璧。”

千年往事已沉沉，闲管兴亡则甚！

邓注引苏轼《将军树》诗：“不管人间闲草木，豫人何事管兴亡。”按：苏诗为《临安三绝》之一，邓注失引。又，南唐沈彬《再过金陵》：“江山不管兴亡事，一任斜阳伴客愁。”此词为辛过采石时所作，上片又有“一川落日镕金”及“选甚风波一任”等语，盖用沈诗也。

破阵子（为范南伯寿。时南伯为张南轩辟宰卢溪，南伯迟迟未行，因作此词勉之）

千古风流今在此。

按：《汉书·赵充国辛庆忌传赞》：“其风声气俗，自古而然；今之歌谣慷慨，风流犹存耳。"苏颋《夷齐四皓优劣论》:"激清一时,流誉千古。"苏轼《念奴娇》(赤壁怀古):"大江东去,浪淘尽,千古风流人物。"

万里功名莫放休。

按:《后汉书·班超传》:"其后行诣相者……相者指曰:'生燕颔虎颈,飞而食肉,此万里侯相也。'"

君王三百州。

按:刘潜《水调歌头》:"汉天子,方鼎盛,四百州。"此盖自刘词化出,以喻南宋版图也。

临江仙(为岳母寿)

寿如山岳福如云。

按:《诗·小雅·天保》:"如山如阜,如冈如陵。"又:"如南山之寿,不骞不崩。"

竹马绮罗群。

按:此当指儿孙众多且富贵也。《后汉书·郭伋传》:"(伋)行部到西河美稷,有童儿数百,各骑竹马,于道次迎拜。"《三国志·魏书·陶谦传》裴注引《吴书》:"(谦)年十四,犹缀帛为旛,乘竹马而戏,邑中儿僮皆随之。"

摸鱼儿(淳熙己亥,自湖北漕移湖南,同官王正之置酒小山亭,为赋。)

更能消几番风雨,匆匆春又归去。惜春常怕花开早,何况落红无数。

按:欧阳修《蝶恋花》(一作冯延巳《鹊踏枝》):"雨横风狂三月暮,门掩黄昏,无计留春住。"王安石《清平乐》:"留春不住,费尽莺儿语。满地残红宫锦污,昨夜南园风雨。"又《生查子》:"把酒祝东风,且莫恁匆匆去。"赵佶《燕山亭》:"易得凋零,更多少无情风雨。愁苦,闲院落凄凉,几番春暮。"辛兼有诸词之意而更为深入。

又按:本书卷二《蝶恋花》(戊申元旦立春席间作):"春未来时先借问,晚恨开迟,早又飘零近。"可与此参看。

春且住,见说道天涯芳草无归路。

按:苏轼《岁晚三首》之二《别岁》:"问岁安所之,远在天一涯。"黄庭坚《清平乐》:“春归何处,寂寞无行路。”

又按:苏轼《蝶恋花》:“天涯何处无芳草。”

怨春不语。

按:欧阳修《蝶恋花》(一作冯延巳《鹊踏枝》):“泪眼问花花不语。”

算只有殷勤,画檐蛛网,尽日惹飞絮。

按:苏轼《虚飘飘》:“画檐蛛结网。”周邦彦《点绛唇》:“柳丝轻举,蛛网粘飞絮。”

脉脉此情谁诉。

按:《文选·古诗十九首》之十:“盈盈一水间,脉脉不得语。”

君不见玉环飞燕皆尘土。

按:邓注既于赵飞燕事引《飞燕外传》附伶玄《自叙》“斯人俱灰灭矣”云云,而未及杨玉环事。似宜引白居易《长恨歌》:“马嵬坡下泥土中,不见玉颜空死处。”则于笺义始备。

闲愁正苦。休去倚危栏,斜阳正在,烟柳断肠处。〔校〕四卷本作“危楼”。

按:“倚危栏”,盖用李商隐《北楼》诗,引文见前《念奴娇》阕。又,石延年《燕归梁》:“不知供得几多愁,更斜日凭危楼。”欧阳修《踏莎行》:“楼高莫近危栏倚。”苏舜钦《春日晚晴》:“谁见危栏外,斜阳尽眼平。”

又按:韦庄《江外思乡》:“年年春日异乡悲,杜曲黄莺可得知。更被夕阳江岸上,断肠烟柳一丝丝。”

水调歌头(淳熙己亥,自湖北漕移湖南,周总领、王漕、赵守置酒南楼,席上留别)

折尽武昌柳。

按:《三辅黄图》卷六:“霸桥,在长安东。跨水作桥。汉人送客至此桥,折柳赠别。”《晋书·陶侃传》:“(侃)驻车问曰:‘此是武昌西门前柳,何因盗来此种?’”盖侃镇武昌时,尝课诸营种官柳也。此句言己在湖北时时为他人送行,故折尽柳枝。

挂席上潇湘。

按:木华《海赋》:“维长绡,挂帆席。”谢灵运《游赤石进帆海》:“扬帆采石华,挂席拾海月。”“挂席”,犹扬帆也。

风采汉侯王。

按:《汉书·霍光传》:"(光)初辅幼主,政自己出,天下想闻其风采。"

此语试平章。

按:"平章",语见《尚书·尧典》。此处犹言"评量",宋人诗词中每用之。

满江红(贺王帅宣子平湖南寇)

白羽风生貔虎噪。

邓注引裴秀《语林》云云。按:《语林》作者为裴启,非裴秀也。本书卷首邓氏题记云:"又如注释'白羽风生'句时所引用的裴秀《语林》,是从《太平御览》转引的。"作"裴秀",并误。又,近人周一良先生于"白羽扇"有详考,见《晋书札记》。

浑未得,文章力。

邓注引刘禹锡诗:"一生不得文章力,百口空为饱暖家。"按:此诗见《郡斋书怀寄江南白尹兼简分司崔宾客》,邓注失引诗题。

贺　新　郎

柳暗凌波路。

按:邓注引曹植《洛神赋》:"凌波微步,罗袜生尘。"是。贺铸《青玉案》:"凌波不过横塘路,但目送芳尘去。"是反用赋意;辛词又反用贺词意。"生尘"详下。

送春归,猛风暴雨,一番新绿。

按:苏轼《和秦太虚梅花》:"不知风雨卷春归。"又《满江红》(题见前《满江红》"江行……"阕引):"风雨过一江春绿。"

又按:王国维《人间词话删稿》云:"稼轩《贺新郎》词:'柳暗凌波路,送春归猛风暴雨,一番新绿。'又《定风波》词:'从此酒酣明月夜,耳热。''绿'、'热'二字,皆作上、去用。……已开北曲四声通押之祖。"

千里潇湘葡萄涨。

邓注引李白《襄阳歌》及苏轼《武昌西山》,是。按:宋祁《蝶恋花》:"雨过葡萄新涨绿。"在苏诗之先。此连上文"一番新绿"而言,殆与宋祁词意为近。

艇子飞来生尘步。

按:《洛神赋》以“凌波微步,罗袜生尘”状洛神于水面步行,如履平地,极言其轻盈自然也。辛言小艇行于水面,亦极轻盈如飞,宛如行步,故以“生尘步”喻之。

又按:《西曲歌·莫愁乐》:“艇子打两浆,催送莫愁来。”

唾花寒,唱我新番句。

按:苏轼《记梦回文二首》叙云:“十二月二十五曰,大雪始晴,梦人以雪水烹小团茶,使美人歌以饮余,梦中为作回文诗,觉而记其一句云:‘乱点余花唾碧衫。’意用飞燕唾花故事也。……”王十朋注引《赵飞燕外传》云:“后与其妹倢伃坐,后误唾倢伃袖。倢伃曰:‘姊唾染人绀袖,正似石上花,假令尚方为之,未必能如此衣之华。’以为石华广袖。”

又按:元稹《连昌宫词》:“李謩擫笛傍宫墙,偷得新翻数般曲。”“番”,与“翻”通。

波似箭,催鸣橹。

按:吴均《与朱元思书》:“急湍甚箭。”唐熊孺登《湘江夜泛》:“江流如箭月如弓。”又,周邦彦《兰陵王》(柳):“愁一箭风快,半篙波暖,回头迢递便数驿。”可与此参看。

黄陵祠下山无数。

按:周邦彦《玉楼春》:“烟中列岫青无数。”

听湘娥,泠泠曲罢,为谁情苦。

按:陆机《文赋》:“音泠泠而盈耳。”《文选·苏武诗》:“请为游子吟,泠泠一何悲。”钱起《省试湘灵鼓瑟》:“苦调凄金石,清音入杳冥。苍梧来怨慕,白芷动芳馨。……曲终人不见,江上数峰青。”辛盖檃括其意,故上文言“山无数”也。

又按:李群玉(一作李远)《黄陵庙》绝句:“黄陵庙前莎草春,黄陵女儿茜裙新。轻舟短棹唱歌去,水远山长愁杀人。”则此处所谓“湘娥”,疑指民间少女也。

愁为倩,幺弦诉。

按:邓注引《唐诗纪事》刘梦得论诗僧语:“幺弦孤韵,瞥入人耳,非大音之乐。”此见《唐诗纪事》卷七十二,为刘禹锡论灵澈语,引文视原书有删略,盖转引自类书者。又,邓注引《六一词·千秋梦》:“莫把丝弦拨,怨极弦能说。”今按:此为张先词,见《乐府雅词》卷上及《彊村丛书》本《张子野词》卷上。或作欧词,恐非。调名“千秋岁”,不名“千秋梦”也。

又按,邓注:“幺弦,第四弦也。”亦未尽确。《文赋》:“犹弦幺而徽急。”“幺”,有小意。“幺弦”,盖指弦乐器上之最细弦。《文赋》所云,乃指琴,则应为第七弦矣。惟琵琶之幺弦始为第四弦耳。然不得径释为“第四弦”也。刘禹锡《奉和淮南李相公早秋即事寄成都武相公》:“秋雨离情动,新诗乐府传。聆音还窃抃,不觉抚幺弦。”晏几道《清平乐》:“幺弦写意,意密弦声碎。”

满江红(暮春)

可恨东君,把春去春来无迹。

按:《楚辞·九歌》有《东君》篇。《汉书·郊祀志》有“东君”。《广雅·释天》:“朱明、曜灵、东君,日也。”(参见王逸《楚辞章句》)《庄子·知北游》:“其来无迹,其往无崖。”欧阳修《留题镇阳潭园》:“不来才几时,人事已非昔。……落絮风卷尽,春归不留迹。”周邦彦《六丑》(蔷薇谢后作):“愿春暂留,春归如过翼,一去无迹。”

便过眼,等闲输了,三分之一。

按:北宋江休复《邻几杂志》:“李后主……又作红罗亭,于四面栽红梅花,作艳曲歌之。韩熙载和云:‘桃李不须夸烂缦,已输了春风一半。’时已割淮南与周矣。”(此条见《稗海》本《杂志》,《宝颜堂秘笈》本及《学海类编》二卷本——题《醴泉笔录》——皆不载。阮阅《诗话总龟》前集卷三十六引《古今诗话》,与此略同。明蒋一葵《尧山堂外纪》卷四十一则以此词属之潘佑,未详所本。清张宗橚《词林纪事》引此文同《外纪》,而谓见于《鹤林玉露》,殊误。)辛正用此。重印本邓《笺注补正》引清人毛先舒《南唐拾遗记》,实非原始出处。

又按:《左传·昭公五年》:“初作中军,三分公室,而各有其一。”叶清臣《贺新郎》(留别):“三分春色二分愁,更一分风雨。”苏轼《水龙吟》(次韵章质夫杨花):“春色三分,二分尘土,一分流水。”又,无名氏(或作欧阳修)《青玉案》:“一年春色都来几,早过了,三之二。”皆可与此参看。

昼永暖翻红杏雨。

按:李贺《将进酒》:“桃花乱落如红雨。”僧惠洪《秋千》:“花板润沾红杏雨,彩绳斜挂绿杨烟。”

风晴扶起垂杨力。

按:白居易《魏王堤》:“何处未春先有思,柳条无力魏王堤。”此反用其意,盖言春暮风晴则柳阴直也。

恨不尽,愁如织。

按:此用曹唐《织女怀牵牛》诗意,已见前引。又,无名氏(一作秦观,又作贺铸)《忆秦娥》(忆别):"佳人不见愁如织。"

便恁归来能几许。

按:叶清臣《贺圣朝》(留别):"花开花谢,都来几许。"

凭画栏,一线数飞鸿,沉空碧。

按:"空碧",指天,已见前引。又,李白《送孟浩然之广陵》:"孤帆远影碧空尽。""碧空",犹"空碧"也。

又按:王禹偁《点绛唇》(感兴):"天际征鸿,遥认行如缀。平生事,此时凝睇,谁会凭阑意。"即辛此词所本。

阮郎归(耒阳道中,为张处父推官赋)

山前灯火欲黄昏。

按:秦观《满庭芳》:"伤情处,高城望断,灯火已黄昏。"

山头来去云。

按:杜甫《南楚》:"随意岭头云。"李冠《蝶恋花》:"朦胧淡月云来去。"周紫芝《感皇恩》(送侯彦嘉归彭泽):"云共谁来共谁去。"

鹧鸪声里数家村。

按:王安石《径暖》:"纵横一川水,高下数家村。"

少年鞍马尘。

按:赵嘏《发青山》:"鞍马嘶风驿路尘。"

霜天晓角

暮山层碧。

按:此用萧纲赋语,详下。杜甫《白水县崔少府十九翁高斋三十韵》:"晚来山更碧。"

掠岸西风急。

按:李璟《摊破浣溪沙》:"西风愁起绿波间。"苏轼《念奴娇》(赤壁怀古):"惊涛拍岸。”

一叶软红深处,应不是,利名客。

按:“一叶”,谓扁舟。“软红”,指水。萧纲《述羁赋》:“远山碧,暮水红,日既晏,谁与同。”正辛此词所本。然下言“应不是利名客”,则“软红”亦兼指软红尘矣,盖双关语也。又,杜牧《新定途中》:“重过江南更千里,万山深处一孤舟。”亦可与此参看。

又按:柳永《归朝欢》:“往来人,只轮双桨,尽是利名客。”此或反用其意。

玉人还伫立,绿窗生怨泣。

按:李白《菩萨蛮》:“玉阶空伫立。”韦庄《菩萨蛮》:“残月出门时,美人和泪辞。……劝我早归家,绿窗人似花。”

减字木兰花(长沙道中,壁上有妇人题字,若有恨者,用其意为赋)

盈盈泪眼。

按:此句柳永词屡见。又,欧阳修《踏莎行》:“盈盈粉泪。”

往日青楼天样远。

邓注引曹植《美女篇》:“借问女何居,乃在城南端。青楼临大路,高门结重关。”按:魏晋六朝时言“青楼”,其义有三:一、指贵族女子所居,如曹植诗云云是也;二、泛指女子所居,如《西洲曲》“望郎上青楼”是也;三、专指妓者所居,如梁刘邈《采桑》“倡妾不胜愁,结束下青楼”是也。后二义虽自第一义引申而出,然究与初义有别。至辛此词所咏女子,则恐非贵妇人也,引曹诗似未尽切。

又按:杜甫《清明》:“牙樯捩柁青楼远。”苏轼《江神子》(孤山竹阁送述古):“漫道帝城天样远。”

秋月春花,输与寻常姊妹家。

按:白居易《琵琶行》:“今年欢笑复明年,秋月春风等闲度。”此盖用其意。惟以协韵故,乃易“风”为“花”耳。李煜《虞美人》:“春花秋月何时了,往事知多少。”

又按:刘禹锡《乌衣巷》:“飞入寻常百姓家。”辛或袭其句法。

日暮行云无气力。

按:“行云”,见宋玉《高唐赋》《神女赋》及冯延巳词,已见前引。《景德传灯录》

卷十五:"(潭洲神山僧密禅师)一日与洞山锄茶园,洞山掷下镢头曰:'我今日困,一点气力也无。'师曰:'若无气力,争解恁么道得?'"李贺《美人梳头歌》:"春风烂熳恼娇慵,十八鬟多无气力。"

满庭芳(和洪丞相景伯韵)

倾国无媒。

邓注引韩愈诗:"谁为倾国媒,自许连城价。"按:此诗见《县斋有怀》,邓注失引诗题。又,韦庄《下第题青龙寺僧房》:"要路无媒只自伤。"

入宫见妒,古来颦损蛾眉。

邓注引《离骚》:"众女嫉余之蛾眉兮,谣诼谓余以善淫。"是。又引《史记·外戚世家》:"传曰:'女无美恶,入室见妒;士无贤不肖,入朝见嫉。'美女者恶女之仇,岂不然哉!"按:此褚少孙语也。《史记·鲁仲连邹阳列传》引阳《狱中上梁王书》:"故女无美恶,入宫见妒;士无贤不肖,入朝见嫉。"实在褚语之先,宜改引。又,骆宾王《为徐敬业讨武曌檄》:"入门见嫉,蛾眉不肯让人。"以"蛾眉"指武,辛又反骆意而言之。

痴儿公事了。

邓注引《晋书·傅咸传》杨济语,是。按:黄庭坚《登快阁》:"痴儿了却公家事。"

吴蚕缠绕,自吐余丝。

邓注:"意谓洪氏虽跻相位,而经纶未就,自当于闲退时别抒所蕴也。"按:此词上片颂洪适,下片盖自写心曲。"吴蚕"二句,正以自喻。且上文言"痴儿公事了",与此二句本为一气,岂有以"痴儿"之语誉丞相者?下文言"幸一枝粗稳,三径新治",正谓己将卜居带湖也(参看本卷《沁园春》(带湖新居将成)"三径初成,鹤怨猿惊,稼轩未来"语)。然则中间二句亦当自指。矧词中明谓"自吐余丝",其为自喻可知。

又按:"吴蚕"语本左思《吴都赋》,所谓"乡贡八蚕之绵"是也。李白《寄东鲁二稚子》:"吴蚕已三眠。"欧阳修《渔家傲》:"乱丝满腹吴蚕老。"

幸一枝粗稳,三径新治。

"一枝",邓注引《庄子·逍遥游》,是。"三径",邓注引陶渊明《归去来辞》:"三径就荒,松菊犹存。"按:《文选》卷四十五录陶此文,李善注引《三辅决录》云:"蒋诩,字元卿。舍中三径。唯羊仲、求仲从之游,皆挫廉逃名不出。"《圣贤群辅录》(此书题陶渊明著,乃依托)引嵇康《高士传》:“求仲、羊仲二人,不知何许人,皆治车为业,挫廉逃名。蒋元卿之去兖,还杜陵,荆棘塞门,舍中有三径,不肯出。唯二人从之游,时人谓之二仲。”是陶渊明用蒋诩事也,邓注失引。又,李益《喜入兰陵望紫阁峰呈宣上人》:“薙草开三径,巢林喜一枝。”辛正兼用此。

都休问,英雄千古,荒草没残碑。

按:李群玉《黄陵庙》:“古碑无字草芊芊。”

又(和洪丞相景伯韵,呈景卢内翰)

不堪红紫,风雨晓来稀。惟有杨花飞絮,依旧是,萍满方池。

邓注引苏轼《水龙吟》(次韵章质夫杨花):“晓来雨过,遗踪何在,一池萍碎。”及轼自注语,是。按:韩愈《晚春》:“草树知春不久归,百般红紫斗芳菲。杨花榆荚无才思,惟解漫天作雪飞。”辛盖檃括韩诗而言之。又,“风雨”句,盖自孟浩然《春晓》“夜来风雨声,花落知多少”二句化出。

酴醾在。

按:苏轼《杜沂游武昌以酴醾花菩萨泉见饷二首》之一:“酴醾不争春,寂寞开最晚。”故此言红紫俱谢,惟有酴醾犹在。

青虬快剪。

按:“虬”,龙子之有角者。“青虬”,喻木之枝柯屈曲如虬龙之形也。左思《吴都赋》:“轮囷虬蟠。”《文选五臣注》吕向曰:“虬,龙也,言木形屈曲如龙之蟠。”《太平御览》卷八四零引王嘉《拾遗记》:“东极之东,有龙枝之粟,言其枝屈曲如游龙。”梅尧臣《凌霄花》:“仰见苍虬枝,上发丹霞蕊。”

鸾胶难觅,弦断朱丝。

按:上句,邓注引《汉武外传》“续弦胶”事,是。下句,鲍照《代白头吟》:“直如朱丝绳。”《文选》李善注:“朱丝,朱弦也。”此盖用伯牙事及黄庭坚《登快阁》诗意,已见前引。

又按:此词上文言:“谁将春色去”,下文又言“牡丹多病”及“梦里寻春不见,空肠断怎得春知”,此处乃用断弦难续典故,或当有本事耶?

恨牡丹多病,也费医治。

按:此指牡丹行将萎谢,如人之多病然,杜荀鹤《中山临上人院观牡丹寄诸从弟》:"闲来吟绕牡丹丛,花艳人生事略同。半雨半风三月内,多愁多病百年中。"即以牡丹经风雨而萎谢与人生多愁病相譬况。李建勋《残牡丹》:"失意婕妤妆渐薄,背身妃子病难扶。"亦以多病喻花残。明人薛凤翔《牡丹八书》载医治牡丹之法,与词意无涉,不录。

又(游豫章东湖再用韵)

怪公喜气轩眉。

按:此用枚乘《七发》"然阳气见于眉宇之间"语意。《文选》李善注:"《周书》曰:民有五气,喜气内蓄,虽欲隐之,阳喜必见。""阳气",犹言"喜气"也。

清泪如丝。

按:繁饮《定情诗》:"泪下如连丝。"

满江红(席间和洪景卢舍人,兼简司马汉章大监)

闻道是,一诗曾换,千金颜色。

按:"颜色",指假以颜色。此言洪曾以一诗博得女子垂青也。鲍照《代白纻曲》之二:"千金顾笑买芳年。"辛盖谓女子之一顾盼可值千金也。以下所咏,究属比兴,抑有本事,今不能详,姑就词义释之耳。

欲说又休新意思。

按:周邦彦《风流子》:"欲说又休,虑乖芳信。"

算人人合与共乘鸾。

按:"人人",犹言"个人",即这个人,指意中女子。柳永屡言"有个人人"。黄庭坚《少年心》:"心里人人,暂不见,霎时难过。"皆指其所欢。

又按:此句盖言洪合当与所眷之女子相终始,如箫史、弄玉之乘凤仙去也。弄玉事见《列仙传》。江淹《拟班婕妤〈咏扇〉》:"纨扇如圆月,出自机中素。画作秦王女,乘鸾向烟雾。"赵嘏《赠别》:"会须携手乘鸾去,箫史楼台在玉京。"皆以"乘鸾"咏箫史、弄玉。邓注引《异闻录》唐明皇游月宫事以笺"乘鸾",疑非是。

看书寻旧锦,衫裁新碧。

按:上句用苏蕙事,下句用裴宽事,以回应上文"倾国艳,难再得"数句,盖谓洪与所欢终不克谐也。《新唐书·裴宽传》载韦诜欲以女妻宽,“帏其族使观之(指宽),宽时衣碧”云云。又,“碧衫”见苏轼《纪梦回文》诗,已见前引。

莺蝶一春花里活,可堪风雨飘红白。

按:此言春光一逝则莺蝶无所依托,义兼比兴。杜甫《重过何氏五首》之一:“花妥莺捎蝶。”晏殊《采桑子》:“无端一夜狂风雨,时落繁枝,蝶怨莺悲,满眼春愁说向谁。”辛正用此意。

又按:“红白”,盖泛指桃李。萧纲《和萧侍中子显春别》之四:“桃红李白若朝妆,羞持憔悴比新芳。”

问谁家,却有燕归梁,香泥湿。

按:邓注云:“据洪景伯送景卢往南昌之《满庭芳》自注,司马汉章其时已作山雨楼,二句云云,盖即指山雨楼而言。”窃谓辛所咏在人不在楼,言司马汉章得所归宿,如燕之归梁也。沈佺期《独不见》:“海燕双栖玳瑁梁。”辛正用沈诗以反衬前文“可恨”“堪悲”之意也。又,词调有《燕归梁》。黄庭坚(一作秦观)《画堂春》:“杏花零乱(一作‘落’)燕泥香。”

贺新郎(赋滕王阁)

访层城,空余旧迹,黯然怀古。

按:周邦彦《西河》(金陵):“空余旧迹郁苍苍,雾沉半垒。”

天宇修眉浮新绿。

邓注引韩愈诗:“天宇浮修眉。”按:此韩愈《南山诗》中句也,邓注失引诗题。愈诗下句云:“浓绿画新就。”辛盖用两句化为一句,邓注似不宜仅引上句也。

王郎健笔夸翘楚,到如今,落霞孤鹜,竞传佳句。

按:邓注引《新唐书·王勃传》及王定保《摭言》,是。勃作序事见《摭言》卷五,文字与邓注所引小有出入。

梦想珠歌翠舞。

按:周邦彦《尉迟杯》:“仍惯见珠歌翠舞。”

快江风,一瞬澄襟暑。

按:《文选·风赋》:“楚襄王游于兰台之宫,……有风飒然而至,王乃披襟而当之,曰:‘快哉此风!’”又,周邦彦《点绛唇》:“台上披襟,快风一瞬收残雨。”辛正用此。

木兰花慢(席上送张仲固帅兴元)

君王得意,一战东归。

按:此用刘邦称帝后归故乡沛郡事,见《史记·高祖本纪》。

一编书是帝王师。

按:邓注引《史记·留侯世家》,是。然文字有删节出入,邓注未标明。温庭筠《简同志》:“留侯功业何容易,一卷兵书作帝师。”

小试去征西。

按:“小试”,语见《史记·孙子吴起列传》。苏轼《司竹监烧苇园因召都巡检柴贻勖左藏以其徒会猎园下》:“戍兵久闲可小试。”

更草草离筵。

按:杜甫《送长孙九侍御赴武威判官》:“取别何草草。”

愁满旌旗。

按:杜甫《送韦十六评事充同谷郡防御判官》:“苍山旌旆愁。”又《白帝城最高楼》:“城尖径仄旌旆愁。”

君思我。

按:屈原《九歌·山鬼》:“君思我兮不得闲。”又:“君思我兮然疑作。”

昭君怨(豫章寄张守定叟)

走马月明中,折芙蓉。

按:《文选·古诗十九首》之六:“涉江采芙蓉。”又,五代谭用之《秋宿湘江遇雨》:“秋风万里芙蓉国。”辛此词首言“长江潇湘秋晚”,当是兼用谭诗。

水调歌头(和赵景明知县韵)

问君怀抱向谁开。

按:杜甫《苏端薛复筵简薛华醉歌》:“百壶且试开怀抱。”辛此词上云“且向酒边来”,正用杜意。

但放平生丘壑。

按:本书卷四《兰陵王》(赋一丘一壑)邓注引《汉书·自叙传》班嗣语:“渔钓于一壑,则万物不奸其志;栖迟于一丘,则天下不易其乐。”应移注至此。然《汉书》题作《叙传》,邓注衍“自”字。又,《世说新语·品藻》:“明帝问谢鲲:‘君自谓何如庾亮?’答曰:‘端委庙堂,使百僚准则,臣不如亮;一丘一壑,自谓过之。’”末二句,刘孝标注引《晋阳秋》,作“纵意丘壑,自谓过之”,“纵意”,犹辛此词之言“放”也。

莫管旁人嘲骂。

按:苏轼《定惠院寓居月夜偶出》:“倒冠落佩从嘲骂。”又,北宋邓绾以谀颂王安石而得官,乡人在都者皆笑且骂。绾曰:“笑骂从汝,好官须我为之。”见《宋史·邓绾传》,可与此互参。

已过西风重九,且要黄花入手。

按:《太平御览》卷九九六引《续晋阳秋》:“陶渊明尝九月九日无酒,出菊丛中,摘盈把,坐其侧久之。”(一本作“坐宅边丛菊中,采摘盈把”。)辛正用此。

沁园春(带湖新居将成)

看惊弦雁避,骇浪船回。

按:此以雁避、船回自喻,谓己宜急流勇退也。余详前《木兰花慢》(滁州送范倅)阕。

秋菊堪餐,春兰可佩。

按:《离骚》:“纫秋兰以为佩。”又:“夕餐秋菊之落英。”又,《九歌·礼魂》:“春兰兮秋菊,长无绝兮终古。”辛盖用《离骚》意。至变“秋”为“春”,所以避重复耳。

留待先生手自栽。

按:王安石《书湖阴先生壁》:“花木成畦手自栽。”

又(送赵景明知县东归,再用前韵)

黄鹄高飞。

按:此以“黄鹄高飞”寓惜别之友情。《韩诗外传》卷二:“田饶谓(鲁)哀公曰:‘臣将去君,黄鹄举矣。’”又,《汉铙歌十八曲·临高台》有“黄鹄高飞离哉翻”之句。

《文选·苏武诗》:"黄鹄一远别,千里顾徘徊。"

被东风吹堕,西江对语;忽呼斗酒,旋拂征埃。

按:此承上文而言。"东风"句,谓赵在带湖作勾留;"西江"句,指赵与己晤对。"旋",有随即、赶紧之意。今通书作"现",如言"现趸现卖",应作"旋趸旋卖"也。杜荀鹤《时世行》:"旋斫生柴带叶烧。"与此用法正同。张相《诗词曲语辞汇释》卷二亦云:"旋,紧迫之辞,犹急也,新或现也……辛弃疾《沁园春》词:'……急呼斗酒,旋拂征埃。''旋'与'急'互文。"

却怪英姿,有如君者,犹欠封侯万里哉。

按:此用《后汉书·班超传》,已见前引。

怅雪浪粘天江影开。

按:元稹《遭风二十韵》:"坐见千峰雪浪堆。"又《送致用》:"遥看逆浪愁翻雪。"秦观《与子瞻参寥会松江》:"窅窅天粘浪。"

记我行南浦,送君折柳。

按:本卷《祝英台近》(晚春)"烟柳暗南浦"句邓注引江淹《别赋》:"送君南浦,伤如之何!"应移注至此。余详彼阕。"折柳"典出《三辅黄图》,已见前引。

看云霄高处,鹏翼徘徊。

按:此以鹏程万里期赵也。《庄子·逍遥游》:"鹏之背,不知其几千里也;怒而飞,其翼若垂天之云。"

蝶恋花(和赵景明知县韵)

毕竟啼乌才思短。

按:本书卷二《鹧鸪天》(黄沙道中即事)"乱鸦毕竟无才思"句邓注引韩愈《晚春》:"杨花榆荚无才思。"应移注至此。

西河(送钱仲耕自江西漕移守婺州)

西江水。

按:《庄子·外物》:"激西江之水而迎子。"

无情却解送行人,月明千里。

按:此指江水无情,参见前《木兰花慢》(滁州送范倅)阕。又,范仲淹《御街行》:“年年今夜,月华如练,长是人千里。”

从今日日倚高楼。

按:范仲淹《苏幕遮》:“明月高楼休独倚。”此连上文,盖反用范词意。

伤心烟树如荠。

邓注引《罗浮山记》:“望平地,树如荠。”按:《罗浮山记》不著撰人姓名,今仅见《说郛》卷四(商务铅印本),是否晚出不可知。《太平御览》卷四十一引裴渊《广州记》,有“大树合抱,极目视之,如荠菜”之语,似宜改引。孟浩然《秋登万山寄张五》:“天边树若荠。”

会君难,别君易。

按:曹丕《燕歌行》之二:“别日何易会何难。”《颜氏家训·风操》:“别易会难,古人所重。”

过吾庐定有幽人相问,岁晚渊明归来未?

按:陶渊明《读山海经》之一:“吾亦爱吾庐。”

鹧鸪天(和张子志提举)

别恨妆成白发新。

按:“白发新”,盖始于张九龄《戏题春意》:“年催华发新。”其后白居易《长恨歌》有“梨园子弟白发新”之句。

空教儿女笑陈人。

按:邓注引苏轼《次韵答陈述古》:“但愁新进笑陈人。”然此诗题为《述古以诗见责屡不赴会复次前韵》,邓注小误。

便是人间要路津。

按:邓注引杜甫《奉赠韦左丞丈二十二韵》,是。然旧版邓注引《古诗十九首》之四:“何不策高足,先据要路津。”似不宜删去。

又

笔如神。

按:杜甫《奉赠韦左丞丈二十二韵》:“读书破万卷,下笔如有神。”

满　江　红

点火樱桃。

按:“点火”,犹言“星火”,指樱桃初熟,如星星点点之火光,“点”为状词,非动词也。权德舆《酬裴杰秀才新樱桃》:“远火微微辨,残星隐隐看。”

春正好,见龙孙穿破,紫苔苍壁。

俗呼筍为“龙孙”,详邓注。按:上文言樱桃,此言筍,疑与元稹《表夏十首》之一“新筍紫长短,早樱红浅深”二句有关。

乳燕引雏飞力弱。

按:元稹《送友封二首》之一:“桃叶成阴燕引雏。”苏舜钦《夏中》:“庭下阴多燕引雏。”又,宋太宗所制曲,仙吕调十五,其七曰《燕引雏》,见《宋史·乐志》。

流莺唤友娇声怯。

按:《诗·小雅·伐木》:“嘤其鸣矣,求其友声。”“嘤”,《鲁诗》作“鶯”,即“莺”。张华《答何劭》之一:“属耳听鶯鸣。”《文选》李善注引《诗》作“鶯其鸣矣”。陈奂《诗毛氏传疏》卷十六:“《玉篇》:‘鶯,黄鸟也。’引《诗》亦作‘鶯’。唐人用‘鶯出谷’命题,盖本诸此。王先谦《诗三家义集疏》卷十四:‘嘤其鸣矣’之‘嘤’,一作‘鶯’,乃鲁别本……梁元帝《言志赋》曰:‘闻鶯鸣而求友。’梁昭明太子《锦带书·姑洗二月启》:‘啼鶯出谷,争传求友之声。’皆承用鲁家‘一作’本耳。”辛此词正用《鲁诗》也。

层楼望,春山叠。

按:欧阳修《踏莎行》下片云:“……楼高莫近危阑倚。平芜尽处是春山,行人更在春山外。”辛此二句盖自欧词化出。

家何在,烟波隔。

按:崔颢《黄鹤楼》:“日暮乡关何处是,烟波江上使人愁。”元稹《遣病》之七:“路远烟波隔。”

蝴蝶不传千里梦,子规叫断三更月。

邓注引崔涂诗:“蝴蝶梦中家万里,杜鹃枝上月三更。”是。按:此诗题作《春夕旅怀》,邓注失引。

祝英台近(晚春)

宝钗分。

邓注引元稹诗:"凤凰宝钗为郎戴。"按:检《元氏长庆集》及《全唐诗》元稹诗,不见此诗所出,疑邓注误引。

又按:《俞选》引杜牧《送人》:"明镜半边钗一股,此生何处不相逢。"

烟柳暗南浦。

邓注引江淹《别赋》,是。《俞选》云:"浦,水边。南浦本是通称。《楚辞·九歌·河伯》:'送美人兮南浦。'王逸注:'南至江之涯。'是江、河的南岸,皆可称南浦。谢朓《随王鼓吹曲》十首之八《送远曲》'南浦送佳人',江淹《别赋》'送君南浦,伤如之何',即承用《楚辞》。但后来亦作地名、水名用。"可补邓注之未备。

是他春带愁来,春归何处,却不解带将愁去。

按:邓注引刘克庄《后村诗话》前集卷一"雍陶《送春诗》"云云,盖据后村之语,谓辛词用雍陶诗。然陈鹄《西塘集耆旧续闻》卷二云:"余谓后辈作词,无非前人已道底句,特善能转换尔。……辛幼安词:'是他春带愁来,春归何处,却不解带将愁去。'人皆以为佳。不知赵德庄《鹊桥仙》词云:'春愁元是逐春来,却不肯随春归去。'盖德庄又本李汉老《杨花》词:'蓦地便和春,带将归去。'……"邓注失引。德庄,赵彦端字,《鹊桥仙》见《介庵词》卷二。汉老,李邴字。《乐府雅词拾遗》卷上有《洞仙歌》,末云:"蓦地和春,带将归去。"正咏杨花者,陈所指即此词。《四部丛刊》本《乐府雅词》此首无撰人姓名,《词学丛书》本则题为李邴作,盖从陈鹄说也。李、赵皆南渡前后填词名家,于辛为前辈,陈说宜若可为参证也。

又

百舌声中,唤起海棠睡。

按:苏轼《海棠》诗:"只恐夜深花睡去,故烧高烛照红妆。"苏言"花睡",指花之欲谢;辛乃反用其意,指花之将开。

帘卷青楼。

按:《西洲曲》有"望郎上青楼"及"卷帘天自高"之句,此盖用其意。

鹧　鸪　天

一片归心拟乱云,春来谙尽恶黄昏。

按:欧阳修《六一诗话》:"闽人有谢伯初者,字景山,当天圣、景祐之间,以诗知名。余谪夷陵时,景山方为许州法曹,以长韵见寄,颇多佳句……余答云:'参军春思乱如云,白发题诗愁送春。'盖景山诗有'多情未老已白发,野思到春如乱云'之句,故余以此戏之也。"王安石《别谢师宰》:"相看愁思乱于云。"晏几道《玉楼春》:"尽教春思乱如云。"李之仪《菩萨蛮》:"春情如乱云。"

不堪向晚檐前雨,又待今宵滴梦魂。

按:许棠《陇上书事》:"滴梦关山雨。"李中《秋雨》之一:"送寒来客馆,滴梦在庭梧。"

菩　萨　蛮

马头渐喜归期近。

按:秦韬玉《长安书怀》:"长有归心悬马首。"此正用其意而反言之。

试上小红楼,飞鸿字字愁。

按:《西洲曲》:"忆郎郎不至,仰首望飞鸿。鸿飞满西洲,望郎上青楼。"秦观《减字木兰花》:"困倚危楼,过尽飞鸿字字愁。"

不似远山横,秋波相共明。

"远山",邓注云:"指眉。"并引《西京杂记》卓文君事,是。按:周邦彦《少年游》:"南都石黛扫晴山。"陈元龙注:"《赵后(飞燕)外传》云:'赵合德为薄眉,号远山黛,乃晴明远山之色也。'今人有远山眉。"(见《片玉集》卷三)此处"远山"指眉,"秋波"指目。盖见楼外之山,遂联想女子之眉黛眼波,抒怀人之意也。

予重订此稿之际,恭三先生复以1978年4月之重订本见惠,以之比校,中有数条已为作者改订,故从删削。其间略有异同者,则仍存之,谨再识于篇末。又,此稿所引俞平伯先生《唐宋词选释》,原为铅印稿本。1979 年冬,此书由人民文学出版社出版,承平伯师惠赠一册,故引文悉改用正式定稿本。定稿中有与拙稿相同者,悉仍其旧,以存真也。1982 年 6 月小如病后记。

读钱南扬校注《琵琶记》札记

钱南扬先生校注《琵琶记》(1960 年中华书局初版,1962 年 5 月上海第三次印刷),义阐故新,功兼精博,信读曲之良助。1964 年春,以教学所需,乃通读一过。偶有所见,辄笔诸书眉,亦聊备遗忘而已,非必为注本订讹补阙而作也。今迻录其涉及句读训诂、版本校勘与曲文出典者得十九条,或于读其书者不无小补,亦云幸矣。1965 年国庆节录讫题记。

子云识字浪传名。(钱注本页五,下同此例。)

注:子云,扬雄(公元前 53 年—公元 18 年)字……他的著作,除文章之外,又有《训纂》、《方言》等文字语法的书,故这里说“子云识字”云云。浪,滥也。唐韩愈《昌黎先生集》卷三《永贞行》:“慎勿浪信常竞竞。”(页八)

小如按:《汉书·扬雄传赞》载刘棻“尝从雄学作奇字”。杜甫《醉时歌》:“子云识字终投阁。”罗大经《鹤林玉露》卷十一:“西汉诸儒,扬子云独称识字。”“子云识字”,盖指其多识古文奇字耳。而注谓《训纂篇》与《方言》为语法书,似亦未确。又,注引韩愈诗,“竞竞”乃误字,当作“兢兢”。

世间好物不坚牢,彩云易散琉璃脆。(页二五)

小如按:钱氏此二句有注。正文下夺注号③字。

生唱〔**宜春令**〕**虽然读,万卷书,论功名非吾意儿。只愁亲老,梦魂不到春闱里。**

小如按:“读”下可不断句。而“意”下应绝句,“儿”字当属下文。

外唱〔**前腔**〕**快赴春闱,急急整着行李。**(页二六)

小如按:“整着”失注。南宋朱翌《猗觉寮杂记》卷下:“今人办人从、行李之类,其言曰整撊。”整撊,即整着,整理收拾之意。犹今口语言“归着”。

〔**吴小四**〕**云云**(页二六)

注:明改本改为〔宜春令〕,与此异。这里的曲文“做得官时运通”云云,与下道白矛盾,然《九宫正始》册九〔南吕〕引元谱已收此〔吴小四〕,可见原本如此。(页三〇)

小如按:此〔吴小四〕曲文既与下文道白确有矛盾,复与剧中人蔡母一贯主张不合，则明本改用〔宜春令〕，宜也。如但存古本面目而忽视曲文之内容，虽前后矛盾亦所不顾，是为存古而存古，非所宜也。鄙意应于注文中补入改本〔宜春令〕曲文乃合。（改本〔宜春令〕，即“娘年老八十余”至“细思之怎不教老娘呕气”一曲是也。据《古本戏曲丛刊》第一集所收李卓吾评本《琵琶记》。）

亲祝付（页三九）

注：“祝”，宋苏轼《东坡文集·与某知县》：“儿子鲁纯不及事，惟痛与督励也，切祝，切祝！”（下略）（页四一）

小如按：引文见《东坡续集》卷六《与知县》第九书，原文云：“儿子遂获托庇，知幸。鲁钝多不及事，惟痛与督励也，切祝，切祝！”“鲁钝”，注误作“鲁纯”。

生上唱〔**满庭芳**〕**……伤情处，数声杜宇，客泪满衣襟。**（页四九）

末上唱〔**前腔换头**〕**萋萋芳草色，故园人望，目断王孙。谩憔悴邮亭，谁与温存？**（同上）

小如按：曲文失注。淮南小山《招隐士》：“王孙游兮不归，春草生兮萋萋。”梅尧臣〔苏幕遮〕《咏草》：“露堤平，烟墅杳，乱碧萋萋，雨后江天晓。”又云：“接长亭，迷远道。堪怨王孙，不记归期早。”李重元〔忆王孙〕《春词》：“萋萋芳草忆王孙，柳外楼高空断魂。杜宇声声不忍闻，欲黄昏，雨打梨花深闭门。”皆曲文所本也。

末唱〔**甘州歌**〕**……荣归去，绿绶新，休教妻嫂笑苏秦。**（页四九）

注：苏秦，东周洛阳人。出游数岁，大困而归。兄弟嫂妹妻妾窃皆笑之。《史记》有《传》。（页五一）

小如按：注文云云，即引自《史记·苏秦列传》，然实未切。曲文言“妻嫂笑苏秦”，盖用《国策·秦策》“（苏秦）说秦王，书十上，而说不行，……资用乏绝，去秦而归，……归至家，妻不下纴，嫂不为炊”故事，初无所谓兄、弟、妹、妾也。元人已有《冻苏秦衣锦还乡》杂剧，亦据《国策》渲染而成者，注皆不及，失之。其下曲文“思乡远，愁路贫，肯如十度谒侯门”（页五〇），亦暗用《国策》苏秦“书十上”事。

净唱〔**前腔**〕**……秋千影里，墙头半出红粉。他无情笑语声渐杳，却不道恼杀多情墙外人。**（页五〇）

小如按：此用张先〔青门引〕“隔墙送过秋千影”及苏轼〔蝶恋花〕下片“墙里秋千墙外道，墙外行人，墙里佳人笑。笑渐不闻声渐悄，多情却被无情恼”语意，钱氏失注。

丑唱〔**前腔**〕**遥望雾霭纷，想洛阳宫阙，行行将近。程途劳倦，欲待共饮芳樽。垂杨瘦**

马莫暂停，只见那古树昏鸦栖渐尽。（合）天将暝，日已曛，一声残角断樵（谯?）**门。寻宿处，行步紧，前村灯火已黄昏。**（页五〇）

小如按：秦观〔满庭芳〕："山抹微云，天粘衰草，画角声断谯门。暂停征棹，聊共引离樽。多少蓬莱旧事。空回首，烟霭纷纷。斜阳外，寒鸦万点，流水绕孤村。……伤情处，高城望断，灯火已黄昏。"曲文悉从此词点染而成，注未及之。又"垂杨瘦马"二句，暗用马致远〔天净沙〕小令，注亦未及。

〔余文〕……今夜雨打梨花深闭门。（页五〇）

小如按：此语见前引李重元词。又秦观（一作无名氏）〔鹧鸪天〕："甫能炙得灯儿了，雨打梨花深闭门。"钱氏失注。

〔风云会四朝元〕……叹《阳关》声断，送别南浦。（页五二）

注：南浦，在湖北武昌之南。《楚辞·离骚》："送美人兮南浦。"后世用来作送别之地的代辞。（页五四）

小如按：所引屈原语见《九歌·河伯》，注谓《离骚》，误。且屈原所言"南浦"，其地亦泛指，未必在湖北武昌附近也（河伯乃黄河之神，武昌已在长江畔矣）。

旦唱**〔金索挂梧桐〕……奴自有些金珠，解当充粮米。**（页七〇）

注：解当，"解"亦"当"义，同义叠用。第三十七段白有"解也须会尽"、"解得钱来"语，"解"为"当"义甚明。（页七一）

小如按：钱注是也。杨定见本《水浒传》第七十一回："卢员外正在解库厅前坐地，看着那一班主管收解。"解库，即典当铺。收解，即收进典当之物也。

自家门户重重闭，春色缘何入得来？（页七七）

注："自"原作"儿"，从巾箱本、明改本改。（页七九）

小如按：原本作"儿"，是也。《全唐诗》卷一四五载唐人蒋（一作"薛"）维翰《春女怨》云："白玉堂前一树梅，今朝忽见数枝开。儿家门户重重闭，春色何缘（一本作'因何'）得入（一本作'入得'）来？"巾箱本及明改本正以不谙原文出典，故妄改"儿"为"自"耳。少女自称"儿"，少妇自称"奴"，唐宋人习见语。又按："儿"，古读如倪，犹言"我"。今吴语称"我"犹谓之"倪"，字或作"伲"，即"儿"字也。

〔降黄龙〕那些个，夫唱妇随，嫁鸡逐鸡飞。（页一七一）

注：《埤雅》引语："嫁鸡，与之飞；嫁狗，与之走。"（页一七四）

小如按：钱注引宋人陆佃《埤雅》切"鸡飞"意，良是。然杜甫《新婚别》："生女有所归，鸡狗亦得将。"清人朱鹤龄注："言妇人从夫，虽嫁鸡狗，亦得相将以俱往。"施鸿保《读杜诗说》卷七:"俗有'嫁鸡随鸡,嫁狗随狗'语,或当时已云。公诗固有用俗语者,此或亦是。'将'即'随'字意。"疑朱、施说近是。然则"嫁鸡"云云,盖始于唐人矣。

酒逢知己千钟少,话不投机半句多。(页一七二)

小如按:翟灏《通俗编》卷二十七引《五灯会元》:"文准有'酒逢知己饮,诗向会人吟'语。"又,《元曲选》壬集载贾仲名《对玉梳》杂剧,第二折曲文有云:"话不投机一句多。"与此下句仅一字不同。仲名与则诚时代相近,后先同时,则此二句盖亦当时谚语。

〔江儿水〕**如来证明,鉴兹邕启。**(页一八六)

〔前腔〕**如来证明,览兹情旨。**(同上)

注:"明",原作"盟",据《九宫正始》册八〔仙吕入双调〕引,明改本改;下曲同,据明改本改。

小如按:原本作"盟",是也。"盟",誓也。"如来证盟",言盟誓于如来之前,乞如来为见证也。"盟",现代汉语读音与"萌"(méng)同,而湖南、湖北方言则读如民(mín),与"明"字为同音("明"亦读如民,江南率以庚青韵字入真文韵,俗所谓"陈程不分"也),至今犹然。如言"攻守同盟",今两湖人犹读为"攻守同 mín"也。此与昆曲、京戏传统读法皆相合。如京戏《三堂会审》荀慧生一派唱词有"二人灯前把誓盟(mìn)"之句,"盟"即与"明"字同音,人人辰辙也。此种音读,南宋词中已见之,疑自有南戏之日已然矣。前人传写曲文,字多讹误;然讹误之由,每从省文而来。如此处之"明"字,疑即"盟"字之简化,以其音同而形又可省故耳。似以仍从原本,不改为宜。

不如意事常八九,可与语人无二三。(页一九一)

小如按:二语失注。《通俗编》卷十五引陆游诗:"不如意事常八九,可与人言无二三。"初谓翟氏为可信,然遍检《剑南诗稿》,无此一联,仅于卷八《新津小宴之明日,欲游修觉寺,以雨不果,呈范舍人》之二,得"不如意事十八九"一句,及卷十四《娥江野饮赠刘道士》诗中得"客堪共醉百无一,事不谐心十常九"二句。乃知翟氏为误记也。且翟氏引文下句作"可与人言","人"与"言"应互倒,其对仗始工。或亦转钞类书而致然耳。今按:此二句见南宋人方岳《秋崖小稿》诗集卷八《别子才司令》,钱锺书先生《宋诗选注》已引之,并加说明,更引王缪编元人郝经《陵川文集》卷十五《感兴》诗:"不得意时十八九,可与言人百二三。"且谓于方诗"也许是最早的模仿”。考《晋书·羊祜传》:“天下不如意恒十居七八。”唐李德裕《怀山居邀松阳子同作》:“人生不如意,十乃居七八。”(《全唐诗》卷四七五)黄庭坚《用明发不寐有怀二人为韵寄李秉彝德叟》之三云:“人生不如意,十事恒八九。”(《山谷诗外集》卷三)疑为此联上句所祖。欧阳修《圣俞会饮》:“洛阳旧友一时散,十年会合无二三。”(《居士集》卷一)疑为此联下句所祖。特方岳以此两意合为一联耳。

〔虞美人〕青山今古何时了? 断送人多少!(页二〇八)

小如按:此盖套用李煜〔虞美人〕成句:“春花秋月何时了? 往事知多少!”命意亦相类。

附记

检《现代汉语词典》(1973年商务印书馆出版)第七一三页“盟”字条下注“旧读míng”,解为“发(誓)”,同页“盟誓”条云:“〈口〉(指口语)发誓;宣誓:盟个誓,盟过誓。也作明誓。”此正据口语而收入者。因之益证钱注“如来证盟”之“盟”可不改字矣。1978年春校后记。